产业链 好产品

好茶在中茶

万里茶道瑰宝
人类非遗代表作

長盛川
CHANG SHENG CHUAN
湖北青砖茶
— Since 1368 —

长盛川湖北青砖茶

国家级非物质文化遗产
代表性项目

湖北老字号
Hubei Time-honored Brand

2015年米兰世博会百年世博
中国名茶金骆驼奖

鑫鼎生物科技有限公司主要生产长盛川湖北青砖茶及其衍生产品，集茶叶生态种植、精深加工、国际国内贸易、科研检测和文化传承于一体，是国家高新技术企业、全国民族特需商品定点生产企业、湖北省农业产业化重点龙头企业、湖北省"专精特新小巨人"企业、湖北省扶贫龙头企业。

长盛川湖北青砖茶制作技艺由湖北何氏家族于1368年始创，历经20代655年传承至今，已被认定为国家级非物质文化遗产代表性项目，被列入联合国教科文组织《人类非物质文化遗产代表作名录》。

长盛川湖北青砖茶选用鄂西南武陵山区高山优质茶树鲜叶为原料，历经77道传统工艺精制而成，自明清时期持御赐"红色双龙票"沿万里茶道畅销欧亚，被誉为"万里茶道瑰宝""草原人民生命之饮"，是首批"湖北老字号"产品，获巴拿马万国博览会金奖、米兰世博会"百年世博中国名茶金骆驼奖"、"世界名茶"等荣誉，2020年被湖北省政府选定为回赠蒙古国"3万只羊"支持抗疫的茶礼，谱写了"羊来茶往"的佳话。

秉承"信义、责任、共赢"的企业精神，公司充分发挥产业链龙头企业引领作用，率先"以生物制药理念制茶"，建成投产3万吨/年的现代化茶产业园和多个标准化茶叶初制加工厂，以绿色生态发展方式，自建1.5万亩欧标生态茶园示范基地，辐射带动鄂西南武陵山区26个乡镇、131个村、近10万茶农增收致富。

鑫鼎生物科技有限公司
XINDING BIOLOGICAL TECHNOLOGY CO.,LTD.

地址:湖北省宜昌市宜昌高新技术开发区生物产业园桔乡路509号

全国统一服务热线
National Service Hotline
4006060588

2023

China Tea Industry
Development Report 2023

中国茶叶行业
发展报告

中国茶叶流通协会
组织编写

中国轻工业出版社

图书在版编目（CIP）数据

2023中国茶叶行业发展报告 / 中国茶叶流通协会组
织编写. —北京：中国轻工业出版社，2023.10
　　ISBN 978-7-5184-4562-2

　　Ⅰ. ①2…　Ⅱ. ①中…　Ⅲ. ①茶业—产业发展—研究
报告—中国—2023　Ⅳ. ①F326.12

中国国家版本馆CIP数据核字（2023）第180119号

责任编辑：贾　磊

文字编辑：吴梦芸　　责任终审：李建华　　整体设计：锋尚设计

策划编辑：贾　磊　　责任校对：吴大朋　　责任监印：张　可

出版发行：中国轻工业出版社（北京东长安街6号，邮编：100740）

印　　刷：三河市国英印务有限公司

经　　销：各地新华书店

版　　次：2023年10月第1版第1次印刷

开　　本：889×1194　1/16　印张：23

字　　数：500千字　插页：3

书　　号：ISBN 978-7-5184-4562-2　定价：498.00元

邮购电话：010-65241695

发行电话：010-85119835　传真：85113293

网　　址：http://www.chlip.com.cn

Email：club@chlip.com.cn

如发现图书残缺请与我社邮购联系调换

230729K8X101ZBW

编委会

主　编

　　王　庆

副主编

　　姚静波　梅　宇　肖　星　申卫伟

成　员（按姓氏笔画排序）

刁学刚	王　云	王岳飞	王　准	王智超	韦克英	尹军峰　尹　祎
尹淑艳	司辉清	邢福顺	刘仲华	汤　正	孙　冰	李大祥　李文萃
李佳禾	李思葭	杨秀芳	杨　杰	杨鹏洲	吴风鸣	何冉冉　余月儿
冷　杨	汪　毅	张冬川	张亚丽	张　威	张　朔	张　盛　张铭铭
张黎明	陆德彪	陈世登	陈红平	陈勋儒	陈　琳	陈富桥　林芷青
林梦星	周彦会	周继红	周静峰	宛晓春	赵建设	柯绍元　姜仁华
洪克森	贺　鼎	夏虞南	徐亚和	徐安安	徐德良	郭莎莎　黄丹丽
黄鑫磊	梁　晓	屠幼英	韩欣羽	程海燕	强世国	雷睿勇　蔡　军
蔡金华	霍　光	霍艳平	穆世超			

编　务

　　梅　宇　李佳禾　张　朔　韩　丹　韩　毅　于英杰　程俊博　彭　微
　　刘　赛　王春雷　张　瑜　陈　朔　李海林　汪　佳

参加单位

组织单位

中国茶叶流通协会

参与单位

中国茶叶流通协会品牌发展工作委员会 安徽省茶叶行业协会

中国茶叶流通协会茶叶安全与健康工作委员会 福建省茶叶流通协会

全国农业技术推广服务中心 江西省茶叶协会

全国茶叶标准化技术委员会 山东省茶文化协会

全国茶叶标准化技术委员会秘书处 河南省茶叶协会

中国食品土畜进出口商会 湖北省茶叶协会

中国农业科学院茶叶研究所 湖南省茶业协会

中国农业科学院茶叶研究所茶叶质量标准与检 广东省茶业行业协会

　测技术研究中心 广东省茶文化促进会

农业农村部茶叶质量安全控制重点实验室 广西茶业协会

中华全国供销合作总社杭州茶叶研究所 海南省茶叶学会

中国社会科学院古代史研究所 海南省茶业协会

浙江省农业农村厅 重庆市茶叶商会

江苏省茶叶研究所 贵州省绿茶品牌发展促进会

四川省农业科学院茶叶研究所 云南省茶叶流通协会

四川省园艺作物技术推广总站 陕西省茶业协会

浙江大学 宁夏茶行业协会

安徽农业大学 北京市东城区少年宫

湖南农业大学 听客新茶饮研究所

山西省茶叶学会 四川无隐文化传播有限公司

浙江省茶叶产业协会 北京中瑞文旅集团

支持单位

中国茶叶股份有限公司 鑫鼎生物科技有限公司

北京张一元茶叶有限责任公司 湖南华莱生物科技有限公司

北京吴裕泰茶业股份有限公司 八马茶业股份有限公司

华祥苑茶业股份有限公司

前　言

金风飒爽霜露下，红枫黄叶胜春花。不经意间，赤日似火的盛夏戛然而止，云淡风轻的金秋莅临人间。在这个幸福满满、喜迎丰收的季节里，50万字的《2023中国茶叶行业发展报告》要与广大读者见面了。

回首过去的一年，尽管宏观经济环境不甚理想，但中国茶产业依托国内超大市场规模和持续稳定的市场需求，通过放缓增速、微调结构、减少进口，顺势完成了茶类消费结构的调整与升级。在新茶饮、花草茶及茶衍生品等新消费增长极继续拓展的同时，"围炉煮茶""宋代点茶""相期以茶"等茶文化现象次第涌现，"中国传统制茶技艺及其相关习俗"列入联合国教科文组织《人类非物质文化遗产代表作名录》更是为中国茶产业夯实了发展底气。为了客观、真实地记录中国茶产业的发展历程，中国茶叶流通协会连续15年编撰出版了《中国茶叶行业发展报告》。

《2023中国茶叶行业发展报告》共分8部分、38篇。第一部分是综合报告，包括《2022世界茶叶产销形势报告》《2022中国茶叶产销形势报告》《2022中国茶叶消费市场报告》《2022中国茶业品牌发展报告》《2022中国茶叶企业发展报告》五篇报告；其中，世界茶叶产销数据主要源自国际茶叶委员会，其余报告的数据均源自中国茶叶流通协会持续开展的全国茶行业调研结果及农业农村部、国家统计局、海关总署的官方数据，通过阅读本部分，读者可以概览2022年度世界及中国茶产业的总体形势，对中国茶叶消费市场、茶业品牌及茶企发展现状有进一步的了解。第二部分主要围绕乡村振兴进行介绍，包含2022中国各主产茶省发展报告与《2022中国重点产茶县域发展报告》两部分内容；其中，分省报告包括了全国19个茶叶主产销省（自治区、直辖市）的具体情况；重点产茶县报告则是基于中国茶叶流通协会的产业调研成果，着重介绍了重点产茶县域发展情况与经验。第三部分是国内市场，近年来，茶叶电商成为线下渠道最有力的补充，因此在《2022中国茶叶电商发展报告》中，对我国茶叶电商发展现状及新趋势进行了分析。第四部分是国际贸易，包括《2022中国茶叶进出口情况发展报告》和《2022中国茶叶"一带一路"发展报告》，着重分析了我国茶叶的国际贸易情况。在第五部分科技创新中，通过《2022国际茶叶标准化发展报告》，重点阐述了国际茶叶标准化工作的相关情况。在第六部分标准安全中，通过《2022中国茶叶质量安全发展报告》与《2022中国茶叶标准体系发展报告》，从质量安全与标准体系两个维度对业界及消费者关心的茶叶质量安全问题进行了客观分析。第七部分是文旅教育，该部分围绕时下"文化兴茶"的大课题进行了较为全面的介绍，《2022中国茶文化旅游发展报告》《2022中国传统制茶技艺发展报告》《2022中国茶文化流行趋势发展报告》及《2022青少年茶文化教育发展报告》值得深入研究。第八部分是本书的最后一个部分，介绍的是关联产业的情况，包括《2022中国泡茶饮用水发展报告》《2022中国茶叶深加工产业发展报告》《2022中国新式茶饮料发展报告》，分别从泡茶用水、深加工及新式茶饮三个方面对茶产业延伸情况进行了介绍，极具参考价值。最后的附录部分，按照以往惯例，在介绍2022年度中国茶叶流通协会开展行业服务情况的同时，发布了本协会所掌握的2022年度中国茶产业相关数据及由本协会与相关产区政府共同编制发布的"中国茶业价格指数"的相关资料。

与以往相比较，《2023中国茶叶行业发展报告》的创新之处主要体现在四个方面：一是对标《中共中央国务院关于做好2023年全面推进乡村振兴重点工作的意见》，着眼"三农"工作，促进乡村振兴；二是关注茶行业时事热点与要闻，紧跟行业方向，剖析行业发展趋势，为农企发展出谋划策；三是聚焦茶业最新科研成果和区域科技试点发展态势，着眼创新驱动所赋能的产业变革；四是以国际化视角，对标国际标准与技术研发，以期引导茶产业形成国内外协同发展。此外，特别值得一提的是，本年度的报告邀请了一些茶界新锐，在选题角度、思考模式、行文风格等方面进行了一定的创新，相信一定能够给读者带来新的阅读体验。

我们首先感谢长期以来持续参与、支持中国茶叶流通协会开展行业调查和报告编写工作的全国各茶叶主产销省（自治区、直辖市）的省级茶行业社团组织及中国食品土畜进出口商会；感谢中国茶叶流通协会品牌发展工作委员会、中国茶叶流通协会茶叶安全与健康工作委员会、全国茶叶标准化技术委员会及其秘书处、全国农业技术推广服务中心、中国农业科学院茶叶研究所、中华全国供销合作总社杭州茶叶研究所、中国社会科学院古代史研究所、农业农村部茶叶质量安全控制重点实验室、中国农业科学院茶叶研究所茶叶质量标准与检测技术研究中心的特别帮助；还要感谢浙江省农业农村厅、江苏省茶叶研究所、四川省农业科学院茶叶研究所、四川省园艺作物技术推广总站、浙江大学、安徽农业大学、湖南农业大学的专家学者，以及北京市东城区少年宫、听客新茶饮研究所、四川无隐文化传播有限公司、北京中瑞文旅集团的相关专家给予的支持。同时，对中国茶叶股份有限公司、北京张一元茶叶有限责任公司、北京吴裕泰茶业股份有限公司、华祥苑茶业股份有限公司、鑫鼎生物科技有限公司、湖南华莱生物科技有限公司、八马茶业股份有限公司给予本书出版的特别帮助表示衷心的感谢。此外，本次行业调查与编写工作还得到了全国150多个产茶县域政府与近300家国内骨干茶企的参与和支持，在此一并深表感谢！

此外，我们还要衷心感谢所有长期关注与支持《中国茶叶行业发展报告》的广大读者朋友们。您们的鼓励，是我们笔耕不辍的强劲动力；您们的帮助，是我们推陈出新的灵感和源泉；您们的期待，鞭策着我们不忘初心，全面真实地记录着中国茶产业的发展历程。

道阻且长，行则将至；行而不辍，未来可期。中国茶产业的发展之路是充满光荣和梦想的远征。作为这一历程的记录者、参与者，我们将与那些不忘初心、砥砺前行的既平凡又伟大的实践者们栉风沐雨、携手同行，用我们的勤勉付出与无畏坚守共同创造中国茶产业辉煌而美好的明天！

2023年9月，于北京

目 录

第一部分
综合报告

2022世界茶叶产销形势报告

中国茶叶流通协会

2022年，在世界经济增速明显下滑的大背景下，全球茶产业积极应对挑战，保障生产、疏通贸易，种植面积、产量及进出口贸易总体保持稳定，为全球农村发展、减贫持续作出重要贡献。

一、生产情况

（一）种植面积增速放缓

据国际茶叶委员会（ITC）统计：2022年，世界茶园增速明显放缓，总面积为532万公顷，同比增长0.9%，增长率为近十年最低。在2013—2022年的十年间，世界茶叶种植面积增长了111万公顷，累计增长26.4%，复合增长率2.6%（图1）。

分国家看，如表1所示。2022年度全球茶叶种植面积超10万公顷的国家仍保持为6个。其中，中国茶园面积333.0万公顷，位居世界第一，同比增长2.0%，占全球茶叶种植总面积的62.6%；印度居次席，茶叶种植面积保持在62.0万公顷，占全球茶叶种植总面积的11.7%；排名3~6位的国家依次是肯尼亚（27.6万公顷）、斯里兰卡（26.7万公顷）、越南（12.8万公顷）、印度尼西亚（11.2万公顷）（图2）。

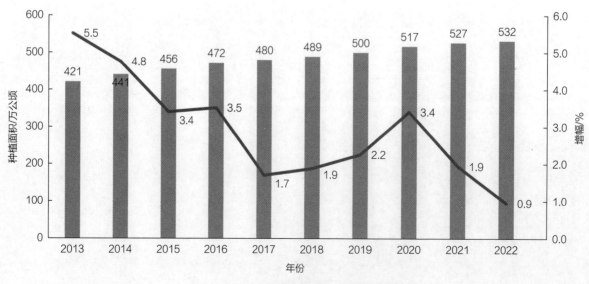

图1　2013—2022年世界茶叶种植面积

资料来源：国际茶叶委员会

表1 2022年世界茶叶种植面积前10位的国家

国家名称	中国	印度	肯尼亚	斯里兰卡	越南	印度尼西亚	缅甸	土耳其	孟加拉国	乌干达
种植面积/ 万公顷	333.0	62.0	27.6	26.7	12.8	11.2	8.2	8.2	6.6	4.7

资料来源：国际茶叶委员会

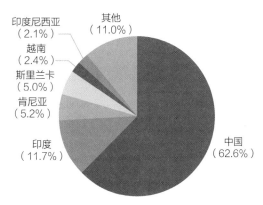

图2 2022年世界各主要产茶国茶叶种植面积占比图

（二）茶叶产量保持稳定

2022年，全球茶叶总产量647.7万吨，同比增长0.4%，增速为近十年最低。2013—2022年的十年间，世界茶叶总产量增长了145.6万吨，累计增幅29.0%（图3），年均复合增长率2.9%，略高于种植面积的复合增长速度。

分国家看，中国以318.1万吨的年产量继续稳居全球茶叶产量第1位，占总产量比重为49.1%。第2位为印度（136.5万吨），第3位为肯尼亚（53.5万吨）。排在第4～10位的依次是斯里兰卡（29.9万吨）、土耳其（28.2万吨）、越南（17.4万吨）、印度尼西亚（12.5万吨）、孟加拉国（9.4万吨）、阿根廷（7.1

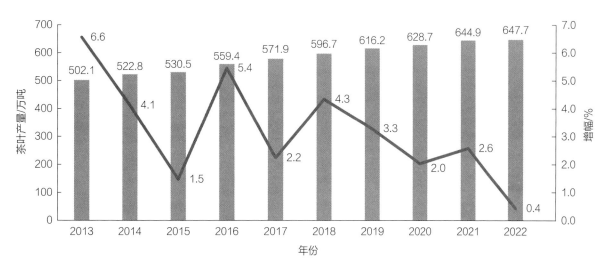

图3 2013—2022年世界茶叶产量

资料来源：国际茶叶委员会

万吨）和乌干达（7.1万吨）（表2）。在前十位的国家中，除中国（3.8%）、印度（1.7%）、阿根廷（0.7%）产量小幅增长外，其余主要产茶国产量均出现下滑；其中，斯里兰卡、土耳其、乌干达的降幅均超10%。中国、印度、肯尼亚三国的茶叶产量合计达508.1万吨，占到世界茶叶总产量的78.5%。

表2　2022年全球茶叶产量

序号	国家名称	生产量 / 万吨	同比增长 /%
1	中国	318.1	3.8
2	印度	136.5	1.7
3	肯尼亚	53.5	-0.5
4	斯里兰卡	29.9	-19.0
5	土耳其	28.2	-14.8
6	越南	17.4	-3.4
7	印度尼西亚	12.5	-1.5
8	孟加拉国	9.4	-2.9
9	阿根廷	7.1	0.7
10	乌干达	7.1	-14.7
	......		
	全球茶叶总产量	647.7	0.4

资料来源：国际茶叶委员会

分茶类看，2022年全球红茶生产量为352.1万吨，占比54.4%；其中，CTC红碎茶211.9万吨，传统红茶140.2万吨。绿茶生产量为208.9万吨，占比32.3%。其他茶类为155.4万吨，占比13.3%。

二、市场情况

（一）全球茶叶出口贸易收缩

2022年，世界茶叶出口量为181.9万吨（图4），比2021年减少10万吨，同比下降5.2%，为近五年最低水平；茶叶总出口量占总产量比重的28.1%，从2013年的37%降到不足30%，十年间出口占比持续减少（图5）。全球茶叶主产国产量的70%以上在生产国国内直接消费或存贮，国际茶叶贸易市场规模较为稳定。

从主要生产国的出口情况看（表3）：2022年，出口量超过1万吨的茶叶生产国和地区数量为14个，出口格局基本保持稳定。出口量排在第1位的是肯尼亚，为45.0万吨，占全球茶叶出口比重为24.8%；居第2位的是中国，为37.5万吨，占20.6%；第3位是斯里兰卡，24.7万吨，占13.6%。第4～10位的依次是印度（21.9万吨）、越南（14.0万吨）、乌干达（7.6万吨）、阿根廷（7.1万吨）、马拉维

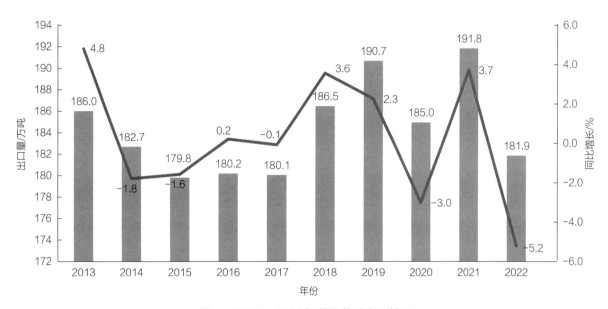

图4 2013—2022年世界茶叶出口情况

资料来源：国际茶叶委员会

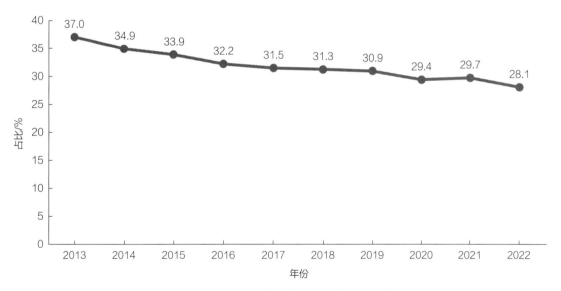

图5 2013—2022年世界茶叶出口占总产量的比重

资料来源：国际茶叶委员会

（4.6万吨）、印度尼西亚（4.5万吨）、卢旺达（3.4万吨）。

在出口量位居前十名的国家和地区中，肯尼亚（-24.1%）、斯里兰卡（-14.4%）、越南（-3.6%）、卢旺达（-3.5%）四国出现不同幅度下降。其中，受严重干旱和全球经济衰退的双重影响，肯尼亚的茶叶产量和出口量在2022年双双下滑，肯尼亚茶叶管理委员会将出口量的下降归咎于全球性经济衰退。此外，由于俄罗斯和乌克兰是斯里兰卡传统茶的重要买家，因受俄乌冲突影响，斯里兰卡对俄罗斯的出口量下降近10%，对乌克兰出口为零。

表3 2022年全球茶叶出口量

名次	国家名称	出口量/万吨	同比增长/%
1	肯尼亚	45.0	-24.1
2	中国	37.5	1.6
3	斯里兰卡	24.7	-14.4
4	印度	21.9	14.8
5	越南	14.0	-3.6
6	乌干达	7.6	5.2
7	阿根廷	7.1	10.6
8	马拉维	4.6	13.4
9	印度尼西亚	4.5	5.6
10	卢旺达	3.4	-3.5
……			
	全球茶叶出口量	181.9	-5.2

资料来源：国际茶叶委员会

从出口均价看：尽管中国茶叶的2022年出口均价出现下降，但在排名前十的出口国家和地区中，仍为最高——2022年，中国茶叶出口均价为5.55美元/千克（2023年9月27日汇率：1美元=7.3110人民币）；均价排在第2位的是斯里兰卡5.04美元/千克；之后依次为印度（3.57美元/千克）、卢旺达（2.97美元/千克）、肯尼亚（2.60美元/千克）、印度尼西亚（2.00美元/千克）、越南（1.68美元/千克）、马拉维（1.47美元/千克）、乌干达（1.28美元/千克）、阿根廷（1.08美元/千克）（图6）。值得注意的是，2022年日本茶叶出口量为6378吨，在生产国中出口均价全球最高，达到26.53美元/千克；中国台湾的出口均价也达到12.42美元/千克，出口量为7970吨。

众所周知，尽管欧洲地区几乎不产茶，但其茶叶再加工业发达。德国、法国、英国等国将来自生产国的茶叶进行加工后再出口，其均价普遍较高。2022年，德国再出口量为2.10万吨，均价为10.73美元/千克；其次是英国，出口量为1.69万吨，均价为7.25美元/千克，法国出口量为3351吨，均价为17.64美元/千克（表4）。

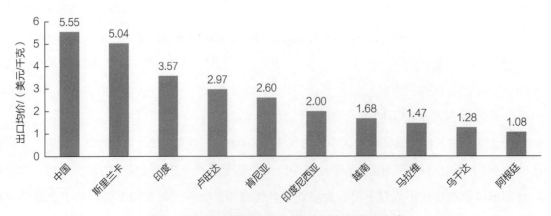

图6 2022年世界茶叶出口量前十地区出口均价

资料来源：国际茶叶委员会

表4 2022年世界主要茶叶出口国的平均离岸价格

国家名称	日本	法国*	德国*	英国*	中国	斯里兰卡	印度	卢旺达	肯尼亚	印度尼西亚
平均离岸价格/（美元/千克）	26.53	17.64	10.73	7.25	5.55	5.04	3.57	2.97	2.60	2.00

*表示再出口国。

资料来源：国际茶叶委员会

（二）全球茶叶总进口量回落

2022年，全球茶叶总进口量为174万吨（图7），较2021年减少1.4%，略有回落。近十年，全球茶叶进口消费量总体表现较为稳定，平均值为175.05万吨。

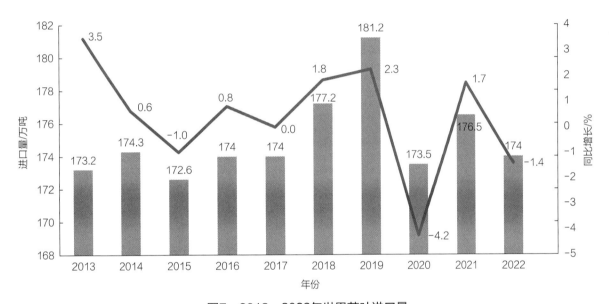

图7 2013—2022年世界茶叶进口量

分国家看：2022年，世界茶叶进口量最多的国家是巴基斯坦，为23.6万吨，占全球茶叶进口总量的13.6%，稳居全球第一；其主要供应国为肯尼亚，巴基斯坦2022年从肯尼亚进口茶叶19.2万吨，占该国进口茶叶总量的81%。排在第2位的是俄罗斯，总进口量约为13.8万吨。美国以12万吨的进口量位居全球第三。排在第4~10位的依次是英国（10万吨）、埃及（8.6万吨）、摩洛哥（8.2万吨）、阿联酋（5.1万吨）、伊拉克（5万吨）、伊朗（4.1万吨）、波兰（4.1万吨）。在各主要茶叶进口国中，巴基斯坦、俄罗斯、埃及、伊朗等国的茶叶进口量出现不同幅度的下降，而阿联酋、摩洛哥等国茶叶进口量出现较大幅度增长（表5）。

表5   2022年全球茶叶总进口量

名次	国家名称	总进口量 / 万吨	同比增长 /%
1	巴基斯坦	23.6	-4.5
2	俄罗斯	13.8	-2.8
3	美国	12	4.3
4	英国	10	8.7
5	埃及	8.6	-13.1
6	摩洛哥	8.2	15.5
7	阿联酋	5.1	45.7
8	伊拉克	5	2.0
9	其他非洲国家	4.1	
10	伊朗	4.1	-16.3
	……		
	全球茶叶出口量	174.0	-1.4

资料来源：国际茶叶委员会

（三）全球茶叶拍卖市场量减价增

从全球各大茶叶拍卖行交易情况看：2022年，全球主要茶叶拍卖市场的总交易量为142.28万吨，同比下降6.24%。交易量居世界第1位的是肯尼亚蒙巴萨拍卖行（50.54万吨，同比增长0.3%），第2位是斯里兰卡科伦坡拍卖行（23.71万吨，同比减少15.89%），排位第3～10名的拍卖行依次是加尔各答（印度）（15.67万吨）、西里古里（印度）（14.43万吨）、古瓦哈提（印度）（14.26万吨）、吉大港（孟加拉国）（8.72万吨）、古努尔（印度）（7.38万吨）、科钦（印度）（4.89万吨）、哥印拜陀（印度）（1.74万吨）、林贝（马拉维）（0.94万吨）（图8）。

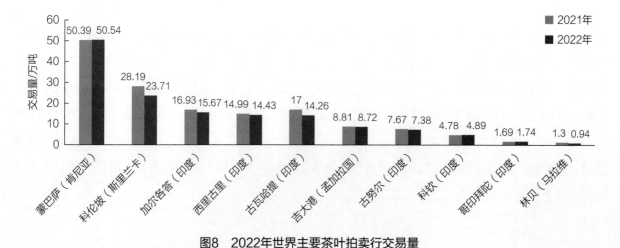

图8   2022年世界主要茶叶拍卖行交易量

资料来源：国际茶叶委员会

在非洲最大的茶叶拍卖市场——蒙巴萨拍卖行，2022年的茶叶拍卖成交均价为233美分/千克，同比上涨18.3%。2021年之前，蒙巴萨交易市场均价已经历连续三年下跌。2021年7月，肯尼亚政府为保护茶农收入而设定了2.43美元的茶叶底价（最低价格）后，蒙巴萨的茶叶交易均价连续两年出现回升（图9）。

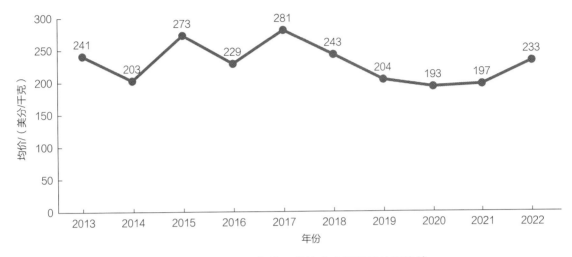

图9　2013—2022年蒙巴萨拍卖市场茶叶拍卖均价

资料来源：国际茶叶委员会

加尔各答拍卖行是印度最主要茶叶拍卖市场。2022年，该拍卖行的成交均价为232.94印度卢比/千克（2023年9月27日汇率：1印度卢比≈0.0879人民币），较2021年增长10.5%。十年来，加尔各答拍卖行的成交均价保持平稳上升趋势，从2013年的159.25印度卢比/千克上涨到232.94印度卢比/千克，年均复合增长率为4.3%（图10）。

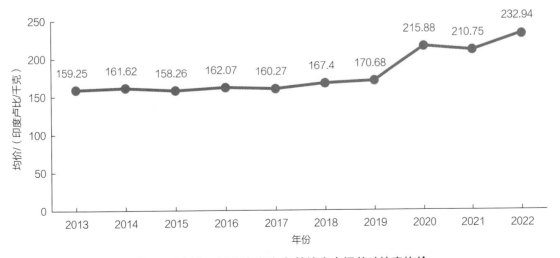

图10　2013—2022年加尔各答拍卖市场茶叶拍卖均价

资料来源：国际茶叶委员会

斯里兰卡最主要的拍卖市场——科伦坡拍卖行，2022年茶叶成交均价为1250.24斯里兰卡卢比/千克（2023年9月27日汇率：1斯里兰卡卢比≈0.0226人民币），较2021年增长112.2%。茶叶成交均价大幅上涨有以下两个方面的原因：一方面是由于茶叶产量短缺导致供应明显下降；另一方面，也是最主要的原因，就是斯里兰卡卢比兑美元汇率大幅贬值，导致茶叶拍卖价格急剧上涨（图11）。

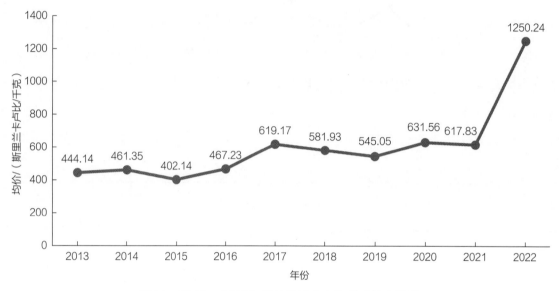

图11　2013—2022年科伦坡拍卖市场茶叶拍卖均价

资料来源：国际茶叶委员会

综上所述，2022年，受到自然条件导致的减产影响，非洲及亚洲的印度、斯里兰卡等主要茶叶拍卖地的茶叶拍卖量明显减少，因此各大拍卖市场的成交价均出现较大幅度的上涨，在一定程度上缓解了近两年茶叶价格下行的压力。

三、消费态势

（一）全球茶叶消费保持稳定

关于茶叶消费，据国际茶委会统计，2022年世界茶叶消费总量为620.9万吨，同比增长0.6%。茶叶消费量最大的国家也是产量最大的国家——中国，消费量达274.6万吨；印度居第2位，118.8万吨；排在3~10位分别是土耳其（24万吨）、巴基斯坦（23.6万吨）、俄罗斯（13.8万吨）、美国（12万吨）、英国（10万吨）、印度尼西亚（9.1万吨）、日本（9万吨）、孟加拉国（8.9万吨）（表6）。2022年，在茶叶消费量居前十位的国家中，中国和印度的茶叶消费量持续增长，对全球消费增长贡献最大，消费占比持续提升，已占到全球消费量的六成以上，达到63.4%。此外，美国、英国等国的茶叶消费量也有增长。而土耳其、巴基斯坦、俄罗斯、印度尼西亚、日本、孟加拉国则均出现消费量下滑。其中，巴基斯坦政府为保护外汇储备，呼吁国内消费者每天少喝1～2杯茶，直接导致2022年巴基斯坦茶叶消费量减少3.9万吨，同比下降16.5%。

表6　2022年世界茶叶消费量

名次	国家名称	消费量 / 万吨	同比增长 /%
1	中国	274.6	3.8
2	印度	118.8	2.3
3	土耳其	24	-2.9
4	巴基斯坦	23.6	-16.5
5	俄罗斯	13.8	-2.9
6	美国	12	4.2
7	英国	10	8.0
8	印度尼西亚	9.1	-4.4
9	日本	9	-7.8
10	孟加拉国	8.9	-3.4
	......		
	全球总消费量	620.9	0.6

资料来源：国际茶叶委员会

（二）各国人均消费量较为稳定

2022年，茶叶人均消费量排名全球第1位的仍是土耳其，人均每年消费茶叶3.11千克，同比减少3.7%；第2位是利比亚，2.07千克/（人·年），较上年增长1%；第3位是摩洛哥，2.02千克/（人·年），同比下降3.3%。中国内地、中国香港和中国台湾的人均茶叶消费量较为稳定，均进入全球人均消费量的前15位。其中，中国香港排在第4位［1.97千克/（人·年），同比增长7.7%］，中国内地排第5位［1.86千克/（人·年），同比增长4.5%］，中国台湾排第10位［1.25千克/（人·年），同比减少5.3%］（图12）。世界其他主要产茶国的茶叶消费情况如下，印度2022年人均消费量分别为0.83千克/（人·年），肯尼亚为0.78千克/（人·年），斯里兰卡为1.34千克/（人·年）。

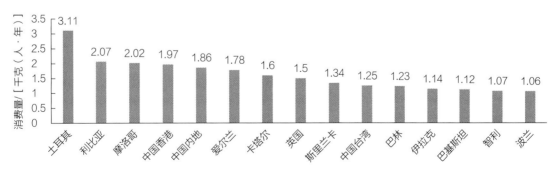

图12　2022年全球人均茶叶消费量前十五的国家和地区

资料来源：国际茶叶委员会

四、结语

　　当前，世界经济运行中的各种短期问题和长期矛盾交织叠加，一些不稳定、不确定、不安全的短期因素不断涌现，一些深层次矛盾和结构性问题也日益凸显。从整体看，全球茶叶产大于销的局面仍未缓解，产能过剩的风险持续累积，部分地区茶叶劳动者收入保障持续不足等问题仍困扰着世界茶产业。面对世界经济变局，全球茶产业要探索推进茶叶质量溯源管理体系的构建，推动茶叶出口统一标准的制定，研究、推进并建立信用等级推荐制度，通过大数据、互联网、区块链等数字科技手段助推茶叶国际贸易发展；应加强国际交流合作，积极联办国际高端茶事活动，打造品牌、推广产品。

（执笔人：梅宇、梁晓）

2022中国茶叶产销形势报告

中国茶叶流通协会

2022年，受到多重因素的影响，全球经济增速放缓。据国际货币基金组织（IMF）估计，2022年全球经济增速仅为3.2%。面对风高浪急的国际环境，中国统筹疫情防控与经济发展，宏观经济大盘总体稳定，经济总量持续扩大，发展质量稳步提高，发展韧性彰显。2023年1月17日，国家统计局公布数据：2022年中国国内生产总值（GDP）达121.02万亿元，同比增长3%；全国居民消费价格指数（CPI）同比上涨2.0%。

尽管宏观经济环境并不理想，但中国茶产业依托国内超大市场规模和持续稳定的市场需求，通过放缓增速、微调结构、减少进口，顺势完成了茶类消费结构的调整与升级。在新茶饮、花草茶及茶衍生品等新消费增长极继续拓展的同时，"围炉煮茶""宋代点茶""相期以茶"等茶文化现象次第涌现。2022年11月29日，"中国传统制茶技艺及其相关习俗"列入联合国教科文组织人类非物质文化遗产代表作名录，更为中国茶产业夯实了发展底气。

一、生产情况

2022年，全国茶叶生产克服干旱等不利影响，面积产量基本稳定，规模扩张态势得到扭转，绿色生态茶园建设加快，茶叶产品向优质多元方向发展，带动农民增收效果显著。

（一）数据指标总体向上

1．茶园面积稳中略增

近年来，我国茶园面积增幅稳步收窄，盲目扩张面积趋势已得到扭转。据统计，2022年全国茶园面积达4995.40万亩（1亩≈667平方米），增加99.31万亩，同比增长2.03%（表1）。其中，开采茶园面积4539.89万亩，增加165.31万亩；可采摘面积超过300万亩的省份分别是云南（665.45万亩）、贵州（654.47万亩）、四川（534.55万亩）、湖北（430万亩）、福建（319.85万亩）、湖南（308.2万亩）（图1）。值得关注的是，2022年湖南省的茶叶采摘面积首次突破300万亩，而安徽省的茶叶采摘面积有297.29万亩，距离突破300万亩仅一步之遥。

表1   2022年中国各主要产茶省（自治区、直辖市）茶园面积

省（自治区、直辖市）	2022 年面积 / 万亩	2021 年面积 / 万亩	面积增量 / 万亩	同比增长 /%
江苏	51.00	51.45	-0.45	-0.87
浙江	310.50	307.70	2.80	0.91
安徽	307.52	295.73	11.79	3.99
福建	352.05	341.22	10.83	3.17
江西	175.70	171.80	3.90	2.27
山东	40.51	40.83	-0.32	-0.78
河南	175.11	208.60	-33.49	-16.05
湖北	558.03	545.01	13.02	2.39
湖南	310.82	298.10	12.72	4.27
广东	149.30	123.13	26.17	21.25
广西	151.73	142.44	9.29	6.52
海南	3.56	3.35	0.21	6.19
重庆	85.20	84.62	0.58	0.69
四川	605.38	596.20	9.18	1.54
贵州	708.34	714.60	-6.26	-0.88
云南	756.92	720.25	36.67	5.09
陕西	235.73	233.66	2.07	0.88
甘肃	18.00	17.40	0.60	3.45
合计	4995.40	4896.09	99.31	2.03

资料来源：中国茶叶流通协会

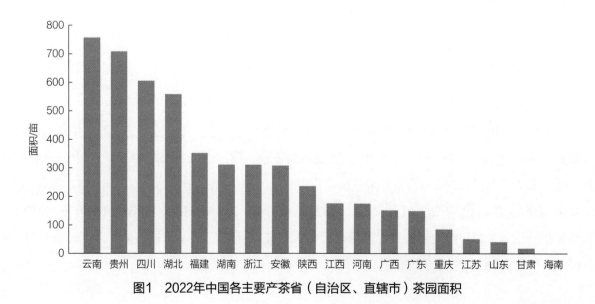

图1   2022年中国各主要产茶省（自治区、直辖市）茶园面积

资料来源：中国茶叶流通协会

2．茶叶产量继续稳增

受夏秋季长江流域持续高温干旱影响，部分主产省夏秋茶减产，使2022年全国茶叶总产量略低于中国茶叶流通协会的前期预计数。据统计，2022年全国干毛茶总产量为318.10万吨，增长11.79万吨，同比增长3.85%（表2、图2）。安徽、江西、山东、河南、广东、广西、海南、云南、陕西同比增长5%以上，江苏、浙江、湖北、湖南、重庆、贵州均有不同程度减产。

表2　2022年中国各主要产茶省（自治区、直辖市）干毛茶产量

省（自治区、直辖市）	2022年产量 / 吨	2021年产量 / 吨	增量 / 吨	同比增长 /%
江苏	10400.00	10702.50	-302.50	-2.83
浙江	193500.00	195300.00	-1800.00	-0.92
安徽	154100.00	142412.75	11687.25	8.21
福建	459674.38	450469.83	9204.55	2.04
江西	83700.00	78888.00	4812.00	6.10
山东	31601.65	27262.00	4339.66	15.92
河南	94282.65	89190.11	5092.54	5.71
湖北	314515.25	384000.00	-69484.75	-18.09
湖南	247542.86	250253.40	-2710.54	-1.08
广东	148000.00	108443.04	39556.96	36.48
广西	130300.00	102800.00	27500.00	26.75
海南	844.60	800.00	44.60	5.58
重庆	47300.00	48700.00	-1400.00	-2.87
四川	366292.67	350000.00	16292.67	4.66
贵州	344857.78	345017.40	-159.62	-0.05
云南	432904.09	380023.00	52881.09	13.92
陕西	119689.49	97297.16	22392.33	23.01
甘肃	1533.49	1592.10	-58.61	-3.68
合计	3181038.91	3063151.29	117887.62	3.85

资料来源：中国茶叶流通协会

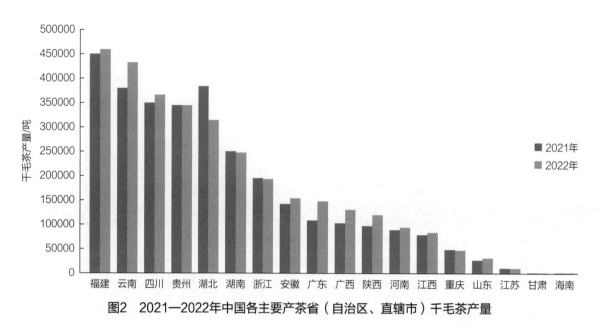

图2　2021—2022年中国各主要产茶省（自治区、直辖市）干毛茶产量

资料来源：中国茶叶流通协会

3．农业产值保持增长

2022年，全国干毛茶总产值再创历史新高，达到3180.68亿元，增加252.42亿元，同比增长8.62%（表3、图3）。从全年总体来看，春季茶青价格基本保持稳定，夏秋季茶青价格同比增长2.4%左右。由于茶叶品质整体优良，加之生产成本持续增加，带动了干毛茶交易价格整体上涨。名优茶与大宗茶比例约为7∶3，经济效益持续稳增。

表3　2022年中国各主要产茶省（自治区、直辖市）干毛茶产值

省（自治区、直辖市）	2022 年产值 / 亿元	2021 年产值 / 亿元	增量 / 亿元	同比增长 /%
江苏	32.74	33.09	-3.52	-1.07
浙江	264.00	259.14	4.86	1.88
安徽	182.60	175.73	6.87	3.91
福建	309.58	298.12	11.45	3.84
江西	71.40	80.84	-9.44	-11.68
山东	73.93	74.85	-0.92	-1.22
河南	187.62	160.21	27.41	17.11
湖北	217.29	221.91	-4.62	-2.08
湖南	177.01	171.57	5.43	3.17
广东	179.13	156.80	22.33	14.24
广西	124.66	98.30	26.36	26.81
海南	1.50	2.16	-0.66	-30.48
重庆	46.03	44.53	1.50	3.37
四川	367.19	335.00	32.19	9.61

续表

省（自治区、直辖市）	2022 年产值 / 亿元	2021 年产值 / 亿元	增量 / 亿元	同比增长 /%
贵州	498.00	414.60	83.40	20.12
云南	232.21	202.12	30.09	14.89
陕西	212.65	196.32	16.33	8.32
甘肃	3.13	2.85	0.28	9.93
合计	3180.68	2928.15	252.42	8.62

资料来源：中国茶叶流通协会

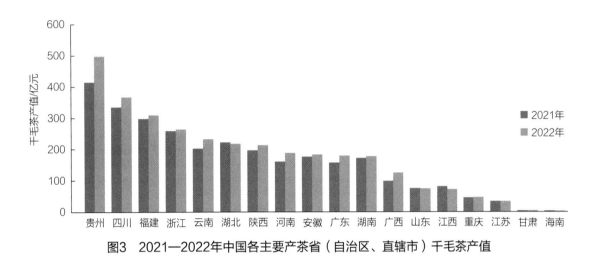

图3　2021—2022年中国各主要产茶省（自治区、直辖市）干毛茶产值

资料来源：中国茶叶流通协会

4．茶类结构均衡发展

2022年，中国传统六大茶类的生产格局与上年大体一致（表4）。在产量方面，绿茶产量185.38万吨，微增0.44万吨，同比增长0.24%；红茶48.20万吨，增长4.75万吨，同比增长10.94%；黑茶42.63万吨，增长2.95万吨，同比增长7.43%；乌龙茶31.13万吨，增长3.35万吨，同比增长12.07%；白茶9.45万吨，增长1.26万吨，同比增长15.41%；黄茶1.30万吨，减少0.03万吨，降幅1.90%。绿茶、红茶、黑茶、乌龙茶、白茶、黄茶的产量比例为58.3∶15.2∶13.4∶9.8∶2.9∶0.4；绿茶在总产量的占比下降，黄茶占比稳定，其他茶类占比攀升（图4）。

表4　2022年中国六大茶类产量

茶类	2022 年产量 / 万吨	2021 年产量 / 万吨	增量 / 万吨	同比增长 /%
绿茶	185.38	184.94	0.44	0.24
红茶	48.20	43.45	4.75	10.94
黑茶	42.63	39.68	2.95	7.43
乌龙茶	31.13	27.78	3.35	12.07

续表

茶类	2022 年产量 / 万吨	2021 年产量 / 万吨	增量 / 万吨	同比增长 /%
白茶	9.45	8.19	1.26	15.41
黄茶	1.30	1.33	-0.03	-1.90
合计	318.10	306.32	11.79	3.85

资料来源：中国茶叶流通协会

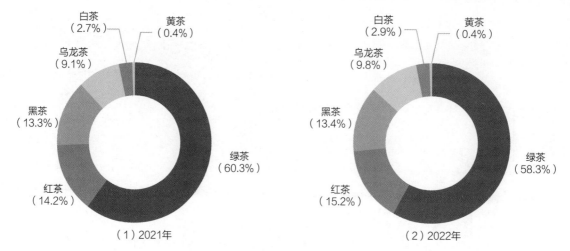

（1）2021年   （2）2022年

图4　中国六大茶类产量占比

资料来源：中国茶叶流通协会

从产值上看，2022年绿茶产值2058.19亿元，增长115.60亿元，同比增长5.95%，总值占比为64.7%；红茶509.46亿元，增长55.79亿元，同比增长12.30%，总值占比为16.0%；黑茶268.56亿元，增长52.54亿元，同比增长24.32%，总值占比为8.4%；乌龙茶254.76亿元，增长21.36亿元，同比增长9.15%，总值占比为8.0%；白茶77.93亿元，增长7.04亿元，同比增长9.94%，总值占比为2.5%；黄茶11.77亿元，增加0.16亿元，增幅1.45%，总值占比为0.4%（表5、图5）。

表5　2022年中国六大茶类产值

茶类	2022 年产值 / 亿元	2021 年产值 / 亿元	增量 / 亿元	同比增长 /%
绿茶	2058.19	1942.59	115.60	5.95
红茶	509.46	453.67	55.79	12.30
黑茶	268.56	216.02	52.54	24.32
乌龙茶	254.76	233.39	21.36	9.15
白茶	77.93	70.88	7.04	9.94
黄茶	11.77	11.60	0.16	1.45
合计	3180.68	2928.15	252.42	8.62

资料来源：中国茶叶流通协会

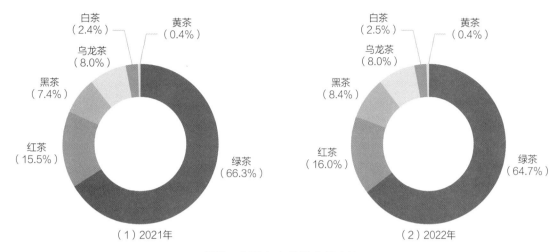

图5 中国六大茶类产值占比

资料来源：中国茶叶流通协会

（二）产制运行态势良好

1. 生产运行平稳

2022年，我国暖干气候特征明显，旱涝灾害突出，气候状况总体偏差。全国平均降水量606.1毫米，较常年偏少5%，冬春季降水偏多、夏秋季偏少。东北、华南、华北地区降水量偏多，长江中下游、西南、西北地区降水量偏少；七大江河流域中，除长江流域和淮河流域降水量偏少外，其他流域降水量均偏多。全国平均气温10.51℃，较常年偏高0.62℃，除冬季气温略偏低外，春夏秋三季气温均为历史同期最高；区域性和阶段性干旱明显，南方夏秋连旱影响重。但据应急管理部的统计数据，与近五年平均值相比，气象灾害造成的农作物受灾面积和直接经济损失均偏少。

总体来看，气候对2022年全国茶叶生产的整体影响有限。3月初，湖南、广西部分茶区虽然出现了不同程度干旱，但在中旬随着降水得以缓解。湖北、湖南、江苏等地茶园在夏秋季受到旱灾严重影响，导致夏秋茶产量下降，但质量持续向好，价格还略有上涨。由于国内抗旱防灾技术较为成熟，各地区成立相应技术指导组，结合本地实际情况提出科学抗旱减灾建议，最大程度地保障了茶农利益。

2019—2022年，各茶叶主产区政府已经具备了较为成熟的措施办法，有效地推进了"抗疫生产两手抓"。主要做法：一是积极做好采茶工招募与培训工作，缓解用工缺口；二是深度融合数字化转型，通过网络营销、直播带货等新渠道，打造新消费场景；三是研判防控形势，适时调整市场人员管理模式，确保线下交易有序进行；四是深耕科研创新，助推茶叶生产提质增效。这些举措切实维护了茶农收入的稳步增长，保障了全年茶产业的平稳运行。

2. 生态低碳成为亮点

各地加快建设标准化的绿色生态茶园，打造绿色低碳茶叶产品和品牌，促进茶产业发展绿色转型。据不完全统计，全国累计建成各类生态茶园350余万亩。浙江省建成生态茶园40.6万亩，亩产值达9500元，比常规茶园增加约1000元。全国农业技术推广服务中心、中国农业科学院茶叶研究所和杭州中农质量认证中心联合创设生态低碳茶认证，截至2022年12月底已认证12家企业18个茶叶产品，认证茶园平均年碳排放量较全国茶园平均水平减少约76%。

3. 突出问题仍然存在

在中国茶产业持续向好的局面下，一些长期困扰茶产业高质量发展的突出问题仍然没有得到有效地解决。一是采茶用工成本持续走高。疫情减少采茶工流动，60%以上产区在春茶生产旺季存在采茶工短缺问题；同时疫情防控增加了用工成本。二是茶园基础设施建设滞后。我国老旧茶园占比大，立地条件差，不利于推进机械化，大部分山区茶园缺少灌溉设施，防灾能力弱，加剧高温干旱等灾害影响。三是市场销售压力增大。近年来，国内茶叶消费承压较大，产品供需结构失衡的问题亟待解决。

二、国内市场

（一）国产茶叶

1. 内销市场保持平稳

2022年，中国茶叶内销市场保持平稳。据统计，2022年中国茶叶内销总量为239.75万吨，增长9.56万吨，同比增长4.15%；内销总额3395.27亿元，增长275.31亿元，同比增长8.82%；内销均价为141.62元/千克，同比增长4.48%（表6）。

表6 2022年中国茶叶内销数据

内销数据	2022年	2021年	增长值	同比增长 /%
内销总量/万吨	239.75	230.19	9.56	4.15
内销总额/亿元	3395.27	3119.96	275.31	8.82
内销均价/（元/千克）	141.62	135.54	6.08	4.48

资料来源：中国茶叶流通协会

2. 内销总量增幅放缓

2022年，中国绿茶内销量131.10万吨，同比增长0.12%，占总销量的54.7%；红茶38.13万吨，同比增长10.82%，占总销量的15.9%；黑茶36.44万吨，同比增长7.58%，占总销量的15.2%；乌龙茶24.84万吨，同比增长8.99%，占总销量的10.4%；白茶8.13万吨，同比增长15.41%，占总销量的3.3%；黄茶1.12万吨，同比减少1.90%，占总销量的0.5%（表7、图6）。

表7 2022年中国六大茶类内销总量

茶类	2022年内销总量/万吨	2021年内销总量/万吨	增量/万吨	同比增长/%
绿茶	131.10	130.94	0.16	0.12
红茶	38.13	33.88	4.25	10.82
黑茶	36.44	34.41	2.03	7.58
乌龙茶	24.84	22.79	2.05	8.99
白茶	8.13	7.05	1.08	15.41
黄茶	1.12	1.14	−0.02	−1.90
总计	239.75	230.19	9.56	4.15

资料来源：中国茶叶流通协会

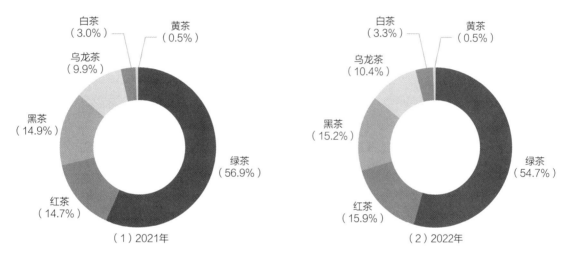

图6 中国六大茶类内销总量

资料来源：中国茶叶流通协会

3. 内销总额持续增加

2022年，中国绿茶内销额2110.45亿元，同比增长5.83%，占内销总额的62.2%；红茶564.21亿元，同比增长12.18%，占总额的16.6%；黑茶321.35亿元，同比增加24.49%，占总额的9.5%；乌龙茶284.56亿元，同比增加9.75%，占总额的8.4%；白茶100.53亿元，同比增长9.94%，占总额的2.9%；黄茶14.17亿元，同比增加1.45%，占总额的0.4%（表8、图7）。

表8 2022年中国六大茶类内销总额

茶类	2022年内销总额/亿元	2021年内销总额/亿元	增量/亿元	同比增长/%
绿茶	2110.45	1994.21	116.24	5.83
红茶	564.21	502.94	61.27	12.18
黑茶	321.35	258.13	63.22	24.49
乌龙茶	284.56	259.27	25.29	9.75

续表

茶类	2022 年内销总额 / 亿元	2021 年内销总额 / 亿元	增量 / 亿元	同比增长 /%
白茶	100.53	91.44	9.09	9.94
黄茶	14.17	13.97	0.20	1.45
总计	3395.27	3119.96	275.31	8.82

资料来源：中国茶叶流通协会

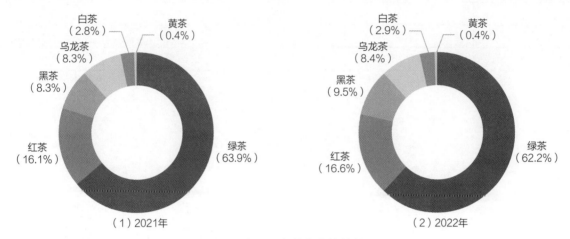

图7　中国六大茶类内销总额

资料来源：中国茶叶流通协会

4．内销均价基本稳定

在各茶类中，绿茶均价160.99元/千克，同比增长5.70%；红茶147.97元/千克，同比增长1.23%；黑茶88.19元/千克，同比增长15.73%；乌龙茶114.56元/千克，同比增长0.70%；白茶123.67元/千克，同比增长-4.75%；黄茶126.40元/千克，同比增长3.41%（表9、图8）。值得一提的是，黑茶均价在经历了2021年度的剧烈下调后，触底回升；而白茶均价则出现了轻微迟滞。

表9　2022年中国六大茶类内销均价

茶类	2022 年内销均价 / （元 / 千克）	2021 年内销均价 / （元 / 千克）	增量 / 元	同比增长 /%
绿茶	160.99	152.31	8.68	5.70
红茶	147.97	146.17	1.80	1.23
黑茶	88.19	76.21	11.98	15.73
乌龙茶	114.56	113.77	0.79	0.70
白茶	123.67	129.83	-6.16	-4.75
黄茶	126.40	122.22	4.18	3.41
总计	141.62	135.54	6.08	4.48

资料来源：中国茶叶流通协会

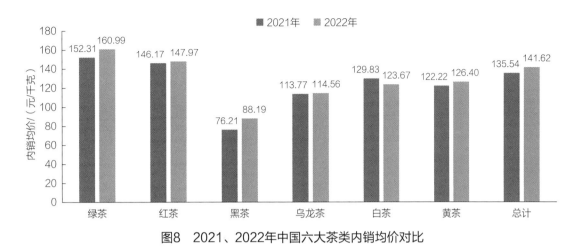

图8 2021、2022年中国六大茶类内销均价对比

资料来源：中国茶叶流通协会

（二）进口茶叶

受2022年度全球茶产业形势的影响，中国进口茶叶明显减少。根据中国海关进出口数据来看，2022年中国进口茶叶量4.14万吨，同比减少11.67%；进口额1.47亿美元，同比减少20.87%；均价3.54美元/千克，同比减少4.93%。

1.按茶类统计

（1）进口量方面 2022年红茶进口量3.01万吨，同比减少22.64%，占比的72.93%；绿茶0.84万吨，同比增长92.45%，占比20.33%；乌龙茶0.26万吨，同比减少20.74%，占比6.26%；花茶59吨，同比减少73.52%，占比0.14%；普洱茶138吨，同比增长3483.81%；黑茶1.5吨，同比增长121.97%（图9）。

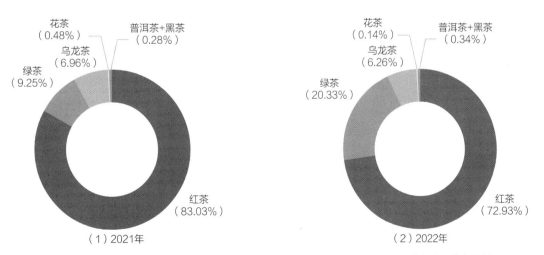

因2022年黑茶进口量占比仅为0.002%、2021年黑茶进口量占比仅为0.001%，故与普洱茶合并制图

图9 中国茶叶进口量分茶类占比

资料来源：中国海关

（2）进口额方面　2022年红茶进口额1.07亿美元，同比减少22.83%，占比73.46%；绿茶0.13亿美元，同比增长18.33%，占比9.12%；乌龙茶0.26亿美元，同比减少26.75%，占比15.73%；花茶159万美元，同比减少47.62%，占比1.06%；普洱茶84万美元，同比增长537%，占比0.59%；黑茶7万美元，同比增长392.45万美元，占比0.04%（图10）。

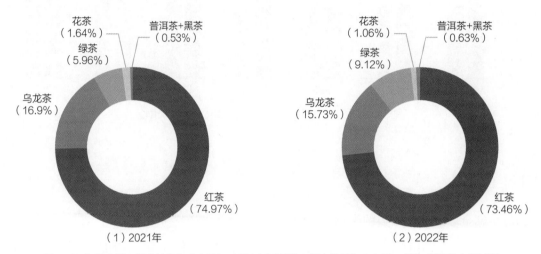

因2022年黑茶进口额占比仅为0.04%、2021年黑茶进口额占比仅为0.01%，故与普洱茶合并制图

图10　中国茶叶进口额分茶类占比

资料来源：中国海关

（3）进口均价方面　2022年红茶均价3.56美元/千克，同比减少0.28%；绿茶均价1.59美元/千克，同比减少38.37%；乌龙茶均价8.88美元/千克，同比减少7.5%；花茶均价26.8美元/千克，同比增长97.93%；普洱茶均价6.08美元/千克，同比减少82.22%；黑茶均价50.69美元/千克，同比增长121.84%（图11）。

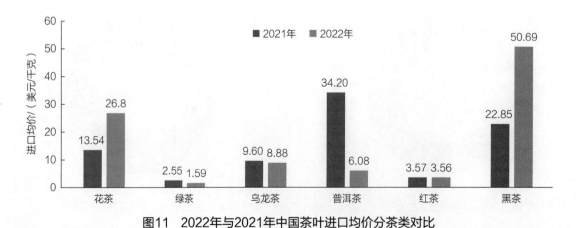

图11　2022年与2021年中国茶叶进口均价分茶类对比

资料来源：中国海关

2．按省区统计

2022年，共有26个省（自治区、直辖市）涉及茶叶进口。其中，中国进口茶叶超千吨的共计6个（表10），分别是福建省（1.22万吨）、浙江省（0.84万吨）、云南省（0.73万吨）、广东省（0.43万吨）、上海市（0.39万吨）、江苏省（0.23万吨）。

表10　2022年中国进口茶叶数量分省（自治区、直辖市）统计（＞10000吨）　　单位：吨

企业注册地	红茶	绿茶	乌龙茶	花茶	普洱茶	黑茶	合计
福建	10005295	465723	1741260	27664	58	0	12240000
浙江	7938204	408373	6253	2115	444	0	8355389
云南	149051	7104866	75234	180	819	0	7330150
广东	3765085	141723	283829	10993	114607	1367	4317604
上海	3338561	143498	354405	12654	1137	87	3850342
江苏	2282593	3373	57540	2	0	0	2343508

资料来源：中国海关

2022年，全国共有11个省（自治区、直辖市）进口茶叶金额过百万美元（表11），分别是福建省（4651.83万美元）、上海市（3349.38万美元）、浙江省（2021.48万美元）、广东省（1980.31万美元）、云南省（850.70万美元）、江苏省（570.42万美元）、广西壮族自治区（214.67万美元）、湖南省（186.39万美元）、山东省（174.38万美元）、北京市（154.55万美元）、安徽省（133.04万美元）。

表11　2022年中国进口茶叶金额分省（自治区、直辖市）统计（＞100万美元）单位：万美元

企业注册地	红茶	绿茶	乌龙茶	花茶	普洱茶	黑茶	合计
福建	3540.08	126.15	931.27	53.71	0.62	0	4651.83
上海	2393.93	166.02	749.47	34.95	4.26	0.74	3349.38
浙江	1857.58	120.65	20.36	18.95	3.94	0	2021.48
广东	1514.56	134.92	226.94	26.67	70.61	6.60	1980.31
云南	62.29	655.64	131.48	0.48	0.80	0	850.70
江苏	478.38	4.24	87.75	0.05	0	0	570.42
广西	146.56	4.18	60.44	0	3.49	0	214.67
湖南	89.04	77.51	10.38	9.46	0	0	186.39
山东	128.40	29.44	15.28	1.23	0	0.03	174.38
北京	131.27	6.79	12.88	3.53	0.39	0.05	154.55
安徽	132.01	1.02	0	0	0	0	133.04

资料来源：中国海关

3．按来源地统计

从进口茶叶来源地来看，斯里兰卡连续多年稳居榜首。在排名前十位中，斯里兰卡、印度、印度尼西亚、布隆迪以供应红茶为主；缅甸、越南以供应绿茶为主；中国台湾以供应乌龙茶、花茶为主，泰国也以供应花茶为主。除此之外，越南主要供应普洱茶，肯尼亚主要供应黑茶（表12）。

表12　2022年中国茶叶进口量和进口额排名

名次	茶叶进口量排名		茶叶进口额排名	
	国家和地区	总量 / 千克	国家和地区	总额 / 美元
1	斯里兰卡	11596944	斯里兰卡	59309269
2	缅甸	5854835	中国台湾	20899646
3	印度	5714779	印度	14049310
4	印度尼西亚	3806677	布隆迪	7232255
5	越南	3228293	越南	6854252
6	布隆迪	2572054	缅甸	5373452
7	马拉维	2002083	泰国	4940044
8	肯尼亚	1451595	印度尼西亚	4648047
9	中国台湾	1293800	马拉维	3356532
10	泰国	913624	肯尼亚	3268361

资料来源：中国海关

从近三年进口量变化来看：虽然斯里兰卡一直排名首位，但从其进口茶叶总量却减少了23.91%。其余前九位中，从肯尼亚（−64.75%）、中国台湾（−42.24%）、越南（−41.07%）、印度（−27.81%）进口茶叶量同比递减，从缅甸、印度尼西亚、布隆迪与马拉维进口茶叶量同比增加，其中缅甸茶叶进口量激增44.61倍，其余三个来源地也分别增长6.52% ～ 106.33%。

（三）运行趋势

1．消费端趋势

（1）从消费品类方面看　传统原叶茶的消费保持稳定。绿茶、红茶、乌龙茶仍是消费者最喜爱的品类。白茶近年来实现了年均两位数的高速增长，年销量与内销额已分别突破8万吨和100亿元，销量占比增幅最迅猛。

当前，市场对产品的需求主要呈现三个趋势：一是品牌、文化、情感因素使传统茶消费向中高端集中。二是日常消费更趋于理性，实用性强、性价比高的茶类产品更受大众消费者欢迎。例如："中华老字号"张一元凭借其亲民的产品实现了单店年销售额破2亿的成绩。三是健康理念持续推动茶消费需求保持增长。茶饮料在叠加低糖、低脂、低盐、零添加等消费概念后风行。近年来，国内无糖包装茶饮料保持着20%以上的增速；预计到2025年，中国无糖茶饮市场规模将突破百亿。

（2）从消费渠道看　茶叶是体验型商品，连锁专卖店、专业交易市场、茶馆、商超是传统消费通路。但在2019—2022年，茶叶线上交易已经成为线下消费市场强有力的补充。据中国茶叶流通协会估算，2022年中国茶叶线上交易总额已突破330亿元，近三年的年均复合增长率保持在10%以上。以八马茶业为例，该公司持续加强渠道建设，建立起直营+加盟线上+线下的全渠道销售体系，实施跨区域、跨品类的平台化发展战略。2022年，八马茶业积极布局淘宝、京东、抖音等主流电商平台，发展线上线下相融合的新零售模式，在各消费群体中的心智份额日益提升。2022年双"11"，八马茶业再次蝉联天猫乌龙茶类目第一，连续8年稳居该类目榜首。在抖音直播电商，该公司也进行了重点布局发展，带来声量、销量双增长。此外，八马茶业在唯品会和京东平台上也有着不俗的表现。

（3）从消费人群看　年轻态消费群体已逐渐成为市场主力。随着年龄、消费习惯、社会环境的变化，"80后""90后"甚至"00后"对茶的接受度持续走高。在接纳茶叶的同时，年轻一代通过加入个性化、多样化需求，也在改变着茶产品与茶消费，形成完美"融合"。年轻一代的茶文化与茶消费渐成主流。据京东平台数据显示，2022年，在该平台购买茶叶的用户群体中，主力人群年龄在21～40岁，35岁以下茶叶消费者在占比达57%。

2．供给侧趋势

（1）产品整体供给方面　为满足消费市场对中国茶叶产品多元化、高质量的需求，解决好茶叶供需失衡、质量效益不高等问题，行业龙头企业各产区政府或在近年来注重补齐基础短板，构建符合自身发展实际的自主可控、安全高效的产业链和供应链，并向茶旅游、新茶饮等新消费供给渠道延展，取得了较好效果。2022年，四川省茶业集团股份有限公司积极探索新茶饮渠道，建立"新茶饮"区域定制中心，把传统茶企链接进来，规范原叶供给品质，构建"直供基地+传统茶企+新茶饮企业"的利益联结机制，开发出了区域定制品牌，销量同比增长50%。在茶旅游方面，武夷山市深入挖掘茶艺、茶诗、茶歌、茶戏、茶事、茶俗等茶文化，联合龙头企业建立中国武夷茶博物馆、八马茶文化研学体验园、香江茶人小镇、正山茶业综合实践区等综合性旅游景点；推出茶园生态游、茶乡体验游、茶保健旅游、茶事修学游等茶文化旅游线路，以茶为主题的旅游业蓬勃兴起。

（2）传统茶供给方面　随着新技术、新能源不断应用于加工装备上，茶叶加工向绿色、节能、安全、清洁方向发展，连续化、标准化加工生产线正向初步数字化作业迈进。目前，多个茶类标准化加工生产线已得到广泛应用，使品味品质和卫生品质得到提升的同时，也保障了新风味、新包装的持续研发。2019年，萧氏茶业投资过亿元研发的世界首个茶叶加工智能化"无人工厂"建成投产，自控投用率达98%，实现从鲜叶到成品全流程"无人化"机械生产，使总体运营成本降低55%；2021年，小罐茶黄山超级工厂正式投入运行，实现全产业链工业化、标准化、智能化；2022年，竹叶青打造全自动、清洁化封闭制茶生产线，将传统制茶技艺融入到现代科技之中。

（3）新消费供给方面　以喜茶、奈雪的茶、蜜雪冰城、茶颜悦色等为代表的新式茶饮融入大众生活，健康、时尚、社交的属性让新式茶饮成为市场的宠儿。目前，蜜雪冰城门店数量已突破2万家，多个新茶饮品牌门店数量均已突破1000家，新茶饮消费正走向常态化，成为消费者日常生活的一部分；以茶里、茶小空为代表的新袋泡茶，以极致便捷和多元口味创新产品赛道，使越来越多的年轻人将新袋泡茶作为自己的"口粮茶"。

（4）茶文化供给方面　2022年，茶文化热点事件不断，受到各界普遍关注。与此同时，随着消费需求的变化，茶旅融合的步伐逐渐加快。各地立足生态茶园基础，大力推动茶文化产业的高品质、多样化升级，深挖当地传统茶文化、非遗文化、红色文化，打造茶旅精品，促进转型发展，以茶促旅、以旅兴茶、茶旅交融、康养结合，延长产业链，提高茶产品附加值，从而助力茶农增收。例如，华祥苑茶业在中国各主要茶品类原产地布局8座茶庄园，在保证源头茶叶品质的同时，大力发展茶庄园旅游，打造全域旅游产品体系，让茶庄园成为年轻人了解茶的线下入口，成为产品与文化的体验场。

三、外销市场

2022年，受汇率波动及疫情反复的影响，中国茶叶出口呈现出"量增价跌总额减"的态势。据中国海关统计，2022年1—12月，中国茶叶出口总量37.52万吨，同比增长1.6%，再创历史新高；出口额20.83亿美元，同比减少9.42%；均价5.55美元/千克，同比减少10.77%。

整体来看，绿茶仍是我国茶叶出口优势品类，出口量、额均占较大比重，分别为83.65%与66.94%（图12、图13）。在出口量方面，除普洱茶持续下降（降幅11.94%）外，其余品类茶叶出口量均有不同程度增长；其中，增幅最高的是红茶，达到了12.33%。在出口额方面，所有品类均有下降；其中，黑茶与普洱茶降幅最为明显，分别为43.96%与42.54%。出口均价方面，普洱茶单价最高，为15.9美元/千克；但各茶类均价全部下调；其中，黑茶降幅最大，达44.99%（表13）。

表13　2022年中国茶叶出口量、出口额、出口均价统计

茶类	出口量/吨	出口量增幅/%	出口额/亿美元	出口额增幅/%	出口均价/（美元/千克）	出口均价增幅/%
花茶	6507	11.52	0.56	-2.92	8.7	-12.59
绿茶	313895.46	0.52	13.94	-6.32	4.4	-7.48
乌龙茶	19346.38	1.05	2.58	-8.37	13.4	-9.14
普洱茶	1916.29	-11.94	0.3	-42.54	15.9	-34.06
红茶	33239.28	12.33	3.41	-17.89	10.3	-26.77
黑茶	350.78	1.97	0.027	-43.96	7.8	-44.99
合计	375255.18	1.6	20.83	-9.42	5.55	-10.77

资料来源：中国海关

总体看来，量增额减的主要原因：一是海运费用大幅下降；二是附加值低的大包装原料茶出口量上升，小包装茶减少；三是向欠发达国家及地区出口的茶叶量增加，拉低了平均单价；四是东南亚和中国香港地区出口的高价茶大幅下降。

（一）分茶类统计

从出口量来看，绿茶出口量31.39万吨，同比增长0.52%，占比83.65%；红茶出口量3.32万吨，同比增长12.33%，占比8.86%；乌龙茶1.93万吨，同比增长1.05%，占比5.16%；花茶0.65万吨，同比增长11.52%，占比1.73%；普洱茶0.19万吨，同比减少11.84%，占比0.51%；黑茶0.03万吨，同比增长1.97%，占比0.09%（图12）。

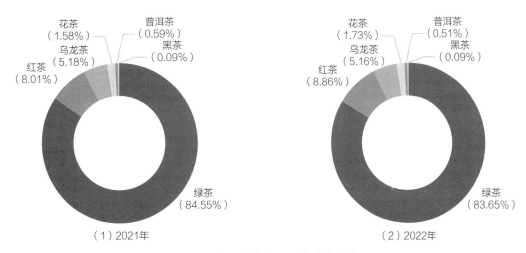

图12 中国茶叶出口量分茶类占比

资料来源：中国海关

从出口额来看，绿茶出口额13.94亿美元，同比减少6.32%，占比66.94%；红茶出口额3.41亿美元，同比减少17.89%，占比16.36%；乌龙茶出口额2.58亿美元，同比减少8.37%，占比12.41%；花茶出口额0.56亿美元，同比减少2.92%，占比2.70%；普洱茶0.3亿美元，同比减少42.54%，占比1.46%；黑茶0.03亿美元，同比减少44%，占比0.13%（图13）。

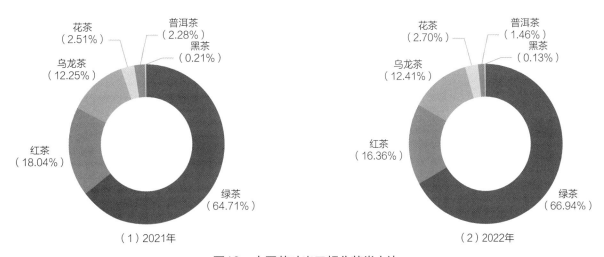

图13 中国茶叶出口额分茶类占比

资料来源：中国海关

　　从均价来看，2022年绿茶均价4.44美元/千克，同比减少6.72%；红茶均价10.25美元/千克，同比减少26.89%；乌龙茶均价13.36美元/千克，同比减少9.18%；花茶均价8.65美元/千克，同比减少12.63%；普洱茶均价15.89美元/千克，同比减少34.81%；黑茶均价7.81美元/千克，同比减少44.13%（图14）。

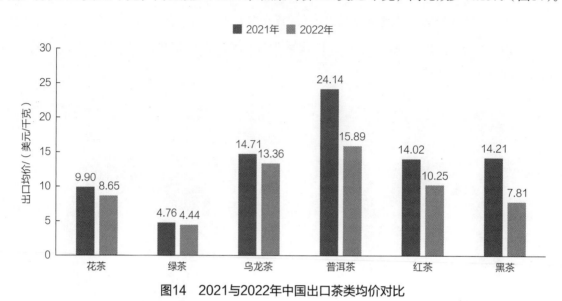

图14　2021与2022年中国出口茶类均价对比

资料来源：中国海关

（二）分省份统计

1．出口量

　　2022年，全国共有6个省份的茶叶出口总量超万吨（图15、表14），分别是浙江省（15.38万吨，同比增加1.98%，占比40.99%）、安徽省（6.21万吨，同比减少8.3%，占比16.54%）、湖南省（4.76万吨，同比增加14.51%，占比12.69%）、福建省（3.18万吨，同比增加21.98%，占比8.48%）、湖北省（2.45万吨，同比增加4.4%，占比6.54%）、江西省（1.41万吨，同比减少0.23%，占比3.75%）。

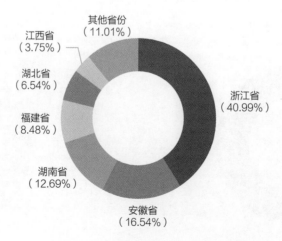

图15　中国茶叶出口量破万吨省份占总出口量比重

资料来源：中国海关

表14 2022年中国各省（自治区、直辖市）茶叶出口量及出口额（前20位）

名次	茶叶出口量排名		茶叶出口额排名	
	省（自治区、直辖市）	总量/千克	省（自治区、直辖市）	总额/美元
1	浙江	153788501	福建	531491770
2	安徽	62077729	浙江	483569575
3	湖南	47635592	安徽	244990252
4	福建	31836726	湖北	199641826
5	湖北	24534335	湖南	140272093
6	江西	14067020	江西	129971582
7	重庆	6513834	贵州	85114463
8	河南	6127888	广东	69543251
9	四川	6071327	云南	57391134
10	贵州	4939935	河南	43503611
11	云南	4473516	广西	25608258
12	广东	4249630	山东	22662118
13	上海	4202469	四川	14108457
14	江苏	1222512	上海	12122446
15	广西	1161819	陕西	7228791
16	山东	921078	重庆	6124173
17	新疆	556932	江苏	5936118
18	陕西	529545	天津	1100871
19	内蒙古	164984	新疆	1030276
20	黑龙江	92809	北京	555719

资料来源：中国海关

2. 出口额

在出口额方面，共6个省份出口额超亿美元（图16、表14）。其中：福建省5.31亿美元，同比增加3.58%，占比25.5%；浙江省4.84亿美元，同比减少0.48%，占比23.2%；安徽省2.45亿美元，同比减少14.74%，占比11.8%；湖北省2亿美元，同比增加5.28%，占比9.6%；湖南省1.4亿美元，同比增加12.94%，占比6.7%；江西省1.3亿美元，同比增加7.16%，占比6.2%。

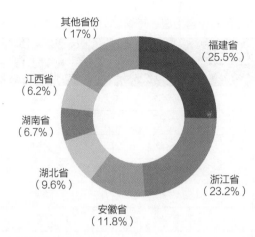

图16 2022年中国茶叶出口额破亿美元省份占总出口额比重

资料来源：中国海关

3．出口均价

在出口均价方面，出口量排名前10位的省份中（图17），贵州茶叶出口均价仍排名首位，高达17.23美元/千克，但同比降幅也最为明显，多达53.97%；福建省排名第二位，均价为16.69美元/千克；剩余省份均价均在10美元/千克以下。从涨幅方面看，共有5个省份均价上涨。其中，河南省领跑，涨幅高达57.76%；四川省位居次席，涨幅21.46%；其余3个省份分别为江西省（7.44%）、重庆市（1.1%）、湖北省（0.46%）。

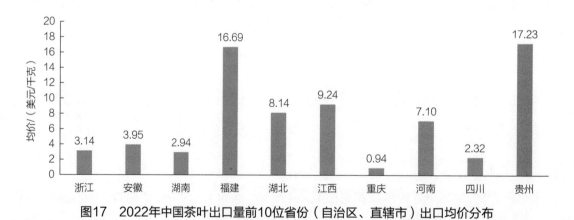

图17 2022年中国茶叶出口量前10位省份（自治区、直辖市）出口均价分布

资料来源：中国海关

（三）分出口国统计

2022年，中国茶叶销往126个国家和地区。其中，出口量超万吨的国家（地区）共计11个。其中，摩洛哥继续排名第一位，达7.54万吨，占比20.1%。与2021年相比，我国对多哥的茶叶出口量跌至1万吨以下，2022年度仅为0.85万吨，同比减少29.59%；对喀麦隆出口量恢复性反弹至1.12万吨，同比增加55.76%（表15）。

表15　2022年中国出口其他国家或地区茶叶出口量及出口额（前20位）

名次	茶叶出口量排名		茶叶出口额排名	
	国家或地区	总量/千克	国家或地区	总额/美元
1	摩洛哥	75439886	摩洛哥	75439886
2	乌兹别克斯坦	24941345	乌兹别克斯坦	24941345
3	加纳	24510533	加纳	24510533
4	俄罗斯联邦	19717570	俄罗斯联邦	19717570
5	塞内加尔	17156390	塞内加尔	17156390
6	美国	13007590	美国	13007590
7	毛里塔尼亚	12591611	毛里塔尼亚	12591611
8	中国香港	12307277	中国香港	12307277
9	阿尔及利亚	11462439	阿尔及利亚	11462439
10	喀麦隆	11172002	喀麦隆	11172002
11	德国	10615668	德国	10615668
12	日本	9586293	日本	9586293
13	马来西亚	9265404	马来西亚	9265404
14	马里	9249023	马里	9249023
15	贝宁	8532851	贝宁	8532851
16	多哥	8476550	多哥	8476550
17	尼日尔	7296781	尼日尔	7296781
18	泰国	7255412	泰国	7255412
19	利比亚	7078198	利比亚	7078198
20	巴基斯坦	6406863	摩洛哥	6406863

资料来源：中国海关

1. 对"一带一路"国家出口情况

截至2022年底，我国已与151个国家和32个国际组织签署200余份共建"一带一路"合作文件。其中，涉及茶叶出口的国家有93个。中国海关数据显示，2022年，对"一带一路"国家茶叶出口总量29.24万吨，占比77.95%；出口总额7.18亿美元，占比34.47%。

2. 对欧盟与东盟十国出口情况

2022年，我国对欧盟27国茶叶出口总量2.83万吨，同比增加6.39%，占比7.55%；出口总额1.23亿美元，同比增加8.41%；对东盟十国茶叶出口总量2.37万吨，同比增长16.13%，占比6.31%；出口总额4.65亿美元，同比增长3.58%，占比22.34%。

四、建议

（一）持续推动茶产业绿色转型

在有效控制茶园面积规模性扩张的同时，应抢抓"双碳"机遇，在技术体系集成创新与示范推广方面下功夫，打造出适配不同产区的低碳生态茶园技术体系，并为主产区提供必要支持，指导各主产区集成应用生态低碳生产模式，促进茶叶生态低碳标准化生产。在精制茶加工业领域，要实施全面节约战略，发展绿色低碳产业，倡导绿色消费，优化各项生产要素配置，丰富优质茶叶商品的市场供给，抵制过度包装，促进茶叶消费提质增量。在技术拼配方面，应重点关注进口原料茶技术指标。

（二）以数字经济促进产业发展

目前，我国茶产业已经具备了一定的数字化发展基础，应积极拓展融合创新的数字经济新渠道、新模式、新业态，支持茶企数字化转型、打造数智化工厂，并依托数字化手段提升政府、行业组织对茶产业的领导力，高效推进茶业数字经济与实体经济融合发展，使之切实成为推动产业高质量发展的新动能和新引擎。

（三）以文化服务促进消费恢复

盛世茶兴。制茶技艺体现着中国智慧，饮茶习俗展现着文化自信。在国力强盛的未来，中国茶的消费需要茶文化的支撑、茶科技的助力。因此，在供给侧要把握好传统与创新、品饮与健康、标准化与个性化、公共品牌与企业品牌的关系。在需求侧，要做好消费推广活动，提振全民消费信心，要注重培育新型消费升级，推广绿色品质消费。抓住人口红利转化为人才红利的窗口期，推进消费的提档升级。通过持续关注"传统茶文化"与"消费新需求"的融合发展，挖掘并释放年轻消费群体的内需潜力，促进传统消费焕发新的生机。

（四）提升茶产业全球配置能力

各出口企业应筑牢优质茶原料基础，提升加工技术创新升级，对标国际标准和出口目标国的技术要求，严把商品质量关；应发挥中国茶的品类优势，选择特色茶、品牌茶、保健茶、功能茶等，打造个性化定制新需求，做好茶产品市场资源的全球配置。行业组织、各产茶区政府应坚持实施"请进来，走出去"战略，参与或主办国际高端茶事活动，加强国际交流合作，持续打造国际茶产业智慧发展高地；同时应探索与品牌企业联手，在海外开设"茶驿站"等具有中国特色的茶体验店和连锁店，结合中国品牌传播，促进中国茶全球市场开拓。此外，行业组织还应探索并推进茶叶质量溯源管理体系的打造，推动茶叶出口统一标准的制定；研究、推进并建立信用等级推荐制度，通过大数据、互联网、区块链等数字科技手段助推茶叶国际贸易发展。

（执笔人：梅宇、张朔）

（注：本报告基于中国茶叶流通协会独立调查，版权为中国茶叶流通协会独家所有。如需引用或转载，请务必注明出处。联系电话：010-66094152）

2022中国茶叶消费市场报告

中国茶叶流通协会

　　内销市场在茶叶经济中占据着较高的份额，对拉动茶叶经济增长，实现产业高质量发展具有关键性作用。2022年，茶叶消费整体形势受到国内疫情规模性反弹、市场观望情节较重等因素影响，在春茶热销季线下遇阻的情况下及时调整，呈现出趋于平稳的走势，并通过线上市场、新式茶饮等新消费模式增长极拓展了增量市场，保证了内销量、额的平稳增长，为未来产业恢复发展奠定了基础。

一、茶叶消费发展环境分析

　　我国是全球第二大商品消费市场，传统消费显著增长，消费新业态新模式快速发展，消费已成为我国经济增长的主拉动力，内需对经济发展的支撑作用明显增强。但我国超大规模市场优势还未充分显现，市场成长壮大的空间潜力巨大。新一轮扩大内需战略从提升传统消费、扩大服务消费、培育新型消费、大力倡导绿色低碳消费、健全现代市场和流通体系、深化改革开放、扎实推动共同富裕等几个方面进行了系统性部署，不断释放内需潜力，充分发挥内需拉动作用，建设更加强大的国内市场，推动我国经济平稳健康可持续发展。

（一）消费市场规模保持稳定，总需求偏弱

　　2022年，我国消费品市场遭受较大冲击，在经历过4月前后相对低谷的阶段后，随着扩内需、促消费政策显效发力，疫情防控优化调整措施落实落细，展现了比较强劲的韧性，实现了复苏，全年呈现出"V"形、急降缓升趋于平稳的走势特征。据国家统计局发布的数据（图1），2022年我国社会消费品零售总额实现44万亿元，同比下降0.2%，增速较2020年、2021年两年平均增速放缓4.1个百分点，最终消费支出对经济增长的贡献率为32.8%；消费市场受疫情短期扰动比较明显，居民消费意愿也在下降；特别是聚集性、接触性消费受限，对整个消费市场形成的冲击较大。

　　2022年全年，全国居民消费价格指数（CPI）比上年上涨2%，低于全年涨幅3%左右的预期目标，工业消费品以及服务消费价格保持稳定。2022年12月份，制造业采购经理指数和非制造业商务活动指数分别为47.0%和41.6%，制造业生产经营景气水平较和非制造业景气水平均有所下降，我国企业生产经营活动总体有所放缓。消费者价格低位运行、核心CPI低迷等数据表明，困扰2022年经济发展的核心问题仍是总需求不足。

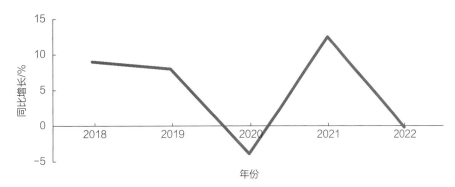

图1 2018—2022年社会消费品零售总额同比增长

资料来源：国家统计局

（二）线上消费增速放缓，新模式引领发展

2022年，全国网上零售额137853亿元，比上年增长4.0%（图2）。其中，实物商品网上零售额119642亿元，增长6.2%，同比增长6.2%，增速快于社会消费品零售总额6.4个百分点，其中，吃类、穿类、用类同比分别增长16.1%、3.5%和5.7%。实物商品网上零售额占社会消费品零售总额的比重达到27.2%，比上年提高2.7个百分点。由于疫情期间物流受阻，2022年电商渠道整体增长放缓。网上消费的增长，主要通过直播电商、无接触服务等新型消费模式稳步发展的推动实现。

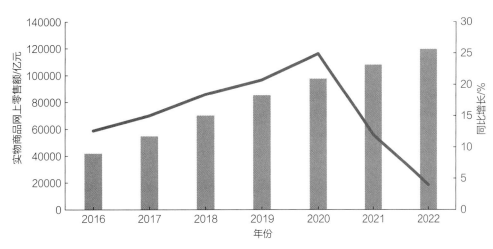

图2 2016—2022年实物商品网上零售额变化

资料来源：国家统计局

据第51次《中国互联网络发展状况统计报告》数据，截至2022年12月，我国短视频用户规模首次突破10亿，用户使用率高达94.8%。短视频使用率与第一大互联网应用（即时通信）使用率之间的差距由17.4个百分点缩小至2.4个百分点。短视频成为移动互联网时长和流量增量（图3）的主要来源，同时其产业生态也在不断地完善，用户通过内容消费产生商品消费，带来快速增长的商品交易额。据

财新报道，抖音电商2022年实现的大口径平台交易总额（GMV）在1.37万亿～1.38万亿元之间，超过年初1.2万亿元的目标，同比增长75%。

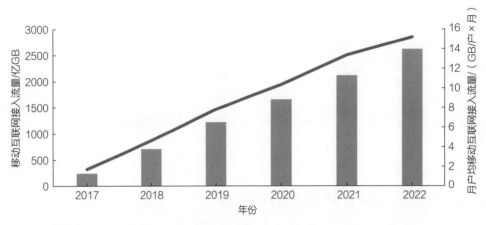

图3　2017—2022年移动互联网流量及月户均流量（DOU）增长情况

资料来源：工信部

（三）低线市场消费潜力逐步显现

2022年，乡村消费品零售额59285亿元，与上年基本持平，城镇消费品零售额380448亿元，同比微降0.3%。2021年，我国常住人口城镇化率达64.72%，户籍人口城镇化率提高到46.7%。城镇化率30%～70%，一般被认为是城镇化快速发展区间。目前，以大型中心城市为核心的城市圈、城市群，是现阶段消费的主要增长极，85%以上的消费来自于城市。2022年，部分大城市受疫情冲击较为严重，部分城市消费呈现负增长，对全国消费的带动力减弱，尤其是对中高端消费和服务消费呈现较大的影响。具体表现为，疫情影响较大时乡村消费品市场增速均快于城镇，疫情影响较小时城镇消费品市场增速快于乡村。

随着疫情对人们生活影响的减弱，消费场景的损害将得到快速修复，居民长期抑制的以餐饮、旅游、娱乐为主的服务消费需求将会迅速释放，实体消费场所的客流量持续增多，将有利于线下商品零售实现逐步恢复。在疫情期间，乡村市场展现出更加稳定的增长趋势。未来，中国即使基本实现城镇化，仍将有4亿左右的人口生活在农村，并形成重要的消费级。

（四）消费预期不稳定，亟待恢复

疫情给消费市场带来的影响，除了线下场景和物流遇阻外，更多的体现在居民消费预期不稳定。2022年1～12月，我国全国居民人均可收入、农村居民人均可收入、城镇居民人均可收入三项指标均呈同比增长态势，分别增长2.0%、4.2%、1.9%；但转化为消费支出时，仅农村居民人居消费支出上涨。消费预期不稳定、信心下降对2022年消费市场发展形成冲击。

中国人民银行公布的《2022年金融统计数据报告》显示，全年人民币存款增加26.26万亿元，同比多增6.59万亿元，其中住户存款增加17.84万亿元。其中，居民部门新增储蓄有较大规模增长，反映出去年居民储蓄意愿较强。疫情导致经济与收入的不确定性增强，使得居民防御性存款增加；同时这种不确定性因素使得消费者信心处于低迷状态，消费意愿较低，需求受到压制，消费支出下滑。

新增储蓄规模增长主要来自投资与消费支出的下滑，因此其在一定程度上代表了居民的投资潜力与消费潜力。通过合理的激励政策，叠加经济复苏和消费场景修复，将有助于此后降低防御性存款，增加居民消费支出，释放消费潜力。随着疫情对人们生活空间限制的大幅减弱，疫情对消费场景的损害将得到快速修复，居民对疫情的恐惧心理将逐渐消失，居民长期抑制的以餐饮、旅游、娱乐为主的服务消费需求将得到释放，实体消费场所的客流量持续增多，将有利于线下商品零售实现逐步恢复。

二、茶叶消费发展情况与特点

2022年，尽管茶叶生产在春季遭遇疫情影响，并在夏秋季遭遇到大范围干旱天气影响，但产业管控和应对及时，产量和品质保持稳定。据中国茶叶流通协会数据，2022年全国干毛茶产量达到318.10万吨，干毛茶总产值3180.68亿元；六大茶类中红茶、乌龙茶、白茶产量高速增长，涨幅均超过10%。茶叶产品质量保持稳定，在绿色消费、碳汇等发展方向指引下，茶产业加快绿色生态茶园建设步伐，产品质量安全水平始终保持在较高水平。各茶类头部茶企均开始布局标准化、智能化茶叶数字工厂和生产线的建设，人工等成本得到有效控制，产品供给标准化程度稳步提升。

2022年，中国进口茶叶量4.14万吨，同比减少11.67%；均价3.54美元/千克，同比减少4.93%。红茶仍是进口的最主要茶类，占总进口量七成以上，年进口量3.01万吨，同比减少22.64%。

（一）茶叶消费平稳增长

2022年春茶季初期，早春茶市场交易繁荣、产销两旺；但春茶中后期，疫情形势日趋复杂严峻，线下市场人流减少、物流受阻，成品茶市场明显遇冷。产区市场受到疫情影响，外商无法进入市场采购，市场流通性较差，市场交易量交易额同比有较大幅下降，加之茶商存在观望心理等导致市场交易量、交易额减少。春茶销售旺季，但销区线下市场冷清，物流阻断使商品无法及时运抵消费终端，疫情反复使消费者的"尝鲜"热情明显下降，交易量较往年有明显下降，市场观望情绪重。年末，尽管全国各地陆续受到疫情影响，但茶叶消费回暖趋势明显，加之2023年春节时间较早，12月礼品节庆市场相较往年更加火热，有效地弥补了之前因疫情阻隔产生的影响。据中国茶叶流通协会统计，2022年茶叶国内销售量达239.75万吨，增长9.56万吨，同比增长4.15%；内销总额3395.27亿元，增长275.31亿元，同比增长8.82%（图4、图5）。

2022年，中国茶叶内销均价为141.62元/千克，同比增长4.48%（图5）。2018年开始，茶叶内销均价开始缓慢下降，2021年茶叶内销均价逆转了2018年以来的缓慢下降趋势，回归到2017年的水

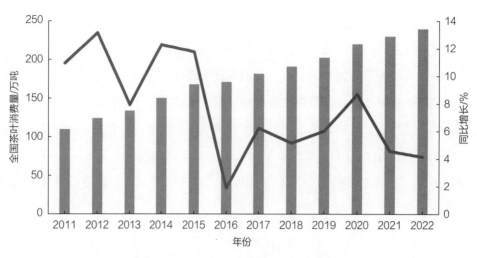

图4 2011—2022年中国茶叶内销总量

资料来源：中国茶叶流通协会

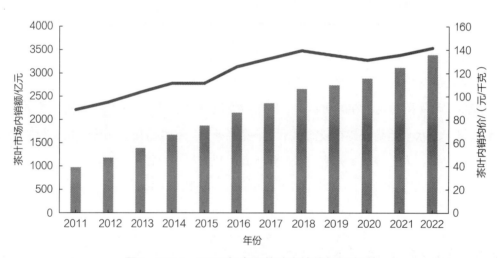

图5 2011—2022年中国茶叶内销总额及均价

资料来源：中国茶叶流通协会

平。2022年，在生产、人工等成本提升和茶叶品质稳定的双向作用下，内销均价继续攀升至历史最高点。

分茶类来看，2022年内销市场的分布：绿茶内销量131.10万吨，同比增长0.12%，占总销量的55%；红茶38.13万吨，同比增长10.82%，占总销量的16%；黑茶36.44万吨，同比增长7.58%，占总销量的15%；乌龙茶24.84万吨，同比增长8.99%，占总销量的10%；白茶8.13万吨，同比增长15.41%，占总销量的3%；黄茶1.12万吨，同比减少1.90%，占总销量的1%（图6、图7）。中国茶叶内销市场最重要的茶类——绿茶，其市场格局始终保持稳定；红茶、黑茶和白茶延续了之前高速增长的态势；乌龙茶也展现出较好的增长；作为六大茶类中体量和认知度最小的黄茶，近年来虽然加大了市场宣传，但始终在消费市场中声量不足，且难以找准目标市场，市场空间被进一步压缩。

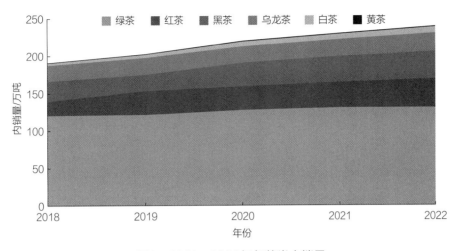

图6 2018—2022年各茶类内销量

资料来源：中国茶叶流通协会

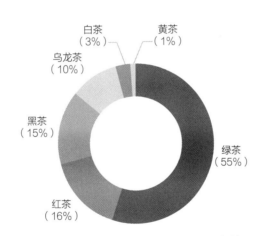

图7 2022年中国茶叶内销市场茶类分布情况

资料来源：中国茶叶流通协会

在各茶类中，2022年绿茶均价160.99元/千克，增幅5.70%；红茶147.97元/千克，增幅1.23%；黑茶88.19元/千克，增幅15.73%；乌龙茶114.56元/千克，增幅0.70%；白茶123.67元/千克，略减4.75%；黄茶126.40元/千克，增幅3.41%（图8）。从均价上看，在春茶名优茶价格上涨和减产的影响下，绿茶均价连续两年增长；红茶和乌龙茶情况基本一致，在2021年市场均价触底之后，在2022年小幅回升；黑茶则是在明显下降后止跌增长，白茶价格在经历过热点高位后已连续几年出现迟滞和微降。

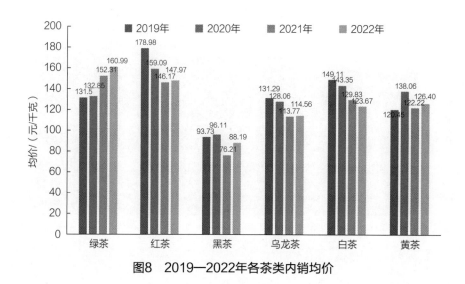

图8 2019—2022年各茶类内销均价

资料来源：中国茶叶流通协会

（二）线下渠道承压较大，直播电商增长亮眼

2022年，疫情防控主要集中在春茶销售旺季4月前后，严重影响茶叶线下流通。作为春茶销售的"主战场"，茶叶市场受较大冲击。根据中国茶叶流通协会对茶叶市场在2022年经营情况的调研，春茶季的疫情防控对销区市场以经营绿茶为主的商户影响严重。部分市场解封后，直到6月暑茶销售后才开始逐渐恢复，关键销售期客流下降明显。不少市场反应，年末的两节销售旺季，市场内人气有所恢复，虽然比往年尚有差距。现金流吃紧、茶业销售间断性停滞对市场内商户经营信心形成严重打击。小部分商户因经营不善选择离开，不少茶叶专业市场出现空置摊位，部分市场空置率达到15%，对之后茶叶消费反弹修复形成制约。

以品牌和包装茶为主导产品的茶叶专卖店在线下体现出更好的抗压能力。根据中国茶叶流通协会对行业重点企业的调研，样本在2022年直营店和加盟店合计实现茶叶内销量30.19万吨，比同一样本在2021年的直营店和加盟店合计内销量的28.36万吨增长1.83万吨，增幅达6.45%。

2022年，茶叶线上交易成为线下的有力补充，各产区持续加大线上销售的扶持力度，线上渠道在各地的春茶销量中承担着更加重要的位置。在线上各个平台中，以抖音为代表的直播电商等新业态增长最为迅速，大量茶文化、茶知识、茶生活等优质内容通过抖音平台传播，并形成较好转化。根据中国茶叶流通协会对行业重点企业的调研（图9、图10），2022年，样本在抖音平台的茶叶销量已经占到样本电商渠道总销量的9%，比2021年的7%上涨2个百分点。抖音平台已经超越企业自有渠道，稳定成为继天猫、京东之外的重要销售平台。在样本2022年电商渠道呈现量增价减的背景下，样本在抖音平台的销售量增长62.57%，销售额增长76.08%，均价增长8.31%；优质内容对销售数量和质量的拉动作用明显。快手平台虽然体量偏小，但也体现出较好的增长性。

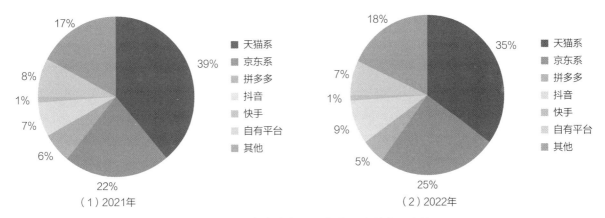

图9　行业重点企业在不同电商平台销售量占比

资料来源：中国茶叶流通协会

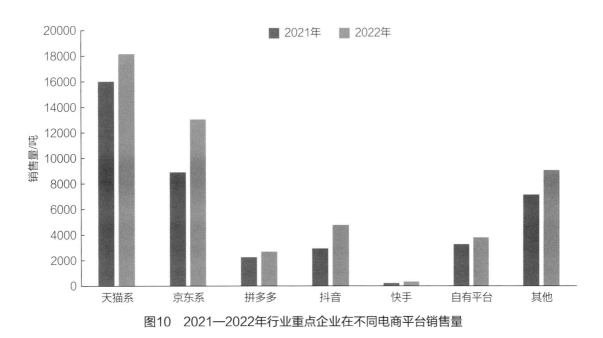

图10　2021—2022年行业重点企业在不同电商平台销售量

资料来源：中国茶叶流通协会

（三）理性消费与品牌消费共同主导市场趋向

2020—2022年，疫情的长期存在和消费者预期减弱使得居民边际消费倾向下降，为了提高抗风险能力，居民会增加储蓄，减少消费。茶叶作为非必须、可选的消费品受收入、边际消费倾向的影响较大，日常消费更趋理性，消费者选择商品时更加侧重性价比。以最容易形成比价的电商渠道为例（图11），行业重点企业在2022年电商渠道的销售量虽然保持27.41%的增长，但是销售均价却大幅下降22.22%，这种明显的降价趋势同时存在于天猫和京东这两个重要平台。

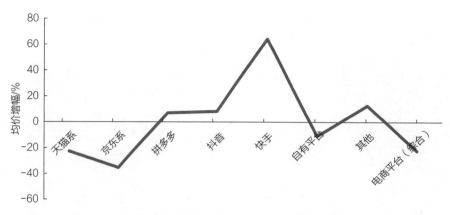

图11　2021—2022年茶行业重点企业在不同电商平台销售均价变化情况

资料来源：中国茶叶流通协会

在这样的消费形式下，注重品牌建设和文化、内容输出的平台体现出更好的成长型，主要体现在专卖店、短视频销售平台、直播电商同时保持茶叶内销量价双涨这一趋势上。

（四）茶文化发展形成重要市场助力

2022年，茶文化事件和优秀影视作品不断涌现，引发社会关注，激发消费者、尤其是青年群体饮茶热潮。直播电商茶文化输出、助力消费的成功案例更说明：对茶叶消费市场而言，优质的茶叶知识与文化内容对于启发消费兴趣，促进购茶饮茶具有助力作用。2022年6月，电视剧《梦华录》的热播让观众对宋代文化生活产生了浓厚兴趣，宋代点茶随即进入到大众的视野，相关课程热销，茶事活动、博览会中的点茶展示成为吸引年轻人的"打卡点"，激发市场消费热潮。喜茶和奈雪的茶先后推出相关联名产品，喜茶的联名款新品更是有了首日上线即售出30万杯的好成绩。年末，"围炉煮茶"一词再次引发社会关注，相关词条搜索量增长10倍以上，成为文化带动消费的又一典型案例。

消费者对茶文化的喜爱，和由此引发的茶叶消费兴趣更多源自大众的文化认同与文化自信。2022年11月29日，"中国传统制茶技艺及其相关习俗"通过评审列入联合国教科文组织《人类非物质文化遗产代表作名录》。除了在行业内引发的自豪感和喜悦，更向社会各界有效传播并介绍了茶叶制饮过程中所包含的丰厚知识与劳作智慧，对之后综合提升茶叶品牌价值、丰富茶叶消费内涵、扩大茶叶消费具有重大意义。

三、茶叶消费市场发展形势展望

（一）未来影响茶叶消费的短期和长期原因

2022年，对茶叶消费市场产生的重要影响由短期因素引起，因为疫情造成的人流、物流阻隔和消费预期下降，导致需求、尤其是相对重要的春茶及消费、需求在短期内下降。疫情基本控制住后，这一因素可以从两方面分析：一方面，因为疫情造成的短期消费阻隔已经随着疫情情形势好转而逐步恢复常态，为进一步人口流动和物流顺利运转创造了条件，前期由于接触风险和社交半径缩小抑制的消费需求将会迅速释放，服务类消费将逐步回归常态，对消费加快恢复起到较好的支撑作用；但另一方面，疫情反复期间对消费意愿与信心的影响，为了提高抗风险能力增强储蓄意愿，以及疫情冲击下收入增速降低会导致消费增速出现明显下滑等都不是短期内可以快速调整的，会在一段时间内继续影响消费增速。

当然，部分在疫情期间形成的消费习惯与特征也会保留下来，形成对茶叶消费的长久正向助力作用，其中最为重要的就是居民消费观念转变中快速发展的健康经济。随着经济发展和生活水平的提升，消费者追求更健康的生活方式和更优质的产品，这一诉求也是未来茶叶消费增长的可持续性动力。

（二）2023年茶叶消费形势展望

1．茶叶消费需求将保持增长势头

2022年因疫情阻隔等因素导致短期茶叶消费出现下降，但整体的消费增长趋势并未被打断，国内追求健康的消费需求结构升级趋势没有改变。随着疫情结束和社会经济活力提升，茶叶消费需求有望保持稳定增长态势。

2．理性消费为主，高端消费受抑制

居民人均收入增速降低的问题在恢复初期难以得到快速缓解，边际消费倾向下降的问题仍将保持一段时间，消费恢复呈现不均衡态势，作为可选消费的茶叶，其需求继续承压。消费者将更加理性、趋向性价比产品，高价产品将持续受到压制。

3．新式茶饮、茶旅游等服务类消费快速回暖

由于接触风险和社交半径缩小抑制的消费需求将会在恢复期迅速释放，新式茶饮、茶旅游等服务类消费成为市场恢复早期主要的消费增长点。但受到整体消费水平的影响，客流的增长会快于客单价的提升。

4．线上对茶叶消费增长的贡献率不断提升

随着网络普及率达到高峰，网购的下沉作用对于消费扩散的影响逐步减弱，传统网购模式逐步放缓增速。茶叶电商未来增长将更多依托直播带货等零售渠道，随着新业态的日益壮大，以及县乡物流

体系等新型消费基础设施和服务保障能力建设的不断完善，优质内容创作的加入使得线上消费市场的深度不断得以拓展，形成对消费增长新的贡献方式。

5．创新多样化供给，以供给带动需求

未来，茶叶消费的增长点主要还是依靠产品创新、品牌建设、提高产品和服务质量来实现。通过技术创新贴合健康、便捷、趣味等市场诉求，提供新的产品和饮茶模式，将有利于创造新的茶叶消费热点。同时，企业可以通过零售新业态打造和创新茶叶消费场景、便捷茶叶消费过程，利用数字化、智能化改造和跨界融合，拓展体验式、互动式消费新场景。

（执笔人：王庆、李佳禾）

2022中国茶业品牌发展报告

中国茶叶流通协会品牌发展工作委员会

一、我国茶叶品牌发展趋势

茶叶作为中国的特色农产品以及具有广泛国际影响力和深厚文化底蕴的"国家名片"，茶叶品牌建设也逐渐受到全行业的重视，总体呈现快速发展态势。截至2022年末，中国茶企经过前期原始资本积累、技术水平的提升、市场环境的磨练，逐步地成熟起来，再加上国内茶叶市场竞争越加激烈，品牌这一无形资产的重要性不断得到重视。各级地方政府纷纷推动茶叶区域公共品牌和企业品牌建设发展。品牌内涵和发展路径也更加丰富、多元化，品牌集群、品牌联盟、品牌联合体概念应运而生。

（一）我国涉茶类品牌数量上升明显

品牌数量的多寡和品牌影响力的高低，已成为衡量一个国家、地区和行业领域经济竞争力的重要标志。截至2022年底，我国现有各类茶叶生产经营主体153.5万至154.9万家，主要分布在广东、福建、云南、安徽、湖南、山东、湖北、浙江、河南等省，合计占比达75%；广东、福建两省茶企合计占比超过30%。总体而言，市场化程度越高、越早对品牌建设和传播进行政策引导、支持力度越大的省份，其品牌的数量就相对越多，影响力也越大。

（二）企业品牌建设和传播力度不断加大

企业是品牌建设的主体，目前我国有95%以上的茶企（合作社）拥有自有品牌，很多企业品牌同时获得了"中国驰名商标""中华老字号"等国家级称号。同时品牌传播预算也呈现逐年增加的态势；目前全行业有三分之一以上的企业具有品牌国际化意识，其中有八成左右的企业已经开始逐步探索品牌国际化之路；"找准品牌定位""实现品牌创新""增强品牌意识"已成为多数企业品牌建设未来发展策略的主要工作目标。通过对比我国茶企的品牌建设与传播实际效果，经济越发达地区的企业，品牌意识越强；大企业的品牌意识普遍强于小企业；有扩张和转型需求的企业品牌意识强于守成型企业；新成长、新业态的企业品牌意识强于传统领域、传统业态的企业；年轻企业家的品牌意识强于老一代企业家。

（三）政府对品牌建设的支持力度持续加大

近几年，各级地方政府部门对于品牌建设与传播工作均高度重视。广东、浙江、江苏、山东、湖北、四川等省已相继出台了省级层面推动品牌建设的专项政策；品牌建设相关内容也纳入各省重点发展规划中，以质量提升促进品牌发展成为大部分地区品牌政策的重点。

（四）茶叶品牌传播方面呈现出诸多新发展趋势

1．品牌传播成本下降

随着传播媒介的多元化发展，传播触点和方式日渐丰富，品牌传播资金投入的有效性在提高，品牌传播成本在下降。与此同时，企业为了更好的提升品牌影响力普遍都会持续增加品牌传播的年度预算。

2．品牌传播碎片化趋势明显

互联网时代下的品牌传播，呈现出高度"碎片化"的特征，主要表现在媒介形态碎片化、受众选择碎片化、信息离散碎片化、受众需求碎片化等。当前，新媒体平台支撑下的传播媒介众多，如微博、微信、视频网站、App等，消费者可以通过这些社交载体与品牌零距离接触获得立体的品牌体验。如果企业能够及时跟进消费者的反馈，就能够获得更丰富、精准的信息，可以对客户群传播的整体情况有更好的把握。另外，媒介碎片化也导致了很多企业粗放式的媒介策略失效。

3．传统媒体和新媒体融合发展成为茶叶品牌传播的新途径

随着传统媒体和新媒体的发展，企业品牌传播不再局限于某一渠道、某种形式，而是以多元化的方式和形象出现，这种品牌传播方式和体系将具有更好的社会效果和影响。当前，我国茶企中使用频率最高的传播媒介是"互联网"和"移动端"，按使用频率分值从高到低排序依次为"互联网""移动端""报刊、杂志、传单等纸质印刷品""户外媒介""电视、广播"等。

4．移动互联网让"去中心化""去中介化"成为品牌传播新趋势的同时呈现"双刃剑"特征

消费者与企业开始共同创造品牌，从研发环节就可以介入产品设计，比如各种茶叶定制产品，从产品外包装规格、风格、元素甚至产品内质都可以通过互联网平台实现个性化定制。同时，人们开始通过各种互联网平台建立社群化消费。越来越多的品牌都在通过还原消费场景来引发目标人群的共鸣，从而引发消费行为。当然互联网也侧面对品牌运行起着监督作用，一方面给予品牌拥有者更便捷的正面传播手段；另一方面，品牌的负面信息同样传播迅速。互联网时代一旦发生品牌危机，则呈现出突发性、危害性、蔓延性和持续性特点，对品牌的负面影响极大。

二、我国茶叶品牌建设尚存在多重制约因素

（一）品牌运作方式不科学，为品牌发展形成反作用力

中国现有的茶叶品牌主体主要由区域品牌和企业品牌两部分构成，被誉为"茶叶品牌双翼"。之前我国各茶叶主产销区政府部门和企业也基于此做了许多努力和尝试，但效果欠佳。例如，有的产区相关部门硬性将公共品牌和企业品牌进行捆绑嫁接，力求通过统一品牌名称、统一产品包装、统一产品等级甚至价格体系的方式规范约束企业，硬性让企业品牌成为公共品牌的子品牌，想以此实现品牌双翼齐飞，但效果往往适得其反。品牌的使用者并非品牌的所有者，品牌使用者对品牌不加爱护、不负责任甚至不计后果，只想从品牌中获利，而不愿为品牌的发展付出。于是，各类茶叶产品无论质量好坏均被安置在同一个品名之下，以次充好、假冒伪劣的现象时有发生，企业间矛盾增多，对茶叶的整体发展和现有品牌的挖掘及延续都造成了负面影响。最终导致区域公共品牌对于大型品牌企业吸引力不足，中小型企业因过度依赖区域公共品牌而影响力自身企业品牌的发展。

（二）品牌主体缺失，企业参与动力不足

众多的品牌成功案例经验告诉我们：成功的品牌往往都是以杰出的企业作为主要支撑。但由于我国茶产业生产经营分散的格局短期内难以被打破加之区域品牌的共享性，使很多知名的区域品牌目前缺少主体支撑，同时区域品牌管理缺乏配套的标准和门槛，导致品牌也缺少发展提升的动力源泉。有的地方在推动品牌建设过程中，只重视公共品牌提升而忽略了企业的主体参与，仅仅依靠单方面为公共品牌造势，而品牌宣传拓展仅是昙花一现，品牌本身也成为无本之木；有的地方在品牌建设过程中，脱离地方产业和企业实际，品牌宣传拓展一味"高举高打"，同时缺少精准合理的政策、资金配套支持，出现有钱不敢用、有钱不能用等问题，企业品牌非但不能受益，反而背上沉重的负担。

（三）市场秩序混乱，监管体系不力

"缺乏具有知识产权的品牌核心技术""品牌发展社会氛围较差"被认为是当前我国自主品牌建设的最大制约因素。由于我国茶叶品牌建设尚处在起步阶段，相应的法律体系还不健全，近年来我国各类涉及茶叶品牌侵权的纠纷呈现上升趋势，且维权难度较大、成本较高，严重挫伤了企业创建自主品牌的积极性，最终影响中国茶业品牌整体建设前进的步伐。

（四）企业对品牌建设与传播存在误区

品牌知名度、消费者的忠诚度、市场美誉度、品质认知度、通过品牌联想而形成的品牌形象是品牌的核心五要素。但是目前，很多企业在品牌建设与传播方面却存在以下误区：

1．做品牌就是做知名度

一些企业认为名牌可以通过高额广告费造就，只要不断叫卖就可以形成；对品牌核心价值重视不够，对商品的质量安全和售后服务重视不够。

2．做品牌就是做销量

一些企业认为只要销量上来了，品牌自然会得到提升。不少企业忽视品牌建设和传播，好的产品有好的市场却没有好的品牌，制约了品牌价值的提升。

3．大量的中小企业认为做品牌、进行传播是大企业的事情

一些企业认为自己做品牌的成本很高同时会面临诸多风险，最关键一点就是对于打造品牌没有思路，无从下手。

4．盲目跟风，缺乏既定的明确目标和清晰策略

一些企业热衷于利用互联网迅速"创造"品牌、"提升"品牌知名度，但其品牌缺乏核心价值，一时的声名大噪不能造就消费者对品牌忠诚，最终还是难以在市场立足。

5．对做品牌缺乏恒心，急于求成

一些企业既缺乏坚持大单品一致化风格、坚持品牌核心价值的理念，更缺乏将大单品、品牌核心价值做深做透的运营系统，期望做品牌可以一蹴而就。这种短视的做法难以适应市场竞争，尤其是当今市场化甚至国际化的竞争。

（五）品牌建设与传播专业人才匮乏

目前，品牌专业人才已成为稀缺资源。不论是已经有品牌基础的大型企业，还是品牌建设还在孕育期的小微企业，在品牌研究、管理、营销、推广、传播等方面的人才全线紧缺。目前，我国大专院校和研究机构的品牌专业人才培养，只是停留在市场营销专业范围里，并没有独立的品牌专业。而从国外引进来的人才却又明显存在水土不服的情况。

三、茶叶品牌建设发展建议

（一）坚持品牌质量、服务、技术提升，塑造茶品牌的核心竞争力

品牌价值的五个核心要素主要包括：质量、服务、技术创新、有形资产、无形资产等。对于一个品牌而言，无论市场和时代如何变化发展，产品质量、生产研发技术和综合配套服务都是支撑这个品牌的关键要素，组成了品牌的核心价值。无论企业品牌自身如何定位，一个品牌要想持续发展下去，首先必须有比同行更好的质量、先进的技术或者说更好的性价比，比如：华为、格力。这些东西不会因为品牌传播的渠道、品牌传播的手段方式变化而变化。我国是茶叶生产消费大国，茶叶品类众多且各具特色、享誉世界。然而，近年来我国茶产品同质化倾向越发明显，传统的地域香型和风味口感越

发难以区分,这给消费者带来一定困扰。

(二)打造茶品牌集群,依托茶集群品牌提升助力中国茶品牌发展

纵观历年世界强势品牌,美国品牌占据半壁江山,其中一个重要原因就是美国通过几十年来走出了"强强联合、做大做强品牌"的成功之路。2015年卡夫和亨氏两家规模均超160亿美元的企业合并在一起,合并后的卡夫亨氏集团拥有18个5亿美元以上规模的知名品牌,企业规模成为全球第五大食品饮料公司,2018年跃升为全球第三,其目的就是垄断该行业的全球市场。由此可见,资本是推动品牌发展的强大推力。但受传统观念和管理机制的影响,我国茶产业整体组织化程度较低,企业间直接通过资本运作实现强强联合、做大做强的难度较大。因此,通过某一区域内、某一行业领域间的企业分类、分层积聚构建品牌集群,进而通过政府扶持、标准配套、科技支撑、协会服务,实现强强互利共赢,以大企业带动小企业,企业与基层农户各司其职、各负其责,打造集群品牌,进而推动产业品牌发展。

(三)借助全媒体,搭建快捷有效的茶品牌传播平台

互联网时代,传统媒体和新媒体的融合发展,为品牌传播提供了新渠道和宽平台。茶叶应借助全媒体,搭建快捷有效的品牌传播平台,不仅为区域、集群品牌发声,更为企业品牌发声。无论是对业内还是对业外的品牌传播,都应优化媒体战略布局,整合媒体资源,尤其是要注重发挥新媒体的作用,为自主品牌宣传提供专业、有效的多种传播平台,带动茶产品企业品牌协同发展。

(四)加强茶品牌文化建设,提升品牌消费意识

对行业内要营造爱护、享受、支持、尊重品牌的良好氛围;对行业外和市场消费者,要通过各种方式做好茶品牌的宣传。要充分借助"一带一路"倡议等,利用"中国品牌日""食品安全周"等时间、事件节点,加强线上线下的双向品牌宣传,讲好品牌故事、树立品牌形象,引导品牌消费行为,扩大品牌知名度和影响力。同时,通过开展各类品牌专项活动,持续提升企业管理者与消费者对于实施品牌化发展、使用品牌化产品与服务的认同,强化品牌对生产结构与消费结构升级的引领作用。

(五)发挥行业组织和社会机构的桥梁纽带作用,助力茶品牌发展

品牌建设与传播是一项系统工程,多方合力才能达到最佳效果。在品牌建设的过程中,要充分发挥行业组织和社会机构的桥梁纽带作用,平衡好政府和市场的关系,加强政府与企业的沟通,增进企业与市场的联动,各方需明确自身职责,不越位、不缺位、不错位。同时,加快培育品牌建设与传播智库,构建多样化的品牌建设服务体系。

(执笔人:申卫伟)

2022中国茶叶企业发展报告

中国茶叶流通协会

企业是产业发展的核心主体，企业也是现代化产业体系的基石，更是品牌打造的重要载体。中国茶叶流通协会联合全国各省级茶行业组织于2023年开展了"年度茶叶企业调查"。本报告基于此次调查的各企业2022年度相关数据进行分析，展现中国茶叶企业发展现状，彰显茶业头部企业的影响力与竞争力，研判新变化、新趋势，提升茶叶企业品牌效应，科学引导消费，推动茶产业高质量发展。

一、样本分布

"2023年度茶叶行业企业情况调查"（以下简称"年度企业调查"）共收到有效企业样本262个，其中茶叶产销企业259个，综合性茶叶市场3个（不纳入计算）。包含全国20个省、自治区、直辖市的企业，其中北京4个、内蒙古1个、上海1个、江苏6个、浙江10个、安徽16个、福建26个、江西7个、山东3个、河南13个、湖北36个、湖南54个、广东14个、广西4个、海南1个、重庆2个、四川9个、贵州16个、云南18个、陕西21个，涵盖78个地市（州）145个区县（市）（图1）。

从"年度企业调查"数据分析，95%以上企业集中在茶叶产区，只有5%的企业分布在北京、上

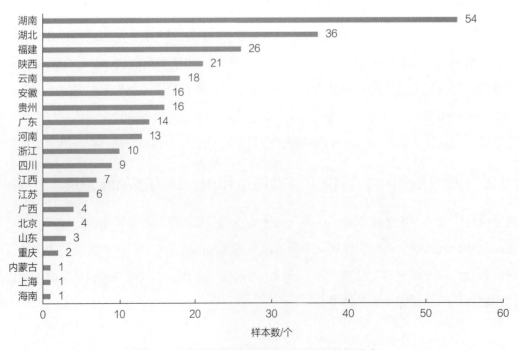

图1　2023年中国茶叶企业调查样本数量分布

海等一线城市。全国20个产茶省、自治区、直辖市除西藏、甘肃、台湾外，均有企业参与调查。从品牌企业样本区域分布图来看，湖南、湖北、福建是参与调查企业数量前3的省份，分别有54家、36家和26家企业参与调查。

参与此次调查的企业分布基本符合全国茶叶产销企业总体分布，产销企业涵盖全茶类、全产业链、全规模体量，基本符合全国茶叶经济实际发展情况，基本可以代表行业整体发展状况并体现产业发展趋势。

二、基本状况

（一）整体规模

从不同省（自治区、直辖市）参与调查企业的平均销售规模看（图2），2022年企业销售规模普遍分布在0.4亿~8亿元区间，此区间企业数量占比为62%。样本企业平均销售规模排名前4的地区分别是北京（7.5亿元）、福建（7.1亿元）、四川（4.7亿元）、浙江（4亿元），这些地区茶业历史底蕴深厚，产业基础较为完善，企业品牌效应明显，企业规模普遍较大；平均销售规模排在后3位的地区分别是山东（0.3亿元）、贵州（0.4亿元）、海南（0.4亿元），此类地区茶业品牌建设普遍较晚，龙头企业数量少、规模小，发展空间大。

据调查数据显示：259家样本企业2022年总资产规模为602.0亿元，同比增长5.8%，企业平均总资产约为2.33亿元。其中133家企业总资产超过1亿元，占比为51.4%，13家企业总资产超过10亿元。

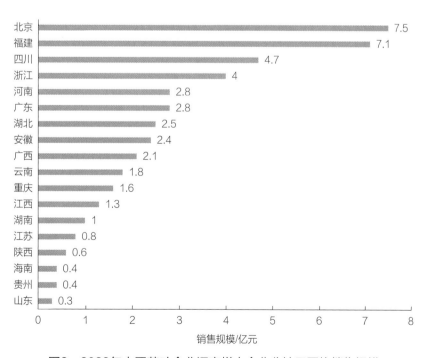

图2　2023年中国茶叶企业调查样本企业分地区平均销售规模

样本企业2022年总负债为286.8亿元，同比增长0.9%，企业平均负债约为1.10亿元，企业整体资产负债率为47.6%，负债比例在近年来持续提升，企业经营风险增大，资产负债率在70%以上企业有26家，占比10%。负债过亿元企业58家，其中负债过5亿元的企业有10家。

（二）企业类型

从龙头企业数量看：近年来，茶行业国家重点龙头企业数量和质量持续提升，截止2022年底，农业产业化国家重点龙头茶企数量为86家。此次调查样本企业中，市（县）级以上龙头企业共计201家，占比达77.9%，其中国家级龙头企业48家，省部级龙头企业123家，地市级龙头企业30家（图3）。

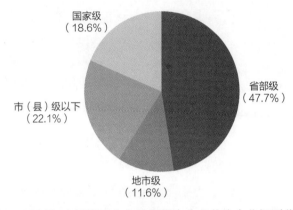

图3 2023年中国茶叶企业调查样本企业龙头企业级别分布

（三）人员结构

从企业人员构成分析：样本企业在职员工总数约为60800人，样本企业平均员工数量为236人，其中员工人数过千的企业10家。这些企业中，生产人员占总员工数的39.0%，在各类员工中占比最高，销售人员占比30.2%，管理人员占比14.1%，此外，技术员工占比8.9%，其他人员占比7.8%（图4）。

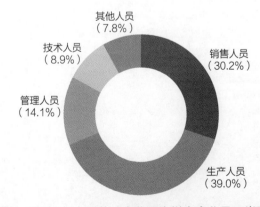

图4 2023年中国茶叶企业调查样本企业员工类型

（四）利税情况

从企业利税情况看：样本企业2022年利润总额为60.9亿元，同比减少22.7%，企业整体平均利润为2361万元，利润亿元以上企业数量为10家。有96家企业，在2022年出现利润负增长，占样本企业数量为37.1%。

从企业销售利润率情况看，有75家企业（占比29.0%）利润率在15%以上，19家企业（占比7.4%）利润率在10%～15%，20家企业（占比7.8%）利润率在5%～10%，144家企业（占比55.8%）利润率低于5%（图5）。

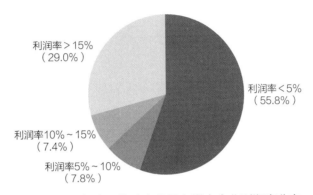

图5 2023年中国茶叶企业调查样本企业利润率分布

从企业纳税情况看：181家企业纳税总额为28.75亿元，企业平均纳税1114万元；纳税金额超过1亿元的企业有5家，占比1.9%；1000万～1亿元的企业33家，占比12.8%；500万～1000万元的企业14家，占比5.4%；100万～500万元的企业58家，占比22.5%；100万元以下的企业148家，占比57.4%（图6）。

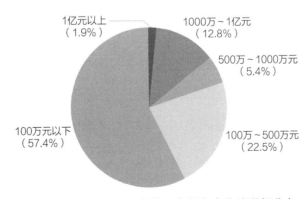

图6 2023年中国茶叶企业调查样本企业纳税额分布

三、生产情况

（一）茶园管理

自有茶园面积及产量方面：样本企业自有总茶园面积共计190.7万亩，占全国茶园面积的3.82%。在茶园供应量方面，企业自有茶园的茶叶产量为26.7万吨，占全国茶叶总产量的8.4%，茶园平均亩产明显高于全国，这表明大中型企业集中化、合理化的管控有效地提高了茶园的亩产量和生产效率。

产品认证方面：在国家大力监管食品安全问题的大环境下，茶叶企业将质量安全放在十分重要的位置，具有一定规模的品牌企业样本更是起到了带头作用。样本企业数据显示，113家企业获得中国有机产品认证，占到全部企业的43.6%；22家企业获得绿色食品认证；28家企业获得欧盟有机产品认证；18家企业获得良好农业规范（GAP）认证；18家企业获得美国有机产品认证；17家企业获得雨林联盟认证；5家企业获得道德茶叶合作联盟（ETP）认证。在体系认证方面，121家企业拥有ISO9001系列认证，占比46.7%，64家企业拥有HACCP认证，71家企业拥有ISO22000系列认证，26家拥有ISO045001认证，40家企业拥有ISO14001系列认证，样本企业的质量安全认证水平远超行业平均水平。

（二）茶叶生产

从样本企业中可以看出，中国茶叶企业依旧以生产绿茶、红茶为主。样本企业中，生产绿茶的企业有179家，生产红茶的企业有181家；各企业基本均涉及多茶类生产，涉及生产白茶的有87家，60家企业生产再加工茶（茉莉花茶），生产黑茶的有48家，32家企业生产青茶，36家企业生产普洱茶，70家企业生产代用茶，16家企业生产黄茶。

样本企业2022年茶叶生产总量为56.47万吨，占我国茶叶总产量的17.8%。其中绿茶产量为21.26万吨，占全国绿茶总产量的11.5%；红茶产量10.55万吨，占全国总产量的21.9%；黑茶产量为19.09万

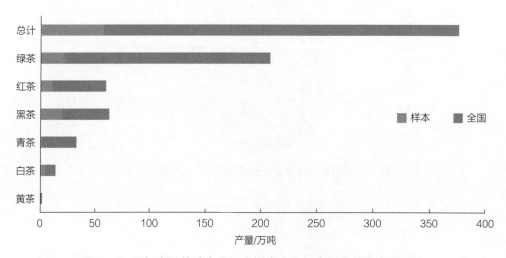

图7 2023年中国茶叶企业调查样本企业与全国分茶类产量对比

吨，占全国总产量的44.8%；青茶产量1.15万吨，占全国总产量的3.7%；白茶产量为4.11万吨，占全国总产量的43.5%；黄茶产量0.31万吨，占全国总产量的23.8%（图7）。

（三）生产创新

样本企业共拥有有效期内专利4130项，其中发明专利数量为495个（占比12.0%），实用新型专利数量为1885个（占比45.6%），外观设计专利数量为1750个（占比42.4%）（图8）。在研发投入上，样本企业2022年度共投入11.6亿元用于企业科技研发，平均每个企业投入451万元，研发方向主要集中于加工工艺改进、茶园升级改造、茶树有机管理、夏秋茶综合开发利用等方面，近三年已累计完成或立项186个地市级以上茶叶相关科研项目。

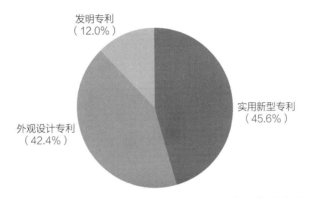

图8　2023年中国茶叶企业调查样本企业各类专利分布

（四）品牌建设

样本企业共拥有有效期内注册商标10514个，平均拥有注册商标40.75个；样本企业拥有中国驰名商标87个，中华老字号品牌30个。样本企业2022年共投入18.35亿元用于品牌宣传及品牌维护，平均每家企业投入711万元用于品牌打造。我国茶叶企业正不断地树立品牌意识，培育自主品牌，产品质量和企业管理水平，产品附加值和品牌的核心竞争力不断提高。

四、销售情况

（一）茶类分布

从调查中可以看出，2022年样本企业国内销售茶叶共计47.87万吨，销售额总计590.05亿元，均价为123.3元/千克。其中，绿茶销量为16.69万吨，销售额为162.3亿元，均价为97.2元/千克；红茶销量6.08万吨，销售额为84.75亿元，均价为139.4元/千克；黑茶销量为15万吨，销售额为61.92亿元，均价为41.3元/千克；青茶销量0.82万吨，销售额为40.78亿元，均价为各茶类最高，达497.3元/千克；白茶销量为3.13万吨，销售额为93.69亿元，均价为299.3元/千克；黄茶销量0.31万吨，销售额为5.76亿元，均价为185.8元/千克；普洱茶销量1.41万吨，销售额为38.53亿元，均价为273.3元/千克；再加工茶（主要为茉莉花茶）销售量为2.71万吨，销售额为77.53亿元，均价为286.1元/千克；代用茶销售量为1.72万吨，销售额为24.79亿元，均价为144.1元/千克（图9、图10）。

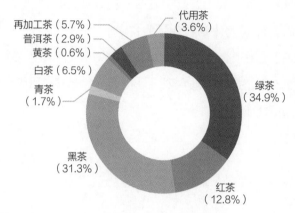

图9 2023年中国茶叶企业调查样本企业分茶类销售情况

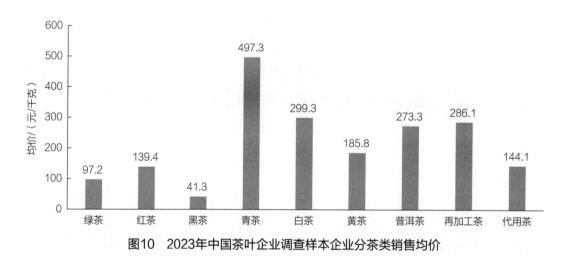

图10 2023年中国茶叶企业调查样本企业分茶类销售均价

（二）其他衍生品销售

近年来，茶叶企业走向全产业链发展的趋势越来越清晰，茶企的经营服务范围不断扩张，茶叶企业衍生产出不断增多。根据样本企业数据，2022年除常规茶叶产品外，样本企业共销售茶机械4800余套、茶具270余万套、茶食品3700余吨、茶饮料2.6万吨、新茶饮110万杯、其他茶叶深加工衍生品3600余吨，为样本企业创造20.84亿元的销售额。多元化的产业链使得茶企可以在各自优势领域创造更多的价值，带动更多就业，延伸更多效益产出，有助于茶叶企业形成完整的产业模式，从而提升其综合竞争力。

（三）销售渠道分布

据样本数据，样本企业共有直营店7386家，直营店销售量为7.62万吨，销售额为143.92亿元，销售均价为188.9元/千克；加盟店共有40407家，加盟店销售量为10.78万吨，销售额为183.95亿元，销售均价为170.6元/千克；商超渠道销售量为2.76万吨，销售额为24.06亿元，销售均价为87.2元/千克；电商渠道销售量为4.67万吨，销售额为67.04亿元，销售均价为143.5元/千克；集中采购销售量为10.12万吨，销售额为96.39亿元，销售均价为95.2元/千克；其他渠道销售量为11.92万吨，销售额为74.66亿元，销售均价为62.6元/千克（图11、图12）。整体来看，在样本企业中，线上销售占比为8.2%，线下销售依然为企业销售的主要渠道。此外样本企业2022年出口茶叶8.98万吨，出口额为20.93亿元，出口均价为23.3元/千克。

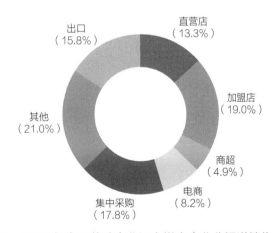

图11 2023年中国茶叶企业调查样本企业分渠道销售占比

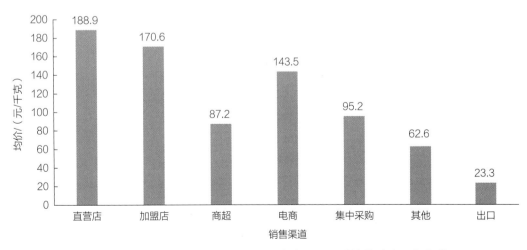

图12 2023年中国茶叶企业调查样本企业分渠道销售（出口）均价

五、电商发展情况

（一）电商业务开展情况

样本企业中，共有199家企业开展了电商业务，占比76.8%；其中有143家采取自行运营开展电商业务，39家采用委托代运营方式进行线上销售。根据调查数据，开展电商业务的企业中，有147家入驻天猫（淘宝）平台，入驻京东平台企业为120家。此外，有76家企业入驻拼多多平台，有118家企业入驻抖音平台，27家入驻快手平台，83家企业建设自有平台。

（二）销售情况

2022年，样本企业在电商平台实现销售量4.67万吨，销售收入67.04亿元。其中，天猫（淘宝）平台销售量为1.60万吨，占比34.3%，销售额为24.37亿元；在京东平台销售量为1.02万吨，占比21.8%，销售额14.93亿元；在拼多多平台销售量为0.27万吨，占比5.8%，销售额为3.20亿元；在抖音和快手平台销售量为0.50万吨，占比10.7%，销售额为9.86亿元；在自有平台销售量为0.38万吨，占比8.1%，销售额为8.17亿元；其他平台销售量为0.90万吨，占比19.3%，销售额为6.51亿元（图13）。

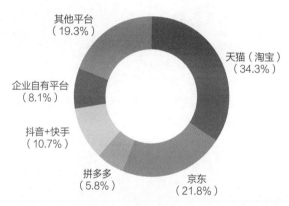

图13　2023年中国茶叶企业调查样本企业各电商平台销售量占比

六、问题与建议

党的十八大以来，国家高度重视茶产业的发展，习近平总书记多次作出重要指示，在各级政府的支持下，各地茶叶企业创新活力和创新能力不断提升，工业企业数量和规模均有所提升。但在全球政治经济环境不确定性日益加剧、产业链供应链不稳定，不安全因素和极端风险叠加的背景下，我们要清醒地认识到，我国茶叶企业现代化、国际化发展水平还不够高，企业投入基础研究不足，自立自强的能力和责任担当不够，企业作为产业发展的主体，仍有基础不牢、底气不足、活力不高、生态不优，龙业龙头企业偏少、创新活力不足、企业应用基础研究薄弱、产业结构偏传统化、企业级科技成果转化体系尚未形成等短板和弱项。

在中国茶产业高质量发展的新征程上，应当不断强化企业的主体地位，不断培育、壮大茶产业发展的新动能，具体建议有以下几点。

（一）强化领军企业主导地位

加快培育茶业领军企业，激励其增强发展的内生动力，加强自主研发，强化应用基础研究投入，赋予领军企业负责人更多的资源调配权、产业联盟建设权、产业标准制定话语权，支持其通过创新联合体等方式发挥在推动高质量发展中的引领及支撑作用。

（二）激发首创精神，支持企业与科技联手

未来要给予茶叶领域科学家和企业家在重大科技创新项目立项、重大科技基础设施建设等决策方面更多的参与权，逐步形成科技领军和骨干型企业引领支撑高校、科研院所推进重大科技项目的新局面，全面提升产学研协同创新效率，从根本上解决长期存在的产学研协作不畅、产业技术落后、科技成果转化难的症结。

（三）支持企业成为人才"引育用留"主体

加强高校人才培养体系和企业人才使用体系的深度融合。以茶企创新和产业高质量发展的真实场景、市场真实需求问题牵引，发挥企业在行业人才引进、培育资源支持、人才使用、留用和成长的场景优势，突破以高校主导的传统人才培养模式下校企衔接不畅、重知识传授轻实践能力培养等瓶颈。支持企业通过职普融通、产教融合、科教融汇等多种方式，推进产学研人才融通发展。

（执笔人：梁晓）

第二部分
乡村振兴

2022山西省茶叶行业发展报告

2022江苏省茶叶行业发展报告

2022浙江省茶叶行业发展报告

2022安徽省茶叶行业发展报告

2022福建省茶叶行业发展报告

2022江西省茶叶行业发展报告

2022山东省茶叶行业发展报告

2022河南省茶叶行业发展报告

2022湖北省茶叶行业发展报告

2022湖南省茶叶行业发展报告

2022广东省茶叶行业发展报告

2022广西壮族自治区茶叶行业发展报告

2022海南省茶叶行业发展报告

2022重庆市茶叶行业发展报告

2022四川省茶叶行业发展报告

2022贵州省茶叶行业发展报告

2022云南省茶叶行业发展报告

2022陕西省茶叶行业发展报告

2022宁夏回族自治区茶叶行业发展报告

2022中国重点产茶县域发展报告

2022山西省茶叶行业发展报告

山西省茶叶学会

2022年是中国共产党第二十次全国代表大会的召开之年，更是全国人民在党的领导下迈向第二个一百年、实现民族复兴"中国梦"的起步之年，也是中国茶产业实现高质量发展的一年。党的二十大的召开对茶产业的影响主要集中在推动茶产业转型升级、推进茶叶种植、加工、销售等环节的现代化，提升茶叶品质和品牌价值。严格茶产业市场监管、加大对茶产业市场的监管力度，严厉打击假冒伪劣、商标侵权等违法行为，保障消费者合法权益。强化茶产业创新驱动、加强茶产业技术创新，推动茶产业与大数据、人工智能等新技术深度融合，提高茶叶生产效率和品质。支持茶产业开放发展，推动茶产业国际合作和茶产品出口，提升中国茶叶的国际影响力。提高茶产业治理水平，推进茶产业法治化、规范化管理，保障茶产业的健康发展。这些措施将对山西茶产业的发展产生积极影响，促进茶产业的健康发展。2022年，山西省委、省政府高度重视茶产业发展，茶产业的影响力不断扩大，呈现稳步快速发展的趋势。茶产业不仅传承了晋商精神，也激发了三晋大地茶文化的热情，茶产业出现了方兴未艾的良好形势。

一、山西茶叶市场概况

（一）山西茶叶市场规模和增长趋势

根据数据统计，2022年山西茶叶市场规模总体呈现增长的趋势，主要受益于消费者对健康生活方式的追求和茶文化的普及。但同时由于受到时代对经济的影响，大宗茶叶的增长速度远超小众茶。山西茶叶销售市场中主要茶叶品种之——茉莉花茶（中低等级）的销售量依然居高不下，甚至占到整个绿茶销售总量的60%以上，同比增长10%左右。

（二）山西茶叶市场结构和竞争格局

山西茶叶市场较往年呈现更加多元化的产品结构，包括绿茶、红茶、白茶、乌龙茶等多个品类。其中，绿茶和红茶仍是市场份额最大的品类。在竞争格局方面，市场上存在着一些知名品牌和企业，竞争较为激烈。

二、山西茶叶消费者需求和趋势

（一）健康意识的提升

随着人们健康意识的不断提高，茶叶作为一种天然的健康饮品自然备受青睐。此外，消费者也更加注重茶叶的品质、产地和制作工艺，对高品质茶叶的需求逐渐增加。

（二）品牌认知和消费习惯

随着人们对茶叶品牌认知度的不断提高，消费者开始更倾向于选择知名品牌的产品。同时，消费者对茶叶的消费习惯也发生了一些变化，茶叶消费者更注重品鉴体验和茶文化的传承，喝茶的档次也越来越高。这一变化主要表现在消费者对茶叶质量的要求上，具有一定茶叶知识的人士在购茶时，会对茶叶的等级、新旧等进行审评；平常人士则会选择一些著名品牌的、生产厂家大一些的茶叶；一般消费者各有所好，自行选择大宗低档茶叶。茶叶与人的生活如此密切相关，山西又蕴含着如此广阔的市场。随着时代的发展，人们对于健康养生的关注以及茶叶消费群体也更加趋于年轻化。同时，青年群体在选择饮茶时不再仅限于吹捧"0蔗糖""五分甜"等快消茶，更多选择尝试传统茶叶。

三、山西茶叶市场机遇和挑战

（一）保健茶饮市场的拓展

随着保健饮品市场的快速发展，山西保健茶（代用茶）成为茶叶市场的一个重要增长点。山西茶叶企业立足于山西本土优势中草药材的开发，结合消费者需求，推出更多的健康茶饮产品，以满足市场需求。山西保健茶（代用茶）以山西道地中药材为原料，通过独特的制茶工艺，制作成不同种类的代用茶饮品。目前山西省拥有着1800余种药材，是全国著名的药材大省，根据市场调查，山西省保健茶（代用茶）加工企业达上百家，开发有连翘叶、沙棘叶、桑叶、枣叶、毛建草、槐米等单品茶和黄芪普洱、枸杞菊花等拼配茶产品200余款。无论连翘、钙果、苦荞、冻绿叶、板蓝根，还是酸枣、沙棘等，都是对天然植物的加工和生产。这些茶叶都有着深远的民间基础和广为流传的口碑，个别茶还赋予了浓厚的情结，比如老人们就把连翘茶称作"神农茶""延年茶""不老茶""长寿茶"等。山西保健茶（代用茶）因原材料的不同，而具有不同的功效。连翘叶茶、蒲公英茶等具有清热解毒功能；党参茶、黄芪茶具有增强免疫力功能；沙棘叶茶、桑叶茶等具有降"三高"功效；酸枣叶茶、红枣叶茶等能够改善睡眠功能；毛建草、山楂叶茶等具有健胃消食功能；玫瑰花茶、菊花茶等具有美容养颜功能，等等。山西保健茶（代用茶）这一山西优势产品，将成为山西保健茶（代用茶）省级区域的公用品牌。

红枣叶茶含有游离氨基酸、茶多酚、黄酮、芦丁、皂苷等营养元素及矿物质，亮点是不含咖啡因。具有助睡眠、抗动脉粥样硬化、降三高等功效。经研究表明，其具有辅助软化心脑血管、抗失眠、降三高等作用，因其味甘、性温，适宜大众群体饮用，是人们日常生活中践行"预防为主"的健康饮品。吕梁地区利用原生态、无污染、多野生的红枣经济林资源优势，大力发展红枣经济林转型新产业，并成为"吕梁特色茶"助农增收的新途径。吕梁地区黄河沿线的四县红枣共160万亩，其中临县（称为"中国红枣之乡"）就有82万亩，该地的枣树耐旱，生命力极强，有"铁杆庄稼"之称。多野生、无污染的黄土丘陵沟壑区孕育着临县红枣，甜中带酸，营养丰富，素有"一日三枣，长生不老"之说。根据近3年采摘枣芽叶统计每亩产量约为1000千克左右，因枣树树冠高大以及生长区沟壑纵横，按四分之一的有效采摘率计算，每亩实际平均可采摘250千克，则临县约有1亿千克的产量。按2021年5—8月份采摘旺季的平均收购价10元/千克计算，仅采摘枣芽叶一项，枣区枣农每年保守估算约收益10亿元人民币。因此，开发枣芽红茶是对山西省红枣林经济的综合利用，可变废为宝，是枣农们"取之不尽用之不竭"的绿色银行，更是山西省红枣产业高质量转型发展的新引擎产业，对巩固脱贫成果与助力乡村振兴起到了积极的推动作用。

依托"中国红枣之乡——临县"之优势的山西省级重点农业产业龙头企业——山西茗玥茶叶有限公司，目前已经成为山西枣芽茶规模最大并集研发、生产、销售于一体的高科技现代化全产业链的领头羊。枣芽红茶是源于枣树刚生长出来的嫩芽叶，经过采摘、萎凋、揉捻、发酵、晒青、微波杀青、烘干、提香、等级筛选包装共9道古法新工艺加工而成。该项目已列入2021年和2022年山西省级重点工程项目，并于2021年入选第二批全国名特优新农产品名录，年需求枣芽叶约4000吨，可生产成品1080吨，实现产值约5亿元，同时引领并带动了吕梁黄河沿线的四县红枣主产区共同发展，惠及吕梁65万枣农共同致富。

连翘茶的成功研发，是将古老的传统与现代的医学以及炒茶工艺的完美结合。而连翘茶在民间的深厚底蕴，也让其拥有了自己的品牌文化。

绿叶钙茶是一种功能茶。研制者对欧李（钙果的俗称，是长在中条山上的一种野生植物，果实可食用）的叶子研制开发，发现欧李叶含有18种氨基酸成分，并含有多种对人体有益的天然营养成分。绿叶果木纯天然，叶含高钙氨基酸。钙可强身睡香甜，茶疗保健乐延年。

新产品冻绿叶茶产品研发成功，冻绿叶茶含有总黄酮、游离氨基酸、茶多酚，还有以铁、锰、锌、氟、硒为主的无机矿物元素等有价值的物质。冻绿叶在我国分布于华东、中南、西南及河北、山西、陕西、甘肃等地。资源十分丰富，在吕梁市交口县境内高庙山地区，有百姓祖辈相传在唐武德三年（620年）设温泉县，张四姐下凡时常饮古树茶（大叶茶），这种大叶茶就是冻绿叶植物，有"人去留香，仙气常飘，百毒不侵"之说，也有"武将身轻如燕，文士书中飘香"之文人之吟的功效，后在民间百姓流传采摘，饮用至今。民间饮用冻绿叶茶较为简洁，直接采摘，冲泡饮用，据当地人介绍，此茶饮后具有提神聚气，生津止渴，降火败毒，软化血管，可解无名肿毒、痈疽疗疖，疗效甚好。冻绿叶在山西分布于吕梁山脉腹地，交口县境内的桃红坡镇、水头镇、温泉乡、石口乡（高庙山、上顶山、王墓沟、云梦山、莲花掌、神南峪、大九梁、野甘泉）等地。此树种粗壮高大，叶呈椭圆而有尖，五月叶嫩开小白花，秋结籽实，且无病虫害，纯属天然野生，无人工种植，不涉污染。特有的海拔气候、地理环境及温度、湿度和生态环境，造就其独特的品质特征，但目前对它的开发利用程度很低，仅有民间少量入药。山西省农业产业龙头企业——山西省鹏雅康生物科技有限公司积极探索开发野生冻绿叶资源，依托丰富的冻绿野生古树资源，建设集茶叶生产、销售、茶艺于一体的文旅产业项目，打造茶叶全产业链。目前已经打造了冻绿叶茶生产加工基地，研发出以野生冻绿叶茶为主的云梦山茶系列产品以及冻绿叶茶产品，开辟了新的健康领域。

新产品板蓝红茶产品研发成功，板蓝红茶是指在中医药和茶叶理论指导下，对中药材板蓝根鲜叶进行特殊加工炮制后的成品。其独特的炮制加工理论和方法，无不体现着古老中医的精深智慧。随着板蓝红茶炮制理论的不断完善和成熟，它已成为人们日常保健防病治病的重要手段，为中华民族的健康事业作出贡献。伴随着人们健康理念的深化、中药文化的传播以及中医理论的全球化推广，板蓝红茶行业的市场地位将持续提升，未来成长空间广阔。根据目前板蓝红茶初试产品的口感和保健作用，其市场发展空间巨大。该项目的开发不仅能够带动当地中药材的种植、发展地方环保循环经济、改善当地生态环境，而且将辐射到周边地区，这对全县及周边地区的农业产业化结构调整、发展优质高效农业、增加农民收入、减少资源浪费等方面都将产生巨大的促进作用。长远来看，有助于社会的稳定和农民的脱贫致富。

苦荞茶已经是中国苦荞第一品牌，还出口到了韩国和日本。

毛建茶以山西省原平市西北地区特有的野生岩青兰作为原料。野生岩青兰生长在2400多米的高海拔地带，学名毛建草，俗称毛尖，故得名"毛建茶"。据文献记载：毛建草唇形科、青兰属，多年生草本，具香气味，芳草植物，甘苦、平、入肺，胃、脾三经，是为药用、茶代饮品。所制茶品具有香醇、味浓、汤色翠绿、清亮、叶片鲜活完整、不浮水、特耐冲泡等特点；尤以健胃、消食、活血、减肥的奇特功效，受到广大消费者的青睐，故而被口口相传、赞誉不绝，成为消费者赠送亲朋好友的最佳健康礼品。

山西保健茶（代用茶）以单方茶品为多，配方茶品少。单方茶外形形状多样，汤色符合加工特征，香气较浓郁；袋泡茶花色品种较丰富，香气馥郁，汤色明亮，口感愉悦。山西保健茶（代用茶）原材料的不同，单方产品功效不同，现在很多保健茶（代用茶）机构正在研发多配方的山西保健茶（代用茶）产品。例如，在中医药和茶叶理论指导下，对中药材鲜叶与白茶进行特殊加工炮制后的成品，也就是山西的保健茶（非茶之茶）与白茶配伍新产品。正在不断研发的产品还有红枣叶茶、桑叶茶、连翘叶茶、冻绿叶茶、黄芪茶等与白茶配伍的新产品，这些产品具有清热解毒、增强免疫、降"三高"、改善睡眠、健胃消食等功能，开辟了新的健康领域，具有市场竞争力。现阶段发展山西保健茶（代用茶）与人们追求的健康消费新时尚高度契合，男女老幼皆宜饮用。山西保健茶（代用茶）产业正在与健康产业、脱贫攻坚、绿色生态、文化传承、中医药强省等互相贯通，全省保健茶（代用茶）产业发展氛围浓郁、态势良好，产业规模加速壮大。山西保健茶（代用茶）传茶道之神韵，为千年本草赋予了茶品清香，成为独具山西原创特色的优势品牌，也成为百姓增收的新支撑。另外，山西保健茶（代用茶）已经进入零售市场。

（二）电商渠道的崛起

山西近年来也依托电子商务的快速发展为茶叶行业带来了新的销售渠道和机会。茶叶企业正积极拓展电商渠道，提升线上销售能力，与消费者建立更紧密的联系。

四、山西茶产业发展文化助力

（一）山西省第三届茶艺师职业技能大赛

以"创新时代、科技赋能、技能未来"的大赛主题为引领，增强国家文化软实力、弘扬传统文化为目标，开展技能大赛活动为载体，充分发挥职业技能竞赛在构建高技能人才培养体系、创新人才选拔机制方面的积极作用，引导和激励山西省广大茶艺、评茶从业人员学技能、练本领，全面提升山西省茶艺师、评茶员从业人员队伍素质，更好地推动山西省经济和文化事业的长足发展。

山西省科学技术协会、山西省人力资源和社会保障厅联合举办了2022年山西省第三届茶艺师职业技能大赛及山西省首届评茶员职业技能大赛。本次大赛属省级一类的职业技能大赛。

（二）中蒙俄"万里茶道"高峰论坛

2013年3月，习近平总书记在俄罗斯莫斯科国际关系学院演讲时提到"继17世纪的'万里茶道'之后，中俄油气管道成为联通两国新的'世纪动脉'"，引发了社会各界对万里茶道的广泛关注。晋商作为"万里茶道"的开拓者，以雄厚的财力、灵活多变的经营之道、刻苦敢于冒险的创业精神，开创了"货行天下，汇通天下"的万里茶路。这条全长1.4万千米的"万里茶道"南起中国福建武夷山，经江西、安徽、湖南、湖北、河南、河北、山西、内蒙古向北延伸，途经蒙古，抵达俄罗斯，是欧亚大陆重要的经济文化交流通道，其参与人口之多、行经的区域之广、商品流通量价之大、对历史文化影响之深，可以与"丝绸之路"相媲美。由晋商开拓并主导、沿线商民共同参与运转的中蒙俄"万里茶道"，从17世纪至20世纪初持续兴盛，成为继丝绸之路后，沟通欧亚的又一条国际商路。

为更好的感受山西茶文化、展示山西茶文化，弘扬山西茶文化，在茶博会召开之际，山西省举办了"万里茶道"高峰论坛，旨在将这条拥有200多年辉煌历史的万里茶道，沿途（其中包括内蒙古乌兰察布及河北张家口）兼具地域性和多元性的文化遗产，重新梳理它们的文化价值、经济价值及文化遗产保护价值，回顾茶道上伴随茶叶贸易所产生的物质和非物质文化遗产，打造民族自信、品牌自信。

（三）各大茶城举办茶事大赛

为进一步推广和宣传茶叶知识，普及茶文化及茶叶营养保健知识，山西省三家大型茶城响应行业号召举办茶艺师大赛，各种赛事活动如雨后春笋般欣欣向荣。

五、山西茶叶产业发展建议

（一）提升产品品质和品牌形象

山西茶企应加强对产品质量的控制和管理，提升产品的品质和口碑。同时，注重品牌建设和形象塑造，提升消费者对品牌的认知度和信任度。

（二）创新营销策略和渠道拓展

山西茶企应积极创新营销策略，结合互联网和社交媒体等新媒体渠道，提升品牌知名度和影响力。同时，拓展多元化的销售渠道，满足消费者多样化的购买需求。

总而言之，2022年茶叶市场持续保持稳定增长态势，消费者对茶叶的需求不断增加。茶叶企业应抓住市场机遇，提升产品品质和品牌形象，创新营销策略并拓展多元化的销售渠道。通过这些举措，茶叶行业将迎来更加广阔的发展前景。

本报告对2022年茶叶市场进行了综合分析和评估，通过收集市场数据和行业信息，对茶叶市场的发展趋势、竞争态势、消费者需求以及市场机遇进行了深入研究。报告旨在为茶叶行业从业者、投资者和决策者提供全面的市场洞察和参考。

（执笔人：吴凤鸣）

2022江苏省茶叶行业发展报告

江苏省茶叶研究所

一、2022年茶产业发展特点

（一）面积、产量，产值略减

2022年，江苏省茶园面积为51.00万亩，较2021年减少5300亩，其中开采茶园42.35万亩，无性系茶园23.97万亩，有机茶园3.89万亩；茶叶总产量1.04万吨，产值32.74亿元，产量、产值分别较2021年减2.8%、减1.05%。据江苏省茶叶研究所对部分主产区县调研结果显示，苏州吴中区2022年全年产量383.0吨，较2021年持平，全年产值3.69亿元，较2021年减8.6%；仪征2022年全年产量519.0吨，较2021年减2.3%，全年产值1.53亿元，较2021年减1.9%；南京高淳区2022年全年产量324.0吨，较2021年减10.0%，全年产值0.53亿元，较2021年减14.5%；无锡滨湖区2022年全年产量75.0吨，较2021年减2.6%，全年产值0.27亿元，较2021年持平；宜兴2022年全年产量3871吨，较2021年增0.2%，全年产值5.1亿元，较2021年增4.1%（表1）。

表1 2022年江苏省部分主产区县及全省春茶和全年茶叶产量和产值

	地区	宜兴	无锡滨湖区	苏州吴中区	仪征	南京高淳区	全省
春茶	产量/吨	706.0	75.0	356.0	510.0	270.0	/
	较上年增幅/%	-12.3	-2.6	-7.0	-3.8	-10.0	/
	产值/亿元	2.54	0.33	3.42	1.76	0.45	/
	较上年增幅/%	-8.6	-5.7	-15.3	12.9	-15.0	/
全年	产量/吨	3871	75.0	383.0	519.0	324.0	10400
	较上年增幅/%	0.2	-2.6	0	-2.3	-10.0	-2.8
	产值/亿元	5.1	0.27	3.69	1.53	0.53	32.74
	较上年增幅/%	4.1	0	-8.6	-1.9	-14.5	-1.05

（二）茶叶生产以绿茶为主，唯宜兴以红茶生产为主

江苏以绿茶生产为主，其中绿茶占总产量的77.88%，红茶占总产量的22.12%；五个主产区县中，宜兴以生产红茶为主，红茶占比57.3%，其他主产区县以生产绿茶为主；在绿茶产量上，宜兴同

比减少7.8%，无锡滨湖区、苏州吴中区、仪征、南京高淳区分别减少1.4%、5.6%、3.8%、10.0%；在红茶生产上，南京高淳区仍然没有涉及；在红茶产量上，仪征增幅较大，同比增长800.0%，宜兴、无锡滨湖区、苏州吴中区分别减少0.1%、减少20.0%、增长13.0%（表2）。

表2　2022年江苏省部分主产区县及全省茶类结构分布

地区	宜兴	无锡滨湖区	苏州吴中区	仪征	南京高淳区	全省
绿茶产量/吨	1482	71	253	510	324	8100
较上年增幅/%	-7.8	-1.4	-5.6	-3.8	-10.0	-1.7
红茶产量/吨	2218	4	130	9	/	2300
较上年增幅/%	-0.1	-20.0	13.0	800.0	/	-7.4

（三）茶叶开采期推迟、春季名优茶销售价格持平

2022年初，江苏省气温较低，茶树主栽区2月1—25日平均气温为2.9～4.6℃，较常年偏低0.6～1.7℃，雨日数普遍为8～13天，阴天日数普遍为15～18天，日照时数大多较常年偏少三四成。进入3月份全省气温快速回升，全省平均气温较常年同期明显偏高，茶芽快速萌发；自3月11日起，苏州、无锡、常州、镇江、南京等地特早生品种乌牛早、中茶108、苏茶早等品种陆续开采，连云港等偏北茶区4月20日开采；2022年春茶开采期从3月中旬至4月中旬，较2021年推迟10天左右，但较2019年、2020年持平。

春茶期间，早期气温较低，但进入3月份，气温回升较快，气候适宜，春茶长势喜人，茶叶质量好于往年，春茶销售价格较去年同期持平。据调研，苏州吴中区特一级洞庭碧螺春价格在5000元/500克左右，特二级在3000元/500克左右；南京江宁区特一级雨花茶价格在3500元/500克左右，特二级在2000元/500克左右；无锡特级无锡毫茶、太湖翠竹价格在1600元/500克左右，一级在1000元/500克左右；其他如宜兴阳羡雪芽、常州金坛雀舌、常州溧阳白茶、扬州绿杨春、连云港云雾茶等特级销售价格在1600～2000元/500克，一级销售价格在800～1200元/500克。虽然3月份春茶产量不高，但质量很好，因此市场销售顺畅；但进入4月份，随着气温提升，产量升高，加之疫情影响，市场销售速度减缓，销售价格下降。

（四）春季茶青价格、干茶均价、干茶最高价、干茶最低价有升有降

5个主产区县春茶早期茶青价格在160～1700元/千克之间，其中苏州吴中区最高，无锡滨湖区最低，宜兴、无锡滨湖区、苏州吴中区、仪征、南京高淳区分别为400元/千克、160元/千克、1700元/千克、260元/千克、360元/千克。春茶茶青平均价格在65～700元/千克，其中苏州吴中区最高、无锡滨湖区最低，宜兴、无锡滨湖区、苏州吴中区、仪征、南京高淳区分别为112元/千克、65元/千克、700元/千克、155元/千克、110元/千克。主产干茶均价在345～2600元/千克，其中苏州吴中区最高、仪征

最低，宜兴、无锡滨湖区、苏州吴中区、仪征、南京高淳区分别为360元/千克、450元/千克、2600元/千克、345元/千克、570元/千克。主产干茶最高价在1600～56000元/千克，其中苏州吴中区最高、仪征最低，宜兴、无锡滨湖区、苏州吴中区、仪征、南京高淳区分别为8000元/千克、2600元/千克、56000元/千克、1600元/千克、7500元/千克。主产干茶最低价在156～1600元/千克，其中苏州吴中区最高、宜兴最低，宜兴、无锡滨湖区、苏州吴中区、仪征、南京高淳区分别为156元/千克、300元/千克、1600元/千克、300元/千克、190元/千克（表3）。

表3 2022年江苏省部分主产区县春茶早期茶青价格、茶青平均价格、主产干茶均价、干茶最高价、干茶最低价

地区	宜兴	无锡滨湖区	苏州吴中区	仪征	南京高淳区
早期茶青价格/（元/千克）	400	160	1700	260	360
较上年增幅/%	5.2	6.6	6.25	12.0	6.0
茶青平均价格/（元/千克）	112	65	700	155	110
较上年增幅/%	+6.6	/	−12.5	/	−8.3
主产干茶均价/（元/千克）	360	450	2600	345	570
较上年增幅/%	2.9	/	/	10.0	−5.0
主产干茶最高价/（元/千克）	8000	2600	56000	1600	7500
较上年增幅/%	/	/	−3.4	/	−6.25
主产干茶最低价/（元/千克）	156	300	1600	300	190
较上年增幅/%	/	−16.6	/	/	−5.0

由此可见不同主产区县春茶早期茶青价格、茶青平均价格、主产干茶均价、干茶最高价、干茶最低价差异幅度较大，这与各地区茶叶生产档次、消费能力和消费习惯有一定关系。

（五）生产成本逐年上升，产品利润逐年下降

江苏是名优茶产区，茶叶采摘主要依靠人工，近年来，劳动力成本逐年上升，茶叶生产利润逐年下降。据调研，2022年，江苏省茶叶采工工价平均为180元/天，较2021年增5.9%，采工短缺20%；茶叶示范县市中，宜兴平均工价175元/天，较2021年增6.1%，采工短缺38%；无锡滨湖区平均工价185元/天，较2021年增长5.7%，采工短缺20%；苏州吴中区平均215元/天，较2021年增长4.9%，采工短缺45%；无锡锡山区平均工价185元/天，较2021年增长5.7%，采工短缺20%；仪征平均工价140元/天，较2021年增长7.7%，采工短缺25%；南京高淳区平均工价145元/天，较2021年增长7.4%，采工短缺15%。在人工成本增长的同时，物质投入成本也是逐年提高，全省多点调研结果显示，农药、肥料、农机具等物质的投入成本，较2021年增长8%～15%（表4）。

表4　2022年江苏省部分主产区县及全省生产成本情况

地区	平均工价/（元/天）	较上年增幅/%	采工短缺率/%	物质投入占比/%
宜兴	175	6.1	38	15.4
无锡滨湖区	185	5.7	20	8
苏州吴中区	215	4.9	45	10
无锡锡山区	185	5.7	20	9
仪征	140	7.7	25	10
南京高淳区	145	7.4	15	9
全省	180	5.9	20	10

（六）茶叶批发（交易）市场茶叶交易量、交易额大幅下降

2022年，江苏省茶叶批发（交易）市场茶叶交易量、交易额较2021年大幅下降，其中扬州市东方国际食品城茶叶市场2022年茶叶交易量为3045吨，较去年下降30.0%，交易额为46090万元，较去年下降30.2%；宜兴市阳羡茶文化街2022年交易量为321吨，较去年下降30.2%，交易额为3680万元，较去年下降30.1%；苏州市茶叶市场2022年交易量为5760吨，较去年下降20.2%,交易额为63100万元，较去年下降19.9%；无锡市朝阳茶叶市场2022年交易量为308吨，较去年下降24.8%，交易额为3430万元，较去年下降24.9%；无锡市红星茶叶批发市场有限公司2022年交易量为119吨，较去年下降22.2%，交易额为2361万元，较去年下降27.9%（表5）。

表5　2022年江苏省部分主产区茶叶批发市场交易量和交易额

批发市场	交易量/吨	较上年增幅/%	交易额/万元	较上年增幅/%
扬州市东方国际食品城茶叶市场	3045	−30.0	46090	−30.2
宜兴市阳羡茶文化街	321	−30.2	3680	−30.1
苏州市茶叶市场	5760	−20.2	63100	−19.9
无锡市朝阳茶叶市场	308	−24.8	3430	−24.9
无锡市红星茶叶批发市场有限公司	119	−22.2	2361	−27.9

二、2022年主要茶事活动

（一）举办"名优茶全程绿色高效技术与装备"协同推广系列活动

为加强产学研协作，加快江苏省以设施装备为重点的茶叶生产高效绿色技术示范推广，江苏省由江苏大学等单位启动实施"名优茶全程绿色高效技术协同推广计划"。为落实防控期间稳产保供"云

指导"工作要求，农技耘联合江苏大学、农业重大技术协同推广计划–茶园机械化项目组，于4—5月份举办"名优茶全程绿色高效技术与装备协同推广系列"线上直播，邀请相关专家围绕茶叶加工技术与装备、茶园植保技术与装备、茶园作业（管理）技术与装备等专题举办系列讲座。

（二）举办江苏省第二十届"陆羽杯"名特茶质量评价活动

5月27—28日，江苏省第二十届"陆羽杯"名特茶质量评价活动在宜兴举办。作为省内最专业、最权威的茶叶评比活动，"陆羽杯"名特茶质量评价活动比是对全省茶叶品质的检阅，在江苏省茶产业发展、茶品牌打造和茶文化宣传中发挥了十分重要的平台作用。

（三）庆祝国际茶日，举办各类科普活动

5月21日，迎来了第三个"国际茶日"。为庆祝这个世界爱茶人的共同节日，推广苏茶品牌，江苏省茶叶研究所、无锡滨湖区科协等单位共同举办了"品特色苏茶 鉴茶树资源 赏毫茶技艺——2022年国际茶日品鉴赏茶活动"。该活动得到了现场嘉宾们的一致认可，纷纷感叹见识到了多样的茶树品种茶叶，了解到了更多的茶叶知识。

（四）挖掘地方资源，讲好苏茶故事，举办线上线下茶科普活动

为挖掘地方资源，讲好苏茶故事，由江苏省茶叶学会、江苏现代农业（茶叶）产业技术体系于2022年5月25—28日，联合举办了系列线上茶科普云讲座活动。根据《中国科协等18部门关于举办2022年全国科普日活动的通知》要求，为贯彻习近平总书记"科技创新、科学普及是实现创新发展的两翼，要把科学普及放在与科技创新同等重要的位置"的指示精神，弘扬科学精神、普及茶叶知识，推动全民科学素质全面提升和科技资源科普化，江苏省茶叶学会积极组织2022年江苏省科普日活动。

（五）江苏省茶产业标准化技术委员会成立

8月30日，江苏省茶产业标准化技术委员会（简称江苏省茶标委）成立大会在常州市金坛区召开。江苏省茶标委的成立，将协调和调动政、产、学、研等各方资源，发挥关键技术标准在产业协同、技术协作中的纽带和驱动作用。江苏茶标委的成立，将汇集全省力量统筹推进江苏省茶产业标准化建设，全面梳理茶园建设、品种筛选、良种繁育、茶园管理、投入品与环境、产品加工、仓储包装、物流电商、精深产品及衍生产品等茶产业链上的标准化问题，加快茶产业关键环节标准的制修订，逐步建成体系健全、实施高效、布局合理、指标科学的江苏茶叶标准化新格局。

（六）举办第五届全国农业行业职业技能大赛茶叶加工赛项江苏省选拔赛

为进一步弘扬劳模精神、劳动精神、工匠精神，挖掘培育全省职业技能人才，贯彻落实《关于加快推进乡村人才振兴的意见》，提升炒制技能和产品质量，推进江苏省茶产业高质量发展，2022年第

五届全国农业行业职业技能大赛茶叶加工赛项江苏省选拔赛于8月19日在扬州仪征市正式开赛，来自江苏省8个地级市的35名茶人进行比拼。从选拔赛中脱颖而出的前3名选手将代表江苏省参加2022年第五届全国农业行业职业技能大赛茶叶加工赛项总决赛。

（七）举办2022年江苏省首届评茶员职业技能大赛

2022年江苏省首届评茶员职业技能大赛（省级一类竞赛）于2022年9月21—23日在镇江句容市举办。

（八）"宜兴红"入选农业农村部农业品牌精品培育计划

为深入贯彻中央农村工作会议、中央一号文件精神，全面提升农业品牌竞争力、影响力、带动力，农业农村部首次在全国范围内组织开展农业品牌精品培育工作。经省级推荐、形式审查、专家推选等程序，"宜兴红"入选农业农村部首批农业品牌精品培育计划。

（九）举办江苏省茶园高效栽培管理技术云培训

为进一步强化科技指导，提升江苏省茶叶整体生产管理水平，推动地方茶提档升级，江苏现代农业（茶叶）产业技术体系、江苏农林职业技术学院茶叶亚夫科技服务团队、名优茶全程绿色高效技术与装备协同推广项目组于11月15日在江苏茶博园联合举办"江苏省茶园高效栽培管理"培训班。

（十）江苏省3个项目——苏州洞庭碧螺春制作技艺、南京雨花茶制作技艺、扬州富春茶点制作技艺成为"世界级非遗"

2022年11月29日，我国申报的"中国传统制茶技艺及其相关习俗"在摩洛哥拉巴特召开的联合国教科文组织保护非物质文化遗产政府间委员会第17届常会上通过评审，列入联合国教科文组织《人类非物质文化遗产代表作名录》。此次申报的"中国传统制茶技艺及其相关习俗"涉及15个省（区、市）的44个国家级项目，其中3个项目来自江苏，分别是苏州洞庭碧螺春制作技艺、南京雨花茶制作技艺、扬州富春茶点制作技艺。

（十一）举办江苏茶树种业发展论坛暨茶树新品种新成果推介会

为推广江苏省优势自育茶树新品种，加强茶叶产业交流合作，加快推进江苏省茶树种业振兴，为江苏省茶产业高质量发展提供保障，11月29日，"江苏茶树种业发展论坛暨茶树新品种新成果推介会"在南京和无锡两地成功举办。

（十二）举办2022"茶和天下　共享非遗"主题活动

为学习贯彻习近平总书记关于非遗保护工作重要指示精神，进一步推动茶文化传承弘扬，做好列入联合国教科文组织《人类非物质文化遗产代表作名录》的"中国传统制茶技艺及其相关习俗"项目后续保护工作，文化和旅游部部署全国举办2022"茶和天下 共享非遗"主题活动。江苏分会场活动以"水韵江苏·茶香流芳"为主题，用"品味·苏茶""精制·苏茶""妙音·苏茶""美器·苏茶"4个版块，集中展示江苏南京雨花茶制作技艺、苏州碧螺春制作技艺、扬州富春茶点制作技艺3个参与申遗的国家级非遗代表性项目保护最新成果，同时将省内与茶相关的非遗项目进行全景式呈现，打造视听融合，沉浸交互的非遗主题展，彰显水韵江苏的独特魅力。

三、2022年江苏省茶产业发展存在的问题

（一）春茶采工严重不足

据统计，江苏省春茶期间临时采茶工用工量在10万～12万人次，采工主要来自河南、安徽和江苏偏北地区等。因疫情管控原因，人员无法及时流动，外地的采茶工不能及时从家乡来到产茶区，春茶期有不少茶叶企业预先安排的采茶工无法及时到位。由于采茶工不能及时到位，严重影响春茶产量；2022年春茶茶青产量为2.105万吨，产值为7.18亿元；成品茶产量为0.46万吨，产值为21.75亿元；产量产值较去年减少15%左右，茶农、茶企因减产导致减收15%左右。

（二）夏季高温干旱，茶树受灾严重

2022年夏季高温干旱造成的茶树旱热害遍及江苏主要产茶区，南京（江宁、高淳、溧水、六合、浦口）、镇江（丹徒、句容、丹阳）、常州（溧阳、金坛）、无锡（滨湖、宜兴、锡山）、苏州（吴中、常熟）、扬州（仪征、邗江）等茶叶主产区，有60%的茶园（约30.5万亩）遭受不同程度的高温干旱危害，其中30%茶园面积危害较重，表现强光灼伤、茶树枝干干枯焦、死亡等症状，绝收面积近1万亩，甚至连向来植被丰富、小气候环境好的中山陵、老山林场等地茶园也出现旱害成灾的情况，其中尤以高淳、江宁、仪征等地灾害更加突出。部分抗性差的品种（如白叶一号、黄金芽、龙井43等）、管理不到位的茶园出现重度旱情，幼龄茶园及管理粗放茶园有茶树枯死现象。新栽茶苗死亡率70%左右，给茶农、茶企带来严重的经济损失。

（三）疫情发展、企业经营压力倍增

由于疫情原因，2022年生产资料、劳动力、日常管理维护费用持续增加，生产成本大幅度上升。由于上海、苏州等主要茶叶消费城市疫情多发，严重影响茶叶销售，企业经营压力倍增；茶农、茶企因减产和销售滞缓，造成减收15%左右。另外由于快递物流滞缓，人口流动迟滞，引起销售途径收紧；以苏州东西山、宜兴阳羡旅游度假区为例，作为旅游度假胜地，以往春季外地游客络绎不绝，春茶销售火爆，线下门店销量减少过半。

四、2023年江苏省茶产业发展建议

（一）调整产品结构，充分适应市场

今后茶叶生产采茶工不足问题将不可避免，茶企要通过调整采摘标准和生产方式，实现资源的最大利用化。根据特早生、早生、晚生茶树品种分批采收。对于特早生品种，应利用好当地劳动力资源，抢采原料，保障高档茶叶生产。早生品种会出现开采高峰，应降低鲜叶采摘标准，做到能采尽采。晚生品种可以人工采摘与机械采摘相结合，利用色选机、精制设备统一成品茶规格，达到产量和质量的平衡。另外茶企可根据客户购买习惯、茶叶产品年度销售趋势，合理调整绿茶、红茶及其他茶类产品结构，充分适应市场，促进销售。

（二）主动应对极端气候，积极建设高标准茶园

在全球变暖的背景下，极端天气更加频繁，应对气候危机迫在眉睫。有资料显示，茶树生长的适宜气温为10～35℃。当气温超过35℃时，茶树新梢生长缓慢或停止，茶树生存的临界温度大概为45℃左右。低至8℃时根系会停止活动，降至-10℃以下时，茶树会受到较严重的冻害，直至死亡。在极端天气频发的情况下，高标准茶园建设势在必行。只有按照高标准、严要求，实现园区具备排蓄水系统、良好的道路网，加上科学的管理措施，才能从容不迫地应对极端天气的肆虐，实现茶产业可持续发展。因此，茶园建设需做好蓄排水系统，水利设施建设要考虑多雨能蓄、涝时能排、缺水能灌的原则，建立一套具有隔离沟、纵沟、沉沙坑、蓄水池组成的排蓄水系统。在做好蓄排水系统的同时，还要做好园地规划；应加强园区路网建设，能让中小型运输车辆和农用机械在园区畅通无阻。茶园道路包括干道、支道和步行道，互相连接组成道路网络。在品种选择上，尽量选择适合本茶区的茶树品种，充分发挥良种优势，优选高产优质、抗性好的茶树品种。施肥技术上，做到科学施肥、适当深施，尽量让茶树根系向地下生长，提高抗性。适宜的栽培措施，也能提高茶树抗性，修剪应避开高温干旱时期，高温干旱期间如采摘、修剪，留下的叶片直接暴露在烈日下难以适应而容易灼伤，导致表层叶片失水、枯萎、脱落；因此，高温干旱期间，茶园管理除了浇水和遮阳，应暂停采摘、修剪、施肥、喷药、耕作、除草等农事，提高茶树抗性。

（三）政府、行业助力，积极发挥作用

政府在政策、资金、项目等方面支持茶企、茶农克服困难，积极发展；加大茶叶品牌宣传，扩大区域公共品牌的影响力。各地茶叶行业组织和相关社会团体应利用自身优势，发挥积极作用。茶叶行业组织应充分发挥在人才、技术、信息等方面的优势，在科技帮扶、技术培训、市场信息等方面，积极提供生产实际中的各种需求。茶叶行业组织应充分关注茶产业发展形势，了解茶企现状，关心企业需求，积极搭建企业与企业、企业与政府、企业与客户沟通交流平台，积极建言发声，共同助力茶

企、茶农生产和销售。

（四）推进茶旅融合，延长茶产业链，提升茶产业经济附加值

茶旅融合，有利于推动茶产业得到更深层次的保护和发展。江苏省在茶产业的发展中，已经探索出了茶旅融合的一些路径，形成了一些茶旅线路、节庆活动、习俗体验、美食品鉴等不同类型的茶旅融合产品，这些茶旅融合产品对于优化茶产业发展环境、带动茶经济发展起到了积极的促进作用；茶旅融合，以旅游开发提升了茶产业的经济附加值；各地通过旅游开发的方式，将茶园参观、体验、购物、住宿、餐饮等融入茶产业之中，不仅延长了茶产业链条，也提升了茶产业的附加值。

（五）采用线上线下多种模式，促进茶叶销售

2023年，门面、专营店销售等线下模式受限，茶农、茶企可采用淘宝、天猫、京东、拼多多、小红书、抖音直播、快手直播等多种线上模式开展销售，尽量减少疫情对茶叶销售的影响。

（执笔人：周静峰、徐德良）

2022浙江省茶叶行业发展报告

浙江省茶叶产业协会

一、2022年产业发展回顾

2022年，浙江省茶园面积310.5万亩，同比增长0.91%；茶叶产量19.35万吨，同比减少2.07%；一产产值264.01亿元，同比增长1.69%。其中名优茶产量10.67万吨，同比增长1.33%；一产产值236.69亿元，同比增长1.82%。

（一）有效应对各种挑战，茶叶生产稳定

1．开采推迟，春茶鲜叶价格前升后降

受去冬今春持续低温影响，浙江省大部分茶区开采时间同比推迟10～15天。3月上旬春茶全面开采后，鲜叶量少价高，供不应求，鲜叶收购价同比增加10%～15%。3月中旬温度骤升，春茶集中开采，出现采摘"洪峰期"，鲜叶收购价迅速回落，这一期间西湖龙井茶青（龙井43）价格从120～160元/千克降到50元/千克左右，较往年同期下降明显。3月20日之后气温回稳，鲜叶价格及时恢复到往年水平，这一期间安吉市场茶青价格75元/千克。据中国茶产业杭州指数发布，浙江茶青价格指数为101.6，同比增长1.6个百分点。

2．春茶低温霜冻，夏茶罕见高温减产

3月初，受冷空气影响，浙中南发生霜冻，触发低温保险；而浙北因升温慢，茶芽未萌发无明显损伤，也触发了低温保险。据各地报告，浙江省共投保茶园15.6万亩，同比增长10.92%；保费2565万元，同比增长6.91%；赔付金额3536万元，同比增长257.38%，简单赔付率高达137.86%。其中杭州余杭区赔付1786万元，占全省总量的50.51%。7—8月浙江省持续高温少雨，武义县35℃以上高温天气达57天，其中40℃极端高温23天，期间几乎没有降雨，浙江省约50万亩茶园受到影响，直接经济损失超3亿元，其中武义县、淳安县受灾严重，受灾面积分别达到8万亩和6万亩，直接经济损失分别达到12800万元和5500万元。浙江省大面积茶园受旱热害影响，夏秋茶产能减少，个别地区出现无茶可采情况。

3．形成以名优绿茶为主导，多品类为补充的发展格局

在以名优绿茶为主导的基础上，为应对春茶的生产"洪峰"，各地加快推广多茶类组合生产模式，红茶、白茶、黄茶、再加工茶等品类不断丰富。安吉县生产的金花白茶（黑茶）均价达到1000元/千克。2022年，龙井茶产量2.5万吨、一产产值58.5亿元；红茶产量1.13万吨、产值22.22亿元，同比分别增长

13%和7.94%；黄茶产量266吨、产值2.04亿元，同比分别增长24.3%和26.78%；白茶产量1438吨、产值1.75亿元，同比分别增长42.66%和23.87%；黑茶产量6151吨、同比减少7.2%，产值1.94亿元、同比增长68.71%；青茶产量441吨、同比减少15.03%，产值0.90亿元、同比增长31.67%。

4. 有效化解疫情导致的"采茶工"问题

3月中旬生产"洪峰"集中，正值浙江省内外疫情多发时期，外地采茶工"进不来、不敢来"，采茶工紧缺问题短期加剧，特别是杭州市西湖区、安吉县、长兴县等依赖省外劳动力比重大的茶区，不仅采工工资上涨15%以上，疫情防控配套服务费用也大幅增加。4月初，省外采茶工开始离浙返乡之际，河南、安徽、江西等省的部分市县疫情严重，要求采茶工暂缓返乡，导致数千采茶工滞留。针对初期采茶工短缺问题，浙江省新型冠状病毒肺炎疫情防控工作领导小组发布《关于加强春茶采摘期间新冠肺炎疫情防控工作的通知》，各地对照要求结合当地实际出台相应政策，全面压实责任，确保防控工作落实到位。至3月底，全省需要的158万采茶工，成功到位144万人，到位率达91%。当采茶工滞留浙江省无法返乡情况发生后，相关部门立即行动，第一时间统计调研摸排，联动各级疫情防控办加强与输出省份协调，企业也主动延续茶叶用工，稳定滞留采茶工情绪，到4月底采茶工已全部返乡。

5. 成本上涨，生产比较效益有所下降

据统计，浙江省春茶生产中成本占比最大的采茶工，日均工资已达180.4元，同比增长7.83%。配套防疫成本明显增加，长兴县省外采茶工日均防疫成本已超12元。肥料、燃气等成本涨幅较大，尿素出厂价从2500元/吨涨到3200元/吨，上涨28%；安吉燃气价格从375元/瓶（50千克装商用瓶）涨到520元/瓶，上涨39%。春茶生产成本整体增加10%～15%，企业盈利空间进一步受到挤压。

6. 省级茶产业大脑建成推广

浙江省茶产业大脑于5月份顺利完成初步建设，成功列入省重点应用培育名单。茶产业大脑为"一舱一库一图两端"的整体架构，并作为全省各地的通用模板和统一轨道。驾驶舱逐步实现省、市、县三级数据贯通，气象、供销、海关等多部门数据接入和贯通，4月中旬已上线"数字经济"，10月迭代升级上线2.0版。"浙茶香"应用从提供一站式服务出发，开发了龙井茶、商标授权、劳务对接、茶苗供应、包装服务、装备供应等省级统建，4月上线"浙里办"端和H5端，5月上线"浙政钉"端，已有8419家企业、57320名茶农上线，累计赋码65736个，龙井茶商标许可实现100%线上办理和授证。茶产业数据调度完成产业数据调度和展会参展开发，已投入使用。

7. 各地数字化有序推进

各地根据浙江省数字化改革总体部署，突出实战实效、管用好用导向，打造出一批地方特色明显的应用成果。安吉白茶、西湖龙井、新昌大佛龙井、长兴紫笋茶、余杭径山茶、景宁惠明茶等多个茶产业大脑均已上线迭代开发，其中安吉县、杭州市西湖区、松阳县、杭州市余杭区等茶产业大脑已全面推广使用，安吉县今年再度被评为数字政府最佳应用，活跃度接近千人次，实用性越来越强。金华市"浙里有机茶应用（1.0版）"已经上线应用，为"一地创新，全省共享"提供了实践样板，绍兴市柯桥区、泰顺县等已列入立项计划，全省茶产业数字化呈现出良好发展势头。

（二）国内市场先抑后扬，干茶交易比较顺畅

3月份，浙江省内疫情多发，经销商难以入浙采购。随着重点销区因疫情封控物流不畅，上门订购茶叶的客商减少，茶市交易比往年冷清许多，线上订单因物流受阻而滞留，春茶出现不同程度积压。夏秋茶成本略有上升，茶青价格同比上涨5%左右，受疫情持续影响，干茶价格整体持平。品类结构进一步优化，香茶数量减少，毛峰、扁形绿茶和红茶数量增多。当疫情稍有缓解，线上线下市场恢复如常，松阳茶叶网络零售额26.69亿元，同比增长87.03%。

产地茶叶批发市场交易与往年增减不大。2022年，松阳浙南茶叶市场交易量8.17万吨，同比减少1.59%；交易额65.39亿元，同比基本持平。新昌中国茶市交易量1.66万吨，同比减少1.11%；交易额62.96亿元，同比增长2.8%。

（三）茶叶出口量增值减，结构变化微小

1．全国茶叶出口量迭创新高

2022年，全球茶叶贸易依然遭受着不同程度的冲击。我国茶叶出口顶住多重压力，出口量再创新高。据中国海关统计，2022年，我国茶叶出口量37.52万吨，同比增长1.6%；出口额20.82亿美元，同比下降9.42%，这是出口额和出口均价自2012年以来的首次下降。

2．浙江茶叶出口量保持第一，出口额屈居次席

1—2月，出口运费下降到正常水平，原先迟滞订单集中出口，出口量值激增，之后呈恢复性增长态势，夏秋季受干旱影响出口有所减少，价格基本持平。眉茶销售市场不断扩大，出口量超越珠茶，嵊州、诸暨已转型为出口眉茶为主。2022年浙江茶叶出口量15.38万吨，同比增长1.98%，占全国出口量的40.98%，位居首位；出口额4.84亿美元，同比减少0.47%，占全国出口额的23.25%，位居第二。出口茶重点地区嵊州市全年共出口茶叶6.01万吨、出口额10.5亿元，同比分别增长4.2%和1.4%。

浙江绿茶出口量14.70万吨、出口额4.51亿美元，红茶出口量0.46万吨、出口额0.20亿美元，乌龙茶出口量0.10万吨、出口额364万美元，花茶出口量0.11万吨、出口额820万美元，普洱茶出口量144吨、出口额48.5万美元。

3．重点茶叶出口市场旺盛

2022年，我国内陆地区所产茶叶出口至126个国家和地区，多数主销市场需求旺盛。出口市场位居前10位的分别是摩洛哥、乌兹别克斯坦、加纳、俄罗斯、塞内加尔、美国、毛里塔尼亚、中国香港、阿尔及利亚和喀麦隆。其中，对摩洛哥出口茶叶7.54万吨，同比增长1.11%，占茶叶出口总量20.1%；对喀麦隆出口增幅最大达55.76%，对毛里塔尼亚出口降幅最大达28.31%。

浙江按茶叶出口额计算前8位的是摩洛哥53845吨、1.67亿美元，塞内加尔8772吨、0.34亿美元，毛里塔尼亚4922吨、0.22亿美元，美国4646吨、0.18亿美元，冈比亚5204吨、0.18亿美元，乌兹别克斯坦8791吨、0.17亿美元，喀麦隆11071吨、0.16亿美元，马里4383吨、0.16亿美元。

二、2023年茶产业发展趋势预测

（一）茶叶生产季节持平、产量预计低于去年

因有效积温不足，浙南、浙西南早春茶开采时间与往年基本相同，如果不出现极端天气，其他地区开采时间也相差不大。因去年高温热害，局部地区春茶产量减少，价格前期会略涨，之后逐渐趋稳。

（二）国内需求将比去年增加，价格波动不会太大

因疫情缓解国内茶叶消费有增长动能，需求端预期呈报复性增长态势，由于去年库存较多，销售价格将保持稳定。

（三）茶叶出口量值变动微弱

我国以及浙江省茶叶出口已处高位，预计出口量值基本维持不变。

三、下一步工作建议

（一）加快生态茶园建设，加快茶树品种创新

坚持以绿色发展为引领，开展省级生态茶园基地建设，完善茶园设施设备，推广病虫草害绿色防控、有机肥替代化肥高效施用、树草合理搭配生态种养、茶园全程机械化管理等技术，支持主体开展低碳生态茶园、绿色食品、有机农产品等认证。加强茶树种质资源调查、收集保护和开发利用，根据不同区域和茶树品种，分类建设茶树种质资源圃，实施分级分类保护。加强高抗、优质、特色茶树新品种选育和引进，推进茶苗繁育基地建设，健全茶苗交易体系，加强与当地主导茶类相适应的茶树新品种推广，培育产品新优势。

（二）提高茶叶精深加工水平，加快研制适用机械

推进建设省级标准化名茶厂，支持企业添置连续化自动化加工生产线，加快茶叶加工装备的食品级提升改造，提高标准化加工水平。鼓励重点茶区建立茶叶精深加工园区，扩大开发茶食品、茶保健品、茶食品添加剂、茶饲料添加剂、茶日化用品等终端产品，支持抹茶产业发展和新茶饮原料产业化。围绕全程机械化，立足浙江茶园条件和主体能力，推动研制茶园耕作、植保、施肥和采摘机械，协同开展适应机械作业的茶树品种、栽培方式和制茶工艺研究示范，开展茶园宜机化改造，推进农机农艺有机融合。支持科研院所、茶机企业联合研制茶园传感设备和新一代智能化加工、自动包装机械

等，支撑产业现代化生产提升。

（三）提升龙头企业带动能力，推进茶产业集聚发展融合发展

培育壮大茶叶龙头企业，支持有实力的企业跨区域整合资源，强强联合组团发展，形成资源集中、生产集聚、营销集约的新格局。大力发展家庭农场、茶叶专业合作社和专业村，全面提高茶农组织化程度，健全利益共享、风险共担机制，采取订单、合同、股份等形式带动散小农户共同发展。依托农业"双强"项目，组织实施茶产业高质量发展促进工程，重点发展龙井茶、浙北白化茶、浙南早茶和抹茶等特色产业优势集群，推进茶园、茶厂、茶市和茶树品种、产品品质同步提升。加快推进茶叶特色小镇、现代茶庄园和茶叶精品旅游点等建设，培育茶相关要素深度融合的新产业、新业态、新模式，推动茶生产、茶旅游、茶养生融合发展，全面打造康养茶乡，加快促进产业融合和多业态发展。

（四）拓宽茶叶营销渠道，打响浙江绿茶品牌

优化产地茶叶市场布局，推进交易模式升级改造，做强做大区域优势明显、品类特色突出的重点茶市。引导茶叶电子商务规范发展，鼓励企业开展创新直播、社交电商、新零售等商业模式，拓宽线上茶叶区域品牌销售渠道。进一步整合龙井茶产区资源，做精做优"西湖龙井"品牌，做大做强龙井茶"品牌集群"。引导"丽水香茶""温州早茶""安吉白茶"等特色区域公用品牌整合发展。鼓励龙头企业打造地域性的个性化企业品牌，提高品牌产品市场占有率。推动组建浙江绿茶出口联盟，支持出口企业开展境外推介活动，提高传统绿茶和名优茶国际市场占有率。引导企业严格执行从2023年9月1日正式实施的强制性国家标准GB 23350—2021《限制商品过度包装要求　食品和化妆品》。

（五）培养高素质茶叶人才，促进茶产业技术成果转化

支持茶叶学科建设和职业技术教育，培养高水平专业化人才。持续开展茶农培训行动，支持茶叶加工工、评茶员、茶艺师的认定和评审，完善茶叶职业技能竞赛，不断提升从业人员素质。以部重大技术协同推广、"三农九方"科技协作、省茶产业技术团队项目为抓手，构建从技术创新、装备研发、熟化集成、推广应用的茶业技术链，重点集成推广茶园耕作施肥一体化、名优茶智能化采摘、茶厂数字化加工、茶资源综合利用等全产业链技术。持续推进茶产业数字化改革，以数字化改革为牵引，持续加强茶产业大脑建设，重点开展"浙茶香""龙井茶一件事"等应用的开发和推广。

（执笔人：刁学刚）

2022安徽省茶叶行业发展报告

安徽省茶叶行业协会

2022年是推进"十四五"规划的关键一年，这一年安徽积极应对疫情影响，在省委省政府的坚强领导下，在各有关部门和广大茶企茶人的共同努力下，安徽省茶产业克服了重重困难，充分发挥徽茶文化底蕴和茶科技优势，助推徽茶产业提档升级，不断提升徽茶品牌市场影响力，贯彻落实茶产业高质量发展理念，提高徽茶产业综合竞争力。

一、2022安徽茶产业概况

（一）总体概况

根据安徽省农业农村厅农情调度数据统计，2022年，全省茶园面积稳定在320万亩，其中开采茶园面积297.29万亩，同比基本持平。全省干毛茶产量16.94万吨，同比增长9.64%；干毛茶产值203.73亿元，同比增长11.42%。全省茶叶出口量6.21万吨，出口额2.45亿美元，分别位居全国第2位和第3位。茶叶全产业链产值达到734.68亿元。

（二）春茶开采、用工情况

根据安徽省农业农村厅、安徽省供销合作社联合社主办和安徽省茶叶行业协会承办的2022安徽省春茶开采动态发布显示，2021年冬天至2022年早春，安徽省雨雪天气较多，低温条件下茶芽萌发期延后，新芽生长放缓，全省春茶开采较晚，3月中旬安徽省茶叶陆续开采，较2021年开采时间推迟了两周左右。

据统计，安徽省3月中旬仅合肥市白云春毫，黄山市黄山毛峰，六安市舒城兰花，安庆市岳西翠兰，池州市东至云尖、石台硒茶，宣城市敬亭绿雪、黄花云尖，马鞍山市含山绿茶，芜湖市绿茶少量开采，至3月下旬及4月上旬，安徽省各产茶区陆续少量开采，至清明节后及4月中旬安徽省各产茶区进入批量或大量开采阶段；从茶树品种上，早期开采主要以乌牛早、舒茶早、中茶108、龙井43、皖茶4号等早熟品种为主，晚期主要以槠叶种、柿大茶、群体种等本地老品种为主。

2022年春茶上市前期，受新冠疫情影响，安徽省各市加强对人口流动的管理，致部分产茶市、县（区）采茶用工较短缺，人工成本同比上升10%左右。后期，各市积极采取应对措施，通过就近招募本地采茶工、协调错峰共享用工、点对点招募外地采茶工等多种方式，一定程度上缓解了采茶用工短缺的问题。由于采茶用工短缺，人工成本有所上升，鲜叶和成品茶价格均略有上涨。

（三）茶叶销售情况

4月正值安徽省春茶上市的时期，受新冠肺炎疫情的影响，安徽省春茶销售面临着考验。各地积极纾困施救，通过组织网络销售培训、统一组织茶企直播带货、发布倡议书等方式助企销售，一定程度上缓解企业销售困难的问题。

二、2022安徽茶产业重点事件

（一）茶和天下，世界共享

11月29日，我国申报的"中国传统制茶技艺及其相关习俗"在摩洛哥拉巴特召开的联合国教科文组织保护非物质文化遗产政府间委员会第17届常会上通过评审，列入联合国教科文组织发布的《人类非物质文化遗产代表作名录》。该项目申报全国有15个省市和44个项目参与，其中包括黄山毛峰、太平猴魁、祁门红茶、六安瓜片制作技艺项目。

（二）品购徽茶，暖心助农

4月25日，为助农增收、助企增效，安徽省农业农村厅联合省供销合作社联合社、省商务厅、省乡村振兴局等7个厅局发布了"品购徽茶·暖心助农"倡议书，安徽省茶叶行业协会全程参与倡议书起草，并大力宣传、落实。截止至5月22日，接洽省直机关、省属国有企业和省内高校、社会团体96家，直接促成茶叶销售达2万余斤，直接成交额为350万元左右，连同茶企自行跟进实现销售累计成交额在1000万元左右。

（三）搭建平台，衔接产销

8月21日，由安徽省供销合作社联合社、安徽省农业农村厅、安徽省商务厅和合肥市、六安市、宣城市、池州市、安庆市、黄山市六市人民政府共同主办，安徽省茶叶行业协会、安徽省茶业集团等单位承办的第十五届安徽国际茶产业博览会在合肥滨湖国际会展中心圆满落幕。第十五届安徽茶博会线下展会展览总面积3.3万平方米，皖美好茶、中外名茶等茶叶新品集中展示，茶叶机械设备、茶空间、茶文化、茶科技等融合展出，吸引了来自省内外的632家品牌企业参展、1680余家采购商以及超过6.2万人次爱茶人士进馆参观采购。

据统计，茶博会期间累计交易对接金额24.19亿元，比上届增加了13.35%。其中，线上线下销售额4.85亿元，意向采购订单金额19.34亿元。同时，合肥、六安、宣城、池州、安庆、黄山、亳州和淮南等单位共报送了30个茶产业签约项目，累计签约金额15.26亿元,涉及茶叶加工、冷链物流、茶旅文化、品牌推广等多种类型。

（四）茶旅融合，创新发展

为培育、打造茶旅精品线路，推动茶旅融合发展，6月至8月第二届安徽省十大最美茶旅线路推选活动顺利举行。该活动是2022第十五届安徽国际茶产业博览会子活动之一，由安徽国际茶产业博览会组委会主办，中国茶叶流通协会、中国茶产业联盟、中国食品土畜进出口商会指导，安徽省茶叶行业协会、安徽省旅游协会、安徽省茶业集团等单位承办。活动自5月开始报名，得到了省内重点产茶地政府及农业农村、文化旅游、供销等部门的积极响应，全省共有8个地市48条线路报名参选。经初评、网络公开投票和专家复评等环节，评出"云山茶海品香茗——茶乡风情体验之旅""别山秀水品茗之旅"等第二届安徽十大最美茶旅线路。

（五）以赛促学，提升技能

为深入贯彻落实习近平总书记关于技能人才工作的重要指示精神，促进安徽省茶叶职业技能人才挖掘和培养，以赛促学、以赛促训，安徽省供销合作社联合社、省农业农村厅、省人力资源社会保障厅联合举办了2022安徽省茶叶职业技能大赛。本次大赛是2022第十五届安徽国际茶产业博览会重要茶事活动之一，包括2022安徽省首届茶叶加工工职业技能大赛和2022安徽省第二届评茶员职业技能大赛。

6月15日至16日，2022安徽省首届茶叶加工工职业技能大赛在黄山市成功举办。大赛主要比拼绿茶手工制作，包括理论考试和现场技能操作考核，共有来自全省10个地市，56名选手参赛，同台竞技绿茶手工制作，展示手工制茶的独特魅力。

8月10日，2022安徽省第二届评茶员职业技能大赛在合肥市成功举办。来自全省14个地市近60名选手同台竞赛，大赛设全能赛和单项赛（红茶单项和绿茶单项）两个组别，以评茶员国家职业技能标准三级/高级工及以上的知识和技能为要求，从专业理论、茶形辨识、香味排序、品质审定、对样评茶、茶品设计等多个模块进行综合考评。

（六）科技创新，再创佳绩

11月8日下午，安徽省科学技术奖励大会在合肥举行，会议宣读了《安徽省人民政府关于2021年度安徽省科学技术奖励的决定》。由安徽农业大学宛晓春教授主持的"黄茶加工关键技术体系创新与健康属性挖掘"项目荣获2021年度安徽省科学技术奖一等奖。该项目解析了黄茶品质形成机理，发现了黄茶显著的健康属性，创新了关键加工技术，创建了标准化加工体系，实现黄茶产业"量效同增"。

三、存在的主要问题

（一）茶园管理有待提升

安徽省茶园基础设施建设不足，管理方式不够精细，部分山区茶园存在老化、退化或抛荒等现象，亩均产量不高，良种覆盖率不高，茶树抵御病虫害及自然灾害的能力有待提升。茶园规模较小，集中化程度不高，不利于实现大规模机械采摘，茶叶机械采摘率不高，不利于标准化茶园建设。夏秋茶资源利用率不高，综合效益发挥不够。

（二）茶叶生产能力有待加强

目前，安徽省有很多小微茶企或茶叶专业合作社，企业规模小、经济实力弱。一方面小微企业职工人员流动较快，缺乏茶叶专业技术人才，生产加工技术水平能力不高。另一方面，小微茶企以小作坊式经营为主，机械设备较为陈旧，缺乏标准化、规范化、智能化厂房建设，茶叶加工与生产能力有限，产品种类较为单一，抗风险能力差。标准化茶园、机械设备、基础设施等均有待加强。

（三）产业融合有待深化

一方面，茶产业链较短，茶叶精深加工水平不高。茶叶及其衍生产品的开发利用不足，科技转化力度不足，研发成果转换新产品滞后，产品附加值不高，精深产品开发推广有限。另一方面，茶产业与新业态的融合发展不足。茶消费服务设施建设滞后，以茶为主题的文化创意产业挖掘不深，与互联网、休闲、旅游、文化、科普、康养等产业融合有限。

（四）品牌建设与推广不足

近年来，安徽省茶叶品牌发展取得了一定成效，但品牌宣传仍有待加强，主要体现在以下方面：一是区域公用品牌需要进一步宣传，现有茶叶区域品牌和中国驰名商标数量在全国名列前茅，但品牌总体价值不高（依据中国茶叶品牌价值评估课题组公布的《2022中国茶叶区域公用品牌价值评估报告》显示安徽传统名茶"六安瓜片""黄山毛峰""太平猴魁"品牌价值在全国分别排第9位、12位、13位，品牌价值仍有待提高）；二是安徽除传统四大名茶外，还有众多品质优良小众茶叶品牌，亟待加强推广；三是企业品牌需做大做强，全省茶叶经营主体呈小、散、弱的特征，茶企多而不精、不大。现安徽省有国家级龙头企业6家，省级龙头企业61家，龙头企业少，规模体量不够大，带动作用有待加强，企业品牌宣传也需进一步加强。

四、建议与措施

（一）坚持绿色发展理念，建设生态茶园

坚持以绿色发展为引领，建设生态茶园。加强绿色生态文明理念的宣传力度，提高茶农对农残危害性的认识，增强茶农生态保护意识，推广茶叶全域绿色生态发展理念。鼓励建设现代生态茶园，推广茶园绿色生产技术，加强茶园生态环境保护和病虫草害防治，推行清洁化生产。提高茶园管理水平，积极推进茶园水利设施建设，推进茶树良种化，改善茶树品种结构，提高茶园抗洪、抗害、抗病虫害能力打造产区环境优美、基础设施完善、茶叶品质优良的生态茶园，践行"绿水青山就是金山银山"理念。

（二）坚持科技创新引领，延长产业链条

一是实施"科技兴茶"战略，加大清洁化、自动化、智能化加工技术及装备的研发力度，推广优质茶叶机采、茶园病虫害精准防控、茶叶数控加工等先进技术，构建优质、安全、规模化的现代化茶叶加工技术体系。二是提高茶叶精深加工水平，延长茶产业链，提升茶产品附加值。加强茶饮料、茶食品、茶保健品、茶食品添加剂、茶日化用品等终端产品研究，提高茶资源利用效率，增强产业综合竞争力。三是加强产、学、研合作，加大对高校和科研院所的项目支持，对茶叶生产的共性和关键技术进行攻关，共建科技创新平台，不断提升徽茶的科技含量和核心竞争力。

（三）深入挖掘徽茶文化，讲好品牌故事

一是深入挖掘徽茶的文化内涵和历史背景，从历史典籍中搜寻线索，深入挖掘徽茶文化历史，搜集整理历代制茶工艺方法、茶诗词、茶楹联、茶散文、茶谚语、茶掌故等茶著作，挖掘采茶舞、请茶歌等民间茶文化，将安徽精神与徽茶形象结合，讲好徽茶故事。二是结合古徽州文化背景与生活方式，发挥徽茶独特的区域品牌文化优势，点亮徽茶文化名片。推动徽茶文化与徽商文化、宣纸文化、黄梅戏等其他传统文化有机结合，打造具有记忆点的徽茶形象，加快徽茶"走出去"步伐，形成安徽茶叶区域公用品牌的竞争优势。

（四）培养茶业专业人才，重视人才培养

重视人才培养，加强徽茶人才梯队建设：一是打造行业领军人才，加大科研资金投入，扩建高校师资队伍，培养科技研发顶尖人才，提升茶产业科技实力；二是强化人才储备，扩大茶学高等教育培养规模，增设茶专业，鼓励主产茶市职业学院开设茶叶专业；三是加强职业技术人才培养，提升全省茶叶从业人员综合技能，建立技术人员继续教育机制，增强技术推广服务功能。

（五）加大品牌整合力度，推进品牌建设

一是整合茶叶品牌，提高徽茶影响力：针对徽茶品牌建设，建立统一、规范的品牌形象、文字商标、图形商标、地理标志和企业商标。依托徽茶名优茶的特点，设计相关的品牌标志符号，强化市场认知度。同时，鼓励茶企建立品牌防伪码和品牌追溯码，让消费者更加轻松地辨别原产地茶叶。二是加大安徽茶叶区域公用品牌宣传力度，实施徽茶品牌"走出去"战略：集中力量做好四大名茶的建设，兼顾区域小众品牌的推广，通过线上线下相结合的方式，加大地方区域公用品牌宣传推介力度。积极发挥徽茶的文化优势、产业优势、特色优势，讲好徽茶故事，擦亮徽茶名片，打响徽茶品牌。三是创新品牌宣传手段，采用多元化的方式宣传徽茶品牌：充分利用电视、网络、报刊、广告、会展等媒介，多角度开展徽茶品牌宣传。除此之外，还可以通过与热门影视剧、文化作品合作的方式进行联动营销，通过不同的形式在不同领域展销徽茶魅力，强化徽茶在消费者心中的认知度。

（六）重点培育龙头企业，推动产业集群

培育大型龙头茶企，推动茶产业集群化发展。做大做强龙头茶企，鼓励有实力的龙头企业跨区域整合资源，通过兼并、重组、收购等方式组建大型产销集团，培育壮大新型主体，加快形成具有竞争力的茶产业集群，形成全方位、立体化综合发展新格局。引导龙头企业与茶农建立利益共享、合作共赢的产业发展长效机制，形成"公司+基地+合作社+农户"的利益联结模式。

（执笔人：柯绍元、韩欣羽）

2022福建省茶叶行业发展报告

福建省茶叶流通协会

　　茶叶是福建特色优势产业，也是民生产业和乡村振兴的支柱产业，是一张亮丽的名片。2021年3月，习近平总书记在福建考察时，强调"要统筹做好茶文化、茶产业、茶科技这篇大文章，坚持绿色发展方向，强化品牌意识，优化营销流通环境，打牢乡村振兴的产业基础"，为福建省立足新发展阶段推动茶产业高质量发展指明了前进方向。

　　2022年福建省委省政府高度重视茶产业发展，多措并举支持福建茶产业做大做强，福建茶叶在单产、茶树良种覆盖率、全产业链产值、出口额等方面位居全国第一，茶叶总产、毛茶产值、国家级龙头企业数量、中国驰名商标数量等指标均居全国前列，福建省茶产业继续保持稳步发展。

一、茶产业呈现高质量发展态势

（一）产量增长

　　2022年全省茶园面积361万亩，毛茶产量52万吨，同比增长6.7%，茶叶全产业链产值1500多亿元。

（二）出口增长

　　2022年福建茶叶出口量3.18万吨，位居全国第四，同比增长21.76%，出口量同比增长率全国第一，茶叶出口额达53149.18万美元，出口额位居全国第一。

（三）质量提高

　　随着科学技术的应用和茶叶制作工艺的提高，茶叶品质提升，产品风味丰富，卫生安全状况好，监督抽查合格率为100%。

（四）地标商标和非物质文化遗产保护成效显著

　　2022年，福建拥有76个茶叶地理标志和34个茶叶品牌获评中国驰名商标保护。与茶相关的省级非遗代表性项目29个；先后认定48名传统制茶技艺类省级非遗代表性传承人；武夷岩茶（大红袍）、铁观音、福鼎白茶、福州茉莉花茶、坦洋工夫茶和漳平水仙茶的制作技艺作为"中国传统制茶技艺及其相关习俗"列入联合国教科文组织《人类非物质文化遗产代表作名录》。

（五）茶叶品种丰富

以创新和研发为导向，不断推出新的茶叶产品（如花果香红茶、茉莉白茶），满足消费者多样化的需求。福建成为全国新式茶饮基底茶重要供应基地，新式茶品原料茶供应约占供应量的40%。

（六）品牌推广力度大

"福茶行天下"与"福茶"IP不断强化，随着福茶与福文化的融合、海外"福茶驿站"的推广和外交茶叙等，为福茶品牌带来新风貌。

（七）生产智能化

应用物联网、大数据等技术，实现智能化的茶叶生产管理和监控，提高生产效益。如八马、华祥苑、品品香都实现智能化生产技术应用。

二、政策赋能

（一）财政支持力度加大

2018—2022年累计安排省级以上财政资金超过4.3亿元，支持茶产业发展；2020—2022年共获得中央财政资金1.5亿元，着力打造以武夷山市为龙头、建瓯市和南平市建阳区为重点、辐射带动三明市沙县区和泰宁县的茶产业集聚发展格局；中央财政支持安溪县、福鼎市、漳平市建设国家级现代农业产业园，各获得补助0.7亿~1亿元；国家和省级农业（茶叶）产业强镇建设也获得中央和省级财政补助；安排3000万元用于发放福茶网线上"全闽乐购福茶券"，支持福建茶企茶农上线借助福茶网开拓市场。

（二）强化技术支撑

一是培育茶产业经营主体带头人：2022年起福建省计划用5年时间培育一支包括茶产业在内的乡村产业振兴带头人"头雁"队伍，形成"头雁"领航、"群雁"齐飞的"雁阵"效应。

二是深化科技特派员制度：科技特派员在基层创新创业并服务带动新型农业经营主体创新创业，为茶产业的新型农业经营主体发展提供人才和智力保障。

三是支持福茶"走出去"扩大品牌影响力：通过"闽茶海丝行"、海外"福茶驿站"等活动扩大福建茶影响力、开拓国际市场。

三、福茶产业大事记

（一）福建6项国家级茶叶非遗制作技艺列入世界非遗名录

2022年11月29日，联合国教科文组织正式批准"中国传统制茶技艺及其相关习俗"项目纳入《人类非物质文化遗产代表作名录》，其中包括福建省武夷岩茶（大红袍）、铁观音、福鼎白茶、福州茉莉花茶、坦洋工夫茶和漳平水仙茶制作技艺6个国家级非物质文化遗产代表项目，入选数量与浙江省并列第一。

（二）乌龙茶国际标准正式发布

2022年9月，由福建省主导研制的乌龙茶国际标准ISO 20716:2022《乌龙茶：定义和基本要求》（Oolong tea—Definition and basic requirements）经国际标准化组织（ISO）批准后正式发布，该标准是我国牵头提出、制定并正式发布的首个产品类茶叶国际标准，该标准的发布将有效提升我国在乌龙茶国际贸易与交流上的话语权，促进乌龙茶的消费与贸易。

（三）白茶、茉莉花茶出品税目增列

2022年12月29日，国务院关税税则委员会发布2023年关税调整方案的公告，我国将适当调整本国子目，增列白茶、茉莉花茶等税目。此举旨在完善关税制度体系，适应产业发展和科技进步需要。调整后，我国税则税目总数将达8948个。

（四）安溪铁观音入选全球重要农业文化遗产

2022年5月20日，"安溪铁观音茶文化系统"被联合国粮农组织正式认定为"全球重要农业文化遗产"，这是继云南普洱古茶园与茶文化系统、福建福州茉莉花和茶文化系统之后，我国第三项获得认定的涉茶农业文化遗产。

（五）福建省出台做大做强做优茶叶出口行动方案

2022年2月14日，福建省外贸外资（稳价保供）协调机制办公室印发《福建省做大做强做优茶叶出口行动方案（2022—2024）》，提出了推动福建省茶叶出口做大做强做优十五条政策措施。

（六）第二届"国际茶日·福茶行天下"三茶融合发展大会在福州召开

2022年5月21日，第二届"国际茶日·福茶行天下"三茶融合发展大会在福州召开。福建省委常委、常务副省长郭宁宁，省人大常委会副主任严可仕，省政协副主席刘献祥出席大会启动仪式。

（七）首届中国茶科技创新大赛在安溪县举办

自2022年4月启动的首届中国茶科技创新大赛于12月23日在安溪县圆满收官。经过两天的激烈角逐，铁观音智能化精加工流水线（大包装和小包装）项目摘得此次大赛的特等奖，并有10个项目落地安溪。

（八）首届中国茶叶交易会在福州举办

2022年12月30日，首届中国茶叶交易会在海峡国际会展中心开幕。作为中国全品类原产地茶叶交易平台，大会以"三茶统筹强产业 商贸协同促发展"为主题，通过多场活动及创新运营模式，促进中国茶贸易交流，做强中国茶品牌，弘扬传承中国茶文化。福建省委常委、福州市委书记林宝金致辞并宣布大会开幕，副省长林文斌出席大会。

（九）福建推广碳汇型茶园超30万亩

福建省农科院碳计量与低碳农业技术科技创新团队致力于碳汇型茶园研究，探索构建了符合福建实际的茶园碳汇计量方法体系，同时在全省茶叶主产区推广茶园生态修复与固碳减排模式。截至2022年12月，累计推广面积已达31万亩。

（十）兴泉铁路全线开通，茶旅迎来发展新机遇

2022年12月30日，全长464千米的兴泉（江西兴国—福建泉州）铁路全线通车，结束了江西宁都、石城，福建宁化、清流、明溪、大田、德化、永春8个革命老区县不通铁路的历史。沿线的生产"宁化孔坑茶""大田美人茶""永春佛手茶""铁观音"等茶区迎来茶旅发展新机遇。

（执笔人：林芷青）

2022江西省茶叶行业发展报告

江西省茶叶协会

江西省种茶历史悠久，茶文化底蕴深厚，全省生态环境优越，降雨量、气候、土壤等自然条件适宜茶树生长种植，自古以来是我国著名的茶叶主产区之一。近年来，江西省茶产业发展明显加快，总体上呈现良好的发展态势。

江西茶产业始终坚持以习近平新时代中国特色社会主义思想为指导，深入学习贯彻党的二十大精神，深化落实习近平总书记视察江西重要讲话精神，在省委省政府的正确领导下，在各级政府、茶行业主管部门、行业协会组织和江西茶人们的共同努力下，江西茶产业积极推进"茶科技、茶文化、茶产业"统筹发展，全省茶产业综合实力稳步增强，各方面发展均取得一定的成绩。

一、2022年江西茶产业发展回顾

（一）茶叶生产规模及产量稳步增长

2022年全省茶叶生产规模持续增长，增速有所减缓。全省茶园总面积185万亩，采摘面积139万亩，茶园总面积比2021年的175.7万亩增长了9.3万亩，同比增长5.3%，茶园种植面积出现缓增。

全省采制茶叶总产量7.7万吨，产量同比增长4.2%，其中绿茶6.01万吨，占比78%；红茶1.23万吨，占比16%；白茶、黑茶、乌龙茶等茶类0.46万吨，占比6%；全省茶类生产以绿茶、红茶为主，其他茶类生产规模占比较小（表1）。

表1　2020—2022年江西茶园面积和茶叶产量数据

年份	茶类及茶园面积	2020 年	2021 年	2022 年
产量/万吨	绿茶	5.37	5.73	6.01
	红茶	1.15	1.25	1.23
	其他	0.64	0.41	0.46
	合计	7.16	7.39	7.7
面积/万亩	总面积	169.8	175.7	185
	采摘面积	127.8	133.6	139

（二）茶产业竞争力持续增强

2022年，全省茶产业积极贯彻落实习总书记提出的"茶产业、茶科技、茶文化"三茶统筹融合发展思路，坚持以全省茶产业高质量发展为主题，贯彻新发展理念，构建新发展格局。围绕推动茶产业健康发展，贯通产加销、融合农文旅，加快品种培优、品质提升、品牌打造和标准化生产，提高茶产业质量效益、竞争力和可持续发展能力，着力推动全省茶产业综合发展实力，为全面推进乡村振兴、加快农业农村现代化提供有力支撑。

1．推进基地提质增效，建设绿色生态茶园

全面加强茶产业高质量发展的统筹协调和管理服务能力，各茶叶产区坚持"绿色、生态、环保"的总要求，遵循"茶树良种化、布局园林化、种植立体化、肥料有机化、耕采机械化、防控绿色化"的原则，大力引导标准化生态茶园建设。一是在防止耕地"非粮化"的大背景下，积极推进新扩茶园规模适度发展，支持利用二级以下残次林、疏林地、灌木林地、芭茅地、宜林荒山改造茶园，同时注重规模效益提升。二是积极推动低产茶园改造，采取改园、改土、改种、改管理"四改"措施，鼓励基础配套设施建设，提高茶园管理水平、鲜叶产量和品质，逐年淘汰低产低效茶园，达到增产增效增收目的。三是积极倡导各产区推行"统一农资供应、统一病虫防治、统一技术服务"工作方案，深入开展化肥、农药使用严控严管行动，加强茶园土壤治理，开展茶园有机肥替代化肥试点，推广生物防治、物理防治等绿色防控技术，积极引导、组织并辅导企业开展"绿色""有机"茶园认证，推动认证茶园的示范引领，促进标准茶园的有序建设。

2．加强品牌建设，发挥龙头茶企示范引领作用

一是强化品牌管理规范，积极推进"庐山云雾茶""狗牯脑茶""婺源绿茶""浮梁茶""宁红茶""赣南高山茶""靖安白茶""资溪白茶""婺源皇菊"等省内各茶产区区域公用品牌的创建和管理工作，制定和完善各区域的《区域公用品牌授权管理办法》，充分发挥公共品牌和企业品牌的互促共进作用，支持建立在公共品牌基础上的企业品牌创建，大力倡导企业开展企业标准制订、著名商标和驰名商标注册申请等品牌建设工作；九江市积极开展加强"庐山云雾茶"地理标志、证明商标使用的管理，推动企业申请授权使用，联合江西省市场监督管理局、江西省农业综合行政执法总队等部门，对市场进行集中检查、执法，打击假冒伪劣和违法经营，净化市场环境；遂川县积极开展健全"狗牯脑"统一品牌形象工作，实施统一规范狗牯脑茶包装，对狗牯脑茶产品进行"实名认证"，推行"一品一标"，统一包装和防伪溯源标贴发放投入使用7.4万套，在全县范围内开展"狗牯脑"品牌保护专项行动，严厉打击侵犯"狗牯脑"商标专用权行为，发布《关于规范茶叶行业运营自律行为的通知》《关于茶叶生产、收购稳价保价的倡议书》，规范茶叶行业运营行为，营造良好的市场秩序。二是加强企业基础建设，培育壮大龙头企业；积极促进全省各茶产区茶企明确自身发展的战略目标，引导和支持龙头企业建设标准化茶园和标准化厂房，进行标准化生产加工，提升工艺、创新产品、拓展市场；按照"扶强、扶大、扶优"的思路，在政策、项目、资金上给予龙头企业优先扶持，为其发展壮

大注入生机与活力；吸引商业资本进入茶叶产业，引大联强、连链融产，鼓励茶企通过联合、转让、股份合作、并购重组等形式抱团发展，做大做强。引导和支持有基础、有积极性的企业做大做强，指导企业创建省级和国家农业产业化重点龙头企业，着力培育一批龙头企业或企业集群，积极推进一、二、三产业融合发展，产、供、销一条龙经营，增强龙头企业示范引领作用；浮梁县在以浮茶集团为代表的茶叶经营主体，积极克服疫情影响，在江苏南京、甘肃及江西省会南昌等地开设多家线下浮梁茶实体专营店，合约销售额超500万元，浮梁茶天猫官方旗舰店由政府授权背书，各大浮梁茶品牌茶企集体入驻，老字号品牌天祥茶号、县内龙头茶企浮茶集团，以及瑜见、赣森等知名品牌茶企强势入驻，携手共同推广浮梁茶；遂川县筹备组建了江西狗牯脑茶业有限公司，重点扶持江西御华轩实业有限公司、安村茶厂、南屏茶厂等一批规模较大、成长性好、带动力强的企业，着力培育茶企"领头羊"，带动脱贫户参加茶厂除草施肥、茶叶采摘等管理获得劳务收入，示范带动发展茶产业。

（三）茶科技支撑力稳步提升

1．深化与科研院校合作，培养茶叶专业人才

紧紧依靠强劲科技支撑，构建产业质量有效管控体系，大力提升技术服务水平，承接完成了中国农业科学院茶叶研究所、江西省经济作物研究所、江西省农科院、国家茶叶技术体系专家等开展的各项新技术试验示范项目工作。浮梁县特邀中国农业科学院茶叶研究所、浙江大学茶学系培训教师和助教团队共20余人共同开展了"浮梁县首期茶产业人才职业技能（茶艺/评茶）培训班"，共计为浮梁培养中级茶艺师50人、中级评茶员50人，为全县茶产业发展提供了较为充分的人才储备；遂川县建立县级"茶博士"茶叶人才队伍，创新依托茶叶科学研究院，创建了博士后创新实践基地、江西省狗牯脑茶树品种选育工程技术研究中心，柔性引进两名博士、博士后开展茶叶科研攻关，还通过"三支一扶"为茶叶主产乡镇补充5名茶叶技术人员，在茶叶种植、加工、销售等各个环节，开展全方位的技术指导。

2．稳步推进茶树良种选育，推广茶树优良品种

开展茶树种质资源调查，做好相关试验数据调查采集，进一步优选试验单株进行扩繁和品系比较，发掘地方优异茶树种质资源，持续收录省内名特优异茶树单株，储备茶树种质资源。抓紧"庐云1、2、3号""河红1、2号""婺绿1号""狗牯脑2号"等省内茶树良种的选育、繁育、推广工作，建设完善品种园、母本园、繁育园，进一步提升茶叶品质，全面推动茶产业升级。

（四）茶文化影响力不断扩大

1．发掘茶文化历史，推动"茶文旅"深度融合发展

挖掘和利用好江西千年的茶文化底蕴，开发"茶旅+民宿""茶旅+研学""茶旅+康养"等茶文旅融合新业态。庐山市以"茶养、文创、旅游"为主导，打造一批集生态茶园、休闲茶乐园、游客服务中心等茶旅线路。一是庐山交通索道线路，即茶叶公园（含景观茶园、茶园婚纱摄影基地、秀美乡

村），研学基地（含茶博馆、非物质文化遗产手工制茶传习所、庐山云雾茶体验中心）；二是庐山茶科所线路，即标准化景观茶园、庐山云雾茶选育品种对比园、扦插苗圃园、母本繁育园；三是海会镇海庐忆恋线路，即以茶叶种植、茶叶制作、茶语山墅、茶艺培训、茶创空间、茶文化研学、生态种养、茶食餐饮为一体。铅山县积极开展《铅山茶志》《铅山茶诗集》《铅山茶风俗》《铅山茶故事》等图书的编写工作，抓紧挽救和保护茶业古迹，有计划地推进"万里茶道上的河红茶"古迹修复、遗址保护性修建，推进"万里茶道"旅游路线的完善、对接和推介。遂川县深入"狗牯脑"茶文化资源挖掘，编修茶书、茶歌、茶舞，创作一批狗牯脑特色茶艺，开发各式茶叶入肴的菜品，结合红圩、梯田、温泉等旅游资源，在草林镇、汤湖镇等乡镇打造一批茶乡民宿、研学游基地，打造"游红圩、观梯田、泡温泉、品狗牯脑茶"精品旅游线路。

2. 开展茶文化活动，做好江西茶品牌宣传

今年江西成功举办了"2022年庐山名茶名泉博览会""2022年中国浮梁买茶节""第四届赣南高山茶品鉴暨品牌宣传推进会""2022年首届乡村工匠茶叶职业技能大赛""2022年山水武宁、茶韵飘香茶文化旅游节""2022年上饶名茶展示展销暨婺源绿茶杯上饶首届斗茶大赛""第五届全国茶业职业技能竞赛茶艺竞赛总决赛""2022年中国（江西）茶产业高质量发展大会"等茶事活动；组织茶叶企业参加"华茗杯""中茶杯""赣茶杯"等评选活动，企业积极参评参赛，争优夺金，提升品牌形象；组织茶叶企业参加厦门、深圳、南京、杭州及省内在全国影响较大的茶业博览会，提高江西茶品牌的市场知名度、美誉度和影响力。

二、江西茶产业发展思路及措施

（一）坚持"以质取胜"的发展理念

质量是产业发展的生命线。坚持生态优先、绿色发展理念，抓好源头和过程管理，让江西茶成为高品质的代名词。一是加快茶叶加工水平提升，科学规划茶叶加工布局，在现有基础上，规范茶叶初制加工、提升茶叶精制加工，提高茶叶生产企业集中度，加快推进茶叶加工转型升级和专业化分工；依托茶产业专家团队的资源、技术，加强茶叶初精制加工技术的培训，加大对茶叶地方标准的宣贯及培训，提高茶叶加工水平；引导茶叶企业积极开展产品开发创新，加强与科研院校合作交流，提高茶叶新产品研发能力，促进科技成果转化为实用技能，实现多茶类产品生产加工，丰富产品结构。二是筑牢茶叶质量安全防线，强化茶园环境监测管理，建立环境监测系统，提高贵州茶园生态环境保护；积极开展茶园绿色防控集成技术的推广，加强农药肥料投入品监管，建立农药肥料投入品施用台账，防止禁用农药进入茶园；实施茶园清园行动，及时清理茶园中的农药瓶、农药袋、生活垃圾等，确保茶园环境良好；开展茶叶质量安全专项执法检查，严查禁用农药施用情况，发现一起、查处一起，保持茶叶源头干净；加大茶叶清洁化生产线建设，开展茶叶加工清洁化检查，实现茶青及在制品全程不

落地，确保茶叶清洁化加工生产。三是结合开展名优茶评比活动，加强质量监督和管理，对生产经营名优茶的企业、商家进行经常性的产品质量抽查和监督，对发现的问题，如质量名不副实、以次充好，以陈充新、以假冒真、掺杂使假，以及商标侵权等行为予以坚决制止和惩罚，做到奖优惩劣、打假扶真，从而规范茶叶市场营，营造创名牌、出名牌、讲名牌产品的良好市场环境。

（二）以市场为导向，大力开拓产品销售渠道

市场是产业发展的动力，是品牌发展的火车头。坚持按照"省内省外并举、线上线下同步"的原则，开拓江西茶销售市场，增加市场份额。一是要重点巩固好江西省内市场，加大实体店布局，积极巩固拓展南昌、赣州、新余、萍乡等省内重点市场，加大在省、市政府主要接待及会议场所的江西茶宣传推介。二是要加大省外市场开拓力度，做好华北、西北、华东等非产茶区大中城市市场开拓，积极赴省内外目标市场开展丰富多样的茶文化交流推介活动，加快国内目标市场江西茶经销商渠道建设，鼓励省内茶企业整合资源，抱团利用现有茶叶主流渠道展示推销江西茶产品，建立专卖店、专柜等形式以拓窟销售渠道。同时，积极引导支持茶叶企业入驻淘宝、天猫、京东等电商平台，以"旗舰店""专卖店""特色店"等搭建线上销售渠道，用好抖音、视频号、小红书等短视频新媒体平台，做好江西茶形象IP，开展精准推广，进行定向营销，扩大茶叶销售辐射范围。

（执笔人：黄鑫磊）

2022山东省茶叶行业发展报告

山东省茶文化协会

中国是世界上最大的茶叶种植国，有着全球最多的饮茶人口，全国有19个省份产茶，茶叶已经成为人们日常生活中不可或缺的一部分，并发展出独具民族特色的茶文化。随着五六十年代"南茶北引"的工程的启动、落地实践和发展至今，齐鲁大地与全国各产茶地区一样，也步入了一个"讲述茶故事，传播茶文化，提振茶产业，共享茶科技"新的成熟发展时代。如今作为全国纬度最高、面积最大的北方产茶大区，山东有着独特的地理位置和物候特点，赋予了茶叶"叶片肥厚、耐冲泡、内质好、滋味浓、香气高"的品质特征，其中黄酮、儿茶素、氨基酸含量明显高于同类南方茶叶。在2022年这个特殊的年代，山东茶人以坚韧不拔的风格，让鲁茶特有的香气继续扩大弥漫到了大江南北，为中国茶的丰富多彩添彩助力。

一、鲁茶的生产加工势头逐步趋于成熟稳定

2022年，山东省初步形成了鲁东南沿海、鲁中南泰沂山区和胶东半岛三大茶叶集中产区，孕育出日照茶、崂山茶、泰山茶等一批名优茶品牌。尤其是2000年之后，在山东各大茶叶主产区，茶叶产业也已成为当地政府促进农业产业结构调整、推动农村经济发展和增加农民收入的重要途径。

2022年全省16个地市，其中大面积的种植茶叶就有8个地市（另有3个地市在开发观光性茶园的基础上，也在逐步推广种植可采摘性茶园）。接近10万亩以上的种植地市就有4个。据粗略统计山东茶园面积今年已累达56.87万亩，同比持平；产量3.43万吨，同比略有下降；其中名优茶的产量高占75%，年产值达到36.9亿元；尤其是山东的日照、青岛、临沂、泰安4个地级市，发展势头良好，增长速度迅速，为农民（茶农）致富发挥了重要作用。尤其是茶叶主产区日照市，其位于鲁东南部的黄海之滨，境内以山地、丘陵为主，海拔较低，地形平缓起伏，土壤肥沃富含有机质和微量元素，非常适宜茶叶生长。日照绿茶以汤色明亮、叶底嫩绿、滋味鲜醇清香闻名，深受广大消费者喜爱，被誉为"世界三大海岸绿茶之一"。目前全市茶园总面积达到31.6万亩，年产干毛茶1.7万吨，年总产值达到34.6亿元。日照市已成为山东省面积最大，产量和产值最高的茶叶主产区。今年，日照的岚山区茶园面积达到了16.2万亩，可开采面积达到了15.7万亩，获得国家有机茶园认证2020亩，年产干茶1.1万吨，茶叶销售收入达到了28.8亿元，位居全省大面积种植茶叶集中区域榜首。位列第二的日照市东港区，茶园面积10.1万亩，可开采面积9.35万亩，获得国家有机认证茶园1.02万亩。该区的有机茶认证面积位居全省榜首。

全省16个地级市中有11个市43个县（市、区）种植茶叶，基本形成了鲁东南沿海、鲁中南山区和胶东半岛三大茶叶集中产区，集中产区茶叶栽培面积、产量均占全省的90%以上，呈现出较明显的区域优势。许多地区开发了观光旅游茶园，获得双重收益。目前仅济南的长清、莱芜2区和东邻的淄博市临淄区，先后发展茶园种植面积就达到了3万多亩。山东茶产区位于北纬34°~38°、东经116°~123°，主产优质绿茶，在中国茶区划分上属于典型的江北茶区，是中国纬度最高的茶区。受地理自然环境影响，山东绿茶具有南方高山绿茶的特点——香气高、滋味浓、叶片厚、耐冲泡，深受消费者尤其北方消费者的喜爱。山东绿茶代表产品有日照绿茶、崂山绿茶、沂蒙绿茶、泰山女儿茶、琅琊海青茶、烟台绿茶、长清茶等。由于山东茶独特的品质特征，再加上近几年各地政府和省、市两级茶协会，加强了监督检查和正确的引导，各种植生产企业都比较自觉得执行"不施化肥、不施农药、不施催生剂、不施叶绿素、不喷洒任何化学添加剂"的要求，即"五不"要求。按照绿色环保的规定发展建设有机绿色茶园，开展有机茶园认证，涌现出了像后村镇茶园、巨峰镇茶园、南湖镇茶园、圣谷山茶园、御海湾茶园、御园春、浏园、林苑、豌青、盛世共青、马陵春、雨浓春、济南的南湖玉露、灵岩茶以及泰山女儿茶、临沂春山济生春茶等一大批优质茶园、优秀茶企和知名茶叶产品品牌，带动了鲁茶生产加工大小企业，争先恐后地生产加工绿色有机、健康放心的好茶，从而赢得了省内外大批消费者的认可和青睐。

二、发挥流通消费大省优势、助推全国茶市繁荣

在2022年购买力和消费水平普遍下降的特殊年度，山东继续保持全国茶叶流通销售和本地消费大省的前列，据不完全统计茶叶消费量将达到4.3万吨，同比略有下降。人均年茶叶消费量高达1.4千克；近三年来，年平均交易和辐射销售量已达到4.1万吨，同比持平；年平均交易额超达120亿元，同比持平，可位居全国排头兵之行列。

山东人口超过1个多亿，是茶叶消费大省，年均茶叶消费达4.1万吨以上，拥有较为完善的茶叶市场体系，包括茶叶批发市场、专营店和普通茶店等。山东省现有茶叶市场约计千余家，全省16个地级市均建有茶叶专业市场，有的地市大大小小的茶叶市场多达十几个。其中以济南、青岛、潍坊、临沂日照、泰安、德州、烟台等地级市数量多，规模大，辐射影响力强。尤为值得一提的是诞生于1996年的济南茶叶批发市场，其市场占地面积6.6万平方米，经营面积7.6万平方米，并建有三座集展览、交易、茶艺茶道表演、茶文化研究、研讨、电子商务交易等多功能于一体的现代化综合大楼和一栋仿古建筑"聚茗阁"以及5000余平方米的中心广场；市场聚集了福建、浙江、台湾、安徽、云南、湖南、广西、广东、山东等16个主要产茶区的驻场茶商、茶农、茶厂客户800多家、经营茶叶及相关产品上万种，2022年交易销售额达到了36亿元。由于其对周边的辐射带动作用，2000年经市政府批准改制后的广友物流配送集团有限公司，依托茶市发展的良好势头，开始着手建立济南广友茶城，筹建了占地面积230亩，经营面积12万平方米的具有苏式建筑特色的茶城，目前容纳经营客商700余家，商户经营

项目涵盖茶及茶相关产品的批发零售等逾万个品种，2022年交易销售额达到了21.4亿元，在省内专业茶叶市场综合排名位居第二。与此同时，又催生了老屯、齐鲁茶博城和401茶街3个茶城的红火交易局面，使这一地区聚集的全国各地茶商达到了2600多家，成为全国最大的茶叶的批发聚集区，带动和发展了济南西部张庄路"茶交易与茶文化一条街"的形成，同时还在济南区域内繁衍发展了以"七里堡茶城""黄台茶城"和"CBD中央茶务区"为主的十几个规模性茶叶专业批发仓务区，形成了济南东西部茶叶交易集散二大片区，经营茶叶及相关从业户数现达到了4680多家。2022年度，仅对济南西部的茶文化一条街及带动发展起来的十几个茶城据不完全统计，年交易销售辐射额就超达60多亿元，同比增长2.3%；由于受疫情影响，山东地区多数茶叶销售商，开始把线上销售作为销售重心，线上销量保守估计是往年的1.4倍以上。新型网络销售电商企业也不断涌现，直播交易热浪涌动、线上订销，线下走货落地，网络平台茶文化互动，已初步形成了一种互补互动模式。但是，企业间各自为营、较为分散，良莠不齐的问题仍旧依然存在，很难形成科学完善的网络规范交易模式。

三、鲁茶生产品种趋于多样化、彰显品牌优势

2022年，许多茶生产企业面对这个特殊的年代开拓创新，打破鲁茶生产加工绿茶单一品种的局面。近几年，在茶树品种方面，山东茶树品种主要引自浙江、福建、湖南和安徽4省。引进茶树品种70多个，主要为有性系后代种，以鸠坑群体种、黄山群体种和福鼎大白有性后代种植范围最广；目前无性系茶树良种引种数量呈上升趋势，其中烟台、泰安种植面积增大，但总体来看全省无性系良种所占比重仍不足总面积的15%。全省现有茶叶加工企业1360余家，其中有300余家通过食品生产许可（SC）或原质量安全（QS）认证，有近千家家拥有注册商标，年销售额过千万的茶叶企业有50多家，山东省农业产业化龙头企业22家；"日照绿茶""万里江""雪青""晓阳春"等17个茶叶品牌荣获中国驰名商标，"泰山女儿"等26个茶叶品牌荣获山东省著名商标。日照圣谷山茶场有限公司产品获得山东省著名商标、山东名牌、山东农产品知名品牌、百年世博中国名茶金骆驼奖等荣誉，是上合组织青岛峰会指定产品。该企业还曾在日本获得世界绿茶评比会最高金奖，"圣谷红"也曾获世界红茶产品质量推选金奖，该企业还积极争取茶界权威专家支持，研发茶叶金花移植技术，扩大鲁茶花色品种。山东省茶文化协会还联合了数百家种植生产加工茶企，开展了"三茶统筹网络研讨"活动，为茶企出谋划策，协助茶企开拓思路走出困境。随着茶叶消费市场日趋多元化，山东在重点发展名优绿茶的基础上，加大了其他茶类花色品种的开发力度，相继开发出乌龙茶、黑茶、红茶、黄茶和茉莉花茶等茶叶产品，丰富了茶叶产品结构，增强了市场竞争力。日照海润曲红、崂山神水泉红茶、泰安金女儿红茶、济南泉城红茶、海阳鹤山正红等8个红茶曾在"中茶杯"全国名优茶评比中荣获全国一等奖，山东红茶生产技术日渐成熟。多品种、多口味有特色的茶叶花色品种，产品品类开始趋于多元化，为鲁茶的产业结构调整发展奠定了基础。

四、政府搭台茶文化唱戏、山东茶事活动异彩纷呈

山东省不仅是茶叶消费和南茶北销的大省，也是举办茶事活动、大力推广茶文化活动的重要省份之一。山东省各级党委、政府为了全面启动经济复苏，提振市场消费，大力提倡涉茶地市政府，全方位的支持"三茶"融合发展，给与一定政策挖掘整理"南茶北引"历史文化，融入各地市特色传统文化，将博大精深的中国茶文化抓实、推广和落地。各地茶文化推广、茶事、茶展会的举办，成为2022年下半年至2023年上半年的重头戏。初步统计，今年山东省的济南、青岛、潍坊、日照、临沂、泰安、莱阳、淄博、烟台、威海等十几个地级市、县区，在省、市、县、区政府和省茶文化协会参与主办支持下，举办各种大型专业茶事、茶展、制茶、评茶、斗茶、茶艺大赛等茶文化推广活动50余场次。其中，值得一提的是，2022年7月22日至25日，中国（济南）第十六届国际茶产业博览会暨第十届茶文化节将在山东国际会展中心和济南茶叶批发市场（第一茶市）举行。展会期间山东国际会展中心、济南茶叶批发市场两大会场共设展位2600个，其中特展1500个。参会、参观人员超10万余人次，现场交易额达8600万元，合同订单及意向交易额超5.2亿元。茶博会将泉茶有机融合，聚焦"三茶"统筹，以"项目突破"释放发展潜力，为茶叶流通市场注入新活力与新动力，进一步提升济南茶产业的关注度与影响力，实现茶叶经济全面复苏。

2022年下半年至2023年上半年，青岛、日照、潍坊、临沂、泰安、烟台、淄博等地级市，都在不同时间不同场地采用不同方式，将茶展会及茶文化活动也都举办的异彩纷呈、各具特色，成效显著。各个会展现场交易、合同订单及意向交易额都分别获得了不同程度的硕果，全国各地的党政代表团、农业部门、茶叶行业协会、知名品牌茶企以及各地茶经销商汇聚齐鲁各地市参会参展，同时十几个国家和地区的外国友人、境外茶人纷沓而来。从省会济南茶博会到青岛、日照、泰安、潍坊、临沂、烟台、淄博等地级市、县区举办的茶会，从各个展会的场内到场外，都从不同角度对茶叶和茶文化进行了生动诠释，展现了齐鲁民生风貌，以知识性、趣味性和互动性，引导省市内外的参会者了解茶知识、领略茶文化魅力，感受山东齐鲁国学文化的博大精深。同时。各地级市、县区举办的茶博会，都集中展示出了我国茶业整体水平和发展趋势的盛况，让大家在体验中国茶文化的同时，提升了参展茶企品牌知名度，促进了茶叶消费，为买家与茶企之间搭建一站式交易平台，推动茶文化和茶产业稳健发展。山东的系列茶展会，现已成为北方最具影响力的、茶人广泛参与和深度互动的茶界盛会。

五、激发鲁茶经济复苏、提振茶叶产品消费

据业内人士评测，2023年在各级党委政府的"提振经济发展"的一系列政策激发下，全国茶叶产量和消费量也有望提振回升和增速发展。与此同时，山东省茶叶生产和消费规模也会随着全国茶叶行业的回暖，将会出现增势发展势头。2022年全省绝大部分茶叶主产区在茶园面积上保持了守底保量、未增未减的态势。2023年上半年，国家、省和各地级市党委、政府出台了一系列文件和奖励扶持政

策，茶企和茶农的积极性将会被进一步激发，茶园面积和产量均会有一定的增长。随着国家及各省市、县区提振消费的一系列政策和优惠条件的陆续出台，作为健康消费品的茶叶更能吸引和激发广大消费者，购买茶叶及相关产品的积极性将会大幅度提高。当然，有了国家、省市和县区的好政策，确实为经济复苏、提振消费创造了良机。但就山东省茶产业的发展而言，还必须找出发展中的问题和制约发展的瓶颈，真正激发起自身的内动力，才能实现鲁茶飞速发展新的一个新时代。

山东省茶产业发展迅猛，无论种植、生产、加工、流通和消费都有大幅度的增长。从事茶叶种植生产加工流通领域的人员一度急增。但是随着迅猛的发展，问题也随之暴露，首先是行业内发展不够平衡，企业各自为战、种植加工企业"散、小、弱"的现象依然存在；其次是生产种植加工标准不统一和单纯追求最大效益化的倾向比较严重。再则是在发展茶品牌，推广电子平台、线上线下互动交易等方面后劲不足，已成为山东茶产业发展的瓶颈。

针对上述几个突出问题，建议茶叶主产区的政府农业部门、茶科所、各级茶叶行业协会、茶叶学术院校等相关部门，要深入茶叶生产、加工和销售企业一线，做好调查研究，分析现状、理清产业经脉，探讨并提出协调茶产业发展的思路和指导性意见，重点应着手做好：一是各主产茶市县区政府部门，要将出台的优惠扶持政策落地兑现，并有效的修订完善茶行业内的奖惩制度，进一步激发茶企和茶农的积极性；二是政府相关部门要牵头协调行业协会、专业院所，积极承担起制定鲁茶统一标准的义务，并为之落地实施做出努力；三是生产加工需要统一流程，坚持规范化操作；四是大力发展线上线下销售活动，进一步激活和拓宽茶叶的销售渠道；五是认真贯彻落实习近平总书记"三茶统筹"的重要指示，利用好"国际爱茶日"世界性的重要节日节点，宣传推广中国茶文化，将茶文化引进社区、学校，加大饮茶健康和茶文化知识的传播，进一步提振茶叶产品消费力的全面回升，促进茶经济良性循环发展。

（执笔人：赵建设）

2022河南省茶叶行业发展报告

河南省茶叶协会

河南省种茶历史悠久，茶文化底蕴深厚，是我国茶叶主产区之一。近年来，茶产业发展明显加快，即区域格局已经形成、产业规模不断扩大、产品结构不断优化、标准化生产稳步推进、品牌效益日趋凸显、带动能力进一步增强，总体上呈良好发展态势。

一、2022年工作回顾

2022年以来，为进一步加快全省茶产业发展现代化进程，应认真抓好以下重点工作。

（一）积极开展茶事活动

线上线下成功召开第30届信阳茶文化节等大型活动9场次，中小型茶事活动17场次。

（二）相关工作继续推进

为实现茶叶种植基地化、良种化、生态化、绿色化，茶叶加工机械化、标准化、自动化、智能化，产业发展集约化、组织化、品牌化、数字化，相关工作持续推进。

（三）培育龙头企业

随着培育龙头相关工作大力推进，企业实力显著增强，企业品牌知名度进一步提升，市场竞争力不断增强；推进茶产业向现代农业、绿色农业发展，向智慧农业、数字化茶产业发展。

正在新培育一两家国家级农业产业化茶叶龙头企业，两三家省级农业产业化茶叶龙头企业；培育年销售超亿元以上的茶叶龙头企业3个；"信阳毛尖"区域公用品牌价值显著提升，稳居全国前列；正在建立"信阳毛尖"可追溯管理平台和信阳国际茶城一站式交易平台。打造区域品牌"商城高山茶"，实施差异化战略着力推广"商城高山茶"行销全国，取得了较好的成绩。

（四）重点抓好四大工程

1."品牌化"工程

按照政府引导、市场运作的原则，实施品牌形象打造工程，做优做精"信阳毛尖""信阳红""商城高山茶""固始云雾"等区域公用品牌，做大做强"商城高山茶""固始云雾"等县域公用品牌，积极培育新林玉露、文新、豫信、蓝天、赛山悟道、其鹏、九华山、金刚碧绿、子安贡茶等知名度高、成长性好、竞争力强的企业品牌，推动"公用品牌+企业品牌"协同发展，靠品牌树形象、闯市场、增效益。整合全省各类茶叶行业协会资源，进一步优化河南省茶叶商协会组织构架，广泛吸纳全省茶企业参与，推选企业家进入协会管理运营，省茶叶主管部门对协会工作进行"支撑监管和授权"。不断加强"信阳毛尖""信阳红"等公用品牌证明商标的管理，加大公用品牌宣传力度，树立品牌形象，维护市场秩序，提升公用品牌知名度和影响力。

2."标准化"工程

大力推广标准化茶叶生产方式，鼓励、引导、支持茶企、合作社、种茶大户、茶农购置和使用先进的茶叶机械设备，逐步提高茶园管理、茶叶采摘机械化和茶叶加工标准化、智能化水平。依托河南省茶叶教学、科研、推广单位和龙头企业，加大与国内茶叶科研机构合作，加快新技术的推广和应用，提升全市茶产业科技水平。研究制定了信阳毛尖茶全产业链地方（或团体）标准，健全了"信阳毛尖"标准化生产体系，实现茶叶种植、管理、生产、包装、贮存、运输、销售全程标准化，部分智能化。

3."产业融合"工程

加快推进茶产业供给侧结构性改革，优化产品结构，延伸产业链条，走三业并举、产业融合发展之路。

4."基地化"工程

牢固树立绿色发展理念，遵循生态优先、宜茶则茶、适度发展、自愿退出的原则，持续推进高标准生态茶园建设和低产低效茶园改造。做好茶园测土配方施肥、茶树病虫流集散、价格形成、产业信息、科技交流、会展贸易等"五大中心"功能。

二、发展趋势、竞争势态及市场定位

（一）发展趋势

1.茶叶产销持续稳定增长

从主要茶叶出口大国的出口走势看，近五年来，肯尼亚、中国、斯里兰卡、俄罗斯等10国的出口量持续扩大。

2.绿茶、红茶需求增长强劲

近年来，世界范围内绿茶、红茶销量不断增长，正在成为世界茶饮料的主导产品。欧美发达国家的绿茶市场需求仍在进一步扩大。红茶因其特殊的保健功效，消费量呈快速上升趋势，在国际市场红茶份额已占到80%以上。

3. 质量安全要求日益严格

近年来，随着全民食品安全意识的提高，茶叶质量安全受到广泛关注，检测标准越来越严格。

4. 茶叶综合利用明显增加

茶饮料作为世界三大饮料之一，市场需求呈现快速增长趋势，年增长率多年保持在15%以上。同时，随着茶皂素、茶多酚等茶叶有效成分的广泛开发利用，茶叶深加工进一步发展，茶叶原料需求量也将同步增加。

（二）竞争势态

1. 优势

（1）自然条件优越　河南省茶区主要分布于大别山区、桐柏山区、伏牛山区和汉水流域，年均温度在15℃以上，年降雨量900～1200毫米，相对湿度70%～80%，年有效积温在4800～5100℃，土壤呈酸性，光照充足，雨量充沛，土壤肥沃，适宜种茶面积约400万亩，是我国绿茶生产的主要适宜区之一。目前，全省尚有100多万亩宜茶荒山坡地可以利用，而且这些区域污染和病虫害较少，是生产无公害茶、绿色食品茶和有机茶的理想地区，发展空间大。

（2）茶叶内在品质佳　河南省茶区属高纬度茶区，茶叶芽肥叶嫩，具有持嫩性好、芽叶肥壮、水浸出物丰富、耐冲泡等品质特色，特别是影响香气和滋味的芳香物质、氨基酸等含量高，茶多酚、咖啡因含量适中，奠定了生产优质绿茶的良好基础。"信阳毛尖""赛山玉莲""仰天雪绿"等茶多次获得国际、国内大奖，豫炒青茶已成为出口眉茶提升品质必不可少的拼配成分。

（3）区位优势明显　一方面，河南省地处中原，南接我国茶叶优势主产区，北连广大北方主销区，与周边大中城市距离均在800千米以内；另一方面，河南省交通优势明显，加之近年来东部产业向中西部地区转移加快，这些都为河南省茶产业的持续发展提供了有力支撑。

（4）茶文化底蕴深厚　河南省茶文化历史源远流长，距今已有2300多年历史，"唐煮""宋斗""明冲泡"等独特的中原茶文化，极大丰富了中原文化的内涵。随着河南省经济大省、文化大省地位的确立，茶文化已渗透到河南省经济社会生活的各方面，信阳茶文化节、郑州茶博会、禅茶文化等的影响力日益提升，茶文化对茶产业的促进作用更大，饮茶、品茶的消费群体更加广泛。

2. 劣势

（1）茶园基础相对薄弱。

（2）产业链条延伸不够　河南省茶产品结构单一，仍以散形茶为主，普遍重视春茶生产、轻夏秋茶生产，面向中低收入群体的中低档茶叶数量少。企业整体实力不强，精深加工水平低，产品附加值不高。茶叶综合利用水平较低，茶食品、茶饮料、茶保健品、茶具、茶旅游等开发尚处于起步阶段。

（3）组织化程度偏低。

（4）流通体系不健全。

（5）政策支持有待加强　与茶产业发展形势相比，各级政府对茶产业的扶持、引导有待加强，特别是在急需解决的科研、科技推广、良种补贴等方面扶持不足，导致品牌知名度不高，影响了新技术引进推广、企业的做大做强和茶产业的发展及整体水平提升。

（三）国内外市场定位

随着人们消费结构的改善、全球对茶叶认知度和人们对高品质生活追求程度的提高，茶叶正受到越来越多消费者的青睐。国内市场消费市场潜力巨大，从国际市场看，近年来我国茶叶出口保持稳定增长态势，特别是绿茶在国际市场上竞争优势明显。可以预见，未来河南省茶产业出口产品将更加多样化，渠道多元化发展是大势所趋，积极创新新产品及营销新概念，打造新的利润增长点，新概念产品及茶叶出口将具有广阔的市场前景。

三、发展存在的问题

（一）茶企规模较小

河南省现有大型茶叶企业不足10家（营业收入>1亿元），中型茶叶企业25家（3000万元≤营业收入<1亿元），国家级茶叶龙头企业仅1家，省级茶叶龙头企业10余家，与国内其他主要产茶省相比，差距较大；产业化程序低，导致技术推广、品牌培育与市场拓展不足，市场占有率和覆盖度趋降。

（二）产业链技术集成不足

近年来，以茶树为主要研究对象的各类科技项目远不能与其他园艺作物相比，每年科技投入低于周边浙江、福建、云南、安徽等省。存在的主要技术问题：一是良种是产业的基础，河南省存在无性系良种化率低、品种结构与地方产品不配套，特色区域产品缺少适制品种支撑；育种手段落后，选育品种滞后于生产需求；引种区试缺少系统性，新发展企业引种存在盲目性等。二是新建茶园成园慢，投产见效慢，新发展茶园管理受气候、区域小环境、草害等影响，新茶园建设管理成本逐年增加，老茶园存在施肥习惯不良导致土壤酸化、板结现象严重，茶园管理设施化、机械化普及不足。三是河南茶叶以春茶生产为主，夏秋茶资源利用率低，亩产效益不高。近年来红茶产量持续增长，但中小叶种红茶品质特色表现、工艺稳定性缺少技术支撑，多茶类开发技术支撑不足。

（三）茶企发展进入瓶颈期

全省茶叶产业由快速发展期，逐渐步入"适度规模、提质增效、绿色发展"阶段，保持茶叶高效、优质，实现提质增效，促进河南茶叶产业的高质量发展，是产业发展亟待解决的问题。

（四）茶园面积增长速度减缓，良种、标准、机械设备、基础设施推广应用受限

近年来，河南茶园面积增长速度减缓，河南茶业虽已发展成集种植、加工、销售于一体的全产业链，但规模仍以小微企业为主，大中型企业是凤毛麟角。小微企业的通病就是产品单一、周期短、利用率低、竞争力弱、抗风险差，良种、标准、机械设备、基础设施推广应用受限。

（五）生产能力有待提升

茶园基础设施建设不足，茶树老化、退化现象明品，良种覆盖面积较小，茶园亩均产量低；茶园管理相放、夏秋茶机械化果摘率、资源利用率不高，综合效益发挥不够；主粮对茶时用地的挤出效应突出、部分山区茶园出现抛荒问题；部分茶厂生产条件简陋，卫生条件不达标，影响茶叶品质。

（六）产业融合有待深化

茶叶精深加工水平低，产业链条短，茶产品科技含量不足，产品附加值不高；科技转化力度不足，研发成果转换新产品滞后；茶叶及其衍生产品的开发利用不足，精深产品开发推广有限。茶消费服务设施建设滞后，企业对产业的带动力不足，产业对茶农带动力不足；以茶为主题的文化创意产业挖掘不深、茶叶与新业态的融合发展不足，与互联网、休闲、旅游、文化、科普、康养等产业融合有限。

（七）品牌宣传有待加强

虽然河南省茶叶品牌发展取得了一定进步，但品牌宣传仍有待加强，主要体现在以下几个方面。

1．区域公用品牌需要进一步宣传

依据中国茶叶品牌价值评估课题组公布的《2021中国茶叶区域公用品牌价值评估报告》显示河南省现有"信阳毛尖"茶叶区域品牌价值在全国名列第2位，但品牌总体价值不高，品牌价值仍有待提高。

2．企业品牌需做大做强

全省茶叶经营主体呈小、散、弱的特征，茶企多而不精不大。现河南省有国家级龙头企业1家、省级龙头企业10余家，龙头企业少，带动作用有限，企业品牌宣传需进一步加强。

3．茶叶种植生产销售价值、价格结构倒挂及不合理

市场在满足消费、品牌、文化需求方面水平急待提升；电商发展速度滞后；品牌化发展重视谋划不够；茶产业发展空间盲目扩大；茶产业科技投入不足；无性系良种化率低、品种结构与地方产品不配套良种是产业的基础；茶园管理设施化、机械化不足，新建茶园成园慢，投产见效慢，新发展茶园管理受气候、区域小环境、草害等影响，新茶园建设管理成本逐年增加；品牌保护意识不强，河南省

茶叶品牌如信阳毛尖，信阳红等等品牌价值和效应尚未彰显，区域局限性强，影响力不大。尤其是历史名茶信阳毛尖，因保护措施不到位，而深受外地仿冒茶冲击。无论是"信阳毛尖"的区域品牌价值，还是其他品牌，其产品品质、价格、市场影响都较多、较广、较大，亟待找到解决问题的路径和办法。

四、工作建议

（一）以绿色发展理念建设生态茶园

坚持以绿色发展为引领，按照茶园规模适度、产区环境优美、基础设施完善、品种搭配合理、技术支撑有力的要求，鼓励建设现代生态茶园和有机、绿色基地，全面推进茶园生态化改造，以生态茶园建设要求落实生态保护措施，茶园套种经济树种，按照"适度、美观、实用"的原则科学选择套种树种，做到山顶保留原始林木，山腰种隔离带和防风林，山脚保留原有植被，真正实现"头戴帽、腰系带、脚穿鞋、有筋有脉"和"茶在林中、林在茶中"的要求。积极推进茶园水利设施建设，着力提高茶园防洪抗旱能力。推广茶园绿色生产技术，实施"肥药两制"改革，严格执行禁、限用农药的使用规定，控制化肥农药使用。

（二）以培育市场主体促进产业兴旺

大力培育新型经营主体，壮大龙头企业。进一步鼓励有实力的企业跨区域整合资源，强强联合、组团发展。发展茶叶专业合作社和家庭农场，通过"个转企、小升规"，不断加强市场主体梯队建设，提高组织化程度。注重发展订单农业，推广"公司+基地+农户"模式规范茶农生产，采用订单、合同、股份等形式带动小农户共同发展。培育新型社会化服务组织，开展病虫统防统治、肥料统配统施、统一机耕机剪、市场抱团营销等服务。

（三）以科技支撑拉长茶叶产业链条

立足"科技兴茶"战略，强化科技引领作用，加大研发、引进、推广先进适用技术装备和优良品种力度，推动茶园耕作、植保、施肥和采摘机械的研制，加快自动化、智能化加工机械装备与技术示范推广，加快集成推广优质绿茶机采、茶叶数控加工、茶园病虫害精准防控、抹茶全产业链生产等科技成果转化。提升初精制加工水平，按照规模化、清洁化、连续化和数字化的要求，全面推行茶叶现代化加工，有效提高连续化自动化的初精制加工水平。加大综合利用研发力度，开发茶食品、茶保健品、茶食品添加剂、茶饲料添加剂、茶日化用品等终端产品。

（四）以宣传推广打响河南绿茶品牌

强化品牌建设，大力培育市场。加大公用品牌打造力度，分层次推进茶叶品牌建设。省级层面重点提升"信阳毛尖"茶品牌，整合河南茶生产县（市、区）资源，做大做强区域茶品牌集群。引导"信阳毛尖""信阳红""商城高山茶""固始云雾"等区域公用品牌快速发展，积极培育新林玉露、文新、豫信、蓝天、赛山悟道、其鹏、九华山、金刚碧绿、子安贡茶等知名度高、成长性好、竞争力强的企业品牌，推动"公用品牌+企业品牌"等特色区域公用品协同发展。鼓励龙头企业打造个性化企业品牌，扩大品牌产品市场占有率。优化产地茶叶市场布局，进一步完善服务功能，推进交易模式升级改造，有效引导产销对接。认真分析各类展会的市场定位、组织方式和市场影响力，了解茶叶企业开拓市场和参加展会的实际需求，认真组织和策划参与展会活动，重点参与中国国际国内茶叶博览会、河南绿茶博览会等专业性展会平台，合理布局专业性区域性展会，提升参展实效，拓展全国绿茶市场。

（五）总结

一是以信阳毛尖茶产品为核心，加快质量标准化建设，推动加工技术提档升级；二是积极推动消费升级，培养全国优秀茶品牌；三是积极推进茶旅融合发展的新模式；四是加强茶园管理，保质增效，打造山地茶园特色；五是加强科技创新与新产品开发；六是重视茶叶专业人才的培养；七是推进茶产业结构调整。提高良种化率，优化品种结构；八是发挥产地地理位置优势，推出茶文化精品旅游线路；九是遵循产品特色、自然和人文三位一体的发展理念，走一、二、三产融合发展之路；十是适度规模，提质增效，绿色发展。

综上，以习近平新时代中国特色社会主义思想为指导，全面贯彻党的十八大、十九大和二十大精神，立足新发展阶段，贯彻新发展理念，构建新发展格局，统筹茶文化、茶产业、茶科技，加快品种培优、品质提升、品牌打造和标准化生产，以稳定面积，提高产量、质量、效益，提高品牌影响力，提高市场竞争力为原则，加大政策引导力度，以茶产业供给侧结构性改革为主线，以实现"六大工程、五大体系"为目标，充分发挥市场的主导作用，进一步优化产业布局，拉长产业链条，提升产业效益，努力实现河南省茶产业高质量发展，推动河南省茶产业向特色、优质、高效和可持续的方向发展。

（执笔人：洪克森）

2022湖北省茶叶行业发展报告

湖北省茶叶协会

茶产业一直是湖北省的传统优势特色产业，在带动全省山区农业经济发展，助力茶农增收致富和加快乡村振兴步伐工作中发挥着重要作用。当前省委省政府都高度重视茶产业发展，相继出台了有关茶产业的多项政策方案，并组织省茶产业链工作专班深入关键环节，有序展开补链、强链、延链工作，紧密围绕"三茶统筹"工作重点，全面践行"三产融合、绿色发展"理念，大力推进全省茶产业高质量发展，为实现湖北茶产业"十四五"千亿产业发展目标打下了坚实基础。

一、2022年湖北茶产业发展现状

（一）产业基本情况

1. 面积稳中略增

2022年全省茶叶总面积558万亩，同比2021年的553.6万亩增长了4.4万亩，为小幅增长，增长率不足1%，茶园种植规模明显放缓。其中全省投产茶园面积为437万亩，与2021年基本持平，无性系良种茶园面积372万亩，茶树良种覆盖率达67.5%；有机茶园面积40.5万亩，获绿色食品认证的茶园面积140万亩。

2. 产量持续增加

2022年全省茶叶总产量42万吨，同比上年的37.3万吨增加了4.7万吨，其中全省名优茶产量20.6万吨，占总产量的49%；全省春茶产量19万吨，占总产量的45%。

3. 产值增幅显著

2022年全省茶叶农业产值225亿元，同比上年的194亿元增加了31亿元，增长率为17.5%，茶叶综合产值超780亿元，创历史新高。其中全省商品名优茶农业产值169亿元，产值占比达75%。

（二）产业优势表现

1. 产业基础扎实

全省现有72个县、市、区共300多个乡、镇种植生产茶叶，其中茶叶主产县市20多个，已有18个县、市、区被列入"全国重点产茶县"，全省茶园面积、产量及产值分别列居全国第4位和第5位，居中部6省第1位，是名副其实茶叶大省。全省共有5000多家涉茶企业涉及茶叶生产、加工和销售环节，茶产业已带动着全省200多万茶农、近500万涉茶人员从业致富，是省委省政府"全域协同"战略部署目标和振兴山区农业经济可依赖的农业特色产业。

湖北茶叶产区区域广，特色鲜明，优势各异。具体可划分为：鄂西武陵山及宜昌三峡富硒茶、宜红茶和出口茶区；鄂东大别山名优绿茶和出口绿茶区；鄂西北秦巴山高香绿茶区；鄂南幕阜山青砖茶区；鄂中大洪山名优绿茶和出口绿茶区。

2．茶叶品质优异

湖北茶区自然环境得天独厚，十分适宜茶树生长，各茶产区大都在山丘地带且地理气象差异性明显，也逐步形成极具地方特色各茶类产品，孕育出了湖北茶"香醇味真"的共性品质。2022年在国内一系列茶叶质量推选活动中，湖北绿茶、红茶品质整体水平表现强劲，在国内多项传统质量竞赛和产品推选活动中，湖北省茶类品牌产品质量表现优秀。本年度全国名优绿茶、名优红茶主要评比推选大赛活动有"中绿杯""中茶杯""华茗杯"和"宜红杯"等高水平赛事，湖北省共有87个企业的106个品牌产品获得各项赛事活动的最高奖项，特别是在"第二届世界红茶产品质量推选"活动中，传统宜红产区生产企业，有9个宜红品牌产品获得特别金奖，13个获得金奖，并推选了高水平的2个宜红茶品牌产品参与全球推介，体现出了宜红茶产区小叶种红茶的优势特点。随着全省范围绿色生态建设工作不断推进，湖北省茶类产品质量安全也在进一步提升，在农业农村部茶叶质量多批次抽查检测中，产品合格率达100%。

3．茶叶种类丰富、产品结构合理

湖北茶类丰富，品类齐全，涵盖了全部六大茶类产品，绿茶、黑茶、红茶产业板块优势突出，宜红茶、青砖茶、地方名优商品绿茶、出口系列再加工茶等一直是湖北茶类主导产品。

2022年湖北茶叶总产量42.1万吨，其中绿茶占比达70.2%；黑茶占比17.1%；红茶占比12.1%；其他茶类约占0.6%（表1）。

表1　2018—2022年湖北省茶类产量统计　　　　　　　　　　单位：万吨

年份	绿茶	红茶	黑茶	青茶	黄茶	白茶	合计
2018	22.6	3.7	5.4	0.27	0.10	0.89	32.9
2019	24.8	3.6	6.4	0.20	0.03	0.26	35.3
2020	25.6	4.5	5.6	0.16	0.02	0.20	36.1
2021	26.2	4.5	6.2	0.14	0.06	0.20	37.3
2022	29.5	5.1	7.2	0.1	0.12	0.08	42.1

4．区域共用品牌再进一步加强

为全面提升湖北茶叶品牌市场影响力和竞争力，在不断重视和保护全省优质企业品牌前提下，着力重点规划打造省、市（州）两级优势茶叶共用品牌，构造辐射区域广、地域特色鲜明，产品特点突出的区域共用品牌体系，政企联动，共同建设发展各地方具备区域优势的共用品牌，进一步确立全省统一打造"五绿一红一黑"的品牌战略，即恩施玉露、宜昌毛尖、武当山茶、大别山云雾茶、襄阳高香茶、宜红茶、青砖茶7个省级区域共用品牌。在明确品牌管理权属前提下，制定好各共用品牌使用管理办法，各地方产区品牌管理机构和运营实施主体通过统一质量标准，统一包装标识，统一宣传方式，提升共用品牌实力，扩大市场影响力、市场占有率和产业拉动力。

5. 内外市场并举开拓

2022年，湖北茶叶销售仍以内销为主、外销为辅，但扩大出口外销的发展思路不变。在全省茶叶市场经营总体量中，国内销售量37万吨，占比达94%，国外出口销售量2.45万吨，出口货值2亿美元，出口量、出口货值分别位列全国第5位、第4位（表2）。目前全省共有48家出口资质茶企，大多数企业为出口生产加工经营型，其中有22家展开了对外贸易业务，"一带一路"沿线国家和地区已成为湖北茶叶出口企业重点开拓的贸易市场。

表2 2018—2022年湖北省茶叶出口情况统计

年份	出口数量/万吨	出口货值/亿美元	出口单价/（美元/吨）
2018	1.65	1.68	10172.07
2019	2.16	2.61	12091.98
2020	1.84	2.01	10975.09
2021	2.41	2.17	9004.15
2022	2.45	2.00	8163.27

二、2021年湖北茶产业重点工作事件

（一）加强政府支持，提振产业发展信心

针对"三茶统筹、三产融合"工作重点，2022年各级政府部门坚持强化政策引导，在全球新冠疫情影响和经济下行的大环境下，主动探索茶产业发展途径，大力支持围绕产业发展所进行的各专项工作。一是省农业农村厅会同茶叶产业链工作专班组织本省相关部门和专家学者展开对"湖北省促进茶业高质量发展三年行动方案（2022—2024年）"的起草、讨论、评审和修订并组织贯宣，进一步明确全省茶产业三年的工作任务纲要。二是恩施土家族苗族自治州人民政府认真筹备主办在湖北省召开的第30届中国茶业科技年会，会议以"三茶统筹发展、助力乡村振兴"为主题。本次大会云集了全国科研机构、社会团体、科技主管部门及业界精英，共商共议中国茶产业发展未来，共谋茶业高质量发展。三是由中国茶叶流通协会主办、宜昌市农业农村局、五峰土家族自治县人民政府承办"2022年第四届中国茶旅大会暨第二届全国宜红茶质量推选活动"大会，本次大会以"聚力深耕、创新赋能、共同缔造、幸福茶乡"为主题，通过茶叶纵深文化赋能茶产业，推动茶旅融合快速发展，举全社会力量打造各地茶乡美好的前景和未来。

（二）坚持绿色引领，狠抓茶园基础提升

一是主抓生态茶园建设。为致力于推广茶叶质量安全、资源节约、环境友好的绿色发展模式，在全省5大茶区共14个主产县市，大力开展生态茶园建设工程，召开全省生态茶园建设培训班2期，启动了生态低碳茶认证工作，建成高标准生态茶园25万亩，生态茶园总面积达120万亩以上。到目前为止，全省已有210多家茶叶企业荣获国内国际有机茶相关认证，认证企业数量和认证茶园面积均居全国第2位，十堰市也被中国农科院授予"茶业绿色低碳发展示范区"，全省茶叶质量安全水平在进一步提高。2022年全国茶树病虫绿色精准防控技术推介会在湖北五峰成功召开，绿色精准病虫害防控理念和新技术在湖北省也得到进一步推广应用。二是及时部署湖北省夏季茶园抗旱救灾工作。面对夏伏高温干旱范围广、强度大、持续久，对全省茶叶生产造成严重影响的局面，各级政府部门发出"抗高温、战酷暑、防旱灾"总动员，全省20多个县市区展开了科学防灾减灾服务工作，省级涉茶部门也派出专家50多人次，发放技术资料500余份，有效指导各地茶农开展抗灾自救。三是力抓产业集群建设。持续推进鄂西南武陵山国家级特色优势产业集群项目建设，聚集恩施、宜昌2个市州9个县市200多万亩茶区的产业要素，瞄准短板、狠抓关键，推动全省茶产业高质量发展。

（三）加强龙头培育，狠抓产业化水平提升

一是做大茶企龙头，大力支持茶产业组建大型企业集团，以龙头企业拉动延伸产业链。宜昌安琪集团与萧氏、采花等国家级龙头企业联合重组，成功组建宜昌茶业集团；恩施玉露茶业集团有限公司和湖北利川红产业集团有限公司分别挂牌成立。二是加强省级农业产业化龙头企业认定，2022年全省新增茶叶省级产业化重点龙头企业26家，总数达到138家。三是做精做强茶叶加工链，在支持企业开展加工设备提档升级工作方面成绩斐然。保康县保茶集团引进全省首台全球智能化生产线，运用智能传感及生产控制集成技术，实现茶产业从由"制造"向"智能制造"转型升级；湖北安琪采花茶品科技有限公司，所建湖北速溶茶生产线，能实现年产高品质速溶茶3000吨。四是加强产业集约化，引导茶叶加工向产业园集中集聚。宜昌市夷陵区现代农业产业园被农业农村部、财政部正式认定为第4批国家现代农业产业园；以贡茶为主导产业的竹溪县中峰镇获得国家级农业产业强镇。

（四）坚持唱响品牌，狠抓市场拓展

一是丰富茶事活动。以"鄂有好茶 共品共享"为主题，组织开展2022国际茶日（湖北）活动，活动中省农业农村厅、省发展和改革委员会、省总工会与省乡村振兴局共同发出"爱心购楚茶 消费助茶农"的倡议；恩施土家族苗族自治州政府、楚商联合会、省工商业联合会、湖北省网商协会等单位推出"楚商助农直播恩施春茶"专场活动，助力恩施春茶销售；开展首届"湖北健康好茶礼"评选活动，在第25届武汉茶博会上推出8款"湖北健康好茶礼"。二是加强媒体宣传。在央视媒体上持续开展广告宣传，从3月1日起，恩施玉露、宜红茶、赤壁青砖茶等为代表的湖北优质区域公用品牌亮相

央视综合频道；恩施玉露品牌纳入农业农村部办公厅发布的2022年农业品牌精品培育计划名单中。联合湖北广播电视台融媒体新闻中心推出系列报告《春日观"茶"室》。三是加强"走出去"推介宣传。积极开展2022"湖北名优茶·健康沿海行"系列活动，组织宜昌、咸宁、赤壁、恩施等湖北茶叶重点产区的10多家知名茶企走进东莞、广州、深圳3市，开展专场推介活动。四是支持"湖北名茶馆"进驻"抖音湖北茶产业带服务商"，系统性地培训茶叶带货主播和直播电商运营人员，为湖北茶产业的数字化营销，培育和输送一大批专业化人才。五是加强公用区域品牌的授权审核，对符合授权标准的市场主体授权许可。目前，"恩施玉露"授权市场主体达到99家，"利川红"授权市场主体达到140家。"武当山茶"授权市场主体达98家。

（五）坚持对外合作，狠抓招商引资

湖北省农业农村厅制定下发了《省十大重点农业产业链招商引资项目发布和集中对接活动实施方案》，形成重招商、抓招商的行动路径和浓郁氛围。开展"千企兴千村、楚商喝楚茶"系列活动，不断扩大湖北茶企"朋友圈"，加强外地企业与湖北省茶企的合作。湖北龙王垭茶业有限公司与湖南茶业集团股份有限公司签订3000吨精制茶加工项目合作协议，并共同出资成立楚湘茶业有限公司。五峰县采花乡分别与中山市润烨新能源科技公司、广西弘山堂生物科技有限公司等8家企业签订"茶约采花"对接协议，其中，与广西弘山堂生物科技有限公司签订乡村旅游协议，打造弘山堂茶旅文化山庄项目，总投资达1.06亿元。竹溪县依托鄂渝陕农产品冷链物流配送中心，建设鄂渝陕茶叶交易市场，总面积1.3万平方米。

（六）坚持科技引领，牢固产业链支撑

一是开展科技服务，解决技术需求。联合中国茶叶学会、湖北省农业科学院组建"科创中国"茶产业科技服务团，深入咸宁、宜昌、恩施等地调研茶产业发展，解析当地茶叶企业技术需求，助力茶产业高质量发展。二是开展科技攻关，落实先进实用技术推广。把茶叶重点技术纳入全省农业主推技术大力推广，茶园绿色生态栽培集成技术入选全省农业科技服务产业链十大引领技术。深入开展院士专家科技服务茶产业链"515"行动，加强省现代农业茶产业技术体系建设，对湖北茶产业链"卡脖子"技术难题开展科技攻关。三是开展技术人才培训工作。组织招集茶叶科技团队深入重点产区开展技术指导，培训茶农达2000多人次，培训成果荣获全国农牧渔业丰收奖二等奖1项。茶叶科技创新有力支撑了产业链高质量发展。

（七）茶叶非遗工作取得突破

2022年11月29日，我国申报的"中国传统制茶技艺及其相关习俗"在摩洛哥拉巴特召开的联合国教科文组织保护非物质文化遗产政府间委员会第17届常会上通过评审，成功列入联合国教科文组织《人类非物质文化遗产代表作名录》。湖北省申报的"恩施玉露制作技艺""赵李桥砖茶制作技艺"和

"长盛川青砖茶制作技艺"一并入选，向世界展示出了湖北茶深厚的历史文化底蕴。同年年底，文化和旅游部非物质文化遗产司关于国家级非物质文化遗产代表性传承人记录工作2019年支持项目通过验收，湖北省Ⅷ-48绿茶制作技艺（恩施玉露制作技艺）项目获得优秀成果验收。

三、存在的主要问题

（一）品牌建设有待加强

全省茶品牌整体实力亟待提升加强。湖北是茶叶品牌大省，但缺少闻名国内外的知名大品牌。问题如下：一是湖北省品牌建设工作效力不够，缺乏强力措施手段对重点企业进行品牌培育扶持。二是在区域公共品牌建设方面，品牌资源开发缺乏精准定位，低值竞争和低值高配现象严重，难以充分体现和发挥品牌的综合价值。三是普遍存在重内轻外现象，缺乏让品牌走出省外，迈出国门，参与国际国内市场舞台竞争意识。四是传统历史茶品牌资源挖掘利用发挥不够，品牌保护大局观意识薄弱，品牌体系管理工作亟待加强。

（二）市场拓展力度不够

内销市场是拉动湖北茶叶经济增长的主动力，但在国内市场开拓方面明显存在短板，缺乏"攻城略寨"开发省内外市场的大气势，不仅如此，本省市场也倍受外省茶叶竞争挤兑，这是湖北省品牌茶类在国内市场占有率低的主要原因；在销售热点方面，如新式茶饮产品与业态融合开发力度不够；在营销模式方面，湖北省企业还未充分适应和应对好当前营销热点环境模式，如电商开发、商超餐饮、茶旅融合、茶金融开发等方面还有很大空间可挖掘利用；在外销市场开拓上，缺乏自主机制导入，在产品市场开发、营销专业队伍建设方面存有差距，难以完全摆脱目前对出口产品与国外市场的依附，原料输出和低附加值产品输出比重大。

（三）缺乏强力龙头企业拉动

全省各级茶叶龙头企业较多，但规模总体偏小，对地方产业发展难以形成合力推进，缺乏能够带动省级和地方茶产业发展的国内知名茶企，缺乏能消解各级茶产业链环节困难的集团运营模式体系，各经营实体普遍存在综合实力不强的短板，主要体现在产品结构固化、市场定位不准、渠道狭窄、技术与管理理念创新不足等；在参与区域共用品牌建设方面，面对全省品牌现状，企业困惑多、积极性不强，也限制着一部分企业成为龙头标杆。因此，发展壮大湖北省茶叶企业龙头和集团经营阵地已迫在眉睫。

（四）生产力要素结构性短缺问题

2022年湖北茶产业继续受困于疫情和经济下行，虽然全省劳动用工方面已有所改善，但劳动力短缺现象仍然严重，社会城镇化推进、农村劳动力减少且老龄化现象加剧、区域经济发展差异现状以及行业发展不平衡现状等加剧了各产区面临茶园面积和产能扩大所需劳动力的供给矛盾。另外在用工成本、生产成本等要素方面也存在制约，近几年来湖北省茶园管理、茶叶采摘、加工等用工成本每年上涨。肥料、农药、能源、包装、运输等茶叶生产资料成本也在增加，茶叶生产和销售费用高居不下，产业环节利润空间被严重挤兑。

（五）产业政策与产业投入有待改善

随着省内各地茶产业链工作运行机制建立，茶产业各专项工作得到重视，相继出台了一系列促进发展的利好政策，但在政策发放与实施工作中，政策适效性和精准度有待提高，主要体现在支持力度和规模不大、重点不够突出、监管督导不强等。要端正和引导茶叶经营企业"在生产中求质量，从市场上要效益"的经营意识，让广大茶叶经营者享受用足用活用准各项政策后的红利，充分调动广大茶农和企业对茶产业投入信心，让外资提高投资建设茶产业的积极性。

（六）茶科技推广应用有待加强

茶科技是茶产业第一生产要素，随着全省茶产业的不断发展，科技力量的作用显得尤为重要，但基层科技人才匮乏、从业人员专业技术水平低下，科技技术应用推广力度不够，科技成果转化效率低等现象还普遍存在，导致湖北省茶产业提档升级推进缓慢，不易消除、减缓供给侧与需求侧矛盾加剧的局面，也难改当前产业管理粗放、产业低附加值运行、品牌段位不高等现象。

（七）宣传力度不够

与外省相比，鄂茶品牌宣传力度明显不够，缺乏专项政策资金登录央视等媒体平台开展品牌广告宣传，缺乏高水平专业机构运营策划，品牌市场营销团队实力薄弱，在北京、上海及其他省份茶叶消费市场，湖北茶品牌出镜率低等。亟待品牌驱动来构建全省茶产业高质量发展体系，以传统品牌、区域公用品牌和知名企业品牌来支撑品牌市场发展，加强茶叶科技和文化双引擎作用以提升鄂茶品牌实力。

四、建议与措施

（一）加快推进优势品牌建设

按照"做强黑茶、做大红茶、做优绿茶"的思路，着力推动赤壁青砖茶、宜红工夫茶、恩施玉露等重点区域公用品牌建设。制作高质量的茶产业宣传和广告视频，持续在中央电视台等重要媒体投放，多渠道、全方位宣传推广湖北茶。深挖品牌文化内涵，加快推进"万里茶道"申遗，通过图书、网络等形式讲好湖北茶文化故事。

（二）强化绿色发展理念，提升茶叶品质

按照绿色化、机械化、标准化的改造思路，支持各地加快茶园更新改造，建成一批高标准生态茶园、绿色茶园，构建全程质量追溯体系。开展院士专家科技服务茶产业链"515"行动，组织开展生态茶园建设技术培训。积极支持企业开展生产线技术改造，大力推广应用精细加工新技术新设备，提升加工工艺水平。

（三）培育壮大重点龙头企业

加大整合市场化要素资源力度，支持重点龙头企业不断做大做强。充分发挥龙头企业在产业链融合、联农带农作用，支持茶产业农业产业化联合体建设，促进茶农增收。加快推进鄂西南武陵山茶产业集群建设，大力培育和引进龙头生产企业和营销企业，进一步提高产业集中度和市场竞争力。

（四）"走出去"积极拓展市场渠道

支持茶企参加"中国国际茶叶博览会""世界大健康博览会""湖北省农业博览会"等展会活动，扎实开展湖北茶叶"边疆行""沿海行"等活动，支持出口企业推进海外加工、展销中心建设等。要充分珍惜湖北茶叶的历史文化资源，在做好资源开发、宣传工作前提下，加大湖北茶品牌市场推介力度，加大对湖北优质茶产品品牌广告宣传投入力度，进一步树立鄂茶品牌新形象，提高鄂茶市场美誉度，让湖北茶叶品牌名扬全球。

（执笔人：孙冰）

2022湖南省茶叶行业发展报告

湖南省茶业协会

一、2022年基本情况

在湖南省委省政府的关心重视下，在省农业农村厅、省供销合作总社的领导指导和省发改委、省财政厅、省工信厅、省商务厅、省科技厅、省市场监管局、省乡村振兴局、长沙海关、省工商联、省贸促会等省直相关部门的大力支持下；在各级党委、政府的重视推进下，2022年全省茶人团结协作、努力拼搏、砥砺前行，"潇湘茶""湖南红茶""安化黑茶""岳阳黄茶""桑植白茶"五大茶类品牌竞相绽放、同步发展，继续保持了茶农增收、企业增效、财政增税、产业持续发展的良好局面，得到了各级党委政府、广大茶农和社会各界的高度肯定。截至12月31日，全省茶园面积达到354万亩、32万吨、综合产值1051亿元，形成了"三湘四水五彩，五彩湘茶香天下"的良好局面，整个产业保持了持续稳定的良好发展态势。

（一）通过茶产业立法，开启法制护航高质量发展新时代

茶产业是湖南省十大农业优势特色产业之一。近年来，在省委、省政府正确领导和省人大的大力支持下，茶产业取得了长足的发展，对促进农民增收、产业脱贫攻坚、乡村振兴发挥了重要作用。进入新时代、开启新征程，为构建茶叶品牌建设新格局，释放茶叶科技研发新动能，探索茶叶产业富民新模式，强力推动湖南省茶产业高质量发展，在全面乡村振兴进程中实现跨越、作出新贡献，经省农业农村厅报请省人大、省政府同意，《湖南省茶产业发展促进条例》正式列入立法程序，并于2022年9月26日经湖南省第十三届人民代表大会常务委员会第三十三次会议批准，自2022年12月1日起施行，以立法的形式统筹、引领、推动、规范、保障湖南省茶产业可持续高质量发展，标志着湘茶产业迈入法治化、规范化发展新阶段。同时，《湘西土家族苗族自治州保靖黄金茶古茶树资源保护若干规定》于2022年9月26日也经湖南省第十三届人民代表大会常务委员会第三十三次会议批准自2022年10月1日起施行，这是湖南省首个关于古茶树资源保护的法规，必将进一步推动保靖黄金茶产业的发展。

（二）举办节会活动，宣传湘茶品牌扩大湘茶影响

2022年3月17日在花垣县三塘举行的"2022中华茶祖节·十八洞黄金茶标准化采摘技能现场培训会暨新茶第一采活动仪式"，4月10日在吉首市马颈坳镇举行的"2022中华茶祖节·湘西黄金茶春季

直播节"和4月20日在保靖县举行的"2022中华茶祖节·保靖黄金茶春茶上市节暨第一届保靖青年网络营销创新创业大赛",率先在省内外发布、宣传黄金茶早茶特讯,推动黄金茶春茶线上线下的火热销售;5月5日,在衡阳市南岳祝融峰举行"2022中华茶祖节暨天下南岳·茶祭祝融"活动,持续挖掘、宣传了"南岳云雾"深厚的茶文化底蕴;5月15日在新宁县舜皇山举行的"2022中华茶祖节·潇湘'邵阳红'湖南生态旅游节暨第三届舜皇山野茶节"让新宁"湖南野茶之乡"迅速享誉省内外;5月9日在临湘举行的"2022中华茶祖节暨第三届'白石天车岭'杯岳阳黄茶制茶师大赛"和5月19日的"2022中华茶祖节'九狮寨杯'中国黄茶斗茶大赛",促进了岳阳黄茶品质提升、有效地助推了岳阳黄茶产业发展;5月21日—23日,在新化和长沙先后举行的"2022中华茶祖节暨探秘湖红源·新化红茶2022茶旅文化周活动"活动,扩大了新化红茶品牌影响力,助推了新化红茶产业发展;9月2日—5日在长沙湖南国际会展中心(芒果馆)盛大举行的"2022第十四届湖南茶业博览会暨江华苦茶推介会",宣传五彩湘茶集群品牌、促进湘茶产销对接、助力湘茶市场拓展,并让江华苦茶制作红茶的优异品质瞬间绽放,江华苦茶一炮而红;9月8日,湖南省第十四届运动会开幕式的舞蹈《黄茶迎客来》,展现并宣传了岳阳黄茶产业的蓬勃发展态势及"王者归来"的雄心;10月30日在中国中部(湖南)农博会举办的富有特色"湖南红茶"品牌推介活动,和之前的《爱上红茶恋上你》主题歌演唱挑战赛、MV摄制与投放以及"湖南红茶'十大制茶工匠''十大产品品牌'评选宣推"等,进一步扩大提升了"湖南红茶"品牌影响力;11月4日—6日,在长沙三馆一厅隆重举行的"2022第二届潇湘茶文化节"系列活动,全方位展示"潇湘茶"品牌多年来的建设成就,卓有成效地宣传推介"古丈毛尖""石门银峰""黄金茶""碣滩茶""桑植白茶"等区域品牌及"莽山红"产品品牌,向长沙市民全面展示了"潇湘茶"魅力,积极拓展了"潇湘茶"长沙消费市场;11月26日,在安化县万隆广场开启"益阳市文旅融合发展大会暨'天下黑茶·神韵安化'直播大事件"中,现场成功获上海大世界吉尼斯认证的"中国最大的铜茶壶"点燃了全国"围炉煮茶"的新时尚,与神舟十五号飞船搭载安化黑茶实验材料一道遨游太空,使"安化黑茶"再次唱响中国和世界;12月9日,在常德市武陵区举行的"常德文化旅游发展大会暨常德红茶文化节"及"常德茶旅产业融合发展推介论坛暨项目签约",拓展了产业链、推动了常德茶旅产业深度融合发展。

此外,"2022中国茶叶区域公用品牌价值评估"中"潇湘茶"品牌价值评估达68.42亿元,连续两年位居全国茶叶区域公用品牌第4位;"2022中国区域农业产业品牌影响力指数"中,"湖南红茶""安化黑茶""君山银针"三大品牌分别位居排行榜第41位、43位、81位。

(三)科技赋能茶产业,促进湘茶高质量发展

2022年4月15日由湖南省农业科学院和保靖县人民政府共建,中国工程院院士柏连阳、单杨领衔的"保靖黄金茶产业研究院"举行挂牌并与保靖县人民政府签订了保靖黄金茶产业研发合作协议,聚力主导产业,开展深度合作,致力于探索出一条由科技支撑引领并实现农业农村现代化发展的新途径;其他市、州先后依托刘仲华院士团队、湖南农业大学和湖南省茶叶研究所,新成立的岳阳市国茗

黄茶研究院、郴州福茶产业技术发展研究院、衡阳市茶叶专家工作站、张家界一杯茶产业发展研究院等以及智汇湘丰茶业创新产业园建设，进一步完善并强化了茶叶科技支撑体系；11月19—20日，在古丈县举行"湖南茶业科技创新论坛"，中国工程院刘仲华院士、国务院参事石勇等行业大家，就湖南茶产业发展的创新与突破、数字经济如何赋能茶产业等课题，分别从不同视角带来精彩报告，为湖南茶产业乃至中国茶产业的高质量发展提供了极有价值的指导和启迪；与此同时，湖南农业大学、湖南省茶叶研究所和湖南省茶叶产业技术体系的专家，全年深入茶企基地开展品种培育和研发、加工工艺改良、病虫害防治、抗旱补损等技术服务，20多位科技副县长、科技特派员、三区人才服务在全省茶叶主产区和茶企；湖南农业大学、湖南省茶叶研究所及湖南省茶叶学会举办的50多场6000多人次五彩湘茶、湖南红茶生产加工技术培训，省茶业协会5000多人次的茶艺、评茶、直播等技能培训与2000余人的职业技能等级认定等，推广普及茶叶技术、提升了从业人员素质，促进了科技与产业的深入结合，涌现了"传统加工工艺参数优化及冠突散囊菌有效成分分离提取技术与批量生产工艺""湘西州茶产业高质量发展技术集成与示范推广"等一批科技项目及应用型成果推广技术，改变茶叶原有的传统生产模式，实现了茶叶加工技术领域的创新；创新产品不断涌现，产业链条不断延伸，湘丰、华莱、潇湘、辰投碣滩、河西走廊、长健、百尼茶庵、古阳河、云天阁、洞庭山、西莲、林茵、天鹏、木草人、谷佳、明伦、干发等60家优秀茶企被认定为2022年国家高新技术企业，充分发挥了科技赋能产业的作用，卓有成效地推动了湘茶产业的持续健康快速发展。

（四）创新营销方式，拓展湘茶销售渠道扩大湘茶市场

2022年，全省茶界积极应对、不断创新营销方式，一是省市县协同开展的五彩湘茶"五进"（进机关、进校园、进社区、进茶楼、进宾馆）活动、湘派茶馆建设以及"十个一"样板工程，为弘扬茶文化，普及茶技术、茶知识，促进茶消费，拓展本地市场，助推茶产业发挥了重要作用。二是在全省开展长达4个月的"湖南红茶销售推介大赛"（全省四个赛区+长沙总决赛）"湖南红茶线上推介会"和"湖南红茶产销对接"等大小40余场"湖南红茶进茶馆"相关的赛事、推介、对接活动，有效地提升了"湖南红茶"品牌影响力、促进了湖南各市"湖南红茶"的销售。三是在9月2日—5日举办的2022第十四届湖南茶博会上，通过现场"潇湘茶、湖南红茶、安化黑茶、岳阳黄茶、桑植白茶"五大省域公用品牌集中宣传，江华苦茶、新化红茶、长沙绿茶、保靖黄金茶、古丈毛尖、湘西洞黄金茶、张家界莓茶、永顺莓茶、南岳云雾、常德红茶、株洲红茶、郴州福茶、邵阳红、碣滩茶、石门银峰等区域品牌抱团展示展销，2022湖南茶叶茶旅融合助力乡村振兴"十大示范县（市、区）、十佳标杆企业和十佳景区"评选、宣传展示、表彰，2022"茶祖神农杯"名优茶评选、宣传、表彰以及中国茶叶南北对话、江华苦茶推介会、"我的新化我的茶"、2022安化黑茶产业新闻发布会、《中国茶全书·湖南卷》首发式、《爱上红茶恋上你》演唱者挑战赛等60余场茶事、茶文化推介活动，结合线上茶文化主播直播带货、网上茶博宣传推介茶品牌、茶产品：以"五彩湘茶·茶香五味"直播间，湘西茶网直播间、湘报严选直播间及参展企业抖音号、微信视频号直播销售为业态创新营销亮点，多角度宣传参

展商品、扩大年轻群体参与度，给全国的爱茶人带来了一场色香味俱全的五彩湘茶盛宴，开辟了茶博会全方位、立体营销的模式，在为期4天的展会里，吸引观展、参会人员达15万人次，1600家参展企业现场成交总额达2.68亿元，网上茶博、观众点击参与数量达16218万人次，交易额达2570万元，展会活动经贸签订意向性茶叶购销订单达17.8亿元，人气、成效均位居全国茶叶专业展前列。四是作为集新媒体宣传、咨询信息服务、电商营销为一体互联网综合服务平台代表的湘西茶网在9月2日第十四届湖南茶业博览会上举行上线仪式，为主产区如何做好"互联网+"文章、推进茶产业数字化进行了有益尝试，也为互联网时代茶产业发展提供新思路。

（五）茶叶湘军勇于担当，助推并保障千亿湘茶可持续发展

2022年初，在教育部公布第二批"全国高校黄大年式教师团队"名单中，由刘仲华担任负责人的湖南农业大学茶学教师团队入选；10月22日在中国共产党第二十次全国代表大会上，中国工程院院士、湖南农业大学学术委员会主任刘仲华当选为中国共产党第二十届中央委员会候补委员，成为首位当选中央候补委员的茶叶院士；为弘扬自信、诚信、匠心、创新，具有高尚情操的新时代湖南茶人精神，湖南省茶业协会、湖南省茶叶学会、湖南省茶叶品牌建设促进会、湖南省红茶产业发展促进会、湖南省茶叶研究所等单位联合开展了"湖南杰出茶人"选树评定活动，共评定对湖南省茶产业发展特别是推进千亿湘茶进程中成绩显著的杰出湖南茶人代表102位，其中12位为相关领域做出重大贡献的"湖南杰出茶人（功勋奖）"，20位为德高望重的老前辈、老专家、企业家获评"湖南杰出茶人（成就奖）"，70位为相关领域"湖南杰出茶人（贡献奖）"；11月在中国茶叶流通协会公布的"国茶人物·制茶大师"第七批推选结果中，湖南省君山银针茶业集团股份有限公司董事长李方爱获评黄茶类制作大师称号，沅陵官庄干发茶业有限公司董事长张干发荣获绿茶类制作大师称号；2022年湖南省茶业协会被全国工商联评为2021—2022年度全国"四好"商会，中共湖南省茶业协会支部委员会被湖南省民政厅评为"先进基层党组织"；湖南省茶业协会秘书长王准、湖南省茶业集团股份有限公司副总经理王树波被中华茶人联谊会、中国茶产业联盟授予"2022年度行业影响力人物"荣誉称号。

二、2023年工作建议

2023年是充满机遇的一年，风云变幻的不确定性国际局势，还有激烈地市场竞争、不稳定的供求关系。为了确保湖南省茶产业持续健康、高质量发展，按照中央一号文件精神和湖南省委省政府决策部署以及省农业农村厅等主管部门的要求，要努力做到以下几点。

（一）坚定信心，勇于担当

茶业是绿色健康可持续发展的朝阳产业，饮茶人口数量与消费需求量在不断增多，国际国内市场广阔，并且每年都保持平稳增长。2022年4月11日习近平在海南五指山考察时，亲自参与炒茶劳动，

勉励茶人"把茶叶经营好，把日子过得更红火"，10月17日党的二十大会议期间习总书记在参加广西代表团座谈时指出"茶产业大有前途，要打出品牌，把茶产业做大做强"，这是继2021年习总书记提出"三茶统筹"发展理念之后又一次对茶产业给予充分肯定并为发展指明了方向。要在习主席的指示指引下，积极作为、勇于担当，力促湘茶产业高质量发展。

（二）宣贯《湖南省茶产业发展促进条例》，护航产业

《湖南省茶产业发展促进条例》是全面统筹推进茶文化、茶产业、茶科技融合，促进湘茶高质量发展的法律依据与基本准则，一定要宣传贯彻好。一方面编写出版《湖南省茶产业发展促进条例》（以下简称为《条例》）释义并组建《条例》宣讲团深入全省各市州进行《条例》巡回宣讲；另一方面要建立法治宣传联系点，引导群众和社会广泛关注、参与，为湘茶高质量发展营造良好氛围；同时推动相关部门研究出台与《条例》相衔接、相配套的《条例》实施意见、实施方案或出台茶产业发展指导性文件，将《条例》确立的各项规定、要求落到实处，形成与《条例》相配套的工作机制、工作体系及产业政策。

（三）抢抓机遇，创新发展

紧紧抓住"全面推进乡村振兴、建设农业强国"的发展机遇和省委省政府"三高四新""农业现代化""打造千亿产业""六大强农行动"决策部署，依托《湖南省茶产业发展促进条例》的实施，加强领导、加大投入，强化指导、完善服务，创新发展方式，优化政策措施，强化科技支撑，践行"三茶统筹"发展理念，充分发挥湖南省茶科技、茶文化、茶产业等优势，进一步强龙头、补链条、兴业态、树品牌，不断开发新产品、新渠道、新市场、新效益，促进全产业链升级，增强产业竞争力和综合实力，全面推动湖南省茶产业高质量发展。

（四）坚定不移，强化品牌

坚持"政府引导、市场主导、协会平台、企业主体"的原则，围绕优势特色、品种品质、区域特点、品牌内涵，在重点打造"湖南红茶""安化黑茶""潇湘茶""岳阳黄茶""桑植白茶"五大省级区域公用品牌的同时，支持"长沙绿茶""郴州福茶""邵阳红""茶祖红""南岳云雾""常德红茶""黄金茶""新化红茶""碣滩茶""古丈毛尖""桃源红茶""石门银峰""江华苦茶""城步峒茶"等有一定基础、市场覆盖度、品牌知名度、文化底蕴并获地标保护的区域公用品牌建设及优势企业品牌的发展，全力营造"三湘四水五彩茶香"的产业发展格局。

（五）壮大龙头，夯实产业

目前全国茶产业发展强劲，茶叶主产区党委政府都非常重视，支持力度大、扶持政策多，呈现出省与省、市与市、县与县之间的竞争态势。作为茶产业发展支撑与承载体的茶叶企业，相互之间的竞

争更是激烈。因此请各级党委政府，在实施《条例》中，进一步加大对茶叶企业的支持，坚持"扶优、扶大、扶强"，尤其要培育壮大一批起点高、规模大、带动力强的龙头企业，推进以核心龙头企业带动、企业集聚的省市县茶产业园区建设，全力打造"潇湘茶""安化黑茶""湖南红茶""岳阳黄茶""桑植白茶"以及特色明显、发展潜力大的区域品牌产业强镇、产业集群，夯实千亿茶产业。

（六）科技引领，提升产业

要紧紧依靠刘仲华院士科研团队，依托湖南农业大学、省茶叶研究所、省茶叶产业技术体系等科技力量，强化并适应湖南省产业发展的特色种质资源选育、山区茶园机械化管理及采摘、特定品质加工工艺、精深开发及其清洁化、标准化、自动化与智能化设备等关键技术研究及新式茶饮开发，支持"湖南茶业科技创新论坛"的举办，支持营销和管理的创新与推广，支持龙头企业工程技术中心建设，支持主产区与科研院所合作建立博士后工作站、茶叶研究院（所），不断提升科技含量，增加茶叶附加值，提高产业综合效益。加大茶叶生产、营销、管理、文化等培训，为产业发展提供技术支撑、人才保障。

（七）创新营销，拓展市场

支持在省内外组织开展展销推介活动；支持"中华茶祖节""湖南茶博会"、潇湘茶文化节、安化黑茶文化节等的举办，节会搭台、经贸唱戏；支持湖南茶叶"三十"评选活动的开展，支持"挑担茶叶上北京"等事件营销活动开展，强化品牌宣推、提升品牌形象、拓展湘茶市场；支持湘派茶馆建设，促进茶馆与产业融合；支持"五彩湘茶"（湖南红茶）进机关、进学校、进酒店、进茶楼、进社区，打通消费宣传最后一公里；创新实体店经营，发展"实体店+电商+直销+配送+邮购+微营销+抖音"等新型业态。扩大品牌茶出口，提升出口效益。

（八）文化引领，三产融合

支持以茶祖文化为代表的湖湘茶文化的挖掘、整理与弘扬及其与地方民俗文化的有机结合；支持推进湘报严选"湖南红茶"频道、"五彩湘茶香天下"专题栏目等湘茶宣传推介平台建设；传承潇湘茶、安化黑茶、湖南红茶、岳阳黄茶、桑植白茶等茶的传统技艺，开展制茶及相关职业技能大赛活动；支持支持开展湘派茶馆评定和职业技能培训；精选茶旅融合茶研学精品路线，开展茶文化探秘，搭建产销对接平台，推进湖南省茶文旅融合发展；支持各地举办茶文化节、采茶节、斗茶赛等节会活动，推动茶文化与茶产业、休闲观光、特色旅游、民俗风情、健康疗养等三产深度融合、茶文旅及康养集合发展。

（执笔人：王准）

2022广东省茶叶行业发展报告

报告一

广东省茶业行业协会

2022年是党和国家发展史上极为重要的一年，胜利召开的党的二十大，擘画了全面建设社会主义现代化国家、以中国式现代化全面推进中华民族伟大复兴的宏伟蓝图，吹响了奋进新征程的时代号角。

广东紧紧围绕党的二十大报告中提出的"五大振兴"总要求、"加快建设农业强国"总目标，服务大局有作为，乡村振兴有实效，交出了农业领域的亮眼答卷。茶产业作为广东特色农业产业，毫不动摇地坚持生态环境保护和经济发展相互促进的绿色发展道路，广东在巩固茶叶重要产区、第一消费大省、第一流通大省地位的基础上，踔厉奋发加快茶产业转型升级步伐，全力推进标准化茶园、生态茶园、现代农业示范园区建设及特色优势产业集群形成，打造有影响力的广东特色茶品牌，成为全面推进乡村振兴的重要抓手。下一步，广东将瞄定更高更远的目标，充分发挥资源和市场优势，大力推动茶产业高质量发展，持续做好"三农"工作，促进乡村振兴，推进我国农业强国建设。

（一）广东省茶业基本情况

1. 茶叶生产规模增速放缓，产量稳步增长

2022年全省茶叶生产规模持续增长，广东省统计局的数据显示，年末实有面积149.19万亩，同比增长11.4%，增速较去年略有减缓；茶叶总产量为16.08万吨，同比增长15.3%，增速较去年上涨约6.5个百分点，保持稳步增长的良好态势；上半年雨水充沛，随着部分茶园投产扩大并逐渐进入丰产期，干茶亩均产量小幅增长，为107.8千克/亩，同比增长约3%。

2. 茶类结构小幅调整，格局总体稳定

2022年广东省茶叶格局总体稳定，茶类结构根据市场需求有小幅调整，红茶、绿茶、乌龙茶仍为广东茶产业发展主力。根据广东省农业农村厅的数据可以看出，在全省茶叶产量中：红茶产量占9%，较去年上升约2个百分点；乌龙茶产量占49%，在凤凰单丛的带动下较去年上升约3个百分点；绿茶及其他茶类产量占比较去年小幅下降，分别占全省茶叶产量的36%和6%。

3. 特色优势产业集群建设成效逐步显现

广东省茶叶产业集群建设以单丛、红茶、绿茶三大品种为主导，跨区域集群发展，主要分布在东

翼和北部生态发展区，目前已经形成了以梅州、潮州为主要产区的单丛乌龙茶，以清远、韶关、河源为主要产区的特色红茶，以梅州、河源、湛江、云浮为主要产区的大叶种绿茶，以韶关市仁化县为主要产区的白毛茶和以江门市新会区为主要产区的特色柑普、柑红、柑白茶等优势产业集群。全省现已建成1个国家级茶叶现代产业园、21个省级茶叶现代农业产业园、8个市级茶叶现代产业园，合计茶园面积和产量均占全省85%以上。在广东省乡村产业发展"十四五"规划的第二年，广东独具地域特色的优势产业集群建设稳步推进，成效逐步显现。

4.茶叶销量、价格相对稳定，销售渠道结构微调

（1）茶叶销量相对稳定　据广东省农业信息监测体系数据，规模化基地干茶总销量同比增长1%，较去年基本持平。其中乌龙茶销量同比增长16%，绿茶销量下降7%，干茶流通区域仍以珠三角地区为主，粤东、粤西以及广东省外销量较去年均有不同程度增加，具体数值如图1所示。

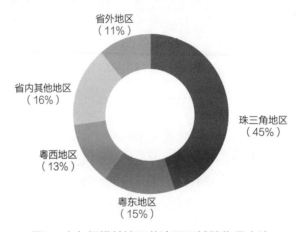

图1　广东规模基地干茶流通区域销售量占比

（2）干茶价格小幅上涨　据广东省农业信息监测体系数据，2022年广东规模化基地干茶销售均价为410元/千克，同比增长3%。红茶、绿茶和乌龙茶销售均价分别为334元/千克、435元/千克和509元/千克，其中红茶与乌龙茶价格分别上涨5%和14%，绿茶则下跌7%。红茶、绿茶价格以200～500元/千克为主，乌龙茶则较为集中在500～1000元/千克这一价格区间（图2）。

（3）销售渠道结构优化，线上销售规模扩大　受疫情反复影响，2022年规模化基地干茶线下销售规模有所缩减，自营专卖店、批发市场以及商超渠道销量同比均有不同程度下降，但线下销售仍为主流销售渠道，占比达88%，其中自营专卖店占比最高，其次是代理商，分别占37%和23%。线上销售规模则持续扩大，在各基地积极拓展抖音短视频、淘宝直播等方式渠道影响下，干茶电商销量同比增长7%，占比达12%。

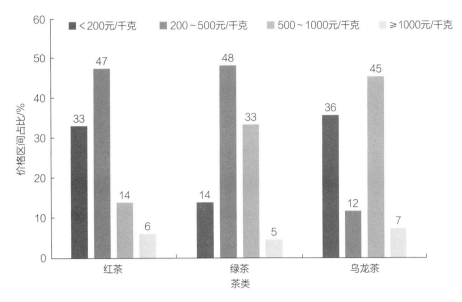

图2　广东规模化基地各茶类价格区间分布

资料来源：广东省农业农村厅

5．生产成本基本稳定，亩均效益小幅上涨

2022年规模化基地干茶亩均生产成本为5984元，同比上涨1%，基本保持稳定。因茶叶产业是劳动密集型产业，各个生产环节都需要大量人工，因此人工成本占比最高，为37%，全程机械化普及率有待提升；而肥料成本占比14%，同比上涨6%。

据广东省农业农村厅数据显示，规模化基地亩均产值为1.5万元，同比上涨4%，主要得益于干茶亩均产量的增加及销售价格的上涨；亩均效益为9485元，同比上涨6%，其中绿茶、红茶、乌龙茶亩均效益分别为7786元、7274元、15869元，乌龙茶效益增幅最为明显，约上涨40%。

6．2022年广东茶叶进出口情况

据广州海关数据显示，茶叶出口量约为4250吨，出口额约6954万美元，主要是绿茶、红茶、乌龙茶、普洱茶和花茶等。出口单价较往年有所提升，绿茶、黑茶涨幅较为明显。

进口茶叶量约为4317吨，进口额共1980万美元，主要是绿茶、红茶、乌龙茶、普洱茶和花茶等。其中，红茶、绿茶的进口量有所增长，红茶在总进口量中占比最高，约为87%。

（二）广东省茶产业发展主要举措和成效

1．多策并举，促进茶产业高质量发展

为做好"三农"工作，着眼于国家重大战略，准确把握抓好当前全面推进乡村振兴重点工作，广东各级党委、政府出台了一系列政策规划，推动茶产业高质量发展，自2021年8月20日发布《广东省推进农业农村现代化"十四五"规划》，为科学谋划和推进农业农村发展做出五年计划的部署后，又于2022年3月22日、3月31日、4月18日先后发布了《广东省农业机械化"十四五"发展规划》《广东省

乡村休闲产业"十四五"规划》《广东省农业技术推广"十四五"规划》，为补齐茶产业短板、助力茶产业的健康有序发展提供了政策保障。

《广东省农业机械化"十四五"发展规划》明确"十四五"时期"丘陵山区和果菜茶生产机械化加快发展，农业机械化和农机装备产业转型升级的基础更加坚实"的发展目标。针对广东省目前茶叶种植、加工等机械化水平较低这一问题提出：着力提升农作物生产全程机械化水平，开展全程机械化技术试验示范，建设果菜茶机械化示范基地各20个；加快茶叶的适用装备推广，推动标准化果园茶园建设；围绕茶叶初加工机械的研发；加强茶叶连续化加工成套装备的推广应用等一系列举措强化产业发展全链条的科技支撑，提升农产品初加工工程化水平。

《广东省乡村休闲产业"十四五"规划》明确了"十四五"时期广东省乡村休闲产业的总体要求、构建布局、乡村休闲产品体系、主要任务和保障措施，提出密切结合本省实际在空间维度建设省域"4321"乡村休闲产业体、构建乡村休闲产业全产业链和"三品一标"、打造农产品加工观光工厂等举措。根据广东省乡村休闲旅游资源分类体系，茶园与制茶技艺分别为乡村特色产业和乡村民俗文化的典型代表，均属于广东省乡村休闲旅游资源重要资源。

《广东省农业技术推广"十四五"规划》明确将"建设大田精准作业、丘陵山区果菜茶药智能化生产示范基地50个"列为发展指标之一，加强农业技术推广体系及农业技术推广体系服务能力建设。提出要以省农产品"12221"市场体系为基础，认真做好农产品产供销环节技术支撑工作形成广东省茶叶产供销模式；建立特色农作物种植及生产基地，开展标准化种植技术，采用专家指导及培训田间管理方式保证优质原料供应；智能化、数字化升级改造工程，形成数字果茶药园示范窗口，加强智能化农机示范，与信息化、数字化技术与农机生产应用相融合，打造支撑广东茶产业高质量发展的高科技平台等。

2．园区模式，推进农业产业发展呈现区域特色

广东将现代农业产业园建设作为实施乡村振兴战略的突破口，把最擅长的推进工业升级的"园区模式"移植到农业发展中，以史无前例的政治高度、工作强度、投入力度全域推进。2021—2023年，广东省财政将继续安排75亿元，以直接拨付至实施企业，并由牵头实施主体制定资金使用方案，自主开展园区建设和资金使用的形式，赋予了企业更大的自主权，打造现代农业产业园2.0版。

茶叶作为广东主要特色农产品，建设成效显著，全省现已建成1个国家级茶叶现代产业园、21个省级茶叶现代农业产业园、8个市级茶叶现代产业园，集中在梅州、潮州、河源、清远、揭阳、韶关、湛江、惠州、肇庆和云浮10市，合计茶园面积和产量均占全省85%以上，为构建国家、省、市三级农业产业园梯次发展格局助力。

3．三产融合，调动文旅资源促业态多元化发展

茶文旅融合发展是推动茶业高质量发展的一个重要内容，广东省各产区正在积极统筹推进茶文旅融合发展，在挖掘文化旅游资源上下足了功夫，依托广东省的茶叶种植区优美的茶山环境、茶园的美景，结合当地的特色茶文化资源，加强茶文旅品牌建设。

以潮州市为例，作为广东省典型代表茶区，潮州充分发挥凤凰单丛茶独特优势，坚持品牌化推广和产业化发展双向发力，致力高质量做强做大凤凰单丛茶产业。以凤凰单丛茶文化作为引领，从修缮活化老建筑切入，以文旅产业带动茶产业，再通过铸造凤凰单丛茶特色品牌，实现茶农增收和人才回流，从而推动当地文旅和茶产业的迭代升级。近年来，潮州市不断加大探索茶产业和文化、旅游、商贸等产业的协调发展力度，同时通过项目引导，打造特色生态茶业旅游区，推动茶业特色旅游的全面发展，目前已打造2条省级和4条市级乡村旅游精品线路，提升潮州茶文化影响力和旅游形象品质，有力推动潮州茶叶产业集群聚集发展，实现三产融合。据统计，近三年来潮州单丛茶的核心产区凤凰镇年均接待游客超800万人次，直接带动上万人就业，2022年潮州市潮安区凤凰镇获评全国乡村旅游重点村镇（乡）。

广东廉江、英德、江门等各茶叶、茶衍生产品主产区同样立足资源禀赋、找准发展路径，充分调动地方茶产区旅游资源的活力，有序引导和开展乡村旅游项目，大力推进茶文旅融合发展，以茶为媒完善茶产业链条，促进文旅产业持续复苏。

4. 科技创新，以数字化杠杆撬动产业提质转型

广袤的乡村蕴藏着无限机遇，数字化浪潮为产业升级带来全新的生机。扣时代所需，办行业所想，广东以每个产业园按不低于省级财政资金2.5%的比例安排科研经费，推进农科教、产学研大联合大协作，用于品种、技术装备创新，提高园区数字化建设和信息化水平。

在坚实的经济后盾支持下，广东各产茶区大力推进农业数字化转型，一批产业园取得突破性进展，大数据、物联网、云服务等现代技术被应用于茶园的种植管理、生产销售等各个环节。茶产业链的智能化、标准化、规模化管理，让茶产业在提质增效中阔步前行。

据悉，2022年英德已建成国内首个实现数字精准控制和标准化、自动化生产的加工技术工程中心，有8条自动化生产线投入生产。其中，以英九庄园为首的茶叶企业数字化转型应用成果突出。在产业链前端建设智慧生态茶园，利用遥感、物联网、5G通信等现代信息技术，全程监测茶树生长环境信息并进行实时优化；在产业链中端构造智能制造中心，识别鲜叶指标，自动感知制茶环境因素，精准控制揉捻、发酵、干燥等工序的进行；在产业链后端打造数字品控系统和仓储系统，同时构建数字化市场渠道和可视化溯源系统，实现从茶园到茶杯的每一个环节提升茶叶品质，将主观的人工的经验转化为客观的数据标准，为现代农业发展插上智慧的翅膀。2022年，英九庄园获得国家级生态农场、年度茶业科技创新十大标杆企业、2022世界数字农业七个"一百"标杆企业、年度清远市工程技术研究开发中心等殊荣，在数字化改革方面交出了亮眼的答卷。

5. 文化赋能，建设"12221"市场体系唱响"粤字号"

广东以农产品"12221"市场体系建设为抓手，打响"粤字号"农产品品牌，打造了多品类特色产品营销实战的成功案例，带动农民增收致富，推动传统农业迈向品牌化、数字化、国际化，赋能茶产业高质量发展，展现了一幅产业振兴推动乡村振兴的壮阔画卷。

以清远市为例，2022年清远市委市政府提出打造英德红茶百亿产值农业产业部署，英德市整合政

府、企业等各方资源，构建英德红茶产业发展政策保障体系、绿色发展体系、产业发展平台体系等"九大体系"，制定《"英德红茶"区域公用品牌提升战略规划》，开展英德红茶"12221"市场体系等方式，推动英德茶产业高质量发展。同年10月，英德红茶入选国家地理标志产品保护示范区筹建名单，成为广东省唯一获批筹建的示范区，为历史底蕴深厚的英德红茶的品牌推广与市场拓展增添了新动力，进一步提升英德茶产业的规模与社会经济效益。2022年，英德红茶在中国茶叶区域公用品牌价值评估中评得37.18亿元，较上年增加4.54亿元，被评为最具品牌传播力的三大品牌之一，充分显示了文化引领、公共品牌的打造为茶产业注入的活力，取得明显成效。

结合产业园建设，广东部署推进"粤字号"农产品营销行动，掀起了一波又一波社会化营销热潮。聚力做强"粤字号"品牌，广东还创新打造了现代农业产业园公共文化服务平台——广东省乡村振兴文化服务产业园，重点服务全省农业品牌建设。

目前，广东省茶产业品牌建设如火如荼，凤凰单丛茶、岭头单丛茶、英德红茶、新会陈皮等一批省级区域公用品牌名气响亮，今后也要抓住"中国传统制茶技艺及其相关习俗"申遗成功的机遇，立足产区资源禀赋，加快建设"12221"市场体系，以文化赋能，唱响"粤字号"。

（三）发展建议

1. 建设标准体系——产业支柱

标准体系在支撑茶产业发展、促进茶叶消费、规范茶叶市场中的发挥着无可替代的作用。持续推进标准化体系建设，推广优质高效种植技术，是促进茶产业可持续发展的重要支撑。

广东作为我国重要茶产区及最大消费市场，应进一步发挥改革开放的排头兵、先行地、实验区的示范作用，优化产业结构，建设良种化、标准化茶园，同时要强化质量监管，提升茶叶产品品质。进一步完善特色茶叶产品标准体系，推动省级标准与国家标准相结合，建立具有全国影响力的质量标准检验平台，完善茶叶科学定级标准依据，健全茶叶质量安全监管制度，引导建立茶叶专业合作社、茶叶龙头企业生产基地，夯实茶产业健康持续发展的基础。

2. 科技驱动数字化转型——不竭动力

数字化进程为城市和产业发展带来新的历史机遇。茶产业作为广东的传统优势产业必然乘势而起，通过加快数字赋能，加强科技对现代茶产业发展的支撑和引领作用，推动现代产业业态结构提档升级，打造多元、高效、高品质的茶产业链。

立足新发展阶段，广东应积极拓展融合创新的数字经济新渠道、新模式、新业态，支持茶企数字化转型、打造数智化工厂，并依托数字化手段提升政府、行业组织对茶产业的领导力，高效推进茶业数字经济与实体经济融合发展。要发挥头雁效应，在产区政府的积极推进支持下，强化企业科技创新主体地位，合理筛选一批"关键少数"的优质数字化转型企业案例，在打造数字化建设示范基地、推广"智慧茶园"建设、建立可溯源追踪的安全监管体系等方面，探索一批可复制、可推广的数字化应用模式，激发茶产业创新活力。

3．强化人才供给——必由之路

我国高度重视茶产业相关领域的教育和人才培养工作，这是全面推进乡村振兴、农业强国建设、产业高质量发展的必由之路，坚持人才引领发展战略地位，推动人才链与制造业产业链深度融合。

未来，广东省应持续优化高等教育、职业教育茶学相关专业布局，加强茶产业相关领域人才培养，深化茶学专业内涵建设高质量改革，以市场化需求为导向，瞄准产业发展重点领域关键核心技术和引领未来产业发展的前沿创新技术所需人才，创新产教融合、科教融汇协同育人机制，加强茶产业相关专业一流核心课程、优质教材和教师团队建设，精准提高人才培养的方向和能力，从而构建高质量茶学教育体系，为服务乡村振兴作出更大的贡献。

4．打好文化底牌——破局重举

2022年11月，"中国传统制茶技艺及其相关习俗"正式列入联合国教科文组织发布的《人类非物质文化遗产代表作名录》的喜讯传来，令人为之振奋。以申遗成功为契机，走过千年的制茶技艺及其相关习俗也将迎来新的传承与发展。

一方面，要通过讲好茶文化故事，将茶文化、茶产品、茶产区、茶产业串连成线，创建集文化展示、产品体验、产业展销于一体的特色茶产业文化中心，常态化举办中国传统制茶及其相关习俗的展示、公共服务以及文化节等活动，深入全国一线城市、重点销售地区、潜在销售市场定向进行茶艺、茶文化等宣传活动，举办茶业博览会，提升茶文化影响力和品牌形象品质。另一方面，要在青少年的各个教育阶段尤其是中小学阶段渗透茶文化研学课程，设计推出更多面向青少年的传统制茶技艺实践活动，融入劳动教育、美学教育之中，在青少年心中播下中华优秀传统文化的种子，通过一个孩子，带动一个家庭，影响整个社会，让中国制作技艺永不褪色、传承千载。

5．坚持绿色发展——永恒底色

绿色可持续发展是产业的恒久不变的底色，在有效控制茶园面积规模性扩张、巩固基础优化品牌特色茶品的同时，应抢抓"双碳"机遇，在技术体系集成创新与示范推广方面下功夫，持续推动茶产业绿色转型。

在生态茶园方面，要对茶园进行生态建设和改造，坚持老茶园嫁接改造和新建标准茶园并重，即一手抓良种优质生态茶园建设，一手抓以无公害茶园、绿色茶园、有机茶园建设为重点的高品质茶园建设，并且在生产环节深入研究化肥农药减量增效培育方法。在精制茶加工业领域，要实施全面节约战略，发展绿色低碳产业，倡导绿色消费，抵制过度包装，促进茶叶消费提质增量，从而进一步夯实茶产业绿色发展基础。

6．扩展湾区市场——未来之窗

广东区位优势明显，粤港澳大湾区建设作为"一带一路"建设的重要支撑，恰是助推茶叶经济增长的一大机遇。粤港澳大湾区作为中国开放程度最高、最具经济活力的区域之一，有近一亿人口，2022年经济总量超13万亿元人民币，展现了该地区发展的大前景、大空间。如今，粤港澳大湾区科技、金融、人口红利无疑能为茶叶消费带来巨大优势，并且这一优势放眼全国都是独一无二的。

茶作为中国名片，在开放包容的大湾区，茶叶及深加工产品销售、茶文化宣传推广、茶旅游业等相关产业都能在此落地生根，必然能为广东茶产业的经济发展带来新的契机。

（执笔人：张黎明、李思葭）

报告二

广东省茶文化促进会

（一）基本概况

广东是中国茶叶重要产区和进出口口岸，也是茶叶第一消费大省、第一流通大省，拥有中国最大的茶叶市场——广州芳村茶叶市场，连通海内外茶商，是中国最大的茶叶集散地和贸易中心。2022年广东省茶叶年消费量（含流转量）约25万吨。

销量相对稳定，流通以珠三角地区为主。2022年市场环境受到一定影响，但各基地仍积极拓展销售渠道和参加展会宣传推介。据广东省农业信息监测体系数据显示，规模化基地干茶总销量同比增长1%，基本持平；其中绿茶销量同比下降7%、乌龙茶销量增长16%。干茶流通区域仍以珠三角地区为主，销量占全省的45%；粤东、粤西以及省外销量较去年均有不同程度增加，占比分别为15%、13%和11%。

（二）2022年广东省茶产业主要成就

2022年，广东作为全国茶叶集散中心，年茶叶消费量约25万吨、约占全国的1/10，年流通量近600亿元、约占全国的1/5，稳居全国首位，广东成为茶叶消费和流通双料"第一"的茶叶大省。

经申报、初审、送检、多轮专家评审和实地考察，广东茶产业联盟评审出第四批广东生态茶园认定单位名单，其中高级生态茶园2家、初级生态茶园44家；4个产茶县（镇）列为广东区域品牌生态茶园创建县（镇）。自2018年12月25日以来，广东省已连续启动4批广东生态茶园认定工作，至2022年底，共有168家企业符合广东生态茶园认定标准，认定辐射带动茶园面积超20万亩，占广东省茶园面积的20%以上。

2022年6月2日，2022年省级现代农业产业园建设名单正式公布，5个涉茶产业园上榜，分别为广东省凤凰单丛茶跨县集群产业园（潮州市）、梅州市丰顺县茶叶产业园（扩容提质）、梅州市梅县区茶叶产业园、江门市开平市茶叶产业园、清远市连山壮族瑶族自治县稻菜茶产业园（扩容提质）。11月21日，惠州市博罗县茶叶产业园、揭阳市揭东区茶叶产业园入选2023年省级现代农业产业园入库重点推荐名单。

2022年11月29日，"中国传统制茶技艺及其相关习俗"被列入联合国教科文组织《人类非物质文化遗产代表作名录》。在其包含的44个国家级非遗代表性项目中，来自广东的潮州工夫茶艺是重要组成部分。潮州工夫茶艺始自宋代，至清代中期已蔚然成风，甚至流传到东南亚各地，包括茶具讲示、茶师净手、泥炉生火、砂铫掏水、榄炭煮水、开水热罐、再温茶盅、茗倾素纸、壶纳乌龙、甘泉洗茶、提铫高冲、壶盖刮沫、淋盖追热、烫杯滚杯、低洒茶汤、关公巡城、韩信点兵、敬请品味、先闻茶香、和气细啜、三嗅杯底、瑞气圆融共21式。

2022年12月27日，中国首届斗茶大赛预赛百强榜单正式发布，广东共有43家茶企成功入围，数量几乎占据半壁江山，红茶、绿茶、乌龙茶、白茶、黑茶、黄茶、特种茶均有代表荟聚总决赛。在绿茶、红茶、乌龙茶和特种茶中，广东都以绝对的数量优势占据榜单，同时独占黄茶3个席位。其中，红茶里10家广东茶企有4家来自英德，乌龙茶里11家广东茶企有5家来自潮州，特种茶里5家广东茶企有4家选送柑普茶参赛。

（三）2022年广东茶文化促进产业发展概况

近年来，我国茶叶产业发展欣欣向荣。在以中国为主的产茶国推动下，"国际茶日"这一农业领域国际性节日于2019年成功设立。2020年以来，农业农村部连续在每年5月21日举办"国际茶日"活动，秉承"茶和世界·共品共享"的主题，致力弘扬中国茶文化，深化国内外茶文化交融互鉴，有力地推动了国内茶产业和茶文化的发展。

自古至今，广东省茶叶生产、茶叶贸易和茶文化交流等方面在国内外都起到举足轻重的作用。广东省既是国内茶叶重要产区，也是国内最大的茶叶消费地区和贸易区，广东茶文化在中国四大茶文化系列中占有一席之地。

2022年，"国际茶日"中国主场活动在潮州举办，广东省组织"百县共庆"活动，借机大力推动广东茶产业"12221"市场营销体系建设，将"国际茶日"打造成为茶品牌的盛会。广东省农业农村厅还在2022潮州工夫茶大会会场开展"粤茶展厅""粤茶擂台赛"系列专题活动，以凤凰单丛茶为重点，广泛推广广东红茶、绿茶、白茶、黄茶、炒茶等主要茶品牌，全方位分享广东茶和潮州凤凰单丛茶特色化、优质化、生态化、品牌化、产业化建设成果。

2022年2月24日，广州市文化广电旅游局党组成员、总工程师李若岚率队到茶促会开展茶文化专题调研。2021年广州市政府审议通过《广州市促进文化和旅游产业高质量发展的若干措施》，提出打造"广式服务"品牌，并制定一批与国际接轨的文化旅游行业"广式服务"标准。茶文化是岭南文化、海丝文化的基底，在广州文旅品牌建设中有着不可或缺的地位，作为具有千年历史的茶业商都，在广州这样一个具有全国风向标的茶叶商业文明和茶文化核心城市，制订出台在全国居于领先地位并具有广州地方特色的茶文化服务地方标准，在构建广州公共文化服务体系、提升文化软实力和国际消费中心城市建设新阶段中，有着重大的时代意义。经广州市市场监督管理局批准，广州市文化广电旅游局委托广州茶文化促进会编制《茶文化服务规范》地方标准，同时启动了基于消费者端的茶叶品鉴评价体系、茶师职业能力评价体系团体标准的编制工作。

2022年3月9日，茶产业转型升级座谈会在广州市荔湾区召开。广州市荔湾区芳村茶叶市场一直站在中国茶经济的最前端，以商业引导产业，以销区带动产区，持续推动着中国茶经济与茶文化的全面发展。40年来的发展历程其实就是中国茶产业的缩影，如今中国茶商业也已经从经销商批发贸易形式发展到以专业品牌、专业市场营销手段为核心的时代，芳村茶叶市场的转型升级势在必行。笔者认为，转型升级关键是茶文化先行，芳村需要一个展示岭南茶饮文化和茶叶贸易史的博物馆，打造地标性的中国茶文化传播窗口，集文商旅多项功能于一体。

2022年6月17日，临沧市人民政府组团调研芳村茶市，召开强化产销合作交流对接会。与参会人员针对临沧普洱茶产销现状建言献策，并就茶产业的发展前景展开深入交流探讨。

（四）2022年广东省茶叶市场的一些困境

据不完全统计，全国有超过300家大型茶叶批发市场或综合茶城，目前，我国茶叶批发市场已经具备了产品的收集、整理、批发等功能，而且市场通过不断投入和改造，为交易双方提供包括信息、仓储、运输在内的服务功能。

2022年受疫情的影响，让昔日的车水马龙的全国最大茶叶贸易中心——芳村茶叶市场，一年中有几次按下了"暂停键"，其他城市的茶叶市场也受到影响，如东莞的万江茶叶市场，就暂停营业一个多星期。很多在专业茶叶市场的经销商2022年的日子不大好过，大多只可维持店面运转，销量下滑严重，茶叶批发受很大影响。

线下消费疲软，供需失衡。受到经济大环境影响，消费者更加理性，消费力度大幅减弱，在众多连锁品牌、商超与各类电商重重挤压的艰难情形下，茶叶批发市场的生意也是越来越难做。疫情使线下批发市场交易雪上加霜。

消费者对批发市场信任度低。茶叶批发市场内的商户多为中小企业和个体经营户，绝大多数商户靠自觉诚信经营，但因个别商家社会责任感低，以次充好导致市场价格混乱，这种破坏市场的现象依然存在，久而久之让消费者对茶叶批发市场的信任度越来越低。

同样受疫情的影响，2022年度的广州茶博会、深圳茶博会、东莞茶博会及大湾区各地的茶博会，这些一直是茶叶品牌方跟消费者面对面的茶叶展销会，因2022年疫情防控的要求，不能顺利开展，或即使开展也是匆匆关停，大大影响了主办方的声誉。

在六大茶类中，普洱茶的炒作现象最为突出。2022年，"金融茶"价格断崖式下跌，巨额"资金池"孕育出不少"金融茶大鳄"，于是跟风者众，在"金融茶"的历史上留下了不少"传奇"，而在2022年，市场行情不佳，"金融茶"价格暴跌近七成。

（五）广东茶产业当前主要问题及建议

广东茶产业也存在着发展瓶颈问题，主要体现在行业的准入门槛过低，对种植环节的管理重视不够，对农耕文化的传承和利用认识不足、重视不够，茶叶产品的标准化、规模化生产能力不强，缺少龙头企业引领和集群效应不强。此外，茶叶产能过剩、供给侧结构性改革迫在眉睫。

对此，广东省农业科学院茶叶研究所所长唐劲驰提出了广东茶产业高质量发展"四三二一"建议。一是坚持树立四个定位，即坚持生态定位、高标准建设生态茶园，坚持特色定位、做特做优广东茶叶，坚持高效定位、打造全国高效茶业的典范，坚持健康定位，做具有健康功效的茶产品。二是着力打造三个"车间"，三个"车间"主要是指茶叶生产全过程的第一车间（种植环节）、第二车间（初制加工）、第三车间（拼配精制），第一车间要切实抓好茶叶的种植环节，第二车间要提高茶叶初制加工能力，第三车间要提升茶叶拼配精制水平。三是努力构建两个体系，要提升茶产品的有效供给能力，就必须依托体系化建设。一方面，构建茶叶品质评价体系，依托优良品种打造金字塔茶产品结构，推动高品质茶产品的规模化供给，实现优质优价；另一方面，要构建茶叶现代化产业体系，强化现代农业科技和物质装备支撑，实现茶叶从茶园到茶杯的全过程溯源管理，从而保障和提升高品质茶产品的现代化生产能力。

（执笔人：蔡金华）

2022广西壮族自治区茶叶行业发展报告

广西茶业协会

2022年是广西茶叶产业进入"十四五"规划快速发展的阶段，在自治区党委、自治区人民政府及自治区农业农村厅等各级职能部门的高度重视和关心支持下，广西在统筹推进茶叶全产业链建设，贯彻落实茶叶高质量发展理念，加速推动现代茶产业提档升级，全面提升桂茶品牌形象，着力打造"广西六堡茶""横州茉莉花茶""三江早春茶"等公共品牌的市场影响力和竞争力，为加快助力乡村振兴工作步伐、实现广西茶产业"十四五"千亿元产业发展目标打下了坚实的基础。

一、广西茶产业概述

（一）广西茶产业基本情况

广西产茶历史悠久，茶文化底蕴深厚。早在秦汉时期即有种植茶树，隋唐时期已经有规模化种植茶树，有宋朝历史名茶修仁茶、清朝历史名茶兴安六峒茶和龙脊茶等。清朝嘉庆年间，广西出产的六堡茶就位列全国24名茶之一，并形成连接海上丝绸之路、积淀深厚的"茶船古道"历史文化。中华人民共和国成立以后的30年间，广西是我国出口红碎茶、侨销茶的重要生产基地。"十三五"以来，茶叶在脱贫攻坚中发挥了重要作用，广西80%以上的茶园分布在贫困地区，茶产业已成为贫困地区农民脱贫致富的支柱产业，全区106个原扶贫开发任务县中有66个县将茶叶作为脱贫攻坚的主要产业，茶叶种植面积超120万亩，产量超6万吨，直接带动21万人脱贫增收，年人均增收3000元以上。目前全区共有14个市48个茶叶主产县（包括代用茶），产茶大县市主要是昭平、三江、苍梧、凌云、乐业、西林、灵山、金秀、横州市、覃塘等县区，并形成了茶叶优势产区的现代产业格局。

六堡茶以梧州市为核心产区，桂林市、南宁横州市等适宜区域为优势产区，同时辐射发展贺州等周边其他市。自治区党委、自治区人民政府将六堡茶产业纳入自治区重点产业目录，加大扶持力度，打造"广西六堡茶"区域公用品牌，配套建设六堡茶毛茶加工厂；完善技术标准，扩大产能，更新技术及设备，大力发展茶叶精深加工，延伸茶叶产业链；建立完善六堡茶仓储评估金融体系，拓展市场；挖掘"茶船古道"文化故事，进一步推动茶文旅康养融合发展。

绿茶以柳州、贺州、贵港、南宁、百色、钦州等市为重点产区，同时辐射发展桂林等周边其他市。重点发展桂平西山、覃塘毛尖、昭平绿茶、南山白毛茶等，加快茶园更新换代，推进高标准良种茶园、生态茶园建设。

红茶以百色、南宁、贺州、柳州、来宾等市为重点产区，同时辐射发展崇左、钦州、桂林等周边其他市。重点发展昭平红茶、三江红茶、百色红茶、贺州紫芽茶等，提升红茶加工能力和产品品质，创新流通和消费新业态。

花茶以茉莉花茶、桂花茶为主，茉莉花茶以横州等适宜区域为优势产区，同时辐射发展南宁市、崇左市等周边其他市。桂花茶以桂林市的龙胜、灵川、兴安、灌阳、资源等适宜区域为优势产区，同时辐射发展柳州等周边其他市。打造"横县茉莉花茶""桂林桂花茶"品牌，提升加工利用水平，推进花茶饮品和食品、保健品等多元化产品的研发和生产；依托横州市"中国茉莉之乡"、桂林国际旅游名城的旅游资源，打造茶文化旅游精品线路，开发花茶旅游纪念品。

（二）产业规模迅速壮大

近年来，广西茶产业发展迅猛，产业规模迅速扩大，茶叶产量、面积、产值三个主要指标均实现逆势上扬，茶叶产量已连续四年位列全国前10。据统计部门数据，2020—2022年，全区干毛茶产量分别为8.84万吨、9.6万吨、10.78万吨，同比分别增长6.8%、8.6%、12.3%；茶园面积为136.92万亩、144.10万亩、153.76万亩，同比分别增长18.1%、5.2%、6.7%。2022年全区茶产业一产产值100亿元，综合产值410亿元。全区现有涉茶企业（含合作社）1700多家，其中农业产业化国家重点龙头企业3家，自治区级龙头企业27家，精制茶加工规上企业52家。广西创建了1个国家现代农业（六堡茶）产业园、1个六堡茶中国特色农产品优势区、2个以茶叶为主导的产业强镇、14个茶叶类全国"一村一品"示范村镇等一批"国字号"园区平台。同时，连续5年在全区范围内布局茶叶全产业链开发项目，目前已建成122个项目。

全区茶叶主要集中生产区为百色、柳州、贺州、梧州、钦州、南宁，生产面积共计约116.239万亩，占全区生产面积约75.6%，茶叶生产种类包括绿茶、红茶、茉莉花茶（再加工茶）、六堡茶（黑茶）、白茶5类。其中，百色市茶园面积32.94万亩，可采面积27.43万亩，年干毛茶总产量1.71万吨，年干毛茶产值10.86亿元，名优茶总产量1093.52吨，产值3.18亿元，茶叶生产种类主要为绿茶、红茶、白茶3类；贺州市茶园面积28.1万亩，年干茶产量1.92万吨，茶业一产产值8.99亿元，同比增长18.97%，名优茶总产量7220吨，产值13.87亿元，茶叶生产种类主要为绿茶、红茶、六堡茶3类；柳州市茶叶生产面积25.17万亩，其中新建茶园0.38万亩，年干毛茶总产量约2.31万吨，年干毛茶产值26.9亿元，名优茶总产量3186吨，产值5.54亿元，茶叶生产种类主要为绿茶、红茶2类；梧州市茶园面积20.43万亩，其中新建茶园8.45万亩，2022年产六堡茶3万吨，综合产值约160亿元；钦州市茶园面积9.599万亩，年干毛茶总产量1.9万吨，产值12.92亿元，名优茶总产量1060吨，产值2.57亿元；横州市茉莉花种植面积12.8万亩，新种3000亩，年产茉莉鲜花10万吨，年产茉莉花茶8万吨，产值达到97亿元，茉莉花产业综合总产值152.7亿元。

（三）品牌影响力持续提升

广西现有茶叶区域公用品牌共有19个，其中自治区级品牌1个，地（市）级品牌5个。全区茶叶注册商标约500个。2020年12月，"广西六堡茶"获得国家农产品地理标志登记认证。茂圣六堡茶、苍松六堡茶在2020年成功通过欧盟市场出口认证。根据"2022中国茶叶区域公用品牌价值评估"研究成果显示，2022年六堡茶公用品牌价值达到37.64亿元，居广西茶叶类公用品牌第1位，被评为2022年中国茶叶最具品牌发展力三大品牌之一，形成了"三鹤""茂圣"等具有较高知名度的"桂茶"品牌。

（四）科研实力不断增强

广西共有涉茶科研院所7个，其中自治区级专业研究机构1个（广西茶叶科学研究所）；开设茶学专业高校3所［本科2所（梧州学院、贺州学院）、大专1所（广西职业技术学院）］；省级涉茶研究机构2所（广西壮族自治区亚热带作物研究所、广西南亚热带农业科学研究所），市级研究机构1所（梧州六堡茶研究院）。六堡茶制作技艺、横县茉莉花茶制作技艺等21个涉茶项目入选自治区级非物质文化遗产代表性项目，有自治区级代表性项目代表性传承人29人。其中，六堡茶制作技艺项目已列入国家级非物质文化遗产代表性项目名录。

（五）茶产业结构布局更加突出优势

广西茶产业经过多年的结构布局统筹谋划，逐步形成桂东六堡茶优势产茶区（梧州、贺州），桂南茉莉花茶、绿茶优势产茶区（南宁、贵港、玉林、钦州），桂西红茶、绿茶优势产茶区（百色、河池），桂北绿茶、红茶优势产茶区（柳州、桂林、来宾）4个优势产茶区。

（六）广西六堡茶成为"明星"产业

广西现有适制六堡茶茶园总面积约90万亩，六堡茶生产形成以梧州市为核心产区，南宁市为加工基地主产区，贺州、桂林、百色为优势产区，其他产区为适宜产区的布局。2022年全区六堡茶产量达4.6万吨，综合产值约250亿元，现有六堡茶SC认证茶企90家，其中农业产业化国家重点龙头企业2家，自治区级农业龙头企业7家。广西壮族自治区梧州茶厂是广西茶行业中唯一一家由商务部认定的"中华老字号"企业。

二、2022年广西茶叶产销情况

（一）生产情况

广西茶叶生产情况及主产县如表1、表2所示。

表1 2022年广西茶叶生产情况

茶园种植面积/万亩		总面积	153.76	可采摘面积	150
各茶类产量/万吨与产值/亿元		大宗茶	10.78	大宗茶	100.00
		名优茶	1.82	名优茶	18.20
		绿茶	3.95	绿茶	36.66
		茉莉花茶	8.00	茉莉花茶	97.00
		红茶	3.98	红茶	37.90
		六堡茶	4.6	六堡茶	46.00
		白茶	0.05	白茶	0.07
产值/亿元		一产产值	100	综合产值	410

表2 2022年广西茶叶主产县（前10位）

县域	面积/万亩	县域	面积/万亩
昭平县	24.81	西林县	9.62
三江侗族自治县	21.58	灵山县	8.03
苍梧县	14.86	金秀瑶族自治县	3.7
凌云县	11.21	融水苗族自治县	3.62
乐业县	10.02	贵港市覃塘区	3.27

（二）流通情况

广西茶叶流通情况如表3所示。

表3 2022年广西茶叶流通情况

成品茶销量	国内总销量/万吨	8.86	国内总销额/亿元	86.26
国内销售情况	区内销量/万吨	4.11	区内销售额/亿元	44.32
	区外销量/万吨	4.75	区外销售额/亿元	41.94
茶叶批发市场	销售额亿元以上市场总数量/个	4	市场总销量占比/%	80
			市场总销额占比/%	80
	产地批发市场总数量/个	8	产地批发市场总成交额/亿元	50
	城市茶城总数量/个	5	城市茶城总交易额/亿元	20
其他渠道	连锁门店总销量占比/%	60	连锁门店总销额占比/%	60
	电子商务总销量占比/%	20	电子商务总销额占比/%	20
消费变化	广西六堡茶成为主要的消费茶类			

三、2022年度广西茶产业主要成就

2022年，广西壮族自治区农业农村厅牵头推进"三茶"融合发展，"桂茶"产业发展步入"快车道"。全区各级部门围绕打造千亿元茶产业目标，多措并举推动广西茶产业高质量发展，新增茶园面积约8万亩，茶叶产量达10.78万吨，综合产值超410亿元，正加速从茶叶大省（区）向茶叶名省（区）迈进。

一是完善茶产业配套政策。自治区农业农村厅编制《广西"十四五"茶产业高质量发展专项规划（2021—2025年）》，贺州市人民政府办公室印发《贺州市支持广西六堡茶产业发展若干政策措施》，并多次征求自治区相关厅局和各地级市意见。

二是加大茶叶全产业链项目布局。自治区农业农村厅印发《2023年广西农业全产业链开发项目实施方案》，在全区新建设32个茶叶全产业链项目，进一步优化产业布局。首次创建自治区级六堡茶优势特色产业集群，自治区财政资金连续3年每年支持500万元，用于持续推动梧州市、贺州市六堡茶产业集群建设，培育申报国家级六堡茶优势特色产业集群。

三是举办主题鲜明、内容丰富的茶事活动。自治区农业农村厅相继主办了2022年广西春茶节暨三江早春茶开采仪式、六堡茶斗茶大赛、2022年广西国际茶日暨第十四届全民饮茶日活动、"茶船古道"·六堡茶发展高峰论坛、第十二届中国（南宁）国际茶产业博览会暨第二届广西茶文化节、"给世界一杯好茶"2022年广西茶叶品牌推介会等系列活动，在全区营造"知茶""饮茶""兴茶"的热烈氛围。

四是积极培育茶叶技能人才。通过举办第五届全国农业行业职业技能大赛茶叶加工赛项决赛、2022年广西农业行业职业技能竞赛茶艺师项目竞赛等选拔出一批广西本土优秀茶叶高技能人才；通过整合广西茶叶学会等行业社团的资源力量，聘请区内外顶尖茶叶大师、专家，开展茶叶专题培训，传授茶叶生产理论和先进技术。选拔培育了一大批技能人才，其中全国技术能手2个，全国农业技术能手6个。

五是提升"桂茶"品牌。在第五届中国国际茶博会上，中央农办工作领导小组成员兼办公室主任、农业农村部党组书记、部长唐仁健到广西展区参观并给予高度评价。广西六堡茶首次登上美国纽约时代广场大屏，在海外华人圈反响强烈。通过制作《八桂好茶·飘香世界》宣传片，广泛宣传广西茶叶品牌及产业成效。

四、当前主要问题及建议

（一）存在的短板及问题

一是自治区层面的茶产业发展指挥协调机构缺失，各职能部门未能高效整合政策、资金等资源，条块分割严重，推动茶产业发展的合力未形成，茶产业政策与技术推广服务体系不健全，统筹落实产

业发展规划和产业政策的力度不够制约产业快速、高效发展。

二是茶叶一产规模有待进一步提升。目前广西的茶园面积仅153万亩，与周边省份云南、贵州、湖南相比规模有待提高。标准化茶园建设推进相对缓慢，茶园综合机械化水平低。广西生产茶类丰富，呈现黑茶、红茶、绿茶、花茶多茶类并存发展的格局，但具有鲜明广西特色的"广西六堡茶"未能得到充分发挥其引领作用。

三是广西茶叶龙头企业数量少且不强，仅有3家国家级龙头企业，带动产业发展能力严重不足。

四是生产、加工装备落后、技术标准难以落实，制约产品品质提升。广西茶产业链较短，茶叶加工大多停留在初加工层面，标准化厂房较少，加工装备落后，连续化、清洁化、自动化程度不高，产业集聚化和规模化发展不足。茶叶精深加工能力较弱，茶叶生产附加值和产业链延伸效益较低。

五是"桂茶"宣传力度不足、文化发掘不够，品牌影响力较弱，"桂茶"在全国知名度不高。广西六堡茶作为国家认可的农产品地理标志保护产品，与云南普洱茶、湖南安化黑茶等公用品牌相比，知名度不高、影响力较弱，主要原因在于品牌意识较弱，宣传的策略不够鲜明，未能在区外茶叶消费群体中得到普遍的认识和认可。

六是人才和资金支持力度不足，制约广西茶产业做大做强。

（二）建议

1. 加强组织领导和政策引领

成立广西茶产业高质量发展攻坚指挥部，统筹相关厅局和茶叶主产地市，坚持全区一盘棋考虑，带领广西茶产业快速发展。

2. 完善发展规划，凸显地域品质优势

针对全区茶产业发展特点完善发展规划，加强政策落实，重点扶持优势特色茶产业发展，率先实现重点突破，从而带动茶产业整体提质升级。

3. 加强要素保障，加大培育支持力度

一是加大金融支持，设立茶产业专项发展基金，培育壮大龙头企业。实施"龙头带产业、产业兴龙头"战略，选择一批有规模的企业，将其培育成为科技型、外向型、带动型的龙头企业。二是落实用地政策，各市单列一定比例用地指标支持新型农业经营主体进行茶叶初制加工厂、仓储物流设施、产地批发市场建设等。

4. 提升茶叶全产业链

一是大力推进标准化茶园建设，夯实基础。二是推进标准化茶厂改造，推进连续化、自动化、标准化生产线建设，扶持茶叶精深加工企业，提升茶叶加工能力。三是打造"桂茶"系列公用品牌。整合资源，持续打造广西茶叶"区域品牌+企业产品品牌"。四是加快茶文旅融合，发展以茶产业为主的特色旅游，深度融合休闲观光、人文历史、健康养生等产业。

5．构筑品牌推广平台，打造现代特色品牌文化

突出重点，集中资源，以广西六堡茶区域公用品牌为抓手，结合广西"三月三"壮族节庆活动、中国东盟博览会等重要节会，借助新闻媒体平台矩阵，全方位、多维度宣传"桂茶"，弘扬"桂茶"特色茶品牌文化，营造"好茶出八桂，人人喝桂茶"的氛围，扩大"桂茶"影响力。

6．强化科技支撑和人才培养

支持科研机构、高校与茶叶企业、茶叶加工园区合作共建，开展茶产业关键技术攻关，加快推进科技成果转化。支持高校设立茶学专业，培养面向产业的专业复合型人才。对从业人员进行技能培训，培养技能型人才。

7．组建自治区政府直属的广西茶产业集团

组建的广西茶产业集团将承担品牌打造、运营职能，整合优势资源，打破行政区域限制，与产茶县、茶叶生产基地开展密切合作，建立适应现代市场发展需要的现代化茶业生产经营企业管理机制，发挥国有资本的特殊龙头作用，带动全区茶产业迈向高质量发展的新阶段。

（执笔人：韦克英、周彦会）

2022海南省茶叶行业发展报告

海南省茶叶学会

海南省茶业协会

2022年海南省全力落实习近平总书记"把茶叶经营好，把日子过得更红火"的殷殷嘱托，把茶产业发展作为推进乡村振兴的主要抓手，依托"天然氧吧""热带雨林"自然资源及地理条件，按照"小而美、美而精"的大叶茶发展定位，不断探索海南茶产业发展的新途径，在产业规划、体系建设、科技创新、品牌建设、优良品种选育、人才培养等方面发力并取得了卓有成效，夯实了茶产业发展基础。2022年在诸多困难下，海南茶产业依旧稳步发展，据不完全统计，2022年全省茶园种植面积35500亩（其中开采面积24500亩），干茶总产量710吨，茶叶产值约2亿元，各项指标与2022年基本持平。

一、主要成就

（一）坚持高位推动，强化顶层设计，确保茶产业高质量发展

2022年海南省政府印发了《海南省大叶茶全产业链发展三年行动方案》总体目标，依托海南特殊种质资源和热带雨林的环境优势，通过全域有机茶种植，打造全省产业生态化标志性工程；挖掘海南大叶茶独特品性，加大黎族文化宣传，创建国内著名的海南大叶茶品牌。至2025年力争全省现有3万亩茶叶总产值从2亿元提高到4亿元；待优良品种筛选培育后，通过逐年扩大种植使茶园面积达10万亩、干茶年产量达5000吨，通过品牌提升、农旅融合使总产值达50亿元以上。相关主要产茶市县也相继出台了茶产业发展规划，五指山市印发实施《五指山市茶产业"十四五"发展规划（2021—2025）》。白沙县政府成立了"白沙县茶产业工作领导小组"，制定了《白沙黎族自治县2022—2025年茶产业提升行动实施方案》和编制了《白沙黎族自治县茶产业中长期发展规划（2022—2030）》。琼中县推出了充分发挥军垦文化民族特色融合一体，做好做足"优、特、新、融"四篇文章的措施，将茶叶变成农民致富的"金叶子"，进一步明晰了海南茶产业的发展方向。

（二）健全标准化体系，引领产业发展

2022年海南省农业农村厅重视茶产业标准化体系的建设，对"海南大叶茶全产业链生产规范"团体标准立项评估。海南省农业科学院牵头制定"海南大叶茶精准化提质加工技术体系"和标准体系，以及全产业链标准体系。五指山市全力推进五指山大叶茶溯源和五指山红茶标准体系建设，与中国农

业科学院茶叶研究所、海南省农业科学院茶叶研究中心、云南农业大学、贵州大学等科研院校合作开展五指山市大叶种茶全基因组测序，启动红茶加工、大叶种茶树栽培、大叶种茶树无性系苗木繁育等技术规程修订工作，开展五指山市茶园主要病害病原鉴定及生物防治关键技术研究与示范，组织申报"五指山大叶种茶种质资源库建设及资源创新利用关键技术研究与示范"揭榜挂帅项目，加快形成从种苗选育、茶青采摘到生产加工的标准化规程体系。白沙县开展了茶叶全产业链团体标准编制项目，2022年完成编制并发布《白沙黎族自治县茶全产业链标准体系和团体标准》，囊括了种苗基地建设、育苗、种植、生产加工、农药和化肥管理、设施设备管理、产品追溯、公共品牌准入等内容，为白沙茶产业链可持续发展奠定了基础。通过团体标准的实施，进一步规范白沙茶产业链生产、销售和管理的标准化的水平，让茶产业上下游各相关从业者都能有章可循，也可以让打击假冒伪劣产品、维护白沙茶叶品牌做到有理有据，标准的实施可以更加有力的推动白沙县茶产业有序、健康、高质量的发展。海南农垦坚持把质量作为茶业发展的生命线，强化企业质量主体责任。一方面继续与农业农村部农垦局合作，通过为其提供"农垦茶叶质量管理提升示范（海南）"服务，贯彻质量管理体系，对照质量安全薄弱环节，开展企业自检，并配合完成现场服务、产品抽检等工作。另一方面落实"种好茶、采好茶、制好茶"的质量管理理念，加强全员、全过程、全方位的质量管理，加强质量控制和质量创新，坚持高标准、高质量茶叶供给，并编制《茶树种苗繁育技术规程》《生态茶园规划建设规程》《茶叶加工技术规程》《茶叶产品质量》等11个系列企业标准，通过标准化建设进一步提升茶叶品质，加强对茶叶生产加工的监管力度，不断提升海垦茶叶品牌的"金质"含量，增强产品市场竞争力。

（三）科技赋能、科技创新，支撑产业发展

海南省农业科学院为填补海南省没有茶叶研究机构，茶叶专业人才紧缺的问题，2022年抽调、整合科研骨干，成立省农科院茶叶研究中心，与白沙县政府签署战略合作协议并在白沙挂牌。作为海南省"三区"人才和五指山生态科技特派员，科技人员以实际科技行动服务海南省和五指山市茶产业发展。白沙县与院校研究单位合作，多次邀请海南省农业科学院茶叶研究中心、海南大学热带作物学院、广东省农业科学院、杭州市农业科学研究院等科研院所茶学专家实地摸查白沙陨石坑茶区茶树栽培品种类型、表型性状、品质特征，开展古树茶种群资源调研，对海南大叶种野生茶生长情况、生长环境以及物理性状并进行分析，并对茶树进行嫩芽和叶片标本采集，开展海南大叶茶起源与进化研究，为品种筛选及茶园品种更新换代提供技术支撑，同时也对白沙县茶叶生产企业加工技术、产品品类、品牌文化及宣传营销等各个环节的基本情况进行考察，开展座谈会交流，结合白沙县资源优势深入剖析白沙茶产业发展现状，为茶产业发展建言献策。

（四）强化品牌建设，多措并举推进产品优质化

2022年海南省农业农村厅制定了《海南农业产业品牌发展规划（2022—2025）》，加快实施强茶战略，推动全省茶品牌建设。白沙县积极推动品牌建设，采取多种切实可行的措施，提升白沙茶品

牌价值，2022年9月获评"中国早春茶之乡""中国生态茶叶之乡"，并举办2022海南（白沙）茶产业高质量发展论坛，论坛聚焦海南（白沙）茶产业主题，共商白沙茶业从"两山"到"两化"的可行路径，与海南日报等知名媒体合作宣传白沙茶产业，推动白沙区域经济发展。制定《白沙黎族自治县2023年大叶茶品牌试点工作方案》，以"大叶茶产业低碳有机"为主线，引导各乡镇发展大叶茶产业。打造"白沙绿茶"区域公用品牌，形成以"白沙绿茶+白沙古树红茶+白沙老树白茶+陨坑有机茶"的品牌体系，通过利用差异化优势，提高白沙茶的辨识度和感知度，发布全省首个茶叶碳标签，实现生态价值更加彰显。标签根据国际碳足迹评价准则ISO 14067及PAS 2050，对"白沙绿茶"进行全生命周期（茶树种植、加工包装、运输销售、消费饮用、废弃物处理）碳足迹评估分析，既有利于让消费者可清楚了解茶叶生产过程的绿色清洁程度，促进白沙茶产业生态化、品质化形象构建；也有利于挖掘碳汇潜力，拓宽"两山"转化的渠道路径。五指山市加大力度积极培育五指山红茶公共品牌，启动"五指山"商标回购工作，引导"和茹手工茶坊"经营者王柏和对"和茹""和茹手工茶坊"等名称进行核心相关类别的商标保护性注册，"椰仙""水满印象""水满润红"等多个茶叶品牌逐渐形成了影响力。加强生态产品宣传推介，举办早春茶开采节等茶文化节茶事活动，透过博鳌亚洲论坛公园雨林文化展"窗口"向世界推介五指山茶产品和茶文化，持续巩固五指山红茶品牌形象。提升五指山红茶品牌价值，围绕"五指山红茶"这一地理标志产品，创建高质量五指山红茶区域公共品牌，推动五指山什挪岭种养专业合作社毛纳村茶园获得优级"农产品气候品质认证"，为水满大叶茶贴上"气候身份证"。海南农垦大力宣传推介，提升品牌影响力，联合宣传媒体，在安徽、长沙、海口、博鳌等省市组织进行了10场"白马骏红"品牌推介会；通过2022年中国企业家博鳌论坛分论坛"畅通产业链条·服务乡村振兴——2022金融服务实体经济论坛"上宣传海垦"白沙牌"茶叶。让品牌产品走出去，进一步扩大市场影响力和市场份额。同时，推广"百城千店"计划，搭建全国渠道平台，在全国范围内布局推进"百城千店"专营店，通过专营店终端展示旗下系列产品，树立海垦茶业品牌形象，扩大知名度，抢占茶叶市场高地，目前已开发150家形象装修、品牌标识统一的专营店，覆盖全岛。组织参加全国评比，提升品牌知名度。积极参加茶叶行业竞评活动，喜获多项荣誉，加强品牌辨识度。2022年白马骏红、金鼎红茶荣获第二届世界红茶产品质量推选活动大金奖。南海绿茶、白沙毛峰分别荣获第十一届"中绿杯"名优绿茶产品质量推选特别金奖、金奖。在第十二届"中茶杯"国际鼎承茶王赛中白沙大叶种功夫红茶荣获特别金奖，白马骏红（单芽）、白马骏红（一芽一叶）、白沙牌陨石银针荣获金奖。白沙毛峰当选（春季）茶新品推荐产品。

（五）优良品种选育，提升茶产业发展支持力

　　海南茶区是中国唯一热带茶区，地处北纬18度，品种资源丰富、品质特异，为了充分挖掘、发挥利用海南省的品种资源优势，应做好以下工作。一是建立省级茶树林木种质资源库，该资源库占地120亩，现保存106份茶叶品种资源，为海南大叶茶本地化无性系良种选育，以茶种质资源保护保障我省茶产业健康发展奠定好的开端。二是完成海南大叶茶种质资源全省普查和初步鉴定评价，多家科研

单位、茶企组成遗传资源普查团队，深入全省多个市县的海南热带雨林的深山处，初步摸清了海南野生茶分布情况，累计采集了海南大叶茶树种质资源样本833份，已送检测机构进行基因测序和成分分析，在五指山市召开海南大叶茶遗传资源普查成果及遗传资源数据库发布会。三是白沙县农业产业发展中心完成茶产业底数调查，针对野生大叶茶稀缺资源的开发工作上，开展林下野生大叶茶树情况调查。据初步统计，全县分布在橡胶、槟榔、竹林等林下野生大叶茶树涉及7个乡镇13个村委会，共15万株。四是海南农垦为充分发挥海南大叶茶产量高、品质优以及茶多酚、茶黄素等内容物远高于内陆地区茶种的优势，2022年在琼中建设了首个约640平方米的大叶茶种苗基地，完善配套育苗大棚等基础设施建设，可实现组织化、标准化、规模化茶苗培育，并已完成茶苗扦插约6500株，播种茶籽约8000粒。

（六）重视人才培养，筑牢发展根基

为全面提升海南省茶叶从业人员素质和员工岗位技能，多次组织生产技术人员进行培训，如白沙县举办炒茶大赛，开展了野生大叶茶种苗培育技术、茶树栽培与有机茶种植管理，海南野生茶保护及社区发展项目专题培训以及走进企业、农户，直面问题式开展一对一指导工作，成功举办了第五届全国农业行业职业技能大赛茶叶加工赛项海南选拔赛，为茶叶产业技术人员提供展示技能、切磋技艺、提高水平的舞台。海南农垦为全面提升人员素质及员工岗位技能，2022年组织4次职工技能培训活动及1次采茶技能竞赛，约300人次参与。通过培训，提高鲜叶采摘质量、生产加工能力、审评技术，大力培养专业人才、骨干。海南省茶叶学会（海南省茶业协会）充分发挥行业组织引领及纽带作用，积极开展茶叶行业职业技能竞赛和职业技能人才培训，多次组织了省级、市县级茶艺师、评茶员、茶叶加工工项目的比赛，及多场次茶艺师、评茶员的职业技能等级认证工作，2022年获得茶叶行业职业技能高级工以上等级的有600多人，为海南茶产业高质量发展提供人才支撑。

（七）宣传茶文化，为茶产业铸魂

2022年以"茶融天下　湖山同韵　天涯共品"主题，分别在海南云洞图书馆、五指山水满乡五指山茶园与安徽省茶界茶人进行"以茶兴农"助力乡村振兴连线直播互动，五指山——安徽太湖直播访谈活动共庆国际茶日。同时，在全省范围内举办不同形式、不同场景的饮茶日活动，走进校园、工厂、社区、学校和图书馆等，活动通过茶产品展示、茶文化演绎、现场冲泡茶品免费提供给市民品尝、赠送茶品、发放《茶叶知识108问》《饮茶知识问答》科普小册子和市民问答互动游戏等内容，宣传会员企业茶品和海南茶品牌。2022年行业学会（协会）、各茶企、茶馆也多次组织公益沙龙和茶科普讲座、展示等茶文化活动，为每月定期举行的琼州大讲堂提供茶事服务，喝茶、知茶、爱茶的队伍越来越壮大，茶文化氛围日趋浓厚。

（八）茶旅融合，增加茶产业综合效益

海南具有茶树生产得天独厚的自然条件，四季可产茶，海南农垦依托茶叶在海南种植端的生态优势，通过研学等方式，推广以品牌宣传与体验为目的的"茶主题"文化旅游路线，进一步打响农垦产品的招牌。截至2022年接待游客人次已突破10万。琼中县充分挖掘军垦文化，加快打造新伟茶园文化旅游品牌线路，利用新伟农垦原有的办公场所、招待所、茶厂、电影院等老旧建筑改造，探索打造集"采摘—制茶—品茶—观光—研学"为一体的一站式森林康养、茶旅产业融合示范点，推出新伟"山有·居""山有·田""山有·茶""山有·礼"产品。将岁月剧场（原新伟农场大礼堂）进行翻新、修缮，改造农垦知青文化体验、石斛文化体验、会议会展、品茶读书、婚庆聚会等为一体的多元空间。除此之外，2021—2022年争取自然资源部帮扶资金200万元用于新伟茶厂厂房改造、工艺提升、打造共享农庄示范基地和生态茶旅融合发展示范基地。

二、下一步工作计划

一是加快完成海南大叶茶基资源原鉴定评价与创新利用研究，为做精做特海南大叶茶产业提供科技支撑。通过对样本进行科学鉴定评价，建立大数据库，找出其独特的成分，进行针对性的创新利用，提高附加值，打响品牌。

二是加强绿色技术研发，促进生态化转型。围绕生态茶园建设需求，将提质增效栽培技术、病虫害绿色防控等作为重点，开展关键技术研究，争取攻克一批制约海南省茶产业发展问题。建立全程质量安全追溯系统，逐步实现海南省茶产业"产业生态化、生态产业化"。

三是加强精深加工技术研发，推动茶产业向"小而精、精而美"高品位发展。开展海南大叶种茶特征风味品质解析，阐明大叶种茶的特征性风味品质，为海南茶叶的质量标准化奠定基础。开展海南大叶种工夫红茶精准化提质加工关键技术研究，创制出品质优异、风格鲜明的海南大叶种工夫红茶特色产品，引导海南茶产业向"小而精、精而美"高品位发展。

四是持续实施品牌强企战略，提升品牌影响力。充分利用热带特色茶资源优势，做足品牌提升文章，坚持实施品牌强企战略，积极组织茶企申报全国名特优新农产品认证、中国茶叶区域公用品牌影响力指数，建设和推广海南大叶茶公共品牌等，进一步提升茶叶品牌竞争力、影响力、带动力。通过开展推介会、展会、专业论坛、品鉴会等品牌推广活动，投放电视广告、新媒体广告、线下实体广告，进一步扩大品牌宣传力度，提升品牌覆盖与知名度。

五是加强人才培育，增强发展后劲。利用海南自贸港更加开放的人才政策，引进专业科技人才，加快培养集生产、营销、管理于一体的综合性茶业人才，继续加强开展院校合作与交流，邀请国内茶叶知名专家指导。加强茶叶生产管理、品牌宣传、市场营销、茶文化推广等专业技术培训。创新培养模式，鼓励职工在茶叶专业领域进行深入研究，大胆进行技术革新和创造。充分发挥职业技能竞赛对

培养选拔优秀高技能人才、激发高技能人才的重要作用，采取多种途径，通过以赛促学、以赛促训、以赛促评、以赛促建，鼓励职工参加多种职业技能比赛，促进海南省茶叶行业技能人才队伍的建设。

六是持续推动茶旅一体化发展。结合海南自贸港建设，打造一批有特色的茶园文化旅游品牌线路，优化完善现有茶园休闲、文化、旅游、餐饮、民宿等设施建设，提升现代观光茶园功能建设，让游客亲身参与茶事体验活动，享受悠闲时光，促进茶产业与旅游、教育、文化等产业深度融合，传播海南茶文化，拓展茶功能，提高茶产业综合效益。让海南茶人的日子过得更好。

（执笔人：张威、陈世登、邢福顺）

2022重庆市茶叶行业发展报告

重庆市茶叶商会

重庆是我国茶树生长最适宜的地区，是茶树原产地之一，农业农村部规划的"长江上中游特色和出口绿茶重点区域"，茶产业已成为重庆市现代山地特色高效农业体系中不可或缺的组成部分。近年来，重庆市委市政府高度重视茶产业发展，把茶产业纳入全市十大现代山地特色高效农业进行重点培育，成绩喜人，目前已基本建成渝西特早名优茶、渝东南高山名优茶叶和三峡库区生态有机茶三大茶叶优势产业带，培育"永川秀芽""秀山毛尖""南川大树茶""三峡天丛""巴南银针"等区域品牌10余个，渝茶企业、产品品牌价值也不断提升；渝茶文化与渝茶科技等方面也取得了长足的进步。目前，为进一步推动渝茶产业的高质量发展，渝茶产业将在不断优化中稳步发展，进入一个更具前景的新阶段。

一、重庆茶产业2022发展现状

（一）茶叶生产和销售情况

1. 茶园面积稳中有增

据农业农村部统计，2022年重庆市34个主产茶区（县）茶园面积108.87万亩，同比增长3.68万亩，增幅3.5%。其中，面积在5万亩以上的茶叶生产大县有6个，分别为秀山、南川、永川、酉阳、万州、武隆；开采茶园面积74.03万亩，同比增长1.99万亩，增幅2.77%；无性系茶园面积74.98万亩，同比增长3.69万亩，增幅5.18%；全市新发展茶园面积均达3.98万亩。

2. 茶叶产量受灾略减

2022年，全市干毛茶产量4.73万吨，同比减少0.14万吨，减幅-2.9%，其中：绿茶产量4.06万吨，红茶产量0.64万吨，黑茶产量0.014万吨，白茶产量0.0163万吨，黄茶产量0.0007万吨，分别同比减少0.165万吨、增长0.0173万吨、减少0.0005万吨、增长0.0053万吨、增长0.0005万吨，增减幅分别为-3.91%、2.78%、-3.45%、48.18%、227.27%；名优茶产量1.45万吨，同比增长0.0599万吨，增幅4.3%。产量排名前5位的区（县）是秀山、永川、荣昌、酉阳、南川。全市茶叶平均单产63.9千克/亩（按开采面积计算），较去年减少5.51%。

3. 茶叶产值稳步提升

2022年，全市干毛茶产值46.04亿元，增长1.51亿元，增幅3.39%，其中：绿茶产值39.40亿元，红茶产值6.35亿元，黑茶产值0.047亿元，白茶产值0.209亿元，黄茶产值0.0256亿元，分别减少0.2247亿元、增长1.1764亿元、减少0.0020亿元、增长0.097亿元、增长0.0172，增减幅分别为0.15%、22.7%、-4.08%、86.61%、204.76%；名优茶产值28.61亿元，增长1.89亿元，增幅7.07%。干毛茶产值逾亿元排名前5位的区（县）是永川、秀山、酉阳、南川、万州。全市茶叶平均亩产值6219.58元/亩（按开采面积计算），较去年增长0.59%。

4．茶叶价格持续上涨

2022年，全市干毛茶均价为97.33元/千克，较去年增长6.47%。全市春茶期间茶青收购价格、干毛茶均价前期走高，后期较为平稳，茶青收购均价、干毛茶均价较上年同期均有上涨，特别是茶青收购均价增幅较大。全市春茶鲜叶收购均价31.4元/千克，较上年同期增长36.17%；干毛茶均价132.92元/千克，较上年同期增长5.65%。其中：独芽鲜叶收购价140～260元/千克、一芽一叶鲜叶收购价80～140元/千克，一芽二三叶鲜叶收购价4～80元/千克。干毛茶价格中：单芽平均价格1240元/千克，一芽一叶干毛茶平均价格为480元/千克，一芽二叶干毛茶平均价格为190元/千克，大宗茶50元/千克。

5．茶叶销售情况

我市茶叶销售主要以线下为主，天猫、京东等线上平台也有少量交易。春茶前期因外省市茶商抢购鲜叶或成品茶，渝西茶区永川、荣昌、江津等区县春茶销售市场兴旺，名优绿茶供不应求，导致茶叶价格上涨20%左右。春茶中后期，受疫情持续反复的影响，经销商无法正常出行，线下市场人流减少，部分地区物流受阻，茶商存在观望心理等导致市场交易量、交易额减缓。春茶成品茶销售价格较去年上涨，总体价格区间：名优绿茶批发价格在200～800元/千克，零售价格在240～1600元/千克；大宗绿茶批发价格在40～100元/千克，大宗绿茶零售价格60～200元/千克。夏秋茶中，大宗茶内、外销兼销，红碎茶主要出口。夏秋茶生产销售以秀山、万州、荣昌等茶叶区县为重点，因受夏秋季持续干旱和疫情管控，今年全市夏秋茶产量17301.9吨，同比减2047.2吨，减幅10.58%，主要是秀山减产较大，但销售较稳定。荣昌区红碎茶主要销往俄罗斯、巴基斯坦，今年行情较好，预计全年可加工红茶7500吨（其中3600吨为自有鲜叶加工），出口大约6000吨。

6．各区县产业模型各显成效

永川是全国早市名优茶生产发展规划的重点区域、中国特色农产品优势区、重庆市茶叶产业发展综合示范区，拥有渝茶产业高速发展的区域优势与技术优势。永川把茶叶产业作为特色农业主导产业加以重点培育，茶叶产业得到了快速发展。近年来，永川主动升级现代茶叶产业发展模式，着力强基础、延链条、挖潜能、提价值的一系列探索实践，初现成效。

南川大树茶是南川特有的乔木型地方茶树品种，是茶树资源的宝贵原始材料，对研究世界茶树起源和育种具有重要作用。近年来，南川坚持绿色发展、传承创新、市场导向，立足资源禀赋，合理制定全区茶叶发展规划，推动茶叶田园综合区建设，全力助推经济社会发展和民生改善成绩的同时，还建议继续抓好千年古树茶的保护、开发和利用，推动茶产业高质量发展。

秀山目前已建成19万亩茶叶基地，发展44家加工企业，茶叶年产量达7000余吨，多个茶品在市内外举办的茶博会上屡获殊荣。截至2022年底，秀山茶园面积、加工能力均居全市首位。茶产业已成为秀山乡村振兴支柱产业之一，将立足秀山茶产业发展优势和特色，坚持全产业链发展思路，稳规模、提品质、强品牌、增效益，聚力构建集茶文化、茶产业、茶科技于一体的现代化茶产业体系，紧密围绕秀山毛尖、秀山红茶、秀山白茶武陵山区三大茶叶品牌，推动秀山建成现代茶产业强县，形成一套全产业链的标准体系，培育一批带动力强的经营主体，创响一个地域性强的品牌集群，加快建成西部茶叶物流中心。

（二）茶叶主管部门积极推动渝茶产业高速发展

1．制定春茶生产指导意见，指导全市春茶生产

重庆市农业技术推广总站在春茶生产期间及时制定了春茶生产技术指导意见，指导全市春茶生产工作。一是及时采收加工。按标准及时采收茶叶，做到"早采勤采、应采尽采"，主动调整产品结构，积极采收一芽多叶等优质春茶原料，促进春茶增产和茶农增收。二是积极推广机采鲜叶综合加工技术。各茶区要进一步加大手持式电动采茶机等轻便采茶机械推广力度，积极开展机采茶技术培训，指导茶农利用机械设备采收优质原料，各地要强化技术指导，引导茶叶加工企业开展机采鲜叶优质茶机械化加工技术试验示范，批量生产"优质优价"的大宗绿茶和红茶产品。三是加强茶园采后田间管理。主要开展病虫害预测预报，抓实病虫害绿色综合防控。重点抓好茶小绿叶蝉、茶螨、黑刺粉虱、茶网蝽等主要害虫发生情况预警，指导茶农及时采取物理防治措施，如色板、诱虫灯等，必要时采用植物源农药等非化学防治方法。同时，加强茶园养分、树冠管理，结合追肥进行浅耕除草。四是积极开拓优质茶消费市场。利用京东、天猫、抖音等电商平台销售适合大众消费的"优质优价"茶产品，积极参加各类茶叶展示展销茶博会，宣传推介茶品牌和茶产品，发展一批有实力的经销商、代理商和加盟商，持续培育壮大"重庆生态茶"消费者群体。

2．开展新品种引进、示范，加快新技术推广应用

重庆市农技总站引进凤凰单丛乌龙茶茶树新品种3个，共1万株，在南川高海拔茶区开展试验、示范；永川区引进蒙山9号茶苗约20万株。新品种投产后将对重庆市开发生产高香型高档绿茶、高档花香红茶、花香绿茶、提高夏秋茶品质、促进茶叶产业提质增效具有积极的示范推动作用。同时，加快推进创新工夫红茶加工技术，采用晒青、摇青等青茶加工工艺技术于工夫红茶加工中，生产花香型工夫红茶新产品，制成品花香明显、滋味鲜爽，产品品质明显提高。

3．开展技术培训指导，促进茶叶提质增效

今年以来重庆市农业技术推广总站派遣茶叶技术人员深入永川、巴南、万州、秀山、开州、万盛等产茶区县开展技术培训指导工作，组织开展"茶叶绿色生产模式及配套技术""现代生态茶园生产技术""山地茶园的机械化管理及装备""针形绿茶加工技术""工夫红茶加工技术"等一系列茶叶科技培训，加快茶园管理机具（特别是名优茶采摘设备）的引进；同时，针对重庆市夏秋季遭遇持续高温天气，重庆市农业技术推广总站及时制订发布《茶园应对当前高温干旱天气生产技术措施》《茶叶

高温干旱灾后生产恢复技术措施》，积极派技术人员深入茶区指导茶农科学抗旱及茶园灾后恢复生产技术。开展科技培训指导达6次，培训人员达160人次，发放信息、图片、视频等技术资料530份。同时，各区县也积极狠抓抗旱减灾。如永川区：一是派出两组抗旱救灾小组分赴各产茶镇街，调研灾情，帮助种植户和业主抗旱降温，指导救灾工作。二是分别召开了抗旱救灾技术培训会和电视视频技术培训会，培训茶叶技术员和种植户1000余人次。三是拨付茶叶救灾资金100多万元，用于受灾茶园的灾后恢复、补苗、施肥管理等，最大程度恢复茶园。

4．加快茶叶品牌培育，提升渝茶竞争力

一是办好茶事活动。举办好中国（重庆）国际茶产业博览会、"巴味渝珍"杯重庆市第五届斗茶大赛茶叶品牌推介活动、"三峡杯名优茶评比活动"等大型茶事活动，在永川、巴南、南川、秀山、万州等地开展采茶节、斗茶大赛、手工制茶比赛、茶艺表演、茶叶品鉴、茶文化休闲旅游活动等多种形式独具区域特色的茶事活动。通过举办、宣传以不同背景和不同主题的茶文化活动，突出"山水重庆、生态绿茶"特质，共同打造重庆"茶的故乡"这一绿色品牌。

二是加强展示推介。在市内外重点销售市场举办茶叶品牌专场推介活动，组织茶企业参加市外举办的斗茶赛、专场活动、茶叶评比和展会活动，宣传推介渝茶品牌。

三是加大宣传力度。通过新闻媒体、网站、微博、微信、大型超市、茶叶专卖店、渝茶体验馆等多渠道开展线上线下品牌宣传活动，提升品牌影响力，努力开拓国内外市场。

5．推动川渝茶产业整合发展

2022年7月3日至2022年7月7日，四川省政协副主席祝春秀、重庆市政协副主席陈贵云率"助推川渝地区茶产业高质量发展"联合调研组赴四川省雅安市、乐山市和重庆市永川区、南川区等地开展了重点调研，调研组深入茶旅融合基地、茶产业园区、茶叶研究所、茶博馆等地，详细了解川渝两地茶产业的发展历史与现状、实际困难和产业规划等情况，并在此基础上，联合起草了"助推川渝地区茶产业高质量发展"调研报告，靶向精准提建议出对策，为川渝地区茶产业高质量发展提供助力。茶产业是川渝两地能彰显地域特色、文化底蕴，且具有发展优势的特色产业之一，其产业链长、附加值高，对生态环境有益，能帮老百姓增收，两地茶产业协作发展空间巨大、前景广阔。

（三）茶叶商会助力渝茶产业创新发展

2022年，重庆市茶叶商会立足渝茶产业长远发展，认真学习国务院办公厅印发的《职业技能提升行动方案》，结合渝茶产业实际与人力需求，重点围绕茶叶技能大赛、茶叶从业技能培训、茶叶流通安全管理等开展技术服务，累计开展茶叶培训20多场，培训人员1000人次以上，此举为重庆茶叶方面人才技能提升产生了重要作用。在展会方面，积极组织会员单位参与重庆地区各种规格的茶产业博览会，并积极配合区县茶产业协会开展区域性的茶叶展会展销活动10余场，推动渝茶品牌的可持续发展。在宣传方面，重庆市茶叶商会主办的《重庆茶叶》杂志不仅为会员单位提供了稳定的宣传窗口，而且帮扶了不少企业完成了文化宣传与产品推广工作。2022年是渝茶产业发展较为艰难的一年，但重

庆市茶叶商会坚持办会宗旨，以饱满的热情、齐心协力积极整合各方资源，竭诚为会员单位服务，精心组织和策划各类茶事活动，在人少、资源有限、任务重的情况下，顺利完成各项工作任务，受到广大会员和社会各界的一致好评。

二、存在困难和问题

（一）茶叶采摘用工老龄化严重，采摘成本持续增加

由于采茶工紧缺，无法及时按标准采摘，对春茶产量及品质有一定影响，春茶价格有一定上涨。其次，茶区普遍存在夏秋茶利用率不高，部分茶园存在弃采现象，造成茶园效益不能充分发挥。

（二）茶园标准化、机械化管理不足

重庆茶园大部分是山地茶园，茶园标准化管理程度不高，茶园机械化管理程度不够，科技示范推广仍需进一步加强，茶叶提质增效关键实用新技术、新设备在重庆山地茶园中有更好的运用。尤其是2022年夏秋季持续高温天气，导致幼龄茶园死亡面积较大，需及时补栽。

（三）茶叶经营主体规模小

茶叶经营主体以小规模农户分散经营为主，通常采用传统粗放式经营管理模式，茶叶经营主体规模小、茶企市场开拓能力弱，茶产业的集群效应比较差，还没形成有影响力的国际、国内知名品牌。

（四）茶叶产业链条过短

茶叶产业链条过短，茶园收益主要集中在种植与加工，茶资源深加工领域涉足较少，导致附加值低。科研院校等创新主体研发的科技成果真正落实到产业第一线和价值转化的比例偏低。

（五）茶叶品牌宣传力度不够

在市场流通方面，大宗批发的散装产品多、匠心精致的包装产品少，加工增值和品牌溢价少。地方政府对品牌宣传重视不够，宣传投入少，品牌打造声势小、力度弱、持续性不够。

三、发展趋势和工作打算

（一）产业发展趋势

通过加强政策引导，稳面积、提质量、增效益，加快供给侧结构性改革，优化茶业产业结构、产

品结构、流通结构、消费结构，提高产业质量、产品质量、节省交易成本，实现消费品不断升级，增加茶企、茶农收入，推动茶业助力乡村振兴，促进茶叶绿色可持续稳步发展。

（二）渝茶发展思路及思考

围绕渝茶绿色高质高效发展，强化科技支撑，主要抓好以下几方面内容。

（1）创新集成一批高产高效、绿色生态、先进智能的优秀技术成果，制定一批茶叶生产技术规程，开展茶叶绿色高质高效关键技术示范与推广，大力推进茶园绿色生态防控技术、有机肥替代化肥、生产加工环节技术提升等一批先进的实用新型技术，全面推进生态茶园建设，促进茶叶绿色发展，加强农机、农艺相融合，提高茶园管护效率，引导经营主体创建渝茶山地茶园示范基地与高效管理模式。

（2）制定茶叶加工技术规程，推行加工全程清洁化生产，加强技术创新，提升加工技术，提高茶叶产品质量。继续加强针形名优绿茶技术开发，加大力度开展针形绿茶品质提升及加工关键技术集成与推广，重点推广连续自动化加工关键工艺、品质设计与智能化拼配等技术，改进生产工艺，提升茶叶质量标准水平。围绕南川古树茶，加大对工夫红茶加工重大关键技术攻关，提升工夫红茶加工技术水平。加快"重庆沱茶"产品开发技术研究，不断提升重庆沱茶标准化生产加工水平，加快恢复、振兴重庆沱茶，提高重庆茶区夏秋茶利用率。

（3）制定茶叶质量管理标准，建立茶叶质量检测体系，加强茶叶在生产、销售过程中的质量监督检测，确保茶叶产品质量安全，构筑茶叶质量安全防线。

（4）以区域优势为基础，积极推动区域品牌建设，重点培养全国优秀茶品牌，重庆主产名优绿茶、红茶、特种花茶和沱茶。近年来，随着茶叶加工技术的提升，重庆出产的茶叶产品品质有了较大的提升，在国内名优茶评比中连续获得金奖，尤其是重庆特种花茶取得了重大的突破，西大茶业研发的柑橘花茶、黔江农委复兴的珠兰花茶，均已取得实质性突破，获得市场、社会的高度认可。

（5）认真贯彻国家三产融合的发展思路，结合重庆茶区的具体情况，努力实现一、二、三产业联动，积极推进茶旅融合发展的新模式。2022年，各地茶山文化游火热推进，重庆市茶叶商会积极引导茶企开展各种形式的茶事活动，推动一批集生态观光、制茶体验、休闲娱乐、茶园科普、品茶购物等多种功能于一体，将渝茶产业由种植生产转向生活休闲，多维度提高茶产业的经济效益、社会效益与生态效益。

（6）茶是世界公认的健康饮品，加强茶与大健康产业的融合，从茶叶的功能性成分的研究为基础，提高茶叶的综合利用价值，为新产品、深加工产品开发打好基础，实现渝茶资源的多元化发展。

（7）重庆市茶叶商会作为重庆地区的专业性茶叶协会组织，下一步将以商会为平台，积极培训和培养各种茶叶相关的技术人才、管理人才、市场营销人才、渝茶文化推广人才等，尤其要重点实施跨行业人才整合计划，切实解决制约渝茶产业快速发展的人才问题。

（8）紧抓川渝茶产业整合发展契机，实现川渝茶产业协同发展，重点筹好茶文化、茶产业和茶科技，弘扬好川渝深厚的茶文化，共同把巴蜀两地"茶"的故事讲好，把历史、文化传承好。川渝两地深化协作，共同做强茶产业、弘扬茶文化、创新茶科技、打响茶品牌。如打造从四川雅安到重庆南川的川渝早茶示范带，共同打造茶叶出口基地等，在原料互供、品牌互推、市场互开、加工互助、科技互动、技术共用、文旅互惠等方面加强合作，推动川渝茶产业提质升级。

　　总之，随着国家茶产业"十四五"发展规划的进一步落实，川渝茶产业深化协作将进一步加强，两地紧密围绕川渝同根生的产业发展思路，共同做强茶产业、弘扬茶文化、创新茶科技、打响茶品牌。重庆也一定会抓住川渝茶产业整合发展的大好政策与机遇，以市场为导向，以效益为中心，依靠茶叶科技，合理布局，充分发挥重庆茶业产业优势，优化产业结构，加快品牌培育，精耕渝茶市场，适销对路，抓住重点，持续稳步提高渝茶产业的整体形象与综合效益，推动渝茶产业向特色、优质、高效和可持续的方向发展。

（执笔人：贺鼎、汪毅

统稿人：司辉清）

2022四川省茶叶行业发展报告

四川省农业科学院茶叶研究所
四川省园艺作物技术推广总站

茶叶是世界上三大传统饮品之一，被世界卫生组织和中华预防医学会列为全世界六大天然保健饮料之首，是四川的主要特产和传统出口创汇产品，也是四川省优势特色产业和农民增收的骨干支柱产业。

一、四川茶叶发展的现状

四川是茶树原产地之一，也是人类饮茶、种茶、制茶的发源地，是我国主要产茶省份之一。到2022年，全省共有135个县产茶，占全省183个县的71.04%，其中：乐山、宜宾、雅安、成都为主产区，形成了川西名优绿茶、川南优质早茶、川东北富硒茶三大优势产业带，其面积、产量、产值均占全省总面积的60%。全省优势产茶县32个，茶叶面积20万亩以上的大县18个，产业集中度达80%以上。全省茶园面积为603万亩，比上年增加5.0万亩，增长了0.84%，其中良种面积达515.6万亩，比上年增加22.2万亩，增长了4.5%，良种茶园面积占总面积的85.5%；茶叶产量39.28万吨，比上年增加4.28万吨，增长了12.22%，其中名优茶产量24.05万吨，比上年增加2.02万吨，增长了9.17%，名优茶产量占总产量的61.23%，名优茶产值315.07亿元，占总产值的86.32%，大宗茶产量15.23万吨，比上年增加2.26万吨，增长了17.42%；茶园面积居全国第3位，茶叶产量居全国第3位，分别占全国茶园面积和茶叶产量的12.07%和12.35%，茶叶综合总产值达到1080亿元，比上年增长80余亿元，增长了10.20%，其中，毛茶产值365亿元，比上年增加30亿元，增长了8.96%，茶叶总产值居全国第2位，综合实力居全国第2位。100万元以上的加工企业达1750余家，规模以上茶叶企业614家，其中，销售收入500万元以上的有785家、产值1000万元以上328家、5000万元以上的有90家，逾亿元的企业有28家，市级以上龙头企业147家、省级重点龙头企业98家，省级示范合作社77家，国家级龙头企业10家，中国驰名商标16个，中国地理保护标志28个，中国名牌农产品企业5家，四川省著名商标68个，四川省名牌产品42个，其中有5家企业获得GAP（良好农业规范）认证，40多家企业600多吨产品获有机产品认证。建成了川西、川南、川东北三大优势茶叶产业带。500万茶农实现人均茶叶收入5000元以上。

二、川茶产业地位明显

四川茶叶历来以数量大、品种多、分布广、品质好、声誉高著称，自古就有"蜀土茶称圣"的美誉。据史料记载，早在唐朝时期，川茶产量就位居全国之首。

目前，四川建成了川西、川南、川东北三大优势茶叶产业带。500万茶农实现人均收入5000余元，年人均净增收500元。值得一提的是，15年来全省良种茶园面积和名优茶产量呈快速增长势头，其发展速度和增幅居全国各产茶省市之首，茶叶企业不断发展壮大，优势龙头企业集群已凸显，其企业的规模、档次、形象、加工设备的先进性及加工技术水平堪称全国一流，四川已成为我国西南地区乃至全国的茶叶优势产区和茶叶生产标准化、清洁化、机械化、集约化的重点示范区，综合实力位居全国第2位。

三、川茶产业历史悠久

（一）人工种茶世界最早，有2000多年历史

早在公元前53年，蒙顶山吴理真首开人类种茶之先河，皇茶园就是吴理真最早植七株茶的地方。

（二）贡茶历史世界最早，有1000多年历史

早在唐玄宗天宝元年（742），蒙山茶即被列为朝廷祭天祀祖与皇帝饮用的专用贡茶，智矩寺为古代僧人专制皇茶（贡茶）的地方，直到1911年清王朝被推翻才结束了贡茶历史，长达1169年。

（三）历史名茶品质好

唐代是蒙山茶发展最快最多、品质最优的时期。《元和郡县志》载：蒙顶山"今每岁贡茶为蜀之最"。唐代《国史补》也说："风俗贵茶，茶之名品益众，剑南有蒙顶石化、或小方、或散芽，号第一。"唐代杨烨的《膳夫经手录》载："蜀茶得名于蒙顶，于元和以前（820）束帛不能易一斤蒙顶先春。"对蒙顶山茶的地位和价格的翔实记录，可见蒙山茶的地位之高和品质之优。

（四）茶马互市历史悠久

为了加强藏汉团结和宋王朝保证军马之需，在北宋太平兴国二年，实行了"榷茶易马"制度。这一制度首先在四川推行，并规定"名山茶专为博用，不得他用"。从此蒙山茶成为历史上中央王朝与吐蕃等民族进行茶马贸易的专用茶，是汉族人民与吐蕃等民族人民加强政治、经济、文化联系的重要纽带。在"以茶治边"政策的促进下，明代还在名山还设置了专管茶叶购销的场所和机构——茶马司。

（五）禅茶历史悠久

早在唐代高僧道宗禅师在蒙顶山永兴寺遍植茶树，开启了中国以茶入禅之先河。宋代永兴寺不动禅师在创制佛教经典《蒙山施食仪》时，又将蒙顶山茶融入其中，形成以禅入茶、以茶会禅的蒙顶山禅茶文化。

四、川茶文化底蕴深厚，内容丰富多彩

早在唐宋时期，就有大量的文人雅士、文人墨客、大诗人、大文豪写下了赞美蒙顶山茶的诗词歌赋、散文、佳句多达500多首。如唐代诗人白居易在《琴茶》诗中有"琴里知闻唯渌水（指古代名曲），茶中故旧是蒙山"，南宋诗人陆游在《效蜀人煎茶戏作长句》中唱到："饭囊酒瓮纷纷是，谁尝蒙顶紫笋香"，明朝黎阳王在《蒙山白云岩茶诗》中，高度评价蒙顶茶说："若教陆羽持公论，应是人间第一茶"，等等。

（一）茶技茶艺表演丰富多彩，特色突出

1．长嘴壶茶技技艺超群

如蒙顶山龙行十八式茶技，在2014年雅安一会一节开幕式上进行表演，震撼了国内外来宾；20世纪90年代初成都廖大松、廖小松长嘴壶茶技就驰名川渝两地，其表演特色突出，随着不断宣传推广和人才培养，成都长嘴壶茶技声名远扬，并多次走出国门。曾小龙应邀多次陪同习总书记到俄罗斯等国出访表演，其精彩的表演受到了中外国家元首的高度评价，并登上了2012年春晚。

2．盖碗茶茶艺堪称一绝

如民间艺人吴登芳创造了盖碗茶茶艺绝技，表演至今受到了普遍好评，1997年还应邀登上了中央电视台的《神州风采》节目。

（二）茶马古道，历史厚重，意义深远

茶马古道是文化传播的古道，是人类创造的奇迹。它兴于唐宋、盛于明清，其历史沉淀深厚，文化内涵丰富：第一，茶马古道是藏汉政治、经济、文化联系的纽带，是茶贸易历史的见证；第二，茶马古道的历史，就是一部劳动人民的辛酸史、不屈不挠的奋斗史；第三，其诠释了茶性茶味的真谛：人生如茶，有苦有甜、先苦后甜，苦中有乐、乐在其中。

（三）茶旅游资源十分丰富

茶旅游资源有峨眉山竹叶青生态园区、宜宾金秋湖科技园区、四川夹江天福茶文化旅游区、蒙顶山茶文化旅游区以及都江堰青城山的茶溪谷等，其特色突出，紧扣茶文化、茶生态理念。其功能主要

是休闲、观光、购物、体验等。

（四）茶农家乐生态宜人，十分火爆

茶农家乐有蒲江成佳镇茶马世家茶农家乐、名山蒙顶山沿途一带茶叶山庄等，集旅游、休闲、观光、吃住乐于一体。

（五）茶食品琳琅满目，应有尽有

茶食品有夹江天福、宜宾川茶集团等企业开发生产的上百种茶食品。

（六）茶膳、茶宴丰富多彩，风味独特

茶膳、茶宴有成都宽庭的茶膳和大龙和茶宴及甘孜藏族的酥油茶等。

（七）茶文化茶技术专著数量多、种类丰富

近10年来已出版的各类茶叶专著主要有茶历史、茶文化、茶艺、茶道、茶科学、茶健康、种茶、制茶、品茶技术、艺术、工艺茶品、茶诗、茶传记、茶博览等形式书籍作品多达100多种，其中大部分与蒙顶山茶有关。

（八）茶事活动竞相举办，形式丰富多彩

10年来，四川各地茶事活动频频举办，其中规模较大、影响较大的主要有：

（1）蒙顶山茶文化节　规模大、档次高、文化深厚、影响大；

（2）宜宾市早茶节；

（3）泸州纳溪区茶叶开采节；

（4）成都蒲江采茶节；

（5）乐山、雅安、泸州、成都等地的采茶大赛、制茶大赛；

（6）成都茶艺大赛、斗茶大赛　参与广、形式多样，内容丰富、水平高、影响大；

（7）茶论坛、茶沙龙、茶话会、茶学术研讨会等频频举办；

（8）省政府主办的一年一度的中国（四川）国际茶叶博览会。

五、川茶发展主要做法及经验

（一）领导高位推动，产业稳步发展

四川省委、省政府高度重视川茶产业发展，时任省委书记彭清华，省政府省长黄强、副省长尧斯

丹、省政协副主席祝春秀等省领导先后对茶产业发展做出重要批示7次。6月，祝春秀副主席主持召开2022年省领导联系指导精制川茶产业机制暨川茶产业第一次专题会议，解决茶产业发展存在的重大问题，并提出了下一步发展目标和工作重点；亲自带领四川省农业农村厅、四川省农业科学院等部门赴雅安市、乐山市、泸州市等主产区调研督导，指导春茶生产。省委组织部于立军部长、省政协祝春秀副主席等省领导出席第十一届四川国际茶业博览会开幕式并巡馆。

（二）坚持政策保障，推动高质量发展

四川省农业农村厅等相关部门印发了《2022年精制川茶产业工作要点》《关于切实抓好2022年春茶生产的通知》（川农函〔2022〕41号），发布了《精制川茶川红工夫红茶加工工艺技术规程》《精制川茶扁形绿茶加工工艺技术规程》等技术指导文件3个，编制完成了《四川省人民政府办公厅关于推动精制川茶产业高质量发展促进富民增收共同富裕的意见》。精制川茶培育机制成员单位整合资金约7.05亿元，用于茶产业基地建设、主体培育、市场拓展、品牌打造、科技支撑等。

（三）坚持绿色引领，推广先进技术

以现代农业园区建设、产业强镇、绿色高质高效及四川早茶优势特色产业集群项目为抓手，加强与院士工作站、创新团队等科研院校专家们的深度合作，开展基础设施改造提升，推进产业基地规模化、标准化、绿色化、良种化、数字化、宜机化建设，推广机采、机耕、机防、机施、机修等机械换人技术，全面应用"两个替代"绿色生产和低产低效茶园改造技术，在适宜区推行水肥一体化设施，提高茶园现代化水平。四川省改造低产低效茶园面积33.9万亩，完成计划的150%以上。无性系良种茶园面积达513.43万亩，机采茶园面积266.7万亩、增加74.4万亩，全省绿色防控面积455.83万亩，分别占总面积的84.48%、44.05%、75.3%。与宗懋院士团队合作，推动院士绿色防控新技术在集群项目县落地见效，建设示范基地15000亩。推进高标准建设出口茶叶基地，备案基地达45个、面积达25.4万亩。茶园质量安全水平稳步提高，抽检合格率达到99.8%，出口茶产品检测无一不合格。持续推动企业清洁化加工技术改造，全面进行自动化、智能化生产线提升和"煤改气""煤改电"改造，不仅减少碳排放，还大幅提高产品质量稳定性。企业通过厂房改造、设备改进、工艺创新，清洁化加工率达90%以上，机制率达100%，全省名优茶产量达24.05万吨，产值315.07亿元。

（四）坚持主体培育，提升产业动力

坚持扶优扶强龙头企业，推动竞争力提升、带动能力增强，依照财政22条，省级财政对市场主体投入激励、自主品牌打造等11项兑现企业奖补资金1241.4万元。通过落实支持企业技术创新、技术改造和市场开拓等综合政策，现已建成14个以精制川茶为主导产业的农产品加工园区，71家省级"专精特新"中小企业，8家精制茶加工企业认定为省级企业技术中心，推选出"四川最具影响力单品"10个。茶区地方政府加强电、气等要素保障，推出"川茶贷""茶油保""农担贷"等金融产品。为打

造精制川茶航母企业，宜宾市委市政府高度重视，推动国有平台公司与川茶集团强强联合，在第十一届茶博会上正式签约，雅安市国资牵头组建的雅茶集团正式挂牌，为做强川茶龙头、做响品牌奠定了良好基础。

（五）坚持品牌宣传，扩大川茶市场

坚持以"天府龙芽"省级公用品牌为引领，协同推进"峨眉山茶""蒙顶山茶""米仓山茶"和"宜宾早茶"等地方公用品牌打造。在精制川茶产业联系办公室的指导和川茶品牌促进会的积极组织下，全力推动省级区域公用品牌"天府龙芽"打造，持续在央视《新闻1+1》、北京地铁以及双流机场、成渝高铁、成都地铁、高铁站、高速路、苏宁广场广告、绕城高速和北京地铁、王府井商圈及新媒体平台、今日头条等发布"四川天府龙芽·品质川茶"广告，提升川茶品牌知名度。2021年区域品牌价值37.28亿元。高水平举办了第十一届四川国际茶业博览会，这是党的二十大胜利召开之后全国茶产业的第一个展会，参展企业多、布展规模大、展会质量高、影响力强，受到越来越多的茶人、茶企的青睐。开幕式上，全球征集的"天府龙芽"地标新logo隆重亮相。乐山市、宜宾市、泸州市、巴中市等茶业主产市纷纷举办形式多样的茶文化旅游节，邀请国内外茶人共聚一堂品鉴川茶。"峨眉山茶""宜宾早茶""蒙顶山茶""广元黄茶"等区域品牌在动车、高速路牌、电视台等区域开展广告宣传，举办推介活动，提升品牌知名度。2022年，全省出口（直接和间接）茶产量为9.13万吨，货值25.37亿元，其中经成都海关直接出口茶叶4318吨，货值1.2亿元人民币（截至2022年10月）；2列乐山夹江专列通过中欧班列出口中亚。

六、四川茶叶发展存在的主要问题

（一）川茶发展结构性仍然失衡

初级产品多、精深加工少、附加值低没有根本转变，大量的茶叶以原料形式外销或直接被外省企业贴牌加工，除绿茶外，工夫红茶、藏茶、茉莉花茶都没有培育出全国性大品牌。

（二）川茶发展质量效益不高

创新引领、协同发展的产业体系亟待构建，各地茶叶产品同质化突出，特别是适应年轻人消费的产品创新开发不足，省内虽有部分优势区和集中发展带，但还没有出现具有强大区域带动力、产业影响力的产业集群。

（三）川茶产业空间布局亟待优化

11个茶叶主产市差异化特征不明显、绿茶产量占比超过70%的有8个，30个优势县各自特色不彰显、绿茶产量占比超过80%的达22个，不少地方相互模仿、近乎雷同。

（四）川茶产业链各环节畸轻畸重

川茶在茶园规模和建设标准上领跑全国，但茶叶加工、营销、茶文化的弘扬等产业链后端发展水平落后于福建、浙江，制约四川省茶叶企业，导致企业竞争力弱、带动力不强。

七、四川茶产业发展思路及措施

（一）工作思路

认真贯彻落实习近平总书记关于"要统筹做好茶文化、茶产业、茶科技这篇大文章"精神，落实省委十二次全会做大做强"川字号"农业特色产业要求。按照做强基地、做优加工、做响品牌、做大龙头、提升效益总体思路，聚焦茶园生态化、加工协同化、产品品牌化、产业多元化、营销组织化，着力实施茶园提升、茶企培育、单品突破、品牌打造、科技兴茶、川茶出川六大行动，深入推动精制川茶高质量发展，促进乡村振兴和农民共同富裕。

（二）工作举措

1．建设高质高效基地

进一步优化茶叶生产区域布局，着力提升建设川西南名优绿茶、川东北高山生态茶产业带和川南工夫红茶、川中茉莉花茶集中区"两带两区"，推进国家茶产业集群高水平建设，示范引领全省发展。应用优质高效特色茶树新品种，改造低产低效茶园20万亩以上。推广早成园、快投产、产量高、质量优的丰产稳产技术，推进绿色生产、肥水一体、机采机防、智慧茶园等技术应用，推动名优茶机采示范，建设出口茶备案基地。

2．提升精制茶加工水平

推动茶产业加工机械化、连续化、数字化、智能化建设，科学布局茶叶加工，重点支持初加工进基地，推动就地就近加工增值。鼓励精深加工进园区，延伸产业链、提升价值链。统筹全省茶叶加工协同，实现优势互补集群化发展。重点开展中小微企业初加工提升行动，规范加工厂房建设，合理布局原料、加工、冷链、仓储、转运等设施，按照食品生产规范整治加工环境，实现清洁化生产。支持初加工设施设备改造升级，提升连续化、自动化加工能力，提高中高端名优茶比重。开展精制川茶加工规上企业改造提升行动，规范工艺流程，加强设备更新，完善仓储、保鲜设施，提高分等分级、产品包装等能力，支持川红工夫红茶提升工艺加快发展。推进茶叶精深加工，拓展茶产品种类、功能及用途。支持规上企业与中小微企业产业链协作，统筹初级产品、精制产品、深加工产品发展，实现产业链增值收益共享，推动加工企业密切协同、抱团发展。

3．大力开发茶叶特色产品

通过科技创新，进一步改进和完善四川省名优茶加工工艺技术，开发生产优质特色的名优茶产品，尤其要采取独特的工艺技术，研发高香型、高鲜型、花香型等风格独特，并具有较强市场竞争力的名特优产品，大力提高川茶的科技含量和市场竞争力，满足广大消费者的不同需求。

4．扶持新型经营主体

支持茶企同业整合、兼并重组，鼓励国有资本和民营企业合作，打造一批竞争力强、市场占有率高的大企业集团。支持有实力的企业跨区域整合资源，形成资源集中、生产集群、营销集约新格局。鼓励发展茶企牵头，村集体经济组织、农民合作社、家庭农场跟进，茶农积极参与的茶产业化联合体，推进川茶兴千村行动，加强产销衔接和利益联结。

5．培育产业知名品牌

建立茶叶品牌发展、推介、保护和利用的运行机制，构建"区域品牌+企业品牌+产品品牌"的品牌体系，推进国家级、省级地理标志产品保护示范区建设。建立健全品牌标准体系，加大贯标、用标力度，加强产品企业自检、政府抽检、社会监督。分层级推进茶叶品牌建设，加大"天府龙芽"省级公用品牌及"峨眉山茶""蒙顶山茶""米仓山茶""宜宾早茶""川红工夫"等地方区域公用品牌建设支持力度。支持龙头企业按照企业标准打造自主品牌，培育在全国有竞争力的知名企业品牌。发展以名优绿茶为主，工夫红茶、茉莉花茶、优质黑茶为辅的传统优势产品，积极发展黄化茶、白化茶、紫色茶等特色产品。推动各地集中资源培育有竞争力单品，支持企业依靠特色生态、特质品种、独特工艺创制特色单品。继续开展"四川最具影响力单品"（第二批）评选活动。

6．构建市场营销网络

强化川茶市场营销体系建设，探索川茶营销推广中心市场化、长效化运营机制，支持和鼓励川茶品牌在重要节点城市中心城区、机场高铁、景区景点、星级酒店建立川茶品牌展示展销店。支持建立并完善产地鲜叶交易市场，加强区域性茶叶交易市场和交易平台建设，推进交易模式升级改造。鼓励企业创新商业模式，引导茶叶电子商务规范发展。组织重点龙头企业参加"中国国际茶博会"等重大展示展销活动，支持出口企业扩大川茶出口。继续举办"四川开采活动周"，高质量举办第十二届四川国际茶博会，打造全国知名茶业展会。鼓励各主产茶区常态化定期举办茶事活动。

7．提高科技支撑能力

围绕产业链部署创新链，加强产学研协同攻关，协同推进品种、设备、工艺、产品创新，集成推广先进适用技术。鼓励各茶区成立专家顾问团，为茶产业发展提供技术支持。加大对茶学专业学校（院）的复合型、应用型茶产业关联专业人才培养的支持力度。持续开展全省茶叶系统培训，加大对技术骨干、茶农、营销人员等产业链各环节人才的培训力度。鼓励开展制茶工匠、制茶大师、川茶文化传承人等培育和认定。支持开展"绿色食品""有机农产品""农产品地理标志""低碳生态茶"和ISO、危害分析与关键控制点（HACCP）等质量管理体系的认证。

8. 促进产业深度融合

各茶区统筹协调各环节各主体建设茶全产业链，推广"龙头企业+农民合作社+生产基地"等经营模式，完善产业链上中下游联结机制，形成"链主"企业带动各环节经营主体有机衔接、分工协作、协调配合的全产业链发展格局。推进"旅游+""生态+"等深度融合发展模式，发展主题鲜明的家庭茶庄、休闲茶庄，建成一批功能完善的茶旅融合主题景区、主题茶城。深入挖掘弘扬川茶文化，讲好川茶故事，鼓励开展"茶文化进社区、进机关、进学校、进楼宇"等主题活动，把川茶文化作为发展对外文化贸易的主要品牌来抓，推动川茶文化走向国际。支持茶馆行业协会出台团体标准，支持改造升级茶馆茶庄、开展"茶馆名店"评定，推进茶馆业连锁化、品牌化发展。

总之，精制川茶发展一定要以市场为导向，以效益为中心，依靠科技、合理布局、发挥特色、优化结构、优质高产、适销对路、突出重点，持续稳步发展，提高茶叶整体素质和综合效益。在茶叶产品结构的调整上，要坚持适度发展面积、提高单产、着重提高产品质量和综合效益的原则，不要在数量上作文章，要突出优质，提高产品的附加值和经济效益。此外，还要因地制宜，因市场需求而调整，决不能搞一窝蜂、一边倒，使全省茶叶向着优质、高效和可持续的方向发展。

（执笔人：王云、张冬川）

2022贵州省茶叶行业发展报告

贵州省绿茶品牌发展促进会

2022年，贵州省茶产业认真学习习近平总书记有关贵州工作的指示精神和茶产业的重要指示精神，贯彻落实贵州省委省政府有关推进农业农村现代化的决策部署，按照贵州省茶产业发展领导小组安排，坚持抓具体、抓深入，聚焦关键环节、主要区域、重要主体、重大项目，不断夯实基础，提升竞争力，强化龙头引领，强化市场带动，强化产业融合，克服不良天气和疫情带来的不利影响，继续稳步推进。

截至2022年底，贵州省茶园面积700万亩，投产茶园面积655万亩，全年产量45.39万吨、产值606.2亿元。雷山脚尧公司的高山绿茶、湄潭盛兴公司的遵义红成为党的十九大、党的二十大会议用茶，两届会议用茶2595千克（遵义红525千克、高山绿茶2070千克）；2015年以来，中办国办等单位用茶34198千克（遵义红430千克，绿茶33768千克）。

一、重点工作推进情况

（一）主要任务、重点工作方面

招商引资通过贵州茶产业茶博会、采购商大会、"贵州绿茶"第一采等活动"请进来"，赴沈阳、东莞等地"走出去"招商。全年引进项目180个、到位资金60.46亿元。

重大项目动态跟进：湄潭县茶产业提质增效示范工程、石阡县国家现代农业产业园创建、印江县梵净山茶产业现代化发展基金等项目，定期调度实施进度，及时协调解决建设中的问题。10个重大项目累计完成投资8.53亿元。

重点企业培育：制定《贵州省做大做强抹茶产业推进方案（2022—2023年）》，支持贵茶集团基地建设、绿色防控、加工设备升级；瓮安黄红缨、湄潭兰馨纳入发酵茶重点培育企业，瓮安黄红缨纳入第二批全省高成长培育企业。13家重点培育企业全年产值8.8亿元。

（二）茶产业基础方面

茶园分布：全省9个市（州）均有茶叶种植，茶叶主产县47个，茶园主要分布在遵义、铜仁和黔南，占总面积的66.5%；47个茶叶主产县中，茶园面积30万亩以上的县有3个（湄潭、凤冈、石阡），20万~30万亩的县有6个（黎平、都匀、正安、金沙、贵定、瓮安），10万~20万亩的县、区有19个

（松桃、思南、平塘、普安、德江、开阳、雷山、江口、沿河、晴隆、余庆、安顺西秀区、道真、独山、丹寨、务川、六枝、盘州、水城县）。

主栽品种：福鼎大白361万亩、白化黄化品种78万亩、龙井系列44万亩，分别占总面积的51.6%、11.1%和6.3%。黔湄系列、黔茶系列等贵州本地品种82万亩，占11.7%。

黔茶系列品种：在湄潭、晴隆等地建设苗圃680余亩，预计2022年冬至2023年春可出苗1.02亿株，种植茶园3万亩；其中黔茶1号品种苗圃基地260亩，可种植茶园9000亩。通过新建或改种换植方式建设茶园8.8万亩。

茶叶专用肥推广普及：以贵州磷化集团为主的茶叶专用肥，提高茶农对科学施肥的认知和茶叶专用肥覆盖率。全省推广茶叶专用肥施用面积288万亩。

（三）茶叶质量安全方面

绿色防控：依托贵州大学宋宝安院士团队，构建"生态为根、农艺为本、生防为先"的绿色防控技术体系，大力推行"以虫治虫、以草抑草、免疫诱抗"的防控措施。全省推广绿色防控示范面积331万亩，其中在18个茶叶主产县推广茶园种植白三叶草示范基地1.1万亩。《贵州茶园病虫草害绿色防控关键技术研究与集成应用》获得农业农村部"2019—2021年度全国农牧渔业丰收奖"一等奖，《茶园主要病虫草害绿色高效防控技术体系创建与应用》获得贵州省科技进步一等奖，瓮安黄红缨公司基地成为全国首批100个农作物病虫害绿色防控示范基地。

质量安全管控：召开全省茶叶质量安全风险监测交流会，强化安全风险预警。聚焦湄潭、凤冈等主产县，省级组织开展茶叶质量安全专项监督检查6次，共计立案69起茶园违规使用草甘膦等案件。全省农业农村系统抽检茶样2549个。湄潭县成立全国首个茶产业环境保护法庭，凤冈县建设全省首个茶产业生态环境司法保护基地，以司法手段为贵州"干净茶"保驾护航。

（四）茶叶加工方面

经营主体：全省注册茶叶企业（合作社）5786家，其中国家级龙头企业12家，排名全国第2位，省级龙头企业230家，规上企业182家，茶叶精深加工企业95个，清洁化自动化生产线1811条，茶叶加工点2972个。

头部企业遴选：贵茶集团作为绿茶与抹茶头部企业，印江宏源、湄潭栗香、普安习普作为出口茶头部企业，瓮安黄红缨、湄潭兰馨作为老白茶头部企业，松桃梵锦、湄潭沃丰作为黑茶头部企业进行培育，整合资金、技术、设备等方面增强头部企业带动力。

产品结构：充分发挥茶树原产地优势，六大茶类都能生产的地域优势，坚持绿茶发展主战略，以绿茶为主体，加大红茶、黑茶、老白茶等多茶类生产，全省绿茶、红茶、黑茶产量分别为33.5万吨、9.0万吨和1.6万吨，分别占全省茶叶总产量的73.8%、19.8%和3.5%。春茶、夏茶、秋茶产量分别为18.6万吨、18.3万吨和8.5万吨，分别占40.9%、40.3%和18.8%。

产品品质：组织省内专家，对重点培育的黑茶和老白茶企业一对一技术服务，进一步明确共性品质特征和产品开发方向；深入企业试验，新研发产品得到中国农业科学院茶叶研究所、湖南农业大学院士团队等行业知名专家肯定。

标准宣贯：省茶叶研究所牵头完成贵州绿茶加工等15个省级地方标准修订。第二届世界红茶产品质量推选活动，贵州33只茶样获奖，其中贵州味道公司茶样位居榜首；"中茶杯"国际鼎承茶王赛贵州18只茶样获奖。

延伸产业链：北京华兴控股在安顺市经开区落地的金尘公司开发原叶花果袋泡茶等产品，满足当代年轻人对精致潮派生活的向往；上海金格集团在普安县落地的普夷堂公司建设集智能化生产车间与观光旅游为一体的现代化茶叶加工厂；中茶公司与贵州旅游集团合作，成立中茶贵旅茶叶（贵州）有限公司，落户贵阳。

（五）宣传推介方面

茶事活动：举办"2022年'贵州绿茶'第一采"、春季斗茶赛、贵州茶博会、双手采茶竞赛、第五届全国农业行业职业技能大赛茶叶加工赛项贵州选拔赛、贵州省第一届职业技能大赛茶艺项目、第十届贵州茶业经济年会、"国际茶日"茶文化系列活动、首届贵州（晴隆）早春茶全国采购商大会。支持遵义、铜仁等赴东北、华南等地开展茶产业宣传推介。《人民日报》《贵州日报》刊发整版关注贵州茶产业。贵州抹茶公益广告从9月13日起在央视7个频道播出一个月200余次（条）。百度引擎以"贵州绿茶"为关键词，搜索到相关信息1780万条，以"贵州冲泡"为关键词，搜索到相关信息1070万条。此外，2022年11月29日，"都匀毛尖茶制作技艺"入选联合国教科文组织《人类非物质文化遗产代表作名录》。

直播宣传：借助"直播+电商"等，促进品牌影响力与销售额双提升，如湄潭县邀请网红县长陈灿平及著名歌唱家于文华为湄潭翠芽和遵义红直播带货；湄潭兰馨邀请著名导演、制片人张纪中夫妇、贵州当地百万粉丝达人"贵州费爷"通过抖音平台直播带货推荐贵州茶；东方臻选销售贵茶产品等。

（六）产销对接方面

巩固提升长三角、珠三角传统市场，深耕东北、西北、华北"三北"市场，不断拓展国际市场。

国内市场：国内市场要"请进来"与"走出去"相结合强化产销衔接。"请进来"，以贵州茶产业博览会等为契机，邀请目标市场采购商和行业协会负责人到贵州考察、洽谈合作。第十四届贵州茶博会主会场集中签约项目共18个21.6亿元。以省内为主，在全国建设"贵州绿茶"规范品牌店300家。

国际市场：全省建成欧标茶园面积78万亩。积极对标欧美、日韩、中东等国际市场，支持省内茶叶企业开展自营出口，打造高质量黔茶出口基地，扩大茶叶出口规模，拓展国际市场。据贵阳海关统计，1—11月全省出口茶叶及制品4830吨，金额5.2亿元。

（七）技术服务方面

党的二十大会议用茶：多次组织专家分别赴雷山、湄潭开展茶园管护、茶叶加工等技术指导，严格质量安全管理，开展茶叶质量安全抽检。

"揭榜挂帅"：组织全省各级农技人员深入一线，省级以18个团队300余名专业技术人员为依托，分别开展春季以双手采茶、名优茶加工，夏秋季以茶园病虫害防治、机械化采摘、大宗茶加工，冬季以茶园冬季管护等为主指导服务。

技术培训：组织全省茶行业从业者开展绿茶加工、评茶员等专题技术培训；联合贵州广播电视台，组织省级有关专家制作茶园秋冬季管理视频，利用"贵州动静"App、黔茶资讯、黔农在线等媒体推送。各级共开展技术服务培训2793次共11.2万人次、标准宣贯培训800期共3.4万人次。

二、存在问题

一是不利天气对生产有一定影响。春季早期持续低温多雨推迟开园时间，后期快速升温提前结束春茶生产，生产时间被压缩；夏季特别是8月以来遵义、铜仁等主要茶区持续高温少雨，夏秋茶生产大幅减少。二是环境复杂多变，产销对接难度大。受疫情及国际形势影响，需求不足、预期下调、不确定性增加、市场流通受阻，生产要素流入困难，发展活力不足，经营主体投资发展的积极性受挫。如国内外茶叶展示展销活动都因疫情取消或延期；主要出口国压单、物流费用增加、美元汇率波动等因素导致出口阻力增大。三是招商引资工作多方面受阻。表现为全国疫情常态化管控，"走出去、请进来"双向受限；经济增速放缓，投资意愿受挫；招商竞争加剧，特别是土地资源供给受限制约重点项目招商；编制招商项目针对性不强、定位不精准，招商成效不理想。

三、工作建议

（一）加强宣传推介

抢抓关键时节，重点在早春茶上市、国际茶日等时间节点，聚焦"贵州绿茶""三绿一红"等重点品牌，以茶事活动为载体，线上线下全面宣传推介。省内继续举办好"'贵州绿茶'第一采"、茶业经济年会、贵州茶产业博览会、都匀毛尖茶人会、梵净山抹茶大会、茶艺大赛、斗茶赛、茶文化"七进"等茶事活动。省外赴东北、华北、西北以及长三角、珠三角市场召开贵州茶推介会、品鉴会、对接会。以"贵州冲泡"为抓手，展示贵州品质优良的茶产品、丰富多彩的茶文化，营造良好饮茶氛围，提升贵州茶品牌影响力及传播力。

（二）培育新的经济增长点

坚持全产业链谋划，聚焦资源高效利用，突出核心竞争力，在早春茶、抹茶、发酵茶、新茶饮等品类品种方面，做深做实，培育新的经济增长点。早春茶做足"早"的文章，聚焦黔西南、六盘水等重点区域，围绕长三角和东北市场，精准对接消费需求，改进工艺，提升品质，打响全年茶叶生产和宣传的第一枪。出口茶在安全、标准上下功夫，抢抓国际市场深度调整的战略机遇，对标对表细化市场，加大出口基地国际认证步伐，严格质量安全监管，大力推动"跨区域、跨季节、跨品种"精制拼配，加快自营出口能力建设，倒逼茶产业质量安全和标准化水平的提升。抹茶、老白茶、黑茶依托头部企业，加快学习引进步伐，不断延链补链强链，形成发展合力，提高资源下树率和利用率。新茶饮依托引进的湄潭逅唐、安顺金尘等主体，以抹茶、袋泡调饮茶和新式茶饮等为切入点，以生产基底茶原料和开发丰富终端产品为抓手，加快与省外消费市场需求的融合。

（三）拓宽市场渠道

以走出去与请进来、线上与线下相结合的方式，开展茶产业推介活动，密切与省外目标市场重点茶城、主要经销商、行业组织的交流合作。嫁接贵州省商务厅等有关单位的国外推介活动，以及在黔国际茶叶供应商、零售商整合资源，开拓国外市场。积极连接线上市场，引导茶叶企业入驻淘宝、天猫、京东等电商平台，支持企业开设直播间，扩大茶叶销售辐射范围。加强与日化、食品、饮料、医疗等行业品牌的合作，共享渠道、互利共赢。

（四）筑牢茶叶质量安全基础

依托贵州大学宋宝安院士团队，持续推广茶园绿色防控集成技术，建立健全茶园生态系统，从源头减少化学农药的使用。实施茶园"净园行动"，及时清理茶园中的农药包装物、生活垃圾等，严厉打击茶园使用草甘膦和违禁农药的行为。加大茶叶清洁化生产线建设，开展茶叶加工清洁化检查，实现茶青及在制品全程不落地。加强投入品监管，重点监控47个茶叶主产县236个万亩乡镇农资店，建立施用台账，防止违禁农药进入茶园。聚焦出口基地、品牌专属基地等重点区域，在夏秋茶生产的高峰时段，开展质量安全专项执法检查，严查草甘膦等违禁农药施用情况，以零容忍的态度，发现一处、查处一处。

（五）多措并举助力农民增收，一产收入稳中有升

以冬管为重点，加强茶园管护，提高茶青品质和单位产量；在茶叶生产关键季节，组织茶农开展双手采茶、茶园管理等技能培训，提高茶农的业务技能和熟练程度，提高采摘效率，培养新型职业农

民、发展家庭农场。强化利益联结机制：充分发挥"龙头企业+合作社+茶农"等组织模式作用，增强茶企、合作社与茶农的利益联结，促进农民稳定就业增收。积极拓宽农民增收渠道：支持茶叶经营主体延伸产业链，增加农业就业岗位。鼓励茶农围绕产业链融合创新创业，如茶园景区开设民宿，依托农村电商、自媒体平台等，销售茶特色饮食、手工品、旅游商品等。

（执笔人：雷睿勇）

2022云南省茶叶行业发展报告

云南省茶叶流通协会

2022年，云南省认真贯彻落实党中央巩固脱贫攻坚成果的要求，坚持为茶农、茶企提供服务，全面推进乡村振兴和稳定经济大盘，建立了"茶产业助力乡村振兴联系点"，通过专家团队深入茶区调研指导，落实国务院办公厅关于职业技能提升行动的要求，围绕乡村振兴开展技能培训，发力宣传，制定标准，促进产业高质量发展，尽力加快实现茶山美、茶业强、茶农富步伐。在省委省政府的正确领导下及省级有关部门的支持下，加之中国茶叶流通协会的有力指导、国家各有关涉茶社会组织和协会专家团队成员倾力支持与帮助，为云茶产业做出了应有的贡献，云茶产业仍取得较好效益。

一、2022年气象条件对云南主产茶区茶叶生长的影响

2022年春茶生产期间，全省降雨偏多，1—6月全省平均降雨量为480多毫米，较历年同期偏多90多毫米，约多25%，尤以3—4月春茶主产季，多云及阴雨天气达13～19天，晴好天气仅18～19天。2月中旬至4月上旬，主要茶区平均相对湿度65.5%，较常年同期湿润（61.9%）。3月中旬主产茶区气温即升至18℃以上，而3月底4月初又出现了明显的倒春寒天气，使主产茶区气温稳定通过18℃的时间推迟至4月上旬，茶树生长受到一定影响。

2022年秋茶生长季节（9月上旬至11月中下旬），主产茶区平均气温20.1℃，较历年同期19.3℃偏高。平均相对湿度81.2%，与历年同期82.2%基本持平。11月中旬气温稳定降至16℃以下，较历年同期晚7～10天。主要茶区秋茶生长季、采收季较常年略长。

总体而言，云南茶区春茶生长前期气温回升快，但进入3月底4月初大部分茶区出现明显倒春寒天气，气温稳定通过18℃的时间较常年同期推迟，春茶采收、上市时间较常年推迟7～10天，北部地区推迟15天以上。

春茶生长季平均气温较常年同期稍高，空气湿度较常年略高，受此影响，云南省茶区在云雾作用下漫射光照射增多，倒春寒现象重于往年；早期萌发缓慢、开采期推迟、枝梢持嫩性增强、采摘期延长，产量普遍增加；红茶绿茶及白茶品质好，浓度稍低，鲜爽度增加，适口性（醇和）增强；以日晒为主的晒青毛茶干燥缓慢，甜度增加，香气减弱。

秋茶生产季节主产茶区气温较常年同期偏高，湿度偏低。气温大于生产优质普洱茶的气温上限，原料毛茶中茶多酚、咖啡因含量相对较高，利于红茶制作。主产茶区温度稳定降至16℃以下的时间较常年偏晚，秋茶生产季、采收季较常年略长。

二、2022年云茶产业的基本情况

（一）茶园面积、产量基本稳定，茶农收入稳步增长，茶产业在农村及农业经济中作用显著增强

云南省涉茶农业人口约600万，涉茶总人口超1000万，茶产业在农业经济中有着不可替代的重要作用，是茶区茶农脱贫和乡村振兴中的重要产业。

2022年全省茶叶种植面积749万亩，比2021年增长1.2%。总体看，近3年来云南茶园面积趋于稳定，茶叶总产量逐年增加，2022年全省茶叶总产量53.39万吨，较2021年增长2.5万吨，同比增长9.0%（图1、图2）。

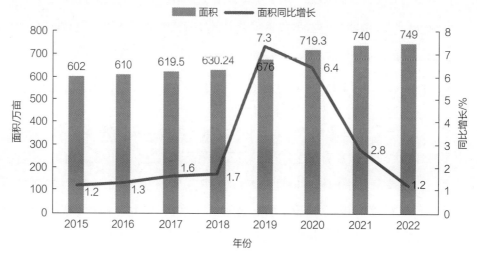

图1　2015—2022年云南省茶园总面积趋势

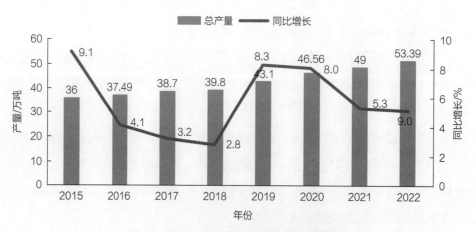

图2　2015—2022年云南省茶产量趋势

2022年云南省茶叶总产值1380.6亿元，比上年增长28.90%，总产值呈现连续上升趋势（图3）。2022年全省茶叶农业产值229.2亿元，同比增长9.2%；加工业产值809.1亿元，同比增长13%；批发零售环节增加值342.3亿元；加工业产值与农业产值比为3.5∶1；全省茶区茶农来自茶叶的人均收入为5187元，同比增长10.2%，2016年以来茶农来自茶产业人均收入年平均增幅都在10%以上（图4）。

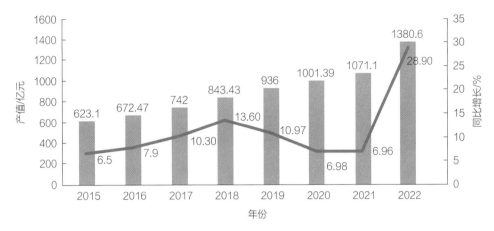

图3　2015—2022年云南省茶叶综合产值趋势

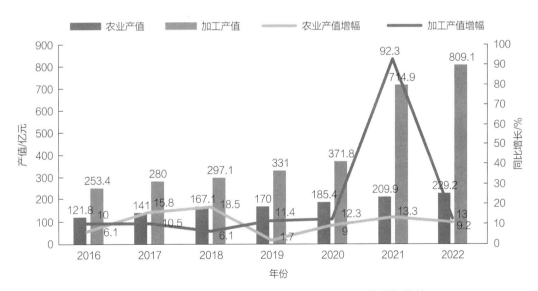

图4　2016—2022年云南省茶叶农业及加工产值增长趋势

自从云南省开展"一县一业"茶产业示范县创建3年以来，勐海、思茅、双江3个县在2022年茶产业综合产值达347.5亿元，增长13.8%，茶农来自茶产业平均收入达1.3万元，增长9.7%，高于全省平均水平近8000元，释放出较强的示范效应（图5）。

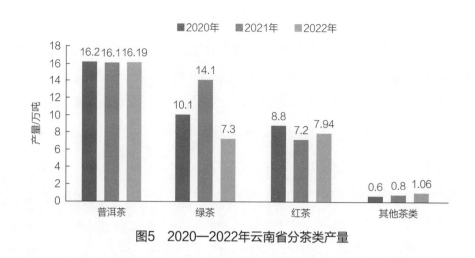

图5 2020—2022年云南省分茶类产量

（二）茶类结构仍以普洱茶、红茶、绿茶为主，各茶类价格均有增长

由于连续三年疫情影响，世界经济震荡疲软，2022年茶产品也面临消费疲软、流动性减弱的影响，云南省主要茶类的特殊性，茶产业基本面相对稳定。经过近十年的努力，从业者素质及加工装备水平有较大提高。产品结构以晒青毛茶、普洱茶和滇绿、滇红为主，云南大叶种白茶、德昂酸茶和新式茶饮有所增加。茶区效益分布不均，部分茶区夏秋茶仍有弃采现象。各茶类价格均有增长：全省毛茶平均价格为44.5元/千克，较去年增长16元，同比增长3.9%；成品茶平均单价145.9元/千克，同比增长18.8%；红茶平均单价106.4元/千克，同比增长12.5%；绿茶平均单价70元/千克，同比增长14%；普洱茶平均单价147.7元/千克，同比增长6.5%（图6、图7）。

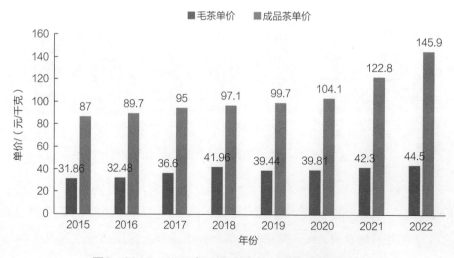

图6 2015—2022年云南省毛茶、成品茶单价对比

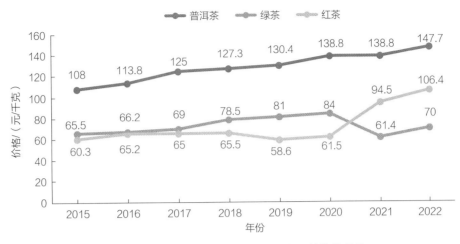

图7　2015—2022年云南省茶类成品茶价格趋势

（三）茶叶加工体系基本稳定，产值逐年增长

2022年云南省共有茶叶初制所8120家，茶叶专业合作社3788个，全省规模以上茶企业158家，其中亿元以上产值的26家，产值千万元以上至亿元的130家，省级及以上的龙头企业88家，获得食品生产许可认证的加工厂达1441家。

云南茶产品以普洱茶、滇红茶、滇绿茶为主，兼有白茶、乌龙茶。2022年云南白茶近万吨，其他茶类产量1.06万吨。德昂酸茶近年发展较快，德宏州从事德昂酸茶生产加工的企业、专业合作社、农户达20余家，产量超200吨。

云南省有15个州市110多个县产茶，年产毛茶万吨以上的县（区）有20个，其中有11个县区产量在2万吨以上。普洱茶国家地理标注范围为云南11个州市75个县639个乡镇。其中以西双版纳、普洱、临沧、保山、大理、德宏6个州市为主要种植区域。2022年这6个州市茶园面积为617.42万亩，占全省茶园面积的80%，产量571.72万吨，产值1120.43亿元，占全省产量的86.5%；从数据分析看，6个州市的茶产业健康发展至关重要（图8）。

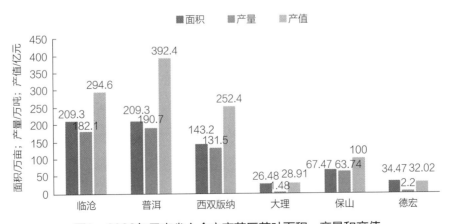

图8　2022年云南省六个主产茶区茶叶面积、产量和产值

（四）边境贸易受阻，红碎茶及圆炒青出口震荡下滑

受疫情和边境防控影响，2022年云南边境贸易出口受阻，德宏瑞丽红碎茶贸易近乎停摆，致使红碎茶等库存压力增大。2022年云茶出口总量为4473.5吨，较2021年减少3000余吨，位居全国第11位；出口额5739万美元，位居全国第9位，出口均价为每12.83美元/千克。

（五）古茶树资源及茶树种质资源保护有成效

云南是世界茶树核心起源地之一，拥有90%以上的古茶树资源，是我国乃至世界古茶园遗存面积最大、古茶树遗存数量最多的地区。据黄炳生先生主编的《云南省古茶树资源概况》一书所述："云南现存古茶树资源总分布面积为329.68万亩，野生古茶树居群的分布面积约为265.75万亩，栽培种古茶树（园）的分布面积约为63.43万亩。"

2022年11月30日，云南省第十三届人民代表大会常务委员会第三十五次会议审议通过《云南省古茶树保护条例》，2023年3月1日起施行，这标志着云南省保护生物多样性、保护古茶树、规范古茶树管理和利用步入法制轨道。

在良种资源保护利用方面，全省现有国家级无性系良种2个，群体良种3个，省级无性系良种10多个，还有众多的地方良种和优质单株。勐海"国家种质勐海茶树分圃"中已保存了以云南大叶茶为主的各类种质830余份，其中栽培型600份、野生型206份、过渡型2份、野生近缘种22份。普洱市思苏区，临沧市双江和凤庆等县区建有茶树资源圃，凤庆县首先对群体种"凤庆大叶种"实施了保护措施，均为云南发展名优茶提供了丰富的种质资源。

《云南省"十四五"发展规划》明确要求"聚焦种业，将云南打造成为全球规模最大的茶树种质资源中心"，云南茶树种质资源优势必将为云茶产业发展发挥重要作用，为中国乃至世界茶叶进步作出新的贡献。

（六）云茶产业"三极"发展目标渐被认可，分类指导受重视

2022年3月，云南省茶叶流通协会明确提出云茶产业"三极"发展目标，得到广泛认同响应，人民网采访报道后，标志着云茶产业"三极"发展目标正式确立，发挥特色优势，分类指导实现突破并得到重视。

古树茶、名山头、小产区是云南茶产业的特色和亮点，是历史遗存的珍稀农业遗产，成为消费者青睐和追逐的热点，带动了云茶区域性特色茶区的快速崛起，拉动了茶园种植、制茶装备、茶区文化水平提升。冰岛小镇、景迈山非遗景观、勐海老班章、昔归蛮鹿山及普洱困麓山等特色茶区设施不断完善，云茶产业正朝着"特色极致"的方向砥砺前行。但是就云南茶产业的现状来看，古树名山茶仅约60多万亩，且有的亩株数较少，是云茶产业的独有特色。中华人民共和国成立以后各个时期种植的600多万亩现代茶园，是云茶产业的主体，这些茶园品种多以国家认定的勐库大叶种、凤庆大叶种、

勐海大叶种为主，生产的各类茶叶（普洱茶、晒青茶、滇红茶、云南白茶）品质相当优秀；其余约100多万亩新培育的良种茶园，产量品质也十分优异，共同构成云南茶产业的主体。云南茶产业应当将古树、名山茶成品做到极致，将现代茶园的茶产品做到极好，以极致的产品带动极好的产品销售，让喜爱云南茶的消费群体都能喝到云南好茶，爱上云南好茶。真正做到特色产品极致、主体产品极好，产业做到极强，最大限度满足广大云茶爱好者的需求，在体味极佳云茶产品中得到愉悦和健康。

（七）传统制茶技艺及相关习俗入世界非遗名录

2022年11月29日，"中国传统制茶技艺及相关习俗"在摩洛哥拉巴特召开的联合国教科文组织保护非物质文化遗产政府委员会第十七届常委会上通过评审，列入联合国教科文组织《人类非物质文化遗产代表作名录》，这充分体现了中华文明对人类文化多样性作出的重要贡献。云南省普洱茶制作技艺（贡茶制作技艺、大益茶制作技艺）、黑茶制作技艺（下关沱茶制作技艺）、红茶制作技艺（滇红茶制作技艺）、茶俗（白族三道茶）、德昂族酸茶制作技艺6个项目列入《人类非物质文化遗产代表作名录》，这是云南茶产业为人类文化多样性作出的贡献，必将成为云茶高质量发展的助推器。

（八）科技赋能，茶产业助力乡村振兴工作见成效

自2020年开始，云南省携手各主要产茶区，建立了6个行政村级"茶产业助力乡村振兴联系点"，携手多方力量，强化科技赋能，助力乡村振兴。

从主产区6个联系村的情况看，茶叶种植面积分别稳定在1.7万亩至3.2万亩之间，茶叶产值分别稳定在510万元至9300万元之间，茶农人均茶叶收入分别稳定在2000元至21000元之间。2022年联系村茶园总面积62170亩，茶叶产量2194吨，产值3400多万元，茶叶人均纯收入达14745元。为巩固脱贫攻坚成果作出了积极贡献，在全面推进乡村振兴、宜居宜业和美乡村建设中，更好地发挥产业助力的作用。

（九）制定标准、茶叶质量安全体系继续发力

云南省年内共发布《大叶种晒青茶》《凤庆红茶》等8项团体标准，所属云南茶叶评价检测溯源中心致力促进构建全省茶叶质量安全追溯体系，先后对云南省龙头企业和"十大名茶"为主的100多家茶企、近万批次产品做了质量保荐溯源及价值评估服务，共发布《大叶种晒青茶》《凤庆红茶》等多个团体标准。云茶行业标准及追溯体系建设不断完善，将对规范市场起到积极促进作用。

三、云茶产业发展中的困难和问题

首先是古茶树资源保护任重道远。云南作为世界茶树核心起源地，截至2022年仅对105万余株古茶树实施了建档挂牌，未完全系统掌握"家底"，古（茶）树名山地理标志产品范围应用滞后，仍存

在"重采摘轻管养"的问题。虽出台了"保护条例",但各条款落实仍有许多实际问题,特别是资源保护与茶农当前利益的矛盾突出,有些知名古茶树一次承包采摘数年,承包者过度采摘,技术标准滞后和资源保护规范与茶旅融合尚缺乏规范指导。

其次是大中型龙头茶企数量少,实力不强,品牌带动力不足。截至2022年,全省仅2000多个茶叶初制所通过规范认定,不少茶企设施设备陈旧老化,配套程度低,标准意识薄弱,加工工艺不规范,标准化水平有待提高,"企业+合作社+茶农+基地"的利益连接机制不紧密,制约茶科技和茶文化的效益提升。

三是产业集中度不高,组织化程度低,企业小、散、多、弱,龙头企业不够强,产业链条短,新产品、延伸产品开发乏力,品牌意识薄弱,品牌影响力不强,销区市场竞争力有限,茶企抱团合力拓市场、打品牌、谋发展意识不强,产品同质化严重,普洱茶、滇红茶公共品牌引领的名茶品系认知度低,品牌溢价尚未得到充分体现。

四是生产加工建设用地缺乏,供地申请流程复杂,耗时长,制约三茶统筹推进;茶区水电路等基础设施建设亟待完善。投入不足,缺少财政资金支持。

五是人才支撑不足,科技研发滞后,缺乏科技研发、市场开拓的领军企业和人物,一、二、三产业融合发展存在诸多困难。加大政策支持力度,提高经营主体文化素质,增强企业软实力,文化赋能、科技兴茶仍是云南茶产业发展中亟待加强的工作。

六是云南民族茶文化底蕴深厚,但引领缺位,功能拓展乏力,尚未形成一批国内外知名的茶山、茶园景区和茶文化品牌。在以真文化强龙头、树品牌,推动产业链延伸、增强市场竞争力方面仍需发力。

四、发展建议

(一)讲政治、凝聚发展合力

做好社会组织党建是全面加强党的基层组织建设的一项重要工作。社会组织党建引领要着眼于提高员工队伍素质,提高协会服务能力、凝聚力、引导力和换届协会政治把握能力,结合产业发展实际优化服务。云南省茶叶流通协会按照云南省民政厅等主管部门要求,坚持政治引领协会工作,以学党史强党建,以学习促工作,认真加强协会党的建设,深化党建强会,切实将党建工作与做好服务相结合。中国共产党第二十次全国代表大会胜利召开,各单位会员认真组织收听收看实况报道及大会新闻,通过认真学习,结合实际改进工作,以体现云南茶企、茶人心向党,关心党和国家发展大计,凝聚发展合力,云南省民政厅社会组织党委调研组对云南省茶叶流通协会会员服务组的工作给予了充分的肯定。

（二）入茶区，加强现场指导

为认真贯彻落实党中央全面推进乡村振兴和稳经济大盘要求，云南省在生产区建立了"茶产业助力乡村振兴"挂钩联系点，通过云南省茶叶流通协会专家团队加强对茶叶生产、加工、制作的指导，对茶叶栽培管理和加工工艺等培训的开展，促进提高质量，增加茶农收入，促进产业健康发展，助推乡村振兴。协会还先后为挂钩联系的村卫生所建设筹集60多万元资金，并为交通不便的乡镇捐赠中国初保基金会救护车两台、垃圾清运车两台。

遵照习近平总书记"要把茶文化、茶产业、茶科技统筹起来，茶产业要成为乡村振兴的支柱产业"的要求，云南省茶叶流通协会紧紧围绕巩固脱贫攻坚成果，促进乡村振兴，组成茶产业助力乡村振兴调研组，分别到临沧、西双版纳、大理、普洱、德宏、保山等地调研，同当地茶叶主管部门领导一起深入茶区、茶园，了解情况深入交流并通过问卷调查就如何规范化生产和管理、打造品牌和拓展市场、促进提质增效等提出意见建议。认真落实"南涧数字化技术赋能茶产业发展项目"，通过数字经济和品质赋能促进增值流通。

（三）抓培训，强基层素质

一年来，共完成人社培训项目8705人次，完成认定8057人次，完成4个茶艺师技师班、3个评茶员技师班培训，严格把关，确保培训及认定工作质量，为基层培养了一批茶叶种植、茶园管护、茶叶生产、加工制作和销售人才，为企业提质增效和茶产业夯实人才基础。

（四）技能赛、组织严密获好评

云南省茶叶流通协会承办了由云南省职工经济技术创新工程领导小组、云南省总工会、云南省人力资源和社会保障厅主办的"建功十四五，奋进新征程"的云南省第十九届职工职业技能大赛评茶员技能竞赛决赛。来自全省14个州市代表队、44名优秀选手经过紧张严格的竞赛，10名选手脱颖而出，大赛准备充分、组织严密、规范有序；赛题科学、设计合理；裁判严格、督导严肃；选手自律，积极进取。代表了云南茶行业评茶员的水平，对提高评茶员水平和自身素质起到积极促进作用。

（五）重标准、促放心消费

云南茶叶评价检测溯源中心坚持服务政府、服务企业，在全省重点产茶县开展工作，参与政府构建全省茶叶质量安全追溯体系，为省龙头茶企和十大名茶企业做好质量保荐溯源及价值评估服务；完成10万余亩茶园有机产品认证；帮助多家茶企建立ISO 9001质量管理体系、危害分析与关键控制点体系标准化管理。共发布《凤庆红茶》《晒青茶（大叶种）》《云南大叶种白茶》《年份普洱茶质量保荐追溯技术规范》等8个团体标准。特别值得一提的是《茶叶价值评估规范》标准，为云南茶企存货上市价值评估服务和市场茶叶价值评估提供了科学依据。

（六）抓活动、聚人心齐发力

云南省茶叶流通，协会以"5·21"国际茶日为契机，精心组织系列活动，先后邀请云南省人大、省政协领导和相关委员会及十大品牌企业共庆"5·21"国际茶日，共饮十大品牌茶，共叙茶产业，共谋新发展。还举办了"云南省年份普洱茶标准推广及品鉴会"，推动年份普洱茶更好地走向市场。

值得一提的是线上举办的会员双月活动，会员关注度、参与度大大提高，聚焦早春云茶，线上参与人数突破10余万。"加强标准化建设 促进云茶产业高质量发展"为主题会员双月活动，线上参加活动人数突破40万。

（七）抓宣传、扩认知促流通

为重振云南茶叶产业信心，协会受云南省农业农村厅委托组织由新华社、经济日报社、人民网、农民日报社、中新社、中国网、云南日报社、云南网、云南广播电视台记者组成媒体采访团，深入勐海、普洱茶区与当地茶农、茶企深入交流，深度挖掘云茶文化和茶产业增收故事，通过媒体相继推出一系列报道，传播云茶正能量，提振茶农、茶企信心，鼓舞茶人士气，助推产业发展。

（八）强信心，传统技艺入非遗

2023年11月，"中国传统制茶技艺及其相关习俗"申遗成功。云南省德昂族酸茶制作技艺等6个子项目入选。云南省茶叶流通协会对申遗成功消息进行了及时宣传报道，走访非遗传承人，共同研讨进一步做好传承，扩大影响及销售。

（九）重交流，促进合作发展

云南茶文化粤港澳传播中心在深圳主办了拾间乐里"章"显非凡——老班章品鉴会。11月，联合上海市茶叶行业协会主办了"沪滇两地 同品共叙"茶会，与上海市茶叶行业协会在职业技能培训、茶山游学、茶旅融合、茶企观学一系列提升产业技能的培训工作和组团参展等方面达成共识并签订战略合作协议。

云南省茶叶流通协会公众号发文400多篇，阅读量2022年突破10万余人次。

2023年是全面贯彻落实党的二十大精神的开局之年，全面推进乡村振兴，加快建设农业强国是党中央着眼全面建成社会主义现代化强国作出的战略部署。习近平总书记指出，要把增加绿色优质农产品供给放在突出位置，狠抓农产品标准化生产、品牌创建、质量安全监管，推动优胜劣达。质量兴农，要依托农业农村特色资源，开发农业多种功能、挖掘乡村多元价值。要强龙头、补链条、兴业态、树品牌，推动乡村产业链升级，增强市场竞争力和可持续发展能力。云南省将以习近平新时代中国特色社会主义思想为指导，认真践行"三茶统筹"理念，助推云茶产业高质量发展。按照党中央和云南省委要求，认真落实，提供服务，反映诉求，规范行为，促进流通的协会宗旨。坚持茶文化铸云茶产品之魂，充分挖掘云南多民族的茶文化内涵，用真文化为云茶产业、云茶品牌赋能，用科学的文化讲好云茶故事。要坚守质量，以质量铸造品牌，以品牌拓展市场。要依靠科学技术，以真科学赋能云茶品质，赋能云茶品牌。要拓展最美茶山、茶园休闲体验旅游，要重视将名山古树的特色优势转化为促进现代茶园产品（绿色、有机茶）消费的优势。将丰富多彩的民族茶文化优势转化为市场消费的驱动力，全方位、立体式构建云茶产业大格局，为茶叶行业的发展加倍努力。

云南省将通过总结近十年工作成效，站在新的起点，制定今后10年服务云茶产业发展规划，为云茶产业发展做好"提供服务、反映诉求、规范行为、促进流通"的各项工作，与云茶产业一起再创辉煌。

（执笔人：徐亚和、陈勋儒）

2022陕西省茶叶行业发展报告

陕西省茶业协会

2022年是习近平总书记来陕西省安康市平利县视察茶山，并作出重要指示的第3年。在陕西省委省政府的正确领导下，全省上下齐心协力贯彻落实总书记指示精神，充分发挥茶产业在陕西省区域特色优势产业中的重要作用，巩固拓展脱贫攻坚成果，促进农民增收致富，推进乡村振兴。通过政策引导、专项扶持、示范推广、品牌培育、宣传推介、科技培训，使茶园面积、茶叶产量和产值快速增长。茶叶产品日益丰富、品质显著提升、区域品牌快速推广，全省茶产业蓬勃、高质量发展。

在中国茶叶流通协会的大力支持下，在陕西省供销合作总社、省农业农村厅和省级有关部门的具体指导下，依靠各产茶县区的共同努力，充分发挥陕西生态资源优势，挖掘陕茶文化内涵，弘扬传承陕西茯茶生产工艺，提高茯茶在市场上的知名度和占有率，使之成为陕西省的靓丽名片和"一带一路"建设中的重要篇章。以实际行动践行"绿水青山就是金山银山"的理念，落实农业强省，建设"七个提升工程"。以打造平利茶产业高质量发展示范区为引领，以联农带农，联贫带贫为根本，以茶产业现代化为目标。统筹茶文化、茶产业、茶科技，加快构建陕南茶区名优绿茶、优质红茶和关中茶区茯茶加工产业带。强化茶产业链建设，落实主体责任。发挥茶产业集群的示范引领作用，推动茶产业清洁化、标准化、规模化、品牌化建设，延伸产业链，提高附加值。实现一、二、三产业深度融合，打造茶旅融合样板区，建设高产、高质茶基地示范产业园，有力推动陕西茶产业高质量发展。

一、2022年陕西茶产业生产情况

截至2022年底陕西省茶园面积达299.19万亩，茶叶总产量12.84万吨，总产值228.19亿元，分别较去年增长0.40%、6.49%和7.24%。其中干毛茶总产量11.97万吨，干毛茶总产值212.65亿元，较去年同期增长5.89%和8.31%；优势特色茯茶总产量8689吨，产值15.54亿元。其中开采茶园面积达2151796亩，较去年同期增长7196亩；新建茶园达65724亩，较去年同期减少7487亩；无性系茶园面积达1295938亩，较去年同期增长66755亩；有机茶园面积达224023亩，较去年同期增长12044亩；绿色食品茶园面积达166295亩，较去年同期增长63174亩；生态茶园面积达817181亩，较去年同期增长86147亩。干毛茶产量达119689.9吨，较去年同期增长6659.52吨；名优茶产量达44284.1吨，较去年同期增长3737吨；绿茶产量达102973.1吨，较去年同期增长1938.82吨；红茶产量达8977.7吨，较去年同期增长2683.4吨；乌龙茶产量2吨，较去年同期减少8吨；黑茶产量达6316.6吨，较去年同期增长1036吨；白茶产量达1414吨，较去年同期增长736吨；黄茶产量6.5吨，较去年同期增长3.3吨。干毛茶产值达

212.6474亿元，较去年同期增长16.3169亿元；名优茶产值达118.4894亿元，较去年同期增长5.3593亿元；绿茶产值达184.9465亿元，较去年同期增长10.5871亿元；红茶产值达20.4147亿元，较去年同期增长3.3207亿元；乌龙茶产值0.006亿元，较去年同期减少0.024亿元；黑茶产值4.2379亿元，较去年同期增长0.7189亿元；白茶产值2.8622亿元，较去年同期增长1.6181亿元；黄茶产值0.18亿元，较去年同期增长0.096亿元。

二、陕西省茶产业市场情况

2022年底，陕西全省茶园面积达299.19万亩，茶叶总产量12.84万吨，总产值228.19亿元。其中8.5万多吨内销，内销额占85%以上；外销约1万吨，用于外贸茶和原料茶，不足全省份额的5%；其余部分作为陈化茶的黑茶、白茶和乌龙茶，连年销售。一方面陕茶销售是以线下渠道销售为主，主要市场为陕西、甘肃、青海、新疆等西部地区以及北京、天津、沈阳等大城市。外贸茶和原料茶主要销售土耳其、摩洛哥的北非地区，价格偏低。

三、陕西省茶产业重要成就

（一）陕西千亿级茶产业链建设稳步推进

2021年，陕西省农业农村厅提出建设千亿级茶产业链，以推进陕茶产业集群建设为契机。中央、省级财政累计投资超过1亿元，引导10余亿元社会资本投入茶产业链建设。按照全省茶产业链年度重点建设任务，聚焦产业链前端良种培育、中端清洁化智能化加工、末端品牌营销创新。抓大企业、大项目，稳步推进千亿级茶产业链建设。

咸阳市开展专项资金扶持。针对茶企发展资金困难问题，根据实际情况向财政申报专项资金予以扶持，截止2022年底共为9个项目发放专项资金215万元，待批复资金276万元。

汉中市财政计划每年拿出1000万元，对重点茶叶企业给予信贷贴息补助，已有26家茶叶企业申请贷款，总金额9662万元。镇巴县每年拿出4500万元对茶产业进行扶持；西乡县每年安排2000多万元资金，对茶叶生产、销售、品牌培育等工作予以奖补。汉中市其他县区及安康市、商洛市也根据实际情况对重点茶叶企业予以专项资金扶持。

（二）茶叶品牌价值不断提高，影响力加强

2022年，先后组织各类茶事活动20多场次，通过线上线下宣传，极大地提高了陕茶的知名度和影响力。在"2022中国茶叶区域公用品牌价值评估"中，陕西省茶叶区域公用品牌总价值超过88亿元，较2021年增加13亿元。陕西茶叶平均品牌价值位列全国第3位、平均品牌收益为全国第5位，平均品牌

强度显著高于江北茶叶产区中的其他省份。

汉中市主产县区相关领导开展网上代言，大力宣传汉茶品牌和特色，拓宽销售渠道。先后举办2022陕西·汉中仙毫开采节、茶叶采摘体验文化旅游节、茶叶开园节等各类茶事活动。参加中国茶叶区域公用品牌价值评估活动，"汉中仙毫"品牌价值达38.71亿元，位列全国126个茶叶区域公用品牌第22位，比2021年前进1位，荣获"2022中国茶叶区域公用品牌最具发展力三大品牌之首"殊荣，汉中仙毫品牌收益进入全国茶叶品牌前10位。

咸阳市的微电影《茯茶的故事》获得省委组织部第六届全省党员教育电视片观摩交流活动优秀作品；电影《秘方》，利用先进传媒手段讲好咸阳茯茶故事，并参加陕西省"质量强省 品牌兴陕"推广峰会，推介"咸阳茯茶"公用品牌。咸阳市荣获"品牌建设示范市"；茯茶荣获"陕西省最具影响力的公用品牌"。2021年6月成功申报咸阳茯茶制作技艺列入"国家级非物质文化遗产代表性项目名录"和《人类非物质文化遗产名录》。

（三）茶旅融合，一、二、三产业结合发展已见成效

全省茶产业围绕"一带一路"建设和"乡村振兴"战略，充分发挥陕西地域、历史、文化、自然等资源优势。坚持茶产业和文化相结合，打造茶旅精品线路、茶旅特色小镇，开发"茶旅+民宿""茶旅+研学"等茶旅融合新业态。2022年4月，以"赏茶园美景品茶乡民俗"为主题，省农业农村厅遴选出20条茶旅融合精品景点线路。发掘秀美茶乡的多元价值，推动茶区变景区、茶园变公园，加快茶旅融合步伐，提高茶产业综合产值。

汉中市大力发展"生产+体验+旅游观光"的生态观光、休闲旅游茶园建设模式。建成了20多个茶旅深度融合示范点。其中，镇巴怡溪春生态茶园、宁强千山玉皇观茶园被评为中国最美生态茶园。

咸阳市建设"两园一中心"，即泾渭茶博园、泾阳茯茶创业园和中国茯茶文化展示与茶交易中心。泾渭茶博园是全国最大的智能自动化茶叶仓储体系、全国首个智能茶装备制造企业和一个按国家4A级景区标准打造的茶文化观光旅游景区。

（四）加强政策扶持，夯实产业发展基础

陕西省农业农村厅起草了《陕西省茶产业链"三品一标"提升行动实施方案》，制定并印发了《陕西省"十四五"茶产业发展规划》，统筹指导全省茶产业发展，全力促进茶产业向中高端迈进。

安康市委、市政府制定印发了《关于加快推进安康富硒茶产业全产业链高质量发展的决定》，通过加强良种繁育推广、强化科研联合攻关、促进生产标准化、壮大新型经营主体等方面高效落实，全方位的保障茶产业发展。

汉中市委、市政府制定印发了《汉中市茶叶产业链"链长制"三年行动实施方案》，镇巴县出台了《镇巴县茶产业"十四五"高质量率先突破发展实施方案》和《奖扶办法》，西乡县出台《西乡县

加快茶产业高质量发展决定》。

商洛市农业农村局制定印发了《商洛市"十四五"茶产业发展规划》，全面贯彻落实习近平总书记来陕考察的重要指示精神，推进商洛市茶产业持续快速发展。

（五）强化发展基础，改造中低产茶园

为促进标准化茶园建设，提升茶园生产水平，陕西省园艺技术工作站制定印发《陕西省茶叶标准化示范园建设方案》，确定以绿色发展、整体发展、融合发展为建设原则，明确各项要求、栽培管理要求、产品加工要求、质量管理要求，并制定工作计划及措施，全方位提出建设绿色、生态、优质、高效的茶园。

全省在汉中市南郑区、西乡县、安康市汉滨区建立良种繁育苗圃基地近600亩，年可出圃良种茶苗近1亿株。推广全程机械化管理茶园1.5万亩，改造低产低效茶园10.7万亩，实现茶园品种良种化、生产机械化、产品绿色化、园区风景化。在产业链中端拓展茶叶精深加工，丰富红茶、黑毛茶、白茶、茯茶、现代茶饮、茶多酚等产品种类，形成品类百花齐放的多元化格局。

汉中市示范推广茶园管理、采摘全程机械化。改造提升低产低效茶园，建立一批主道、步道、地头道俱全，滴灌、喷灌、水肥一体化配套的绿色高效生态茶园。2022年，汉中市累计改造低产低效茶园8.5万亩，新建良种茶园2.76万亩。水肥一体化示范点26家，茶园3万余亩，示范机械化茶园1.5万亩。在全省率先开展"生态茶园"创建认定工作，已有58个茶园基地通过了认定，面积达20多万亩。

安康市2022年加强基地建设，以高标准茶园建设为基础，以低产茶园改造为重点，狠抓示范基地建设，新建茶园2.06万亩，改造茶园8.16万亩。

商洛市农业农村局出台实施《商洛市茶叶高质量发展技术示范与推广》等项目，不断优化全市茶生产区域布局，推进适区适种，2022年改造低老荒茶园3.7万亩，提高了茶园机械化水平，提升了茶园生态环境。

（六）开展各种技术培训交流竞赛，提高茶叶加工水平

全省分别在安康平利、咸阳泾阳举办红茶、茯茶加工工职业技能竞赛，评选出14位"全省茶叶加工技术能手"，24位"全省茶叶加工优秀选手"，激发了茶叶加工技术人员刻苦钻研、不断学习的积极性，为陕茶人才振兴奠定基础。

（七）举办各种、各类茶事活动，强化品牌宣传推介活动

一是组织举办形式多样的开茶节、手工制茶大赛、斗茶大赛、茶艺大赛等茶事活动。通过线上线下宣传，让更多客商、消费者了解陕茶、消费陕茶。二是陕西省农业农村厅启动了第三届网上茶博会，由各级媒体组成的陕茶探访团，行程4100多千米，深入到镇巴、泾阳、岚皋、平利、泾河新城5个陕茶主产县区的61家企业进行了实地探访。通过进茶园、上茶山、走车间、看产品等方式，全面

地了解情况，开展产销对接和直播带货等活动。三是组织举办了"世界屋脊 陕茶飘香"陕茶藏区产销对接活动，"相约盛京 品味陕茶"陕茶东北地区产销对接活动等大型茶叶销区市场拓展活动。四是组织举办了第十六届中国西安国际茶业博览会，全国800多家茶叶企业参展，期间还举办了第二届西部新式调饮大赛、汉唐博物文化交流大会等丰富多彩的茶事活动。五是陕西省茶业协会在全省茶行业开展了2021年度陕西茶行业"十佳"推选活动，分别是"十佳茶企""十佳特别贡献企业""十佳最美茶园""十佳茶品牌""十佳茶旅融合示范镇""十佳制茶工匠""十佳青年茶人"。评选出70个先进集体和个人，在第十六届中国西安国际茶业博览会上举行隆重的颁奖典礼，予以表彰和奖励。上述茶事活动均受到了业界的高度肯定和赞誉。

（八）组建省级专家服务团，开展行之有效的培训提高工作

根据陕西省茶文化、茶产业和茶行业的基本情况，陕西省茶业协组建了茶艺专业委员会、茶叶电商销售专家委员会、茶叶审评专业委员会、茶叶种植管理专家委员会四个专业委员会，吸收65名专家从事茶叶生产、茶园管理、茶叶销售和茶文化传播工作者，为省级专家组成员。

全省共计分类别、分层次、分季节、分地域举办各种培训会、报告会、演讲会、发布会、展示展销会60多场次，1万多人次进行不同层次的培训。

（九）龙头企业带动作用明显，产业整体水准不断提高

陕西省现有茶叶企业1700余家，其中国家级龙头企业4家，省级龙头企业69家。汉中市有市级龙头企业48家，商洛市12家，安康市61家，咸阳市2家。茶叶加工厂1052家，茶叶专业合作社995家。龙头企业通过不断完善产业链上中下游利益联结机制，推广"龙头企业+合作社+生产基地+茶农N"的经营模式。

总投资5.7亿元，占地200亩的泾渭茶博园将在咸阳市建成，这是一个集生产、科研、教学、文旅为一体的茶文化、茶产业、茶科技的综合体。实现了茶叶生产的清洁化、标准化、数字化、智能化、信息化，不仅是茯茶产业的典范，还是整个茶叶生产的基准。有力地带动、提升陕茶的整体水平，发挥了"龙头"的示范带动作用。

（十）积极筹备第十八届中国茶叶经济年会和第31届中国茶业科技年会

陕西省农业农村厅等相关单位积极筹备第十八届中国茶叶经济年会并在咸阳市召开，对接中国茶叶流通协会，6—8月在《茶世界》宣传咸阳，介绍咸阳茯茶产业情况，重点推介"泾渭茯茶""裕兴重""泾阳泾砖"。中国茶叶流通协会王庆会长考察调研2022年中国（咸阳）第十八届茶叶经济年会筹备情况并召开座谈会，协助制定了年会筹备方案、任务清单、秩序册、观摩方案、宣传画册、吉祥物等。

安康市积极筹备第31届中国茶业科技年会，制定了详细的工作方案和实施细则，营造出良好的氛围，全面地宣传、推介安康富硒茶。

四、陕西省茶产业的主要问题及建议

（一）茶园生产管理标准化程度较低

陕西省茶园建于秦巴山区，生态环境优良，但茶区70%以上为山地茶园，坡度较高，立地条件差异较大，抵御自然灾害能力低，宜机化面积占比低。在今后的生产中应着重加强低产茶园宜机化改造和茶园标准化管理，将低产低效茶园改造为高产优质茶园。各市县区应认真执行《陕西省茶叶标准化示范园建设方案》，并依据此文件精神，结合各自的实际，制定出具体的工作计划和方案。

（二）茶叶产业发展技术人才严重缺乏

目前全省从事茶叶技术推广的一线专业技术人员不足300人，基层专业人员严重匮乏；拥有自主知识产权的品种、技术、生产规程较少。科技成果转化率低，新产品、新设备等研发效率与科技含量低。因此需要长期持续加强人才队伍的建设培养，强化新产品、品种、技术等研发与推广。

针对绝大多数主产乡镇几乎没有专业技术人员这一现状，应引起省市县相关部门的高度重视，切实把解决茶叶生产技术人员不足的问题当做重中之重，采用行之有效的办法解决。一是在陕西省所属的高等院校开设茶叶专业，培养茶叶专业技术人员，扩大需求渠道；二是各市县区，通过事业单位技术人员招聘的这一渠道，广泛招录茶叶专业技术人员到山区、茶园、生产加工一线；三是开展行之有效的短期培训班、季节性培训班、专题培训班，力争解决当前的实际问题；四是与各中专院校、职业技术院校合作开设短训班，培养出适合当地的"土人才"，尽快解决茶叶生产一线专业技术人员不足的问题。

（三）陕茶品牌影响力、市场占有率和文化传播需大力加强

陕西省内茶企多为中小型企业，有规模、有影响力和带动能力强的龙头企业较少，营销过程中对传统线下渠道依赖严重，运用"互联网+"进行营销的意识和能力不强，营销手段落后。深度挖掘陕茶文化，提高陕茶文化软实力的任务巨大。

陕西是中国北方最大的茶区，陕茶生长在高纬度、高海拔、高云雾地区，以富含锌硒著称，是中国乃至全球高品质的绿茶生产带。长期以来，由于地域环境的闭塞、宣传工作不到位，使陕茶在全国市场的影响力小、市场占有率低，这严重影响着陕茶的销售和效益。为此，要不断加大陕茶的宣传力度和营销模式，彻底改变陕茶销售方式，以北方和西北地区为主，立足于北方各大城市为主的格局，开展线上线下行之有效的宣传活动，提高陕茶在市场上的占有率，获得更多的市场份额和消费者的信赖。

（四）茶叶生产成本高，产业效益有待提高

陕西省茶叶生长在汉中、安康、商洛陕南三市县区，大量的茶园分布在35°左右的坡地上。立地条

件差，基础设施不配套，不能开展机械化生产。茶叶的采摘，茶园的管理绝大部分依靠人工。现在农村都是留守老人及妇女，用工资源极缺，成本很高，加之春茶采摘期短、用工多，使茶叶生产成本更高。

为了解决这一问题，必须按照退林还耕和耕地保护红线有关文件精神，对于立地坡度过高的茶园，要退茶还林。尽快研制适合陕西省山地茶园的机械，以降低成本。提高茶叶生产标准化，加大茶叶机械采摘的普及率，减少用工成本，提高茶叶效益。

（五）加大资金扶持力度，尽快提升专业化水平

为了使陕茶高质量发展，各级财政必须加大对陕西茶产业、茶文化、茶科技的投资力度。抢抓国家对陕茶集群化建设的机遇，设立陕西茶产业发展基金，对重点产茶大县、产茶大镇和茶叶产业化龙头企业的扶持力度。大力扶持公用品牌、地域品牌以及国家地理标志产品，发展有机茶，从基础上为陕西茶产业高质量发展创造一个良好的基础。

五、下一步工作计划

2023年，以第十八届中国茶叶经济年会和第31届中国茶业科技年会在陕西省举办为契机，大力建立健全和优化陕茶生产、加工、营销、科研体系，深化产业链，提升夏秋茶利用率，提高品质，打造知名品牌，扩大市场占有率。努力做好以下几方面工作。

（一）强化茶园建设，从源头上提高品质

在稳定面积的基础上，开展标准化、生态化、规范化建设与改造。强化良种选育和繁良育，对中低产低效茶园进行改造，达到品种结构合理、良种良法配套、农机农艺融合。教育茶农严格执行投入品管理规定，杜绝高毒、高残农药和除草剂的使用，从源头上保障茶叶产品质量安全。

（二）加强产品创新，延长产业链

各级财政、信贷部门、社会力量要加大投资力度，使茶叶企业改进技术、设施升级换代，提高鲜叶运输力量和清洁化生产水平。加强新产品的研发，提高资源利用率和附加值。开发研制茶叶的各种衍生品和附加产品，提高综合利用率，不断延伸茶产业链。

（三）提高茶产业的综合利用率，大力实施茶旅融合

改进以线下为主的传统模式，充分发挥互联网的作用。立足省内，做大国内，扩大出口。建立各种直营店，示范店、连锁店、体验店和加盟店，发展电商带货、直供直销、个性定制、加工体验的新模式和新业态，提高市场占有率。依托"一带一路"建设，做大做强"陕西茯茶"这张亮丽的名片。挖掘陕茶历史文化，讲好陕茶故事。完善茶旅配套设施建设，开发打造精品茶旅线路、茶旅精品园

区、茶旅特色小镇，把茶产业与休闲、旅游、文化、科普、教育、康养深度融合，推动一、二、三产业的融合发展。

（四）以"两个年会"为契机，做强陕茶品牌、扩大市场占有率

2023年，第十八届中国茶叶经济年会和第31届中国茶业科技年会将在陕西召开，这是茶叶界的盛会和盛事。届时，国内外2000多名茶叶届知名学者、教授、专家及著名茶叶企业家将汇集陕西省，共商全国茶文化、产业、科技发展大计。为此，全省上下全力以赴筹备好会议，迎接会议的隆重召开。同时也是展示陕西茶园建设、茶叶品质、茶叶品牌建设成果的良好机遇。大力宣传推广陕西茶文化、陕西茶产业、陕西茶科技，促进陕西茶产业高质量发展。

（执笔人：穆世超）

2022宁夏回族自治区茶叶行业发展报告

宁夏茶行业协会

近年来，宁夏结合当地特色，有针对性地研发茶产品，对茶产品进行多样化的深加工，涌现出以枸杞叶（芽）、苦荞、决明子等为原料生产的枸杞芽茶、枸杞叶茶、八宝茶、苦荞养生茶等代用茶，深受广大消费者的青睐，并形成特色优势明显的产业链条，成为推动宁夏农村经济发展、增加农民收入新的经济增长点。据统计，2022年宁夏生产经营枸杞叶（芽）茶等涉茶企业及商户有700多家，销售收入2.6亿元；2022年的茶叶消费价值约为10亿元，年均复合增长率达6.0%。同时，在区内市场，由于产业结构调整特色茶园面积稳步增长，全区枸杞、枸杞芽、苦荞、大枣、甘草、八宝茶等特色茶及茶原料产量稳步提升，约达到300万吨。目前，宁夏传统茶叶市场消费中绿茶、乌龙茶占据主要份额，2022年二者比重分别为50%、20%。同时，普洱茶、红茶、白茶等其他茶叶份额逐渐提升，红茶、黑茶、白茶、黄茶等茶类占20%。此外，市场上的柑普茶、柑红茶、花草茶等特色产品及超微茶粉、抹茶、茶饮料、茶保健品等精深加工产品也在增加。

一、发展战略

（一）以文化为媒以茶会友打造新的丝茶之路

茶文化作为中国传统文化的一翼，以茶文化为载体开展对外交流，对弘扬丝绸之路精神、促进民心相通发挥着重要的作用。茶叶一直是古丝绸之路上重要的贸易商品，商品贸易带来了沿线国家的繁荣，不同的文化在丝绸之路上交相辉映，积淀并形成了和平、开放、互信、互利的丝绸之路精神。"一带一路"建设的提出和实施，对于促进中国与阿拉伯国家的政治、经济和文化合作，充分发挥宁夏所具有的文化优势、地域优势和产业优势，进一步提高我国茶叶的竞争力，具有积极而又深远的意义。宁夏作为丝绸之路经济带的"思路宁夏建设支点"，在茶产业搭载"一带一路"建设实现快速发展的过程中，起着重要的桥梁和纽带作用，具有得天独厚的优势。依托宁夏"一带一路"建设黄金支点的重要区域地位，少数民族区域优势，以茶文化为媒介推动"一带一路"对外开放与交流合作，把茶文化之城打造成为"一带一路"的名片。通过加强茶文化基础设施建设，打造茶文化的交流平台，推进茶文化及茶产业发展。大力发展茶加工中心、茶包装中心、茶集散中心、茶贸易中心、茶文化中心、茶保健中心、茶信息中心、茶金融中心、茶研发中心等贸易综合体，通过中阿博览会的大力宣传和资源整合，增进中国与沿线国家的友好关系，使沿线国家乐于引进中国茶叶企业，使中国茶叶企业更好的"走出去"，进一步凸显宁夏在"一带一路"建设中经济发展的重要战略地位。

（二）积极发展生态高效茶业

宁夏根据生态高效茶业的要求，大力发展有机、绿色和无公害特色产品，抢抓中央财政扶持现代农业茶产业项目实施机遇，争取发展资金，实现数量和质量、速度和效益的统一。

一是加快无性系良种茶园建设：通过政策扶持，吸引工商企业、外来资金、社会各界力量来投资开发茶业，千方百计增加投入，充分调动茶农发展良种的积极性，以老茶园改种换植和退耕还茶、低产林改造为途径，建立高标准规模化良种茶园。

二是致力抓好良种茶苗基地建设，稳定巩固良种苗产业：全区要逐步建立起以宁夏茶树良种繁育示范为龙头，乡村繁育基地为依托的良种茶苗繁育体系，完善良种苗木基地的管理及种苗的监督体系，为良种茶园建设提供技术支撑。

三是以实施标准化为途径，全面实现茶叶无公害化生产：全面推广茶生产技术规程，茶叶产品全面达到无公害标准；建立茶叶质量定期抽检制度，引导茶农建立农事档案，确保农产品质量的可追溯性；同时加强对农资供应点的管理与监督力度，规范农资供应，从源头上控制高毒高残农药、有害肥料的使用。

四是进一步拓展茶业发展空间：实施茶业走出去战略，充分利用人才、资本、技术等优势，大力开发区外、境外资源，通过技术输出、承包、合作等多种形式，拓展宁夏茶业的发展空间。

五是以百万亩观光茶园建设为抓手，以高起点、新思路、大手笔规划发展大产业、大经济、大旅游：开发茶业多元产业，研发系列产品，筑建茶业经济高地，打造茶业经济联合体和茶业经济文化走廊，构建茶业经济带，形成茶文化乡村生态旅游休闲地。

（三）加强和完善市场体系建设

市场体系建设包括区内有形市场的建设和区外无形市场的开拓。

一是培育龙头市场。加快塞上江南名茶城的建设步伐，进一步提升名茶市场档次，强化市场硬件和软件的建设，拓展茶叶市场的信息功能、服务功能、辐射功能、文化交流和质量监控功能，将名茶城建成全国一流的，品种多、功能齐的茶叶集散中心。

二是加快全区茶叶与全国大中城市的对接，鼓励专业大户、龙头企业、农民经纪人到大中城市兴办茶叶销售窗口，开办宁夏特色茶专卖店。重点拓展以北京为中心的北方市场，拓展以上海为中心的长三角市场，扩大宁夏特色名茶在这些市场的占有份额。同时，加快贸易型龙头企业的发展，积极开拓伊斯兰国家及国际市场，开设国外窗口，提高创汇能力。

（四）培育扶持茶业龙头

一是集中力量扶持发展一批科技型、外向型、规模型、带动型的茶业龙头，积极鼓励茶业龙头企业上规模、上档次：争取建成自治区级龙头企业2家，市级龙头企业5家。区财政要加大对茶叶企业的投入力度，区金融部门要加大对茶叶重点骨干企业的投入。通过实力型的中小型企业，以品牌为媒介，进行兼并或资产重组，联合组建股份企业，壮大企业资本，形成规模化、品牌化的茶业集团，完善现代化企业管理，实现与国际市场的成功对接。

二是加快培育茶叶专业合作经济组织：按照"民办、民有、民享"原则，积极鼓励发展以农户为基础的茶叶专业合作社，不断增强合作社的经济实力，充分发挥其在组织茶农、服务茶农、示范带动生产、开拓市场中的重要促进作用，引导茶农走向市场。争取建成规范的茶叶经济合作组织50家。

三是加强行业协会建设：加强对茶行业协会的管理领导，围绕茶叶行业，推动各种形式的联合，在行业自律、制定标准、宁夏特色茶证明商标管理、品牌管理等方面，发挥积极作用。

（五）强化科技兴茶能力

一是加强与国字号茶机构以及省内外、国内外其他茶机构的交流合作，通过多种途径、积极创造条件吸引各方面的茶叶专家为宁夏茶业发展服务。二是造就一支能够接受先进茶叶科学技术、善于技术创新和实际应用、又有丰富茶学知识的高素质茶叶科技人员队伍和农民技术员队伍，鼓励大中专毕业生到重点茶叶企业就业，为茶业科技进步提供人才保障。三是强化技能培训，提高从业人员整体素质。加强专业茶农的创业培训，使更多的茶农适应农业专业化、规模化和科技化发展的要求，培育茶业生产经营新型主体，培育新一代骨干茶农队伍。加强经营户的职业资格培训，鼓励茶叶经营企业从业人员和茶叶相关行业从业人员参加"评茶师""茶艺师"等职业技能培训和资格认定。加强茶叶加工厂工人岗位技术培训，逐步推行茶厂工人持证上岗制度。四是支持茶叶科技创新，加大茶叶研发经费补助力度，用于茶叶新产品开发、新技术研究创新，加快宁夏枸杞叶（芽）茶制作方式的创新。五是加快新型适用技术的引进、推广，提高对新技术的接受和转化能力，大力推广茶园机械化管理、早生栽培、茶叶冷藏、茶苗扦插地膜覆盖、设施栽培等优质、高效、节本的茶叶生产适用技术和茶副产品综合开发技术，延长产业链，提高茶叶生产效率和经济效益。

（六）进一步提升品牌影响力和综合竞争力

一是调整优化茶类结构：调整茶叶的产品结构，积极推广特色茶组合生产，充分利用茶树原料，根据茶树鲜叶原料老嫩程度和果实的不同，采制加工相应的茶类，组合生产风格独特的特色茶品种，最大程度地发挥茶叶生产的比较优势。

二是进一步推进茶叶质量认证：做好QS产品、绿色食品、无公害农产品及基地认证的组织申报，积极进行ISO 9000标准、ISO 14000标准、GMP和HACCP等质量管理体系的认证。2022年，全区获得QS认证的企业达到30个以上，有机茶认证的企业超20家以上，自治区级无公害农产品及基地认证的企业和基地达到30个以上，获得质量管理体系认证的企业达到10家以上。

三是进一步开展创名牌活动：实行严格的质量监管和品牌监管，以稳定的质量保证品牌的声誉，以良好的品牌形象占有稳固的消费群体。鼓励茶叶企业争创名牌，力争创宁夏名牌产品10个以上，争创宁夏驰名商标2个，力争宁夏八宝茶进入全国驰名商标行列。

四是着力抓好宁夏特色茶专卖店建设：加强专卖店管理，推行专卖店自律承诺制，践行"中宁枸杞"品牌管理模式。

五是探索创新农产品宣传与展销方式，"请进来、走出去"，运用各种媒体和展销会、博览会、推介会等进行宣传，进一步培育宁夏特色品牌，对有特色的优质产品和著名商标，要进行重点培育、树立信誉、扩大影响、提高市场覆盖率，实现产品的名牌化。

六是重视名茶产品的营销策划：强化和促进品牌营销的深度和广度，针对不同的产品，从产品包装、目标市场定位、消费者信心塑造、营销方法、文化内涵等角度，研究营销方案，进行专门策划。

七是打造"宁夏特色茶"品牌：形成一个品牌下多个品种竞相发展的良性格局。

（七）加强茶文化经营

重视茶文化宣传，加强茶文化建设和茶文化经营。要加快推进茶产业与茶文化的融合，以举办茶文化节、茶摄影、茶叶诗会、茶叶笔会、茶艺茶道表演等茶文化活动为载体，传播茶文化，巩固培养新的茶叶消费群体，努力实现茶经济与茶文化的繁荣。加强宁夏特色茶文化研究领域的交流与合作，发展传统特色与现代风貌相结合的宁夏茶文化，挖掘古老动人的茶传说和趣闻轶事，丰富形式多样的茶礼。开发茶文化、茶乡游的旅游项目。建造茶文化博物馆，开辟茶乡自娱休闲项目。将茶文化与旅游业有机结合起来，进一步培育宁夏茶业新的增长点。

（八）加强和完善对茶业的扶持政策

为促进全区茶业的可持续发展，必须进一步完善政策，保证政策到位并具有连续性，着力创造良好的发展环境。

一是在产业政策方面：区政府坚持把茶业作为宁夏特色产业加以扶持、发展、鼓励，着力提升产业化经营能力，争创发展新优势。

二是在发展环境方面：提供优惠政策吸引外资，加强产前、产中、产后服务。

三是在土地使用方面：从支持茶业发展的角度出发，对于分散在农户手中的茶园，应理顺权属关系，疏通土地流转机制，逐步使千家万户的零星茶园，向有资金、有技术、有市场的人的手中集中，达到集约化的目的，形成规模化经营。重点茶区在集中规划用地时，优先考虑茶厂建设用地。

四是在财政扶持方面：自治区政府要加大茶业专项资金的投入力度。

五是加强宣传、营造氛围：加强茶业发展和茶叶经济效益、生态功能、文化功能的宣传，加强茶业政策与发展环境的宣传，加强茶业先进典型的宣传，在全区营造积极发展茶叶生产，建设中国特色茶中心的良好氛围，让全社会关心、支持宁夏特色茶业的发展。

（九）强化行业协会的桥梁和纽带作用

以宁夏茶行业协会为主体，大力配合政府、密切联系企业、直接面对群众，全面参与生产、加工、销售、管理、科技等重要环节，全面整合枸杞叶茶、无果枸杞芽茶、枸杞茶、大枣茶、沙枣茶、葡萄茶、苦荞茶、决明子茶、八宝茶、果茶、甘草茶等，全面促进茶叶产品结构调整、产业结构升级和企业技术进步。为形成宁夏特色茶产业发展的新态势做好服务工作。同时，建议赋予宁夏茶行业协会有关茶业规划、项目监管、行业地方标准推广、产品监制、金融担保、人才培训等职能并给予必要的资金配套。

二、消费趋势分析

宁夏茶叶产业提档升级，多元化、品牌内涵、健康消费已经成为宁夏茶叶市场消费新趋势。

（一）政府发挥导向作用促进特色茶产业提档升级

茶叶是重要经济作物，也是传统优势产业。但是，宁夏特色茶产业大而不强、大而不精、大而不彰，质量效益和竞争力差距明显，影响了特色茶产业的持续健康发展。当前，宁夏农业发展进入新阶段，"一带一路"建设加快实施，中阿合作步伐加快，发展方式加快转变，消费结构加快升级，茶产业提档升级发展迎来了难得的机遇。

（二）茶叶消费多元化成产业发展新趋势

消费升级和人口红利的双重叠加，营造出更好的产业成长氛围。"国八条"发布以来，茶叶的产品结构也在逐步的调整，高端茶市场遇冷，整体行业的利润率自2013年以来出现回落。行业利润的回落预示着茶叶的消费渐渐回归饮品的基本属性。

（三）多元化的消费将成为宁夏茶叶市场的新趋势

茶叶天然、健康的特点以及对茶文化的推广，使茶叶被越来越多的人所接受，茶叶的主要消费人群也从中老年男性向各类人群扩散。不同类别的消费者对茶叶的消费需求也存在较大差异，由此衍生出多元化的新需求、新模式。

（四）消费者更加注重品质与品牌内涵

目前宁夏茶叶行业企业数量多而分散，企业整体规模不大，作坊式小企业较多，达到一定规模并拥有种植、加工、销售全产业链的品牌企业较少。随着国内消费水平提高，消费者对茶叶的品质、安全日益重视，已经由购买非品牌茶叶逐步转向购买品牌茶叶。品牌内涵变得更加重要，符合消费者感知且独具特色的品牌将崭露头角。未来几年，茶行业"品类强，品牌弱"的局面还会长期存在，其中一个重要因素就是高度同质化和简单粗放的品牌建设思维。在对消费者的调研中，"品牌"成为消费者选购茶叶时的首要关注因素，消费者对于知名茶企的品牌溢价接受度远远超过想象。另一方面，新的业务模式以及跨界融合，将为茶企带来更多的机会。"+互联网""+旅游""众商模式""私人订制"等新的业务模式和跨界融合不断出现。

（五）健康主题的消费需求日趋强烈

饮茶是一种有利于身体健康、可提高生活品质的习惯，符合现阶段消费者对健康和高生活品质的诉求。饮茶人群的增长带动着茶叶市场规模扩张，促使茶业企业扩大生产，一些品牌认可度高的茶叶企业脱颖而出。人们对生活品质的要求越来越高，有机茶等健康类食品，必然将进入千家万户；在食品安全被关注程度越来越高的今天，一些中高端人群更加需要健康的食品和绿色的食品。

（执笔人：杨鹏洲、强世国、尹淑艳）

2022中国重点产茶县域发展报告

中国茶叶流通协会

2022年是"十四五"规划关键之年，是第二个百年目标开局之年。中国政府和人民在以习近平总书记为核心的党中央的坚强领导下，克服纷繁复杂的国际环境对宏观经济造成的负面影响，统筹推进经济社会全面发展，向全世界展现了中国力量。

随着中国"十四五"规划的全面推进，重点产茶县域的茶产业工作核心转变为"全面助推产业振兴与现代化"，工作重点聚焦于高质量发展、特色集群建设与产业转型升级三个主题，随之而来的是以龙头企业为媒介的产业整合、结构调整、效益提升。在此过程中，重点产茶县域的区域品牌打造、营商环境构建、服务能力提升，成为县域茶产业转型提升的关键性因素。

针对于上述重点需求和产业发展情况，中国茶叶流通协会特撰写《2022重点产茶县域发展报告》。本报告以中国茶叶流通协会开展的"中国茶叶流通协会2023年度产茶县域调查工作"为数据基础，多维度、多视角分析展现重点产茶县域发展现状，旨在为各产茶县域提供建设性借鉴与参考。

一、数据分布

本年度产茶县域调查工作全面调研了重点产茶县域样本县域（以下简称样本县域）中基本情况、种植情况、生产加工、内销情况、出口情况、品牌建设、科技支持、产业政策等内容。统计汇总显示，各样本县域种植情况和生产加工经过多年发展已趋于稳定，品牌塑造及产业提升情况差别较大。为科学反映当前重点产茶县域情况，并方便与历年数据进行比较，本报告对全体县域样本依照全国各省区产茶情况、本年度样本分布情况和历年调查情况，按比例分配各产茶省样本采纳名额，使之切实代表县域茶产业发展状况并体现县域后续发展趋势。本报告分层次抽选150个产茶县域作为本年度重点产茶县域样本进行分析，共涉及15个主产茶省（自治区），其中安徽10个、福建12个、广东2个、广西5个、贵州19个、河南7个、湖北17个、湖南16个、江苏2个、江西9个、山东2个、陕西9个、四川12个、云南17个、浙江12个。

二、基本情况

（一）涉茶劳动力情况

2022年，样本县域覆盖地区人口总数为7576.64万人，其中农业总人口4782.75万人，占总人口的63.12%；涉茶人口1980.18万人，占总人口的26.14%。

（二）茶产业基本情况

2022年，样本县域覆盖地区总国内生产总值（GDP）为4.51万亿，人均5.95万元，低于全国平均水平。农业总产值8264.99亿元，茶叶总产值5124.29亿元，茶业税收达到了39.36亿元（有部分减免税，具体参照各地相关文件），其中2022年度茶业税收过亿的产茶县域（市、区）共有7个。

（三）情况分析

从基本情况版块来看，涉茶人口中的非农业户口比例有明显上升，茶叶行业产业化的趋势逐渐明显。茶产业在县域经济中的成长属性尤为突出，税收相较于往年有所增长，地方富农产业逐渐向区域支柱产业转变。但同时也可以看到，茶产业的财税收益依然低于其他产业，这是由两个方面原因共同作用的结果。一是国家财税政策改革后，涉农产业的增值税征收过程较为复杂，尤其是初级农产品流通版块，按规定不征税，使得茶产业成为富民但不富税的产业；二是产茶县域营商环境及招商引资政策构建落后于发达地区，使得大型茶企在大中城市设置营销中心并开具当地发票，税收外流严重。

三、种植情况

（一）生产基础

重点产茶县域样本囊括我国的四大茶区，分别为华南茶区、西南茶区、江南茶区、江北茶区。气候多属于亚热带季风气候，部分为热带季风气候（主要集中于云南、广东、广西、海南、台湾等省区）或温带季风性气候（主要集中于山东、安徽、河南等省）。平均降雨量在1250毫升，森林覆盖率平均为40%，最冷月平均气温（非最低气温）在0～15℃之间，平均海拔高度647.93米，土壤以酸性或弱酸性的红壤、黄壤为主，适合茶树生长与栽培耕作的需求，具备良好的地理环境条件。

（二）茶叶种植

样本数据显示，截至2022年末，样本县域种植面积为3227.83万亩，占我国茶园总面积的

64.61%，其中年增长率超过10%的产茶县域共计5个，涨幅最大的达到19.27%。茶园年均增长率不断下降，标志着各产茶县域逐渐脱离依靠面积扩张推进产业提升的模式。依然维持较高增长率的县域有两类，一是本身茶园面积较小的新兴产茶县域，二是品牌建设较好的优势产茶县域。

调查结果显示，截至2022年末，样本县域茶园可采摘面积为2674.78万亩，茶园投产率占总种植面积的2.86%，占全国投产茶园面积的58.91%。其中，75个重点产茶县域茶园投产率高于90.00%，福建、湖南、安徽、湖北、浙江等省的产茶县域茶园投产率较高。新建茶园建设标准化程度相对较高，茶树品种主要为无性系品种，福鼎大白、福云六号、白叶一号等品种种植范围逐渐扩大。

（三）茶园管理

2022年样本县域中，实施专业化统防统治茶园面积为1452.52万亩，占茶叶种植面积44.31%，贵州、河南、湖南、福建、浙江、云南、湖北等省（自治区）普及率较高。获得有机认证的茶园面积为311.48万亩，占茶叶种植面积9.65%，云南、河南、福建、江西、湖南等省（自治区）普及率较高。

（四）情况分析

从种植情况版块来看，目前产茶县域开始由单纯的面积扩张转为精细化管理，呈现出较为明显的两种趋势：第一种是新兴茶区聚焦于做好现有茶园管控水平，遴选适种适制的无性系良种；另一种是传统茶区聚焦于提升统防统治的水平，老旧茶区改造和培育本地良种。茶园的建设是茶产业的基本立足点，在经历了2022年冬季的旱灾之后，行业更加意识到，标准化的茶园对于茶叶的质量管控、种植采摘的机械化、茶园的抗灾防灾能力提升都有巨大的推动作用。

四、生产加工

（一）茶叶生产

调查结果显示，截至2022年末，样本县域茶叶产量为237.72万吨，占全国的74.73%。样本县域茶园亩产量达到88.87千克/亩，明显高于70.08千克/亩的全国平均水平。干毛茶总产值为1995.43亿元，占全国的62.73%。

（二）各茶类生产情况分析

2022年样本县域各茶类生产情况：绿茶121.26万吨，占比51.0%；红茶35.43万吨，占比14.9%；黑茶（不含普洱茶）27.69万吨，占比11.6%；再加工茶14.99万吨，占比6.3%；乌龙茶10.20万吨，占比4.3%；普洱茶12.58万吨，占比5.3%；白茶9.63万吨，占比4.1%；黄茶1.13万吨，占比0.5%；代用茶4.81万吨，占比2.0%。（图1）

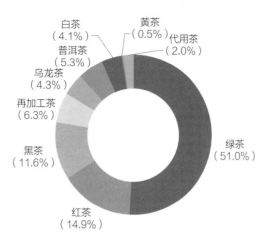

图1　2022年重点产茶县域各茶类产量比例

重点产茶县域样本县域干毛茶产值中，绿茶1044.68亿元，占比52.4%；红茶317.41亿元，占比15.9%；黑茶（不含普洱茶）96.99亿元，占比4.9%；乌龙茶145.90亿元，占比7.3%；再加工茶110.89亿元，占比5.6%；白茶125.79亿元，占比6.3%；普洱茶90.69亿元，占比4.5%；黄茶8.81亿元，占比0.4%；代用茶54.23亿元，占比2.7%（图2）。

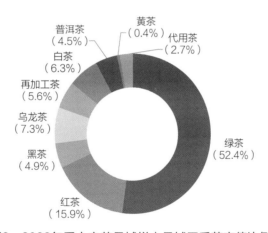

图2　2022年重点产茶县域样本县域干毛茶产值比例

绿茶、红茶、黑茶是当前各重点产茶县域生产的主要茶类，以上三个茶类的产量占到样本总产量的75%以上，是我国茶产业发展的绝对主力。值得注意的是，再加工茶保持持续稳定增长，专门性的代用茶，如菊花、绞股蓝、苦丁等的种植范围也开始扩大，白茶、乌龙茶等茶类近年来受到市场的追捧并多次出现指数级的增长，现已逐步趋于稳定，新兴品类级茶类崛起的难度较大，更具个性化色彩的区域品牌将是后期市场重点追捧的热点。

（三）加工情况

加工作为流通的前端，是茶叶生产体系的基础环节，是产业转型升级和产业现代化的主要体现环节，是整个行业效率和发展情况的集中体现，同时也是县域服务的重点环节。

　　样本县域中共注册有茶叶企业53226家，实现产量230.69万吨，产值2792.48亿元。其中中小企业49932家，占94%；实现产量111.54万吨，占48%；实现产值1404.78亿元，占50%。规模以上企业（规模以上企业按照不同地区、不同企业类型有不同划分标准）3294家，占6.19%；实现产量119.15万吨，占52%；实现产值1387.69亿元，占50%。获得食品生产许可证企业数量为9765家，占比为18.35%，中小企业基本未获得食品生产许可证。（图3）

　　2022年样本县域名优茶产量为89.31万吨，占38%；产值为1154.78亿元，占58%。大宗茶产量为148.41万吨，占62%；产值为840.65亿元，占42%。夏秋茶产量为139.89万吨，占58.84%；产值为610.10亿元，占30.57%。（图4）

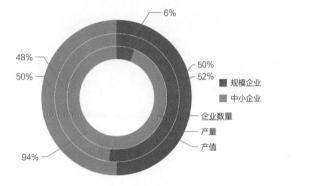

图3　2022年重点产茶县域样本企业数量、产量、产值对比

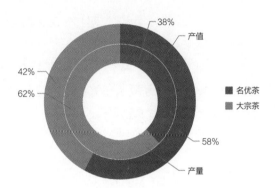

图4　2022年重点产茶县域样本名优茶、大宗茶情况对比

（四）情况分析

　　从生产加工版块来看，目前产茶县域首要任务是规范，长远任务是统筹。规范主要体现在提升企业相关证照的获取率，作为茶叶生产加工企业，应在取得食品生产许可证后参与市场经营。统筹主要体现在统筹规模以上企业与中小微企业的发展关系，完善规上企业与中小微企业上下游结构，扶持规上企业、带动中小微企业，形成链式传导，构建特色支柱产业发展集群。

五、流通销售

（一）内销情况

　　2022年，样本县域的国内销售量为184.52万吨，占全国的76.9%；国内销售额为2636.56亿元，占全国的77.65%。

　　销售量情况分布：绿茶96.79万吨，占比52.45%；红茶30.54万吨，占比16.55%；黑茶（不含普洱茶）17.95万吨，占比9.73%；再加工茶11.76万吨，占比6.38%；乌龙茶10.79万吨，占比5.85%；普洱茶5.05万吨，占比2.74%；白茶7.41万吨，占比4.01%；黄茶0.75万吨，占比0.40%；代用茶3.49万吨，

占比1.89%。（图5）

销售额情况分布：绿茶1335.17亿元，占比50.64%；红茶465.60亿元，占比17.66%；黑茶（不含普洱茶）127.37亿元，占比4.83%；乌龙茶245.65亿元，占比9.32%；再加工茶162.63亿元，占比6.17%；白茶166.90亿元，占比6.33%；普洱茶71.43亿元，占比2.71%；黄茶8.78亿元，占比0.33%；代用茶53.04亿元，占比2.01%。（图6）

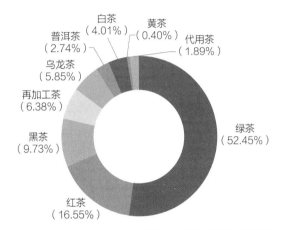

图5　2022年重点产茶县域样本分茶类销售量占比　　　图6　2022年重点产茶县域样本分茶类销售额占比

（二）出口情况

2022年，样本县域的出口量为34.92万吨，占全国出口量的93.07%；出口额为139.38亿元，占全国出口额的92.55%。从出口区域来看，集中于"一带一路"沿线国家及非洲地区。

（三）情况分析

从生产加工版块来看，目前产茶县域呈现出分层级发展趋势，按照不同茶类，已形成优势县域、振兴县域及新兴县域。其中，优势县域利用政策先发优势，已占领市场并初步构建特色产业集群，之后的工作重点在于产业转型提升和龙头企业培育；振兴县域拥有传统区域品牌和良好资源禀赋，但由于发展道路选择失去茶产业市场先机，之后的工作重点在于区域品牌的重塑和特色产业集群的构建；新兴县域多数是因政策导向而发展，产业规模大但区域品牌、企业品牌并不突出，后续工作重点在于构建品牌形象和销售网络，并利用好后发优势建设高质量的产销企业集群。

六、品牌发展

（一）品牌现状

调查结果显示，2022样本县域注重品牌营销与品牌保护。在区域公共品牌建设方面，样本县域共有区域公共品牌267个，注册时间集中在2010年前后，近几年内新注册区域公共品牌数量较少。样本中，共有132个产茶县域拥有茶叶区域公共品牌，其中56个样本县拥有两个及两个以上区域公共品牌，共惠及13540个具备使用权力单位。

（二）品牌建设

在县域样本数据中，区域公共品牌注册商标中，共有中国驰名商标数量121个，中华老字号32个，获得非遗项目111项，近3年荣获省部级以上荣誉共462项。品牌建设较为优秀的县域集中在福建、浙江、安徽等省份。

（三）情况分析

根据县域样本情况，县域品牌建设出现两端倾向，多数县域需要有效提升区域品牌的建设，少数县域需要企业品牌的培育。目前，县域品牌建设的重点不明，除了人文情怀之外，树立品牌核心价值和整体调性、打造有核心竞争力的产品、构建适应本县域的营销策略才是发展重点。产茶县域要树立正确的品牌层级发展观念，正确处理区域品牌与企业品牌的发展互动关系，区域品牌为企业品牌背书保障，企业品牌为区域品牌赋能提升，明确自身品牌建设所处阶段，有侧重的统筹区域品牌与企业品牌发展。

七、科技支撑

2022年样本数据显示，各县域共有茶叶实验室（含企业自设检测实验室及审评室）1241所、科研工作站（含农技服务站）372家、茶叶专用保鲜库房12408家、育种中心（含种子资源库）242家、数字化管理系统（含物流中心管理系统）315项、专业技术人员77633人。相较于果品等其他涉农行业，科技服务能力较弱。

现在，产茶县域主要面临的问题在于茶产业的科技支撑能力与生产销售能力不匹配。现阶段茶产业科技支撑主要体现在检验检测、可追溯、茶园养护等生产质检领域，对产品开发、品牌推广、店铺选址等领域的科技研究和应用不强，县域实际需求与科研主要方向难以契合的问题尤为突出。

八、产业政策

发展茶产业既可提高茶农收入、振兴经济，又可保护生态环境、发展旅游，还能提升文化内涵、唱响品牌，因此很多县域将茶产业作为衔接乡村振兴的主导产业来建设，投入了大量的财政资金。2022年，样本县域针对茶产业共投入财政资金81.64亿元，衔接专项资金101.35亿元（由于划拨方式，衔接专项资金有单独列支情况）。按用途划分，11.40亿元用于品牌推广，5.04亿元用于茶叶机械专项补贴，51.52亿元用于茶叶电子商务建设，22.99亿元茶园建设改造，71.22亿元用于茶区基建，43.47亿元用于其他用途（如茶旅建设等）。

由样本数据可以明显看出，产茶县域的资金使用倾向性明显，集中于茶叶机械化改造和茶园建设改造（包含基建），品牌推广的资金使用量较小。部分地区的品牌发展资金使用方式有精细化的倾向，采用部分补贴和合标奖补的方式，有效撬动企业与社会资金参与，推进茶产业发展。

九、整体建设情况

2022年重点产茶县域建设具有明显的定位和升级色彩。立足于脱贫攻坚衔接产业振兴，各产茶县域响应国家农业发展政策，重点聚焦茶产业现代化转型升级，"发展县域经济，建设支柱产业，实现高质量发展，推进现代化进程"已经成为各产茶县域茶产业建设发展的主基调。因此，在先决条件满足的县域，茶产业由单一产业向核心产业发展，逐步成为基础建设、全域旅游、产业培育的核心，并承担起先行产业的社会责任。尚未满足先决条件的地区，构建茶产业的主导地位成为核心任务，致力于现代茶产业生产体系、经营体系、销售体系建设，力求将茶产业建设为现代产业、特色产业、创汇产业。

本年度重点产茶县域在茶叶种植、生产、流通环节呈现以下特点。

（一）产业效能实现提升，生产结构调整优化

茶叶产业在面积、产量、产值等方面处于当地农业板块优势地位，产业效能提升明显，特色产业地位基本奠定。地区集聚业态初步萌芽，以茶产业为核心地方特色产业集群初步构建。同时，以龙头企业为媒介的县域间合作增多，部分区域品牌借助成熟龙头企业先进的营销思路、品牌形象、宣传阵线和销售网络实现了有效提升。

（二）产业链条有效延伸，现代要素赋能增多

各产茶县域以茶产业为核心或重要组成要素，形成了旅游、文创、电商等延长产业链条。在产业建设中，资本赋能、品牌赋能、科技赋能等多种现代要素赋能越发明显，机械化、科技化、标准化、个性化正成为县域茶产业未来发展的关注点。

（三）经营主体逐渐成熟，服务治理有效释放

家庭农场、农民合作社、龙头企业等经营主体已经形成较为完善的经营网络，组织化、社会化、市场化、专业化程度逐步提升。政府的服务治理能力有效释放，各级政府通过政策调节、资金支持、简化服务等手段，盘活社会资源，提升茶产业综合实力。

十、发展建议

（一）持续推进三茶统筹

县域茶产业发展应全面理解、深入贯彻"把茶文化、茶科技、茶产业统筹起来"的重要指示精神，以联合国教科文组织《人类非物质文化遗产代表作名录》"中国传统制茶技艺及其相关习俗"为核心，深入挖掘、保护在地茶文化精髓与传统技艺，将茶文化打造为构建中华文化的代表；以"国内大循环为主体、国内国际双循环相互促进"的新发展格局指导茶业产销体系的不断完善，以整合科技资源推动产学研用深度融合发展，从而全面夯实全产业链开发、全价值链提升、全政策链扶持，让茶产业在乡村振兴战略的实施过程中真正的担当起支柱产业的作用。

（二）持续推动产业发展

以低成本和扩张规模获取竞争优势的时代已经过去，县域茶产业的发展重心应由单纯扩大种植规模转向全面高质量发展。以构建现代茶叶生产体系、产业体系和经营体系为目标，控制茶园面积，加快低产低效茶园改造升级、有序退出，推行无性系良种本地试种选育、标准化建园、适地适种，推行适度规模经营与茶叶生产全程机械化，加快培养专业人才队伍，建设标准化生产基地，培育国际化茶叶集团，打造一批在国际、国内具有影响力的品牌企业，推动产业健康、可持续发展。

（三）持续优化营商环境

产茶县域要优化自身服务功能，推进商事制度改革，"放管服"激发市场活力，严把准入门槛，维护市场秩序，优化办事流程；重视并做好招商引资工作，明确招商引资政策的制定和落实，吸引税源企业回归所在地，以做大财政基本盘；优化财政资金使用方式，灵活变通的解决企业与产业"急难愁盼"的问题，引导社会资本参与到县域茶产业发展当中；处理好政府和市场关系，厘清二者边界，让有形之手与无形之手相得益彰，做到不缺位、不越位、不错位，保障市场秩序，降低市场经济的交易成本，提高市场的运行效率；强化需求导向，充分吸纳市场主体的意见，建立健全企业家参与的涉企政策制定机制。

（执笔人：王智超、姚静波）

第三部分

国内市场

2022中国茶叶电商发展报告

2022中国茶叶电商发展报告

四川无隐文化传播有限公司

截至2022年12月底，我国网民规模达到10.67亿，网络支付用户规模达9.11亿，网络支付普及率达85.4%。2022年，社会消费品零售总额439733亿元，全国网上零售额137853亿元，社会消费品网上零售渗透率达31.3%。

2022年中国电子商务平台企业营收规模前5位依次为：阿里巴巴85435.1亿元，同比增长7.47%；京东35644.4亿元，同比增长10.45%；拼多多30843.7亿元，同比增长33.0%；抖音电商23023.0亿元，同比增长63.40%；快手电商9021.0亿元，同比增长32.5%。

内容电商是2022年电商市场增长主要贡献因素。阿里巴巴因为某些主播的影响，其平台侧通过短视频、直播交易受到较大影响。京东和拼多多内容电商一直未见成效。在内容电商部分，抖音电商、快手电商是绝对的主力军。回顾2022年，疫情防控措施倒逼，便利的电商基础设施（电子商务平台、支付系统、物流配送和数据中心等），茶叶健康、国潮文化属性，现制茶饮和即饮茶产业快速发展等因素推动了茶叶电商交易规模继续扩大。据中国茶叶流通协会估算，2022年中国茶叶线上交易总额已突破330亿元，近3年的年均复合增长率保持在10%以上。此外，艾媒咨询数据显示，2022年超过九成的中国消费者有喝茶的经历，其中保持每天喝茶习惯的消费者占47.5%。

综上，2022年茶叶电商整体趋势呈现为渗透率持续提升，增量看内容电商，产品组合式创新，全域经营提效率，定价趋近成本线，促销策略丰富多。2022年茶叶电商增长主要来自以内容电商为主的快手、抖音线上交易平台。一方面是内容电商平台交易规模增速领先于传统电商平台，另一方面是因为快手、抖音用户主要是茶叶消费普及率较低的年轻人群体，2个内容电商平台在2022年增加了大量茶叶垂类达人、品牌、小店。抖音电商、快手电商通过图文、短视频、直播的内容形式全方位展现茶叶魅力，推动年轻人的茶文化认知、茶叶消费意愿提高。本文基于营销4P［place（渠道）、product（产品）、price（价格）、promotion（促销）］展开。

一、渠道趋势

电商经营主要依托于主流电商平台。从国内排名前5位的电商平台商业模式来看，阿里巴巴（以淘宝、天猫为主）、京东以货架电商为核心，是国内发展超20年成熟平台，阿里、京东系平台2022年较2021年增长分别为7.47%、10.45%。拼多多以社交电商起家，已经于2018年7月在美国纳斯达克上市，2022年同比2021年增长33.0%。抖音、快手以内容兴趣推荐起家，衍生出内容电商模式。快手

2021年2月5日港交所上市,2022年交易额同比2021年增长32.5%。

从2022年排名前5位的中国主流电子商务企业总营收同比2021年来看,抖音增速最多,达到63.40%。且抖音集团未上市,抖音电商规模未来扩大的空间更具想象力。以抖音茶叶电商为例,2022年通过短视频交易额同比2021年增加54%;通过直播交易额同比2021年增加181%。从细分品类来看,2022年抖音茶叶交易额同比2021年增长分别为白茶267%、普洱茶194%、乌龙茶191%、红茶145%、绿茶118%、黑茶104%。

国内消费品牌,主要是渠道型品牌为主,茶叶电商龙头品牌也体现着这样的趋势。

(1)阿里、京东的茶叶品牌以艺福堂、八马、中茶等为代表。其中,中茶和八马达成了跨平台行业品牌领先,而且通过线上扩大品牌声量、销量,进而推动自身品牌线下加盟业务扩张。

(2)拼多多主要是白牌商品较多,品牌产品市场规模有限。

(3)快手电商以达人为主、品牌为辅,如达人账号——"龙团胜雪&思考人生茶庄园的小店"(现已更名为"思考人生茗茶旗舰店")全网茶叶垂类主播粉丝数最多606.5万个,总销量累计超过300万件。

(4)抖音电商基本做到了达人和品牌齐头并进,比如达人侧有丹妮茶叶(主推品牌陈生记,2022年销售额超过10亿元)、晚晚的茶话馆(主推品牌今曦茶业,合作品牌六大茶山、大益等),品牌侧有八马茶叶(合作丹妮茶叶、王石等达人,首个合作抖音电商超级品牌日的茶叶品牌)。

基于2022年我国网民规模(10.67亿)、网络支付用户规模(9.11亿)、社会消费品零售总额(439733亿元)、全国网上零售额(137853亿元)、茶叶电商交易额(330亿)、社会消费品网上零售渗透率(31.3%)、有喝茶经历消费者(超过人口数量九成)综合分析,目前茶叶电商占整体茶叶交易额比例还比较低,未来一段时间内,茶叶电商渗透率增速还会快于其他消费品行业。

茶叶电商蓬勃发展的另一面,也意味着在线茶叶交易的混沌期不可避免。快速发展的茶叶电商市场,一定程度上会是鱼龙混杂的混沌阶段,政府监管、行业自律、媒体监督等应该为茶叶电商市场规范发展积极作为。在未来茶叶电商交易规模加速扩大的这个阶段,茶叶电商经营者、消费者、主管单位等第三方组织都将摸索前行,但唯有长期主义的经营思路才能行稳致远。

二、产品趋势

产品是经营第一要素,茶叶电商经营还是要从产品出发。持续茶叶产品创新如何形成?作为日常生活消费品,茶叶产品不会产生什么颠覆式创新,其创新主要在组合式创新、场景创新。因为线上是无限货架,经营透明度高,茶叶电商经营者可以通过行业研究、消费者反馈、竞品调研等措施快速迭代更新产品。

茶叶电商产品主要呈现形式有以下几类:产品组合式创新,以小青柑(青柑+熟普)、陈皮白茶(陈皮+白茶)、桂花红茶(桂花+红茶)等爆品为代表;产品搭配用具创新,以定制品牌logo的品茗杯

（绿茶）、盖碗（乌龙茶）、焖泡壶（白茶、黑茶）为代表；产品场景文化创新，以围炉煮茶产品体系推荐、现制茶饮产品配方、融入高频代用茶类为代表；茶文化消费产品，以茶旅度假、避暑休闲、研学培训、参禅悟道的各类活动为代表；冷泡茶类产品的流行，在一定程度上倒逼关联茶叶电商产品质量等级提高。

对于大卖家来说，产品供应链管理尤为重要，需要注重规模化、标准化、有自身特色茶叶供应链打造，确保产品品质稳定性、高性价、差异化，以期形成消费者忠诚度及品牌市场规模不断扩大。对中小卖家而言，茶叶电商的差异化发展才是破局之道。随着消费者对茶叶认知度不断提高，他们对产品工艺、品种、产地、文化属性等方面的个性化需求不断增加。中小卖家通过数据化的茶叶电商找到适合的产品策略，探索差异化品牌价值主张。值得注意的是，规模茶叶品类企业都开辟单独电商产品线，这主要是基于保护线下门店经营秩序。因为线下门店促销活动较为稳健，而线上经营活动影响因素较多，单独电商产品线方便展开平台大促及各种节点营销。

三、价格趋势

在保证品质和售后服务基础上，低价是产品吸引用户的利器。而线上是无限货架，激烈商业竞争倒逼线上茶叶电商定价趋近成本线，高性价比产品成为主流，这也推动了2022年茶叶电商市场价格战，使其异常激烈。

茶叶线上经营价格战异常激烈，主要是基于以下几个因素：线上是无限货架，消费者便于比价，信息平权倒逼定价和质量紧密结合；规模企业为了扩大品牌销量，用高性价比产品、甚至战略性亏损抢占市场份额；部分企业原有销售渠道失灵，为了快速回笼现金流，不得已采用低价策略快速出货；茶叶电商渗透率在快速增加阶段，抢占这个赛道机会的经营者数量众多，大量同质化产品和经营模式只有比拼价格这个因素；部分经营者以次充好，浑水摸鱼，通过茶叶电商销售假冒伪劣产品，造成茶叶销售价格混乱。

如何在异常激烈的价格战中杀出重围，茶叶电商经营者要注重以下几个方面：低于成本线的价格战不可持续，基于高效率、低成本的商业模式才可持续；茶叶电商获客单价越来越高，要从渠道全域经营和用户生命周期价值来实现可持续发展；持续打造自身品牌资产，用品牌势能影响用户心智，推动茶叶电商经营摆脱过度"内卷"的价格战；茶叶是注重线下体验的消费品，从茶叶电商讲究性价比过渡到老客复购、提升客单价、品牌忠诚度才更为关键；与第三方行业组织、监管部门、宣传机构、平台管理方联动，对长期恶意低价倾销的经营者进行整顿，以期获得良好的市场环境。

四、促销趋势

2022年的"双11"，天猫、京东首次没有公布具体的交易额。这意味着电商促销不再只依靠节点式爆发，而是进入商家常态化运营节奏中，商家要依据自身经营情况抓好常态化节点运营。茶叶电商主要大促节点：元旦、春节前后的年货节，2月、3月、4月春茶季，"618"年中促销，中秋、国庆节日，"双11"大促。此外，还有情人节、妇女节、端午节、教师节、七夕节等促销节点。

茶叶电商蓬勃发展，促销玩法层出不穷。

（一）促销活动

批发市场、茶叶仓库砍价，根据直播间消费者互动情况，在茶叶批发市场、仓库推动各种促销活动。以抖音电商"小傅茶叶""丹妮茶叶"为代表，早期二者都是在批发市场和茶农砍价，现在"丹妮茶叶"已经把促销活动场景转移到茶叶仓库。

（二）反向带货营销

反向带货营销以揭露行业质量问题、产品虚假宣传为噱头，以科普名义展开反向带货营销。抖音账号"老九好茶"靠揭秘茶叶添加剂、以次充好等问题，涨粉200多万，带货限量200多万。

（三）多巴胺色彩营销

经济增速下滑，大众情绪低迷，用靓丽色彩的产品风格展开多巴胺色彩营销。如红色、金色为主色调的线上店铺装修、产品包装，很多品牌都有涉及。

（四）影视剧、名人、赛事IP和品牌联名营销

通过自身茶叶品牌融入高曝光IP的用户心智，进而推动自身品牌声量和销量提高。如竹叶青与舞蹈诗剧《只此青绿》合作，白大师签约品牌形象代言人吴刚，品品香赞助2023中国网球公开赛，八马茶业与敦煌博物馆合作，艺福堂与杭州亚运会合作。

（五）溯源、责任营销

对于有供应链、茶旅产业布局的茶叶企业，展开自我揭秘式的溯源、社会责任的营销。如雨林古树茶策划走进普洱茶源头产地、企业生产中心、古茶坊庄园的寻源之旅，八马茶业与信记号老班章·冰岛茶王树保护性开采活动，华祥苑与杨丽萍、联合国生物多样性大会合作。

（六）信任营销

以自身品牌、店铺主理人等为背书的茶叶盲盒销售，以讲述产品、制茶人和文化背景等故事完成信任消费种草。如经营龙井茶30多年的卢正浩在直播间进行盲盒营销，小茶婆婆团队春天在云南寻茶旅程的直播。

（七）联动平台营销

线上电商平台联合品牌茶企打造茶文化体验活动。如抖音电商推出"春茶普洱季"（抖音与中茶、勐库戎氏等）、京东超市推出"西湖龙井春茶节"（京东超市与卢正浩、艺福堂等）。

（八）消费场景增量

门店现制茶饮、瓶装即饮茶等消费场景品牌吸引了大量年轻的增量人群。如茶百道是销售现制奶茶、果茶产品为主，2022年用茶量达2万吨。CHALI茶里通过签约品牌形象代言人的方式，为袋泡原叶茶市场切入瓶装即饮茶赛道吸引并增加人群。

当前，互联网用户数量已经达到峰值水平，正是各种消费品类在线交易普及率提高的大好机遇，茶叶电商自然也会蓬勃发展。在茶叶电商蓬勃发展的阶段，要达成长期主义的品牌事业，经营者要更注重长期留量，而不只是短期流量。流量思维对茶叶电商获客交易的重要性不言而喻，但只考虑流量会贻害无穷。打造具有影响力、信任度、高复购意愿的品牌，茶叶电商经营者才能破除唯流量的运营策略、真正降低获客成本，茶叶电商也才不至于成为品牌事业长期主义的绊脚石。值得强调的是，在数字经济时代，茶叶电商经营者想要在越来越激烈的竞争环境中生存，要注重基于经营数据去践行"发现问题、合理假设、经营测试、资源放大、迭代升级"的敏捷营销策略，提供更具有市场竞争力的产品和服务。

注：文中电商数据源自飞瓜、蝉妈妈。

（执笔人：杨杰）

第四部分

国际贸易

2022中国茶叶进出口情况发展报告

中国食品土畜进出口商会

2022年，在复杂严峻国际形势及新冠疫情持续影响下，我国茶叶贸易仍展现出较强的发展韧性，出口平稳攀升，进口略有下降。

一、出口总量再攀新高，出口额及均价下降

据海关数据统计，2022年我国茶叶出口37.5万吨，同比增长1.6%，出口额20.8亿美元，均价5.6美元/千克，同比分别下降9.4%和10.8%。

（一）红茶、花茶出口增幅明显，普洱茶（熟普）降幅较大

从出口量看，绿茶、红茶、乌龙茶、花茶、黑茶出口增加，普洱茶（熟普）出口下降。绿茶作为我国茶叶出口主力军，出口规模再攀新高，出口31.4万吨，同比略增0.52%，占我国茶叶总出口量84%；红茶和花茶各出口3.32万吨、0.65万吨，同比增长12.35%和11.52%；乌龙茶和黑茶各出口1.93万吨、0.04万吨，略增1.05%和0.18%；普洱茶（熟普）出口0.19万吨，降幅近12%（表1）。

从出口额及均价看，各茶类全部下降。黑茶出口0.03亿美元，均价7.81美元/千克，降幅均达44.13%；普洱茶出口0.30亿美元，均价15.89美元/千克，同比分别下降42%和34.81%；红茶出口量增幅最大，但出口额（3.41亿美元）及均价（10.25美元/千克）分别下降17.87%和26.89%（表1）。

表1　2022年中国各茶类出口情况

茶类	出口量/万吨	出口额/亿美元	均价/（美元/千克）	出口量同比增长/%	出口额同比增长/%	均价同比增长/%
绿茶	31.4	13.94	4.44	0.52	-6.29	-6.72
红茶	3.32	3.41	10.25	12.35	-17.87	-26.89
乌龙茶	1.93	2.58	13.36	1.05	-8.25	-9.18
花茶	0.65	0.56	8.65	11.52	-2.54	-12.63
普洱茶（熟普）	0.19	0.30	15.89	-11.89	-42	-34.81
黑茶	0.04	0.03	7.81	0.18	-44	-44.13

（二）多数主销市场需求旺盛，出口贸易稳定增长

2022年，我国茶叶出口至126个国家和地区，位居前10位的分别是摩洛哥（7.54万吨）、乌兹别克斯坦（2.49万吨）、加纳（2.45万吨）、俄罗斯（1.97万吨）、塞内加尔（1.72万吨）、美国（1.30万吨）、毛里塔尼亚（1.26万吨）、中国香港（1.23万吨）、阿尔及利亚（1.14万吨）和喀麦隆（1.12万吨），市场总和占我国茶叶出口总量近60%。摩洛哥依然是我国茶叶第一大出口市场，进口我国茶叶7.54万吨，出口额2.39亿美元，均价3.17美元/千克，同比分别增长1.11%、4.92%和3.59%，占我国茶出口总量23.9%（表2）。此外，对"一带一路"沿线国家及欧盟的出口量也呈不同程度增长。

表2　2022年中国茶叶出口国家和地区统计（排名前10位）

名次	国家和地区	出口量/万吨	出口额/亿美元	均价/（美元/千克）	出口量同比增长/%	出口额同比增长/%	均价同比增长/%
1	摩洛哥	7.54	2.39	3.17	1.11	4.92	3.59
2	乌兹别克斯坦	2.49	0.55	2.21	-12.96	-1.53	12.76
3	加纳	2.45	1.05	4.27	7.35	1.42	-5.53
4	俄罗斯	1.97	0.52	2.62	8.55	0.09	-7.75
5	塞内加尔	1.72	0.69	4.01	4.99	-1.68	-6.31
6	美国	1.30	0.69	5.33	18.46	3.54	-12.48
7	毛里塔尼亚	1.26	0.56	4.44	-28.31	-26.38	2.54
8	中国香港	1.23	3.99	32.40	-26.48	-38.49	-16.34
9	阿尔及利亚	1.14	0.47	4.14	-12.24	-5.70	7.53
10	喀麦隆	1.12	0.16	1.47	55.76	56.07	0.00

（三）浙江继续领跑茶叶出口，重庆增长亮眼

2022年，我国茶叶出口突破万吨的省份分别为浙江（15.38万吨）、安徽（6.21万吨）、湖南（4.76万吨）、福建（3.18万吨）、湖北（2.45万吨）和江西（1.41万吨）。浙江出口量稳居全国第1位，占全国茶叶出口总量41%，同比增长2%；福建以5.31亿美元位居出口额首位，占全国茶叶出口总额25.5%；重庆市出口茶叶0.65万吨，出口额0.06亿美元，均价0.94美元/千克，同比增长69.28%、71.14%和1.08%（表3）。

表3　2022年中国茶叶出口本国省（直辖市）情况（排名前10位）

名次	省（直辖市）	出口量/万吨	出口额/亿美元	均价/（美元/千克）	出口量同比增长/%	出口额同比增长/%	均价同比增长/%
1	浙江	15.38	4.84	3.14	1.98	-0.47	-2.48
2	安徽	6.21	2.45	3.95	-8.36	-14.71	-6.84

续表

名次	省（直辖市）	出口量/万吨	出口额/亿美元	均价/（美元/千克）	出口量同比增长/%	出口额同比增长/%	均价同比增长/%
3	湖南	4.76	1.40	2.94	14.61	12.70	-1.67
4	福建	3.18	5.31	16.69	21.76	3.60	-14.93
5	湖北	2.45	2	8.13	4.31	5.24	0.87
6	江西	1.41	1.30	9.24	-0.45	7.16	7.69
7	重庆	0.65	0.06	0.94	69.28	71.14	1.08
8	河南	0.61	0.44	7.10	-32.64	6.66	58.48
9	四川	0.61	0.14	2.32	-20.66	-3.64	21.47
10	贵州	0.49	0.85	17.23	-16.81	-61.70	-53.97

　　总体看来，近十年（2013—2022年）我国茶叶出口年复合增长率为1.3%，作为第二大茶叶出口国，为全球茶叶贸易作出了积极贡献。2022年茶叶出口量增额减，一是美元加息对以美元结算的消费市场产生负面影响；二是一些进口市场经济下行，消费降级，市场库存积压；三是海运费大幅下降，低于均价的大包装原料茶出口量上升，小包装茶减少；四是对平均单价较低的欠发达国家和地区出口量增加，对中国香港、马来西亚和缅甸等周边国家和地区出口的高价茶下降。

二、进口量、额及均价呈不同程度下降

　　2022年我国进口茶叶4.1万吨，金额1.5亿美元，均价3.5美元/千克，同比分别下降11.7%、20.9%和10.4%。

（一）绿茶进口增幅明显，花茶降幅较大

　　从进口结构看，红茶依旧是我国主要进口茶类，2022年进口30103吨，出口额10724万美元，均价3.56美元/千克，同比下降22.64%、22.83%和0.28%，占我国茶叶进口总量72.7%；绿茶进口8392吨，同比增长92.45%，占我国茶叶进口总量20.3%；花茶进口59吨，进口降幅最大达73.52%（表4）。

表4　2022年中国各茶类进口情况

茶类	进口量/吨	进口额/万美元	均价/（美元/千克）	出口量同比增长/%	出口额同比增长/%	均价同比增长/%
红茶	30103	10724	3.56	-22.64	-22.83	-0.28
绿茶	8392	1332	1.59	92.45	18.33	-38.37
乌龙茶	2585	2295	8.88	-20.74	-26.75	-7.50
马黛茶	116	49	4.22	17.33	21.34	3.43

续表

茶类	进口量 /吨	进口额 /万美元	均价 /（美元 / 千克）	进口量同比增长 /%	进口额同比增长 /%	均价同比增长 /%
花茶	59	159	26.80	-73.52	-47.62	97.93
普洱茶（熟普）	138	84	6.08	3483.81	537	-82.22
黑茶	1	7	50.69	121.97	392.45	121.84

（二）斯里兰卡仍是我国茶叶主进口国，自印度进口持续减少

2022年我国茶叶进口自65个国家和地区，进口市场位居前5位的分别是斯里兰卡（1.2万吨）、缅甸（0.6万吨）、印度（0.6万吨）、印度尼西亚（0.4万吨）和越南（0.3万吨）。斯里兰卡是我国茶叶第一大进口市场，占我国茶叶进口量的28%，同比下降近24%，主要因为该国政治及经济局势动荡，导致茶叶产量和出口量均大幅下降。受极端天气影响，印度对我国茶叶出口持续减少，已从2019年最高值1.3万吨下降到2022年0.6万吨（表5）。

表5　2022年中国茶叶进口国家和地区（排名前5位）

名次	国家和地区	进口量 /万吨	进口额 /万美元	均价 /（美元 / 千克）	进口量同比增长 /%	进口额同比增长 /%	均价同比增长 /%
1	斯里兰卡	1.2	5931	5.11	-23.91	-22.24	2.20
2	缅甸	0.6	537	0.92	4460.73	1331.94	-68.49
3	印度	0.6	1404	2.46	-27.81	-34.39	-8.89
4	印度尼西亚	0.4	465	1.22	6.52	4.68	-1.61
5	越南	0.3	685	2.12	-41.07	-30.26	18.44

（三）福建进口茶叶居首，云南增长亮眼

我国茶叶进口集中度较高，东南沿海、北京及上海等经济发达地区是进口茶叶的主消费市场。排名前10位的省市中，福建（1.22万吨）和云南（0.73万吨）进口增加，同比增长0.54%和133.17%；上海和北京各进口茶叶0.39万吨和0.05万吨，同比下降10.79%和89.13%；福建和浙江两省茶叶进口量占全国进口量的50%以上（表6）。

表6　2022年中国茶叶进口本国省（自治区、直辖市）统计（排名前10位）

名次	省（自治区、直辖市）	进口量 /万吨	进口额 /万美元	均价 /（美元/千克）	进口量同比增长 /%	进口额同比增长 /%	均价同比增长 /%
1	福建	1.22	4652	3.80	0.54	4.97	4.40
2	浙江	0.84	2021	2.42	-6.52	-9.08	-2.81

续表

名次	省（自治区、直辖市）	进口量/万吨	进口额/万美元	均价/（美元/千克）	进口量同比增长/%	进口额同比增长/%	均价同比增长/%
3	云南	0.73	851	1.16	133.17	88.32	-19.44
4	广东	0.44	2004	4.59	-28.13	-23.90	6.00
5	上海	0.39	3353	8.69	-10.79	-23.73	-14.55
6	江苏	0.23	570	2.43	-40.81	-54.26	-22.86
7	广西	0.09	234	2.64	-48.77	-63.95	-29.60
8	北京	0.05	157	3.28	-89.13	-89.62	-4.65
9	安徽	0.04	133	3.68	-62.09	-65.24	-8.23
10	山东	0.03	174	4.99	-26.86	-31.07	-5.67

2022年茶叶进口贸易虽呈小幅波动，随着我国居民生活水平不断提高及饮茶习惯多元化发展，预计未来进口贸易将保持稳定增长态势。一是我国茶叶生产成本不断上涨，传统赛道及新茶饮赛道对低端原料的需求不断增加；二是外资或合资企业在华生产红茶类袋泡茶、奶茶、柠檬茶等产品的原料需求上涨；三是国外茶商纷纷拓展潜力巨大的中国茶叶消费市场，通过文化推广、品质宣传和新品研发等方式吸引了部分中高端消费者和年轻消费群体。

三、促进行业高质量发展的思考和建议

中国作为全球最大的茶叶生产国、消费国和第二大茶叶出口国，2022年贸易额突破3500亿元，在全球8个主要产茶国（中国、印度、肯尼亚、斯里兰卡、土耳其、越南、印度尼西亚、阿根廷）中，仅我国保持茶园面积和产量同步持续增长。但近年来全球茶叶出口量占产量的比重持续走低，意味着近70%的茶叶仍在主要生产国消费或囤积，如何刺激消费、缓解供需矛盾，是全球茶人需共同探讨的命题。

茶产业作为我国传统特色优势产业，新时代背景下承担着助力乡村振兴、带动富民增收的战略使命，做大做强茶产业具有十分重要的现实和战略意义。国茶产业近年虽呈现稳中有进、质提效增的发展态势，但构建茶业内外贸双循环高质量发展格局依旧任重道远。特别是我国茶叶外贸囿于同质低价竞争、品牌输出薄弱、高科技含量及文化附加值产品推广不足、出口企业抗风险能力薄弱等瓶颈，已多年未实现突破性发展，推动我国茶叶出口由"大宗普通"向"名优尖深"、"质次价低"向"质高价优"、"有姓无名"向"品牌先行"的转变，离不开有关部门的监督护航、行业协会的协调引导及企业对源头质量的把控。

（一）推动标准化体系建设，稳固质量安全根基

有关部门需从决策层面制定、修订、完善相关标准、政策及法律法规，强化对出口茶叶质量安全隐患、非正常贸易等问题监管及惩戒力度，并就不合理贸易壁垒加强对外交涉，维护企业合法权益；行业需逐步推进标准化、规模化、品牌化和产业化建设，带动全产业链可持续、高质量发展。

（二）加强科技赋能，推动行业智造升级

企业需推行现代化无公害清洁生产模式，严守质量安全屏障；更要重视科技驱动作用，加强科创中心建设、科研交流学习及国际专业人才的培养和引进，搭建校企、院企联动创业、创新机制；运用科技手段提升中低档茶、夏秋茶资源利用率，实现效率、效能全面提升；并通过打造精深加工产业链，丰富产品风味及服务机能，抢占健康消费市场。

（三）依托文化铸魂，"做大做强"国茶品牌

充分利用国内外融媒体平台，生动立体展示天然、纯净、原香的茶质量，文化、创新赋能的茶产品，以及科学、健康、时尚的饮茶方式；通过打造茶旅精品线路，做强文创产业等，因地制宜地推动全面文旅融合发展；尤其要重视探索年轻消费场景，传播茶文化的生动性、趣味性和时尚性，激发消费市场潜能和活力，并通过举办形式多样的活动，加强茶文化的推广、传承与保护。

（四）培育龙头茶企，打造多级支撑发展格局

有关部门需加强对出口企业资金、政策扶持力度，推动综合实力强、发展潜力大的企业出国参会参展、打造营销中心、设立办事处等，通过拓展新兴市场和增量市场，培育龙头企业领跑优势，辐射带动散、小、弱企业协同发展，进一步为茶叶贸易营造公平、便利和有序的营商环境，推动国内国际双循环发展格局建设。

未来，中国食品土畜进出口商会将积极响应国策方略，以促进茶贸易、弘扬茶文化、推动国际交流与合作为己任，持续优化行业协调与服务效能，引导行业自律，推动建设积极、有序、健康的贸易秩序和环境，不断为行业发展贡献前瞻务实的发展思路和举措。更将努力发挥行业资源优势，让茶产业在守护绿水青山、践行绿色发展、推进乡村振兴中发挥重要作用，继续携手天下茶人，谱写茶产业蓬勃发展的新华章！

（执笔人：蔡军）

2022中国茶叶"一带一路"发展报告

全国农业技术推广服务中心

中国农业科学茶叶研究所

2013年，习近平总书记提出共建"一带一路"倡议，秉承共商共建共享原则，在多方共同努力下，中国与150多个国家、30多个国际组织签署了合作文件，不断推动发展倡议落地生根，为沿线国家和地区发展赋予新动能。茶叶自古以来，是中国与"一带一路"沿线国家和地区经贸往来的重要产品，在中国对外贸易及文化交流中发挥着极大的作用[1]。本报告将分析中国茶叶出口"一带一路"沿线国家及地区的基本情况，探究存在的问题，并提出促进中国茶叶出口"一带一路"沿线国家的发展建议。

一、中国对"一带一路"沿线国家茶叶出口现状

（一）总体现状

中国海关数据显示，2022年中国茶叶出口总量为38.94万吨，同比增长1.54%；出口总额22.70亿美元，同比下降10.25%；出口均价为5.83美元/千克，同比下降11.53%。其中，中国对"一带一路"沿线65个国家的茶叶出口量为11.14万吨，同比增长4.31%，出口额为7.83亿美元，同比下降0.37%；出口均价为7.03美元/千克，同比下降4.49%。2020—2022年，中国向"一带一路"沿线国家的茶叶出口额占比从33.53%上升至34.50%，茶叶出口量占比从26.70%上升至28.60%（表1）。在"一带一路"倡议推动下，中国对"一带一路"沿线国家的茶叶出口呈良好发展态势。

表1　2020—2022年中国茶叶出口到"一带一路"沿线国家情况

年份	出口量/万吨	出口量同比增长/%	占中国茶叶出口量份额/%	出口额/亿美元	出口额同比增长/%	占中国茶叶出口额份额/%
2020	9.64	/	26.70	7.27	/	33.53
2021	10.68	10.71	27.84	7.86	8.05	31.08
2022	11.14	4.31	28.60	7.83	-0.37	34.50

资料来源：中国海关

（二）市场结构

从茶叶出口量看，2022年中国出口至东亚地区0.10万吨，占比0.9%；出口至东盟地区3.10万吨，占比27.86%；出口至西亚地区0.49万吨，占比4.41%；出口至南亚地区1.44万吨，占比12.95%；出口至中亚地区3.33万吨，占比29.93%；出口至独联体国家地区2.08万吨，占比18.69%；出口至中东欧地区0.58万吨，占比5.24%。东盟10国、中亚5国、独联体国家7国为中国茶叶出口"一带一路"沿线国家主要区域。

从茶叶出口额看，2022年中国出口至东亚国家0.02亿美元，占比0.24%，出口至东盟国家5.47亿美元，占比69.84%，出口至西亚国家0.24亿美元，占比3.03%，出口至南亚国家0.37亿美元，占比4.67%，出口中亚国家1.03亿美元，占比13.18%，出口至独联体国家0.56亿美元，占比7.12%；出口至中东欧国家0.15亿美元，占比1.92%。从数据看，东盟地区是中国茶叶在"一带一路"沿线最主要的市场，其占中国茶叶出口总额的24.44%，中亚市场份额有一定的增长，其余区域总体在波动中保持着相对稳定（表2）。

表2　2020—2022年中国茶叶在"一带一路"沿线国家的市场结构

区域	2020 年市场结构 /%	2021 年市场结构 /%	2022 年市场结构 /%
东亚	0.18	0.16	0.24
东盟10国	72.89	72.63	69.84
西亚18国	2.62	2.75	3.03
南亚8国	4.34	3.40	4.67
中亚5国	11.38	11.44	13.18
独联体7国	6.27	7.54	7.12
中东欧16国	2.32	2.08	1.92

资料来源：中国海关

（三）出口均价

2022年中国茶叶出口至"一带一路"沿线国家均价为7.03美元/千克，高于中国茶叶平均出口单价。其中，中国茶叶出口至东盟茶叶均价为17.62元/千克，位居"一带一路"沿线国家出口均价首位，其余区域的茶叶出口均价低于中国茶叶出口均价。从增长情况看，2020—2022年，中国茶叶出口至"一带一路"沿线国家出口均价年均下降3.45%，但东亚及西亚国家出口价格仍保持相对较明显的增长趋势（表3）。

表3　2020—2022年中国茶叶出口均价及年均增长率

区域	2020 年出口均价 /（美元 / 千克）	2021 年出口均价 /（美元 / 千克）	2022 年出口均价 /（美元 / 千克）	年均增长率 /%
东亚	1.62	1.64	1.84	6.74
东盟10国	19.82	20.19	17.62	-5.70
西亚18国	3.72	4.53	4.83	13.93
南亚8国	2.58	2.71	2.54	-0.87
中亚5国	2.97	2.48	3.09	2.04
独联体7国	2.66	2.87	2.68	0.39
中东欧16国	2.59	2.63	2.57	-0.38
"一带一路"沿线国家	7.54	7.36	7.03	-3.45
中国茶叶平均出口均价	6.01	6.59	5.83	-1.51

资料来源：中国海关

（四）市场集中度

2022年度，中国茶叶出口至马来西亚的茶叶出口额为3.03亿美元，占"一带一路"沿线国家出口额的38.76%；出口至越南的茶叶出口额为1.18亿美元，占比15.06%；出口至泰国的茶叶出口额为0.63亿美元，占8.10%。总的来看，2022年度中国至"一带一路"沿线国家的茶叶出口区域集中度较高。其中，出口额排名前20的国家，出口额占比达97.59%（表4）。

表4　2022年中国茶叶出口"一带一路"沿线国家茶叶出口额及占比情况（排名前20位）

名次	国家	茶叶出口额 / 亿美元	占比 /%
1	马来西亚	3.03	38.76
2	越南	1.18	15.06
3	泰国	0.63	8.10
4	乌兹别克斯坦	0.55	7.09
5	俄罗斯	0.53	6.73
6	吉尔吉斯斯坦	0.23	2.98
7	印度尼西亚	0.23	2.90
8	阿富汗	0.16	2.04
9	新加坡	0.15	1.98
10	阿联酋	0.14	1.84
11	塔吉克斯坦	0.13	1.67
12	波兰	0.13	1.61
13	缅甸	0.12	1.54
14	巴基斯坦	0.11	1.42
15	哈萨克斯坦	0.08	0.99

续表

名次	国家	茶叶出口额/亿美元	占比/%
16	菲律宾	0.06	0.80
17	斯里兰卡	0.06	0.80
18	土库曼斯坦	0.03	0.44
19	老挝	0.03	0.43
20	沙特阿拉伯	0.03	0.42
排名前20位国家总占比		97.59	

资料来源：中国海关

二、中国对"一带一路"沿线国家茶叶出口存在问题

（一）出口产品结构错位

从茶类看，"一带一路"沿线国家市场以消费红茶为主，而中国主要对该区域出口绿茶，虽然近年来红茶出口比重有所增加，但市场份额较小。从产品需求特点看，中国消费者追求茶叶色、香、味、形的平衡，而"一带一路"沿线国家则以消费调饮茶叶为主，对产品色、形等要求不高。出口产品的结构和特点与市场需求不匹配成为制约中国对"一带一路"沿线国家茶叶出口发展的关键因素。

（二）茶叶出口质量有待提升

非关税措施取代双边贸易摩擦成为制约中国茶叶出口的重要因素[1]。近年来，部分发展中国家技术性贸易壁垒范围也不断扩大，指标数量有所增加，茶叶出口质量水平要求越来越高[2]。而我国出口茶叶的质量档次相对较差，在质量安全方面存在一定风险。这主要是由于出口茶叶价格偏低，原料相对粗老并以夏秋茶为主，加之中国茶叶生产主体仍以茶农为主，部分茶农缺乏绿色种植、清洁加工理念和能力，制约了出口茶叶质量提升。

（三）知名国际品牌缺乏

中国茶叶内销品牌多而外销品牌少，区域品牌强而企业品牌弱，尤其出口茶叶缺少国际知名品牌，削弱了中国茶叶出口的整体竞争力。由于缺少国际品牌，一方面导致中国茶叶被迫更多以原料茶出口，效益低下，同时国内出口厂商开展严重的同质化竞争，压低了出口价格；另一方面导致中国茶文化宣传推广缺乏品牌载体。

（四）茶文化传播不足

中国是茶的发源地，源远流长的茶文化是中国茶产业高质量发展的强大内核。目前我国茶叶在出

口"一带一路"沿线国家的过程中，以输出中国茶叶的物质属性为主，弱化了中国丰富的茶文化内核[3]。茶文化传播乏力，严重削弱了中国茶产业在"一带一路"沿线区域发展的竞争力。

三、对策建议

中国应充分把握世界茶叶需求持续增长的发展机遇，充分依托"一带一路"发展倡议，采取一系列积极措施，全力应对茶叶出口挑战，持续提升茶叶出口竞争力。

（一）持续推动茶文化推广和交流

在"把茶文化、茶科技、产业统筹起来"的重要框架下，将中国茶文化特色与"一带一路"沿线国家的本土文化有机结合。结合庆祝"国际茶日"，运用好中国国际茶叶博览会等品牌活动平台，丰富传播路径、形式和内容，提升茶文化国际传播的质量和效率，与"一带一路"沿线国家人民共享茶与美好生活。加强畅通茶叶流通"双循环"，积极推广中国特色传统茶文化以及积极宣传茶叶的健康功效，潜移默化地影响国外消费者的饮茶观念和习惯。

（二）加强"一带一路"沿线国家茶叶产销合作

在产业合作方面，与"一带一路"国家开展茶树良种和栽培技术交流合作，重点输出中国茶叶种植、加工及质量安全标准。在沿线国家共建茶叶加工基地，实现资源共享。促进中外茶企在第三方市场的合作，共同开拓全球市场。在贸易流通方面，降低茶叶贸易壁垒，达成茶叶贸易便利化协定[4]。在沿线国家建立中国茶叶商品展示交易中心，共同举办境内外茶叶交易会，拓展贸易渠道。

（三）持续深化现代茶业科学技术应用

以"三茶统筹"为指引，充分依托"茶科技"，全面提升中国至"一带一路"沿线国家的茶叶出口竞争力。一是推动建设智能化生态茶园。以生态茶园为基础构建茶叶出口安全长效机制[5]。通过生态建园，丰富茶园生物多样性，实现病虫害的生态调控，减少化学投入品的使用。通过建设质量安全可追溯体系，实现茶园源头管理到鲜叶采收加工的精细化管控，以降低茶叶农残，更好地规避贸易壁垒[6]。二是提升红茶加工品质。"一带一路"沿线国家以红茶消费为主。对此，应进一步探究"一带一路"沿线国家红茶消费偏好，重点推进小包装红茶出口，全方面挖掘"一带一路"沿线国家的红茶消费市场潜力。三是提高出口茶叶生产机械化率。大力推广适合丘陵山区应用的茶叶全程机械化生产模式及装备，全面实现机采机制，降低生产成本。

（四）积极推动全链式茶产业业态创新

应对茶叶流通消费结构调整需求，加大市场营销力度。一是有针对性的开发中高端绿茶市场。

"一带一路"沿线国家茶叶消费具有差异性，中国应在保持现有大宗绿茶出口优势基础上，全面发挥中高品质绿茶出口优势，加大对东盟等市场的中高端绿茶出口，带动整体出口效益提升。二是积极推动跨境电商平台建设。跨境电商平台不仅作为重要的海外营销渠道，同时也是提升我国茶叶品牌形象的重要途径，全方面激活发展活力[7]。三是引入数据化和精准化营销管理模式。提升中国茶叶销售服务水平，推动全链条业态创新，以多样化茶产品和消费体验，推动茶叶消费结构优化升级。

参考文献：

［1］张菲，姜爱芹，杨芳琴. 中国向"一带一路"沿线国家茶叶出口的影响因素及贸易潜力分析［J］. 茶叶科学，2019，39（2）：220-229.

［2］范艳萍. "一带一路"背景下中国茶叶出口对策研究［J］. 中国商论，2021（5）：1-3.

［3］刘文敏，刘少明，陈迪，等. 中国与"一带一路"沿线国家茶叶贸易高质量发展研究—基于"三茶"统筹的视角［J］. 福建茶叶，2022，44（9）：1-7；17.

［4］谢雪莲. 东盟贸易便利化对中国跨境电商贸易的影响［J］. 北方经贸，2019（1）：35-36.

［5］冷杨，张继辉，束放等. 我国出口茶叶农药残留超标风险控制对策研究［J］. 2020（11）：80-83.

［6］王春晓. "一带一路"背景下中国茶叶出口贸易研究——基于CMS模型和渐进DID的双重实证分析［D］. 重庆：西南大学，2021.

［7］陈富桥，姜仁华，姜爱芹等. "一带一路"战略背景下我国茶叶市场开拓策略与建议［J］. 中国茶叶加工，2016（2）：5-15.

（执笔人：林梦星、冷杨、陈富桥）

第五部分

科技创新

2022国际茶叶标准化发展报告

2022国际茶叶标准化发展报告

全国茶叶标准化技术委员会

安徽农业大学

中华全国供销合作总社杭州茶叶研究所

标准是经济活动和社会发展的技术支撑，是国家基础性制度的重要方面。标准化工作是支撑和引领经济社会发展的重要技术基础，是促进科技成果转化为生产力的有效途径，在推进国家治理体系和治理能力现代化中发挥着基础性、引领性作用。

茶叶标准化是指国家、行业、地区和企业为规范茶叶生产、加工和贸易活动，对茶叶质量形成过程和质量评判的有关技术问题提出要求，形成可共同和重复使用的规则。茶叶的标准化工作是中国茶产业健康持续发展的基础，是增强茶叶市场竞争能力的重要保证。近年来，随着我国标准化战略的实施，《中华人民共和国标准化法》的修订以及《国家标准化发展纲要》的发布，我国的茶叶标准工作取得了长足进步。在国内标准化领域，逐步形成了以国家标准、行业标准、地方标准、团体标准、企业标准相协调的，覆盖茶叶种植、加工、包装、流通、消费全过程的全产业链的标准体系。在国际上，随着我国综合国力和国际影响力的提升，茶叶国际标准化工作也逐步实现了一个又一个突破，逐渐由参与迈向主导。

一、茶叶国际标准化组织

（一）国际食品法典委员会

1963年5月，联合国粮农组织（FAO）和世界卫生组织（WHO）共同创立了国际食品法典委员会（CAC）。创立CAC这一国际性食品标准组织的主要目的是确保食品的质量、安全和公平贸易，并保护消费者的健康利益。CAC下设秘书处、执行委员会、6个地区协调委员会，21个专业委员会和3个政府间特别工作组。CAC工作由秘书处总体协调，每两年在罗马或日内瓦举行一次会议。1984年，我国成为CAC成员国。

CAC食品法典是食品标准发展过程中唯一的和最重要的国际参照标准，是实施卫生与植物卫生措施协定（SPS）和技术性贸易壁垒协定（TBT）鼓励采用的国际食品标准。CAC食品法典的标准已被大多数国家接受和采用，并成为国际食品贸易和合作的重要依据。国际食品法典标准主要分通用标准和商品标准两大类，其中通用标准主要是各种通用的技术标准、法规和良好规范，包括食品添加剂的使用、污染物限量、食品的农药与兽药残留、食品卫生等；商品标准是适用于某一种或某几种食品的标准，通常包括该种食品的特征、质量、加工和包装要求等。此外，CAC食品法典还包括为保障食品良好的品质、安全及卫生而建立的良好生产工艺（规范）、良好农业规范（GAP）、良好兽医控制规范（GVP）、良好操作规范（GMP）、良好实验室规范（GLP）等。

目前CAC的涉茶标准主要为食品安全标准。CAC制定的茶叶农残限量指标包括丙溴磷（Profenofos，0.5mg/kg）、噻嗪酮（Buprofezin，30mg/kg）、唑虫酰胺（Tolfenpyrad，30mg/kg）、联苯菊酯（Bifenthrin，30mg/kg）、啶酰菌胺（Boscalid，40mg/kg）、溴虫腈（Chlorfenapyr，60mg/kg）、毒死蜱（Chlorpyrifos，2mg/kg）、噻虫胺（Clothianidin，0.7mg/kg）、环溴虫酰胺（Cyclaniliprole，50mg/kg）、氯氰菊酯（Cypermethrins，15mg/kg）、溴氰菊酯（Deltamethrin，5mg/kg）、三氯杀螨醇（Dicofol，40mg/kg）、硫丹（Endosulfan，10mg/kg）、乙螨唑（Etoxazole，15mg/kg）、甲氰菊酯（Fenpropathrin，3mg/kg）、唑螨酯（Fenpyroximate，8mg/kg）、氟虫双酰胺（Flubendiamide，50mg/kg）、氟虫脲（Flufenoxuron，20mg/kg）、噻螨酮（Hexythiazox，15mg/kg）、吡虫啉（Imidacloprid，50mg/kg）、茚虫威（Indoxacarb，5mg/kg）、杀扑磷（Methidathion，0.5mg/kg）、百草枯（Paraquat，0.2mg/kg）、氯氰菊酯（Permethrin，20mg/kg）、啶氧菌酯（Picoxystrobin，15mg/kg）、克螨特（Propargite，5mg/kg）、吡唑醚菌酯（Pyraclostrobin，6mg/kg）、螺甲螨酯（Spiromesifen，70mg/kg）和噻虫嗪（Thiamethoxam，20mg/kg）共29项农残限量指标。而当前我国GB 2763.1—2022《食品安全国家标准 食品中2,4-滴丁酸钠盐等112种农药最大残留限量》中有关茶叶的农药残留限量标准达到了110项，项目数远高于CAC的涉茶项目数。

特别值得一提的是，我国陈宗懋院士根据农药的水溶解度差异，在国际上首次提出以茶汤中农药残留水平作为最大残留限量（MRLs）标准制定和风险评价的原则，更正了以干茶中的农药残留量为基准造成过高估计摄入风险的不科学的做法。该原则已被CAC、农药残留联席会议（JMPR）、欧洲食品安全局（EFSA）及主要茶叶生产国接受并应用于茶叶中农药残留限量的制订和风险评价过程。这一改变，极大地促进了我国茶叶出口和茶产业的发展。正如陈宗懋院士所言："要在国际上拥有一定的话语权，要靠科研、讲道理，靠我们自己的力量。"

（二）国际标准化组织

国际上质量相关的标准由国际标准化组织（ISO）负责。其中，国际标准化组织食品技术委员会茶叶分技术委员会ISO/TC 34/SC 8负责茶叶领域的国际标准化工作，涵盖不同茶类的产品标准、测试方法标准（包括感官品质和理化品质）、良好加工规范（含物流）等，以便在国际贸易中促进茶叶质量更明确并能确保消费者对品质的需求。国际标准化组织食品技术委员会茶叶分技术委员会（ISO/TC34/SC8）创建于1981年，秘书处现为德国标准化协会（DIN），主席为英国标准化协会（BSI）的Katie Donnelly（来自塔塔全球饮料公司Tata Global Beverages）。国际标准化组织食品技术委员会茶叶分技术委员会现有P成员国17个，分别为中国、德国、匈牙利、印度、印度尼西亚、伊朗、爱尔兰、日本、肯尼亚、马拉维、巴基斯坦、罗马尼亚、斯里兰卡、瑞士、土耳其、乌克兰、英国；O观察员国（地区）28个，分别为阿根廷、孟加拉国、保加利亚、智利、克罗地亚、古巴、塞浦路斯、捷克、埃及、埃塞俄比亚、法国、中国香港、韩国、墨西哥、蒙古、荷兰、菲律宾、波兰、葡萄牙、俄罗斯、沙特阿拉伯、塞尔维亚、西班牙、叙利亚、坦桑尼亚、泰国、突尼斯、越南。

现行有效的ISO茶叶国际标准共有31项，其中29项为国际标准，2项为技术报告。主体为基础标准和方法标准，如ISO 20715：2023《茶叶分类》、ISO 18449：2021《绿茶术语》、ISO 19563：2017《采用高效液相色谱法测定茶叶和固体速溶茶中的茶氨酸》、ISO 1573：1980《茶103℃时质量损失测定水分测定》、ISO 1575：1987《茶总灰分测定》等；另有产品标准6项，如ISO 3720：2011《红茶定义和基本要求》、ISO 11287：2011《绿茶定义和基本要求》以及ISO 20716：2022《乌龙茶 定义和基本要求》等。

二、国外茶叶标准化发展

国外茶叶生产和消费国都制定了本国的标准和法规。其中主要生产国如印度的国家标准共有29项，主要包括取样方法标准、红茶标准、术语标准、绿茶标准等，且以直接采用或等效ISO相关涉茶标准为主。印度食品安全与标准局（FSSAI）依据食品法典委员会（CAC）制定的食品法典制定了茶叶中最大列留限量（MRLs）标准；斯里兰卡国家标准主要有红茶、速溶茶、绿茶、代用茶等，主要是采用或等效ISO相关涉茶标准；肯尼亚国家标准主要有红茶、绿茶、速溶茶粉标准；日本主要有茶叶质量、取样方法、检验方法、包装条件等标准，对于卫生指标日本实施《食品中残留农业化学品肯定列表制度》，其中茶叶涉及的农残项目达到280余项，未制定限量的实行一律标准。

茶叶主要消费国标准有欧盟标准、美国标准、英国标准、摩洛哥标准等，其中欧盟（EU）是目前世界上茶叶农药最大残留限量最严格的地区之一，其涉及茶的农残限量标准为500多项。美国对于进口的茶必须经过食品与药物管理局（FDA）的检验，其中涉及茶叶相关的农药残留限量有36项；英国有关茶叶检测方法标准共有23项，主要包括取样、水分测定、红茶术语等标准，大多是转化的ISO标准。在脱欧前，其农药残留标准执行欧盟规定，目前由英国健康与安全局（HSE）制定农残限量标准。

近年来，相关国家或区域组织持续更新了茶叶食品安全、进口茶叶管理要求，提出了更严格的农药残留等技术性贸易措施要求。如2023年2月至5月，欧盟委员会将噻虫胺（Clothianidin）和噻虫嗪（Thiamethoxam）的最大残留限量（MRLs）降低到检测最低限值（0.01mg/kg）、异草胺（Isoxaben）和四氟醚唑（Tetraconazole）的MRLs改为0.05mg/kg，增加氟酰脲（Novaluron）的MRLs为0.05mg/kg等，并拟将茶叶中联苯菊酯（Bifenthrin）的MRLs由30mg/kg改为0.05mg/kg，限定茶叶中吡咯里西啶生物碱（21项）和高氯酸盐的MRLs分别为0.15mg/kg和0.75mg/kg。日本在2023年3月向WTO以通报补遗的形式公布了多则修订农药残留限量的最终法规，修订了4项茶叶产品中的农残限量，日本开发的新颖杀螨剂

（Acynonapyr）由20mg/kg放宽至30mg/kg，氟唑酰胺（Fluxametamide）由5mg/kg放宽至6mg/kg，氟啶虫酰胺（Flonicamid）由30mg/kg放宽至40mg/kg，氯苯嘧啶醇（Fenarimol）由0.05mg/kg调整至0.01mg/kg。加拿大卫生部于2023年3月对茶叶中氟虫吡喹（Pyrifluquinazon）进行了限定，MRLs为20mg/kg。2023年4月，印度食品安全标准局将茶叶中唑螨酯、己唑醇、丙环唑、喹硫磷等5种农药的茶叶MRLs进行修改，分别修改为0.06mg/kg、6.0mg/kg、5.0mg/kg、6.0mg/kg和0.7mg/kg。摩洛哥国家食品安全局自2019年7月1日起，开始对自我国进口的茶叶实施新的农药最大残留标准，涉及47种农药最大残留量。摩洛哥规定未准许用于茶叶的农药，一律按0.01mg/kg或定量检出限（LoQ）实行。

由于涉茶食品安全标准动态持续更新，相关标准要求和动态可在海关总署进出口食品安全局和中国技术性贸易措施网上进行查询了解。有关区域全面经济伙伴关系协定（RCEP）15个国家的茶叶通关和农药残留指标速查"宝典"可在微信公众号"重庆海关发布"发布的文章中查阅。

三、我国茶叶标准国际化发展

（一）我国茶叶标准上升为ISO国际标准的发展

我国茶叶标准国际化工作始于20世纪80年代。为更好地促进茶叶标准国际化工作，全国茶叶标准化技术委员会于2010年成立了特种茶国际标准国内工作组。在国家标准化管理委员会、中华全国供销合作总社、全国茶叶标准化技术委员会和相关省市场监督管理局等的领导与支持下，工作组与我国相关茶叶技术专家一道，对标ISO/TC 34/SC 8开展工作。中国茶叶专家代表团在特种茶工作组组长宛晓春教授的领衔下，在ISO/TC 34/SC 8积极抢占国际茶叶标准的制订权，取得了一系列积极成果，向世界充分展现了我国茶叶标准化水平，实现茶叶"中国标准"走向世界，对于世界认知中国茶、推动全球茶贸易和消费具有重要意义，助力"一带一路"倡议。

2021年5月，中华全国供销合作总社杭州茶叶研究所杨秀芳研究员为召集人研制的ISO 18449：2021《绿茶　术语》（Green tea—Vocabulary）正式发布。该标准是我国牵头提出、制定并正式发布的首个茶叶国际标准，对绿茶的外形、香气和滋味特性作了明确规定，为绿茶在国际贸易中的感官品质评价提供了依据。2022年9月，福建农林大学孙威江教授为召集人研制的ISO 20716：2022《乌龙茶-定义与基本要求》（Oolong tea—Definition and basic requirements）正式发布。标准对乌龙茶作出规范定义，并明确规定了乌龙茶的加工工艺、感官分析和主要理化指标等，以规范国际市场乌龙茶的品质和推动乌龙茶国际贸易的有序化、高效化。2023年3月，由安徽农业大学茶树生物学与资源利用国家重点实验室主任宛晓春教授作为召集人制定的国际标准ISO 20715：2023《茶叶分类》（Tea—Classification of tea types）正式颁布，标志着我国六大茶类分类体系正式成为国际共识，这是我国在茶叶标准国际化领域取得的具有里程碑意义的成果。

此外，安徽农业大学宛晓春教授正在牵头制订ISO/CD TS 5617《茶叶化学分类》（Method of tea

classification by chemical analysis）；中华全国供销合作总社杭州茶叶研究所杨秀芳研究员正在牵头制定ISO/DIS 5642 Tea Polyphenols Extracts—Definition and basic requirements；福建农林大学孙威江教授正在牵头制定ISO/AWI 20680 White tea—Definition and basic requirements。

（二）我国茶叶标准的外文版发展

近年来，为推动国内国际标准化协同发展，更好地促进我国茶叶标准"走出去"战略，全国茶叶标准化技术委员会主导了一批茶叶国家标准的外文翻译工作，并对外发布。截至当前，已完成了24项我国茶叶标准英文版的出版项目并发布，具体如下：

GB/T 9833.1—2013《紧压茶第1部分：花砖茶》

GB/T 9833.2—2013《紧压茶第2部分：黑砖茶》

GB/T 9833.3—2013《紧压茶第3部分：茯砖茶》

GB/T 9833.4—2013《紧压茶第4部分：康砖茶》

GB/T 9833.5—2013《紧压茶第5部分：沱茶》

GB/T 9833.6—2013《紧压茶第6部分：紧茶》

GB/T 9833.7—2013《紧压茶第7部分：金尖茶》

GB/T 9833.8—2013《紧压茶第8部分：米砖茶》

GB/T 9833.9—2013《紧压茶第9部分：青砖茶》

GB/T 13738.3—2012《红茶第3部分：小种红茶》

GB/T 30357.1—2013《乌龙茶第1部分：基本要求》

GB/T 30375—2013《茶叶贮存》

GB/T 30357.2—2013《乌龙茶第2部分：铁观音》

GB/T 30357.3—2015《乌龙茶第3部分：黄金桂》

GB/T 30357.4—2015《乌龙茶第4部分：水仙》

GB/T 30357.5—2015《乌龙茶第5部分：肉桂》

GB/T 30766—2014《茶叶分类》

GB/T 14456.2—2018《绿茶第2部分：大叶种绿茶》

GB/T 14456.3—2018《绿茶第3部分：中小叶种绿茶》

GB/T 14456.4—2018《绿茶第4部分：珠茶》

GB/T 14456.5—2018《绿茶第5部分：眉茶》

GB/T 14456.6—2018《绿茶第6部分：蒸青茶》

GB/T 21726—2018《黄茶》

GB/T 24692—2018《袋泡茶》

当前，正在开展GB/T 32743—2016《白茶加工技术规范》、GB/T 32719.4—2016《黑茶第4部分：六堡茶》等的外文翻译工作。

四、展望

目前，我国是全世界茶叶标准最多、茶叶标准体系最健全的国家。相对于国际上产品标准多为红茶标准，我国的茶叶产品标准不仅涵盖六大茶类，且在具体大类如绿茶、红茶、乌龙茶、黑茶均有发布系列标准，以保障具体产品的质量，同时还在六大茶类基础上建立再加工茶类标准；在方法标准领域，我国不仅有取样、理化成分检测方法标准，还包括感官审评方法等标准；在食品安全领域，我国的农残标准基本覆盖了国际食品法典涉茶农残限量以及出口欧盟、日本安全标准中高风险项目。

我国茶叶标准想要更好地走出去，仍需要从以下六个方面加强相关工作：

（1）加强我国现有涉茶标准的梳理工作　特别是具有一定国际市场的茶产品和中欧地标互认产品等茶产品标准中定义及重要指标的协调一致，以便更好地统一对外；

（2）加强与国内国际茶叶标准化技术专家的合作与交流　熟悉国际标准制定程序，重点高效推进我国专家作为召集人牵头的《茶叶化学分类》《白茶》《茉莉花茶》等ISO国际标准制定进程；

（3）加强标准的基础性和科学性研究　国际标准提案的提出和有效立项，来自于前期大量科学有效的基础研究。为更好推进新立项目提案的针对性、有效性以及参与国际标准化活动的高效性，需要做好标准的前期基础研究工作，尤其是国内涉茶机构间的协作及科学数据收集工作，具体包括代表性样品收集、国际标准测定方法的采用以及国际实验室间比对等；

（4）加强与国家卫生健康委员会、农业农村部等相关管理部门的沟通协调并寻求支持　积极开展农残相关指标的前期科学实验研究特别是毒理学研究，以便向CAC及相关国家或区域组织提出科学化建议，以破解农残技术性贸易壁垒，助力我国茶叶出口；

（5）培养标准化专业人才　鉴于国际茶叶标准化工作的高效推进，需要具备深厚茶叶专业功底、了解国内外标准化规则、熟练的英语应用能力以及良好的沟通交流协调能力，需要相关方搭建平台并提供支持，以培养标准化专业人才。同时从国家和地方政府层面，要出台相关政策，开展国际标准化人才的定向培养，提升国际标准化人才的综合素养；

（6）积极创造条件，加强内部统筹　继续推进与"一带一路"沿线国家之间标准互认和标准体系相互兼容，积极推进我国茶叶国家标准的外文翻译工作。

（执笔人：李大祥、张亚丽、宛晓春、尹祎、杨秀芳）

第六部分

标准安全

2022中国茶叶质量安全发展报告

2022中国茶叶标准体系发展报告

2022中国茶叶质量安全发展报告

农业农村部茶叶质量安全控制重点实验室
中国农业科学院茶叶研究所茶叶质量标准与检测技术研究中心
中国茶叶流通协会茶叶安全与健康工作委员会

一、2022年我国茶叶质量安全水平与分析

（一）我国农产品（茶叶）质量安全风险监测情况

2022年，农业农村部组织组织开展了2次国家农产品质量安全例行监测工作，共抽检了31个省份的1478个菜果茶生产基地、1191个农产品批发（农贸）市场等农产品重点生产交易场所，抽检产品涉及茶叶等5大类产品106个品种130项参数14437个样品，总体合格率为97.6%，其中茶叶合格率为98%，与2021年持平（图1）。

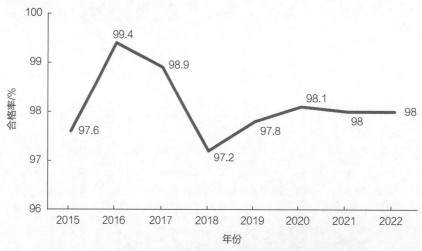

图1　2015—2022年全国农产品（茶叶）质量安全风险监测

资料来源：农业农村部

（二）我国茶叶及相关制品监督抽检情况

另据国家市场监督管理总局公布的食品安全监督抽检结果显示，2022年我国市场监管部门共完成茶叶及相关制品抽检61547批次，发现不合格样品424批次，监督抽检合格率达99.31%，较上一年度提升0.04个百分点，总体保持平稳（图2）。

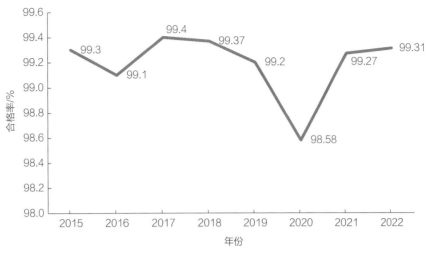

图2 2015—2022年全国茶叶及相关制品监督抽检

资料来源：国家市场监督管理总局

（三）2022年我国茶叶中农药残留情况与分析

茶叶农药残留是消费者普遍关心的问题，也是监管工作的重点和难点。近年来，我国相关部门在食品安全工作中按照习近平总书记"四个最严"的要求，不断推进农药残留限量标准制定工作，加强食品安全监管力度。现行的GB 2763—2021《食品安全国家标准食品中农药最大残留限量》中涉茶农残限量指标达到106项，使得茶叶中农药残留限量趋于更加合理与完善，促进了茶叶质量安全水平提升，保障了消费者日益增长的健康饮茶需求。近年来茶叶抽检中的超标农药主要为草甘膦、水胺硫磷、吡虫啉、灭多威、氰戊菊酯、克百威等。

表1 2018—2022年市场监管部门对茶叶及相关制品的监督抽检情况

年份	GB 2763 涉茶农残限量指标 / 项
2022	106
2021	106
2020	65
2019	65
2018	50

资料来源：国家市场监督管理总局网站

（四）2022年我国茶叶出口欧盟通报情况与分析

过去5年间（2018—2022年），共有15个欧盟国家通过欧盟食品和饲料快速预警系统（RASFF）通报了91批次中国出口茶叶产品。其中2022年，有9个国家通过RASFF对中国茶叶发起了通报，涉及23批次茶叶产品，通报数量略高于过去5年间平均水平（图3）。

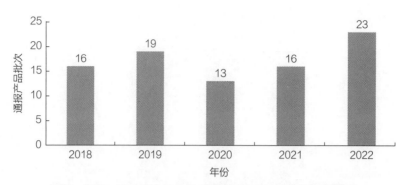

图3 2018—2022年RASFF通报中国茶叶产品批次情况

2022年中国茶叶被通报产品主要涉及5类危害类型，其中占比最高的是农药残留（20起），占同期RASFF对中国茶叶通报总数的76.92%，具体包括呋虫胺、高效氯氟氰菊酯、蒽醌、毒死蜱等参数（图4）。

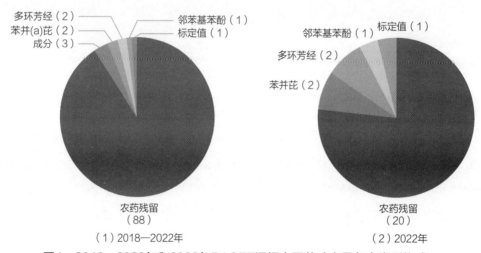

图4 2018—2022年和2022年RASFF通报中国茶叶产品危害类型构成

过去五年通报数量较多的依次为法国（19起，占比20.9%）、芬兰（16起，占比17.6%）、西班牙（13起，占比14.3%）、波兰（12起，占比13.2%）、德国（11起，占比12.1%），占同期RASFF对中国产品通报总数的78.0%。相比较而言，2022年芬兰和西班牙对中国茶叶产品的通报占比下降明显，均降为4.4%（各1起）（图5）。

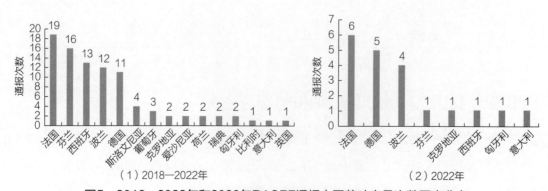

图5 2018—2022年和2022年RASFF通报中国茶叶产品次数国家分布

（五）2022年我国茶叶中重金属合格率情况与分析

2022年我国茶叶中重金属（铅）的合格率是100%。GB 2762—2022规定了茶叶中铅的限量值为5毫克/千克。2022年度农业农村部茶叶质量监督检验测试中心对来自全国各地1554个样品中铅含量进行检测，铅含量范围在0.021 ~ 4.12毫克/千克，均未超过国家限量值，合格率为100%（图6）。根据我们的监测结果，近5年来茶叶中重金属（铅）的合格率均为100%。

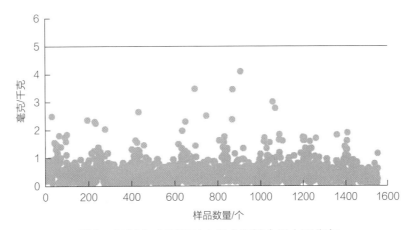

图6 2022年中国茶叶中重金属铅含量水平分布

二、2022年我国茶叶质量安全标准与法律法规发展与分析

（一）2022年我国茶叶质量安全法律法规与标准主要变化

2022年修订了《中华人民共和国农产品质量安全法》，该法律于2006年首次制定。为保障农产品质量安全、保障人民群众"舌尖上的安全"、促进农业和农村经济发展发挥了重要作用。为全面体现"四个最严"的要求，2022年修订的内容紧紧围绕农产品质量安全强制标准：在关于农产品质量安全的定义中增加生产经营的农产品达到农产品质量安全标准的内容；在国家建立健全农产品质量安全标准体系的基础上，明确要求"确保严格实施"；在农产品质量安全标准中增加"储存、运输"农产品过程中的质量安全管理要求。

2022年，我国涉茶的质量安全国家标准有一定程度的修订。GB 2762—2022《食品安全国家标准 食品中污染物限量》，2022年06月30日发布，2023年06月30日实施；规定茶叶中铅的限量为5.0mg/kg，茶叶按照GB 5009.12进行检测。目前该检测方法规定了4种检测方法：第一法石墨炉原子吸收光谱法、第二法电感耦合等离子质谱法、第三法火焰原子吸收光谱法、第四法二硫腙比色法（定量限3.0mg/kg，不适用于茶叶）。GB 2763.1—2022《食品安全国家标准 食品中2,4-滴丁酸钠盐等112种农药最大残留限量》，2022年11月11日发布，2023年5月11日实施；该标准是GB 2763—2021的增补版，相关检测方法与GB 2763—2021配套使用；该标准新增了茶叶中4项农残限量（mg/kg）：代森锌50，残留物为二硫代氨基甲酸盐（或酯），以二硫化碳表示；马拉硫磷0.5；灭草松0.1（临时限量），残留物为灭草松、6-羟基灭草松及8-羟基灭草松之和，以灭草松表示；仲丁威0.05（临时限量），残留物为仲丁威。至此，GB 2763规定了农残限量指标茶叶75项，上级分类饮料类35项。此外，GB 2763.1—2022新增了菊花（鲜、干）中吡蚜酮和啶酰菌胺、金银花（鲜、干）中的啶虫脒、甲氨基阿维菌素苯甲酸盐和联苯菊酯、茉莉花（鲜、干）中呋虫胺等代用茶产品中农残限量要求。

（二）2022年茶叶包装新规定与分析

2022年9月1日国务院办公厅印发了《关于进一步加强商品过度包装治理的通知》（国办发〔2022〕29号），明确提出到2025年，月饼、粽子、茶叶等重点商品过度包装行为要得到有效遏制。在此之前，国家市场监督管理总局于2021年8月10日发布了修订后的GB 23350—2021《限制商品过度包装要求食品和化妆品》（以下简称为新标准），包括茶叶在内的31类食品，经历2年缓冲期后也于2023年9月1日正式实施。GB 23350—2021《限制商品过度包装要求食品和化妆品》国家标准第1号修改单规定，适用于月饼、粽子的条款于2022年8月15日实施；新标准规定了限制食品和化妆品过度包装的要求、检测和判定规则。

1. 当前茶叶产品包装情况

3月24—31日，中国茶叶流通协会面向会员企业组织开展了茶叶包装相关情况调查工作，共收集到近百家茶企的400余款茶叶产品数据，涵盖了六大基本茶类。

（1）茶叶包装对标自查情况　在本次调查的400余款茶叶产品中，包装层数均不超过4层；3%的产品包装成本超过售价的20%；43.4%的产品包装体积超过标准；4.5%的产品有混装其他产品（瓷器、玻璃杯、焖泡壶、保温杯、飘逸杯、品杯、书籍、酒、蜂蜜、其他代用茶等）。

（2）新包装标准执行情况　从数据结果看，其中93%的企业针对新标准开展了宣贯培训，70%的企业已按照新标准的要求设计生产了新的茶叶包装，新包装占比5%～100%不等。50%的企业还有未使用完的不符合标准要求的库存茶叶包装，数量最多的有106万件，货值最高的达5000万元。

2. 茶叶行业包装标准宣贯情况

自2022年4月至今，中国茶叶流通协会在国家市场监督管理总局和有关部委的指导下，充分发挥行业协会服务职能，积极开展限制过度包装标准宣贯工作（表2）。

表2　中国茶叶流通协会对于茶叶行业包装标准宣贯情况

序号	时间	标题	内容
1	2021年2月20日	践行新发展理念推动茶业绿色包装	发布倡议书
2	2021年9月17日	一图读懂《限制商品过度包装要求食品和化妆品》	标准宣贯解读
3	2022年3月17日	工业和信息化部就《限制商品过度包装要求食品和化妆品》强制性国家标准第1号修改单（征求意见稿）向社会征求意见	意见征求

续表

序号	时间	标题	内容
4	2022年4月29日	国家市场监管总局邀请中国茶叶流通协会参加食品生产企业抵制过度包装工作视频会	应邀出席会议
5	2022年4月30日	践行绿色发展理念，抵制茶叶过度包装倡议书	发布倡议书
6	2022年5月7日	国家发展改革委环资司邀请中国茶叶流通协会参加"过度包装治理工作线上座谈会"	应邀出席会议
7	2022年7月18日	组织开展茶叶过度包装专项培训（福建松溪）	宣贯培训
8	2022年7月21日	组织开展茶叶绿色包装主题培训（福建政和）	宣贯培训
9	2022年9月9日	"中秋""国庆"将至，商品过度包装治理再加码！	标准宣贯解读
10	2023年3月10日	关于"践行新发展理念推动茶业绿色包装"的倡议书	发布倡议书
11	2023年3月23日	中国茶叶流通协会应邀派员参加茶叶包装标准相关工作研讨会	应邀出席会议
12	2023年3月24日	关于开展茶叶包装相关情况调查工作的通知	行业调查
13	2023年3月28日	关于开展茶叶包装相关情况调查工作的补充通知	行业调查
14	2023年3月29日	中国茶叶流通协会应邀参加茶叶过度包装专项治理工作会商会议	应邀出席会议
15	2023年4月3日	倡导茶叶适度包装，推动绿色文明消费倡议书	发布倡议书
16	2023年4月11日	关于茶叶过度包装的风险提示	标准宣贯解读
17	2023年5月5日	推动茶叶包装改进，中茶协在行动！	标准宣贯解读
18	2023年5月26日	中国茶叶流通协会应邀参加限制茶叶过度包装标准宣贯解读会议	应邀出席会议
19	2023年6月16日	限制茶叶过度包装有关要求解读（一）	标准宣贯解读
20	2023年6月19日	限制茶叶过度包装有关要求解读（二）	标准宣贯解读
21	2023年6月20日	关于征集茶叶过度包装相关问题的通知	意见征求
22	2023年6月25日	茶叶适度包装案例展示（一）	案例展示
23	2023年6月26日	茶叶适度包装案例展示（二）	案例展示
24	2023年6月27日	茶叶适度包装案例展示（三）	案例展示
25	2023年6月30日	应邀参加工业和信息化部过度包装治理工作会	应邀出席会议
26	2023年6月30日	进行限制茶叶过度包装问题征集	行业调查
27	2023年7月6日	应邀参加中国包装联合会标准工作研讨	应邀出席会议
28	2023年7月7日	进行限制茶叶过度包装问题调查	行业调查
29	2023年7月12日	召开限制茶叶过度包装专题座谈会	专题会议

资料来源：中国茶叶流通协会

三、2022年我国茶叶质量安全存在的问题与政策建议

2022年我国茶叶质量安全保持较高水平，茶叶质量安全舆论仍集中在近5年来重点关注的农药残留超标、茶叶出口受阻等问题。我国国家标准与法规不断完善，对茶叶质量安全提出了更高要求。

2022年茶叶质量安全主要存在以下不足。

（一）问题

1. 农药残留超标

我国茶叶质量安全合格率高，1%～2%的不合格率主要来自于农药残留超标。我国茶叶质量安全处于较高水平，近5年来合格率保持在98%及以上水平，不合格产品主要原因是农药残留超标。我国茶产业仍以分散型家庭农场或小型农业合作社为主，由于生产成本与劳动力短缺问题，导致部分茶园仍存在违规使用化学农药、或化学农药使用不合理情况。禁限用农药超标或茶树未登记农药超标是造成茶叶农药残留超标的主要原因，近年来草甘膦除草剂超标问题值得关注。

2. 茶叶出口受阻

我国茶叶出口受阻仍未改善，新型危害因子值得关注。2022年我国茶叶出口同比增长1.6%，欧盟通报茶叶质量安全问题23次，通报数量略高于过去5年间平均水平。农药残留超标是出口受阻的主要原因，但近年来，通报的农药种类有所变化，尤其值得关注的几种农药：唑虫酰胺、呋虫胺、吡虫啉、毒死蜱、苦参碱等。这些农药（除毒死蜱外）在我国茶树已登记允许使用，唑虫酰胺、呋虫胺两种农药在我国茶园广泛使用，但累遭出口通报，应引起关注。蒽醌、高氯酸盐、吡咯里西啶生物碱是近年来我国茶叶出口欧盟受阻的新型危害因子，其污染来源、风险管控需进一步研究。

3. 评价与检测依据有待完善

我国茶叶质量安全要求不断提高，评价与检测依据有待于进一步完善。2022年我国国家标准GB 2763进一步修订，增加了4种农药残留的最大允许限量要求，现已规定了茶叶及茶产品中110种农药残留限量，强化了禁限用农药、未登记农药的监管，有利于进一步提升我国茶叶质量安全水平，降低超标率。然而，新修订的GB 2763—2021中规定的涉茶110种农药中28种为临时限量，20种农药缺少检测方法标准。因此，评价依据与检测方法依据有待于进一步完善。

4. 过度包装现象突出

包装标识新规为茶叶包装标识评价提供了依据，过度包装问题值得关注。茶叶过度包装一直受到政府、社会和消费者的关注，《关于进一步加强商品过度包装治理的通知》与新标准为茶叶包装提供了评价与检测依据。新标准规定了过度包装的基本定义、基本要求和判定方法，为茶叶包装监管了提供评价依据和检测依据，有利于限制茶叶的过度包装。各地茶叶监管机构依据GB 23350—2021标准，启动茶叶过度包装专项治理行动，对市场流动领域茶叶商品开展过度包装监督抽查，结果表明茶叶过度包装现象突出，应引起主管部门和生产销售企业重点关注。

（二）建议

根据2022年我国茶叶质量安全存在的主要问题，提出以下几点建议。

1. 坚持"产出来""管出来"两手抓，提升茶叶质量安全水平

加快转变茶产业发展方式，推进标准化、绿色化、品牌化生产，实现生产源头可控制，强化"产

出来"的控制作用；坚持依法严管、全程监管，积极推进"从茶园到茶杯"可追溯，强化"管出来"的监管作用。

2．加强茶叶科技创新，提升茶叶全产业链质量安全管控能力

加强茶树病虫草害智能数字监测与绿色防控技术科技创新，源头解决茶叶农药残留超标问题；加强茶叶质量安全因子全程监管技术创新，完善全程可追溯系统，提升茶叶质量监管水平；加强茶叶质量安全风险评估技术创新，提升我国茶叶质量安全预警与管控能力。

3．加大人才队伍建设，提升茶叶质量安全管控水平

提升我国茶叶生产企业人员的质量安全基础知识水平，增强茶农质量安全意识；在我国茶叶主要产区扩充茶叶质量安全管理队伍，提升基层检测人员的技术水平；打造茶叶生产、管理与科技人员互动平台，打通茶叶质量安全管控的"最后一公里"。

（执笔人：姜仁华、陈红平、申卫伟）

2022中国茶叶标准体系发展报告

中华全国供销合作总社杭州茶叶研究所
全国茶叶标准化技术委员会秘书处

茶产业是我国的优势特色产业，在促进农业农村发展、农民增收和推动乡村振兴中发挥着重要的作用。标准化工作是支撑和引领经济社会发展的重要技术基础，是促进科技成果转化为生产力的有效途径。党的十八大以来，习近平总书记对于标准化工作进行了一系列重要论述，要求大力推进技术专利化、专利标准化、标准产业化，特别强调要推进标准国际化，推动中国标准"走出去"。随着《中华人民共和国标准化法》的修订以及《国家标准化发展纲要》的发布，我国茶叶标准化工作发展迅猛，茶叶标准体系建设工作不断推进，已逐步形成了以国家标准为主体，行业标准、地方标准、团体标准及企业标准相协调，覆盖茶叶种植、加工、包装、流通的全产业链标准体系。我国现有的茶叶标准体系框架主要包括茶通用标准、茶类标准和再加工茶标准。2022年，在标准制修订领域，立项涉茶类推荐性国家标准1项，发布行业标准4项，地方标准108项，团体标准近350项；在标准样品研制领域，正在研制的茶叶国家标准样品共有27项；在标准组织建设领域，新建茶叶标准化组织2个；在国际标准化领域，发布由我国主导的茶叶国际标准1项，新项目提案2项。我国茶叶标准体系的建立与完善以及各项标准化工作的推进，体现了茶叶标准在规范和引领行业发展中的重要作用，意味着中国茶叶进入了高质量发展阶段、在国际茶叶市场领域赢得了更多的标准制定权和话语权，并推动中国标准走向世界。

一、2022国内标准化建设情况

（一）茶叶标准制修订工作

1. 国家标准

2022年，在茶叶国家标准领域，立项推荐性国家标准1项，发布与茶叶息息相关的强制性国家标准1项。

已立项《白茶产地溯源技术规程近红外光谱法》（计划号20220039 T-442），将通过对近红外光谱法产地追溯技术的研究，建立有效的白茶产地溯源方法，实现对白茶产地快速、准确地鉴别，推动白茶原产地保护以及保护白茶区域公共品牌，助推白茶产业高质量发展。

强制性国家标准GB 2763.1-2022《食品安全国家标准食品中2,4-滴丁酸钠盐等112种农药最大残留限量》，由国家卫生健康委、农业农村部、市场监管总局发布，该标准是GB 2763—2021《食品安全国家标准食品中农药最大残留限量》的增补版，对茶叶中的农药残留限量进行了调整，新增了4项农药的限量标准，包括代森锌（Zineb）、马拉硫磷（Malathion）、灭草松（Bentazone）和仲丁威（Fenobucarb）。标准正式实施后，我国对茶叶中的农药最大残留限量指标将达到110项，这意味着茶叶生产和消费将受到更加严格的监管，农药残留量将得到进一步控制，茶叶质量安全将得到进一步保障。

2．行业标准

2022年供销行业、林业、农业、机械、气象、出入境检验检疫等领域主管部门发布实施的涉茶行业标准4项，其中供销合作行业标准2项——GH/T 1382—2022《花果香红茶》、GH/T 1374—2022《雁荡毛峰茶》；林业行业标准1项——LY/T 3311—2022《古茶树》；农业行业标准1项——NY/T 4253—2022《茶园全程机械化生产技术规范》。

3．地方标准

2022年发布实施的涉茶地方标准108项，主要以地方代表性茶类产品的生产、加工和质量评价为主，其中山西省2项、江苏省4项、浙江省7项、安徽省9项、福建省7项、江西省3项、山东省4项、湖北省9项、湖南省11项、广东省1项、广西壮族自治区9项、四川省14项、贵州省10项、云南省11项、陕西省7项，其他产茶省份（自治区、直辖市）无新增。

4．团体标准

2022年发布实施的涉茶团体标准近350项，与其他类标准相比，团体标准覆盖面更广、种类更丰富，涵盖了整个产业链条，主要包含了各类茶产品的品种繁育、茶园建设与管理、病虫害防治、鲜叶采摘与加工、加工机械维护、冲泡与评鉴、质量安全评价及溯源等方面。其中，由中国茶叶流通协会等国家行业组织发布的有46项，各级地方行业组织发布的达94项。

（二）茶叶标准样品研制工作

在标准样品研制领域，2022年在研的茶叶国家标准样品共有27项，其中理化标准样品9项，包含茶叶中的没食子儿茶素和茶黄素 $3,3'$-双没食子酸酯标准样品以及铅、甲氰菊酯、溴虫腈、氯氟氰菊酯和茚虫威等分析标准样品；感官分级标准样品18项，包括六堡茶、沱茶、机制茯茶、晒青茶、眉茶、武夷岩茶、黄茶毛峰、太平猴魁、六安瓜片、龙井茶等。各地也陆续研制了大佛龙井茶、莫干黄芽茶、都匀毛尖茶等感官分级实物样品。茶叶标准样品的研制，推动了茶叶产品文字标准向实物标准的转换，使茶叶生产有了可参考的实物标准依据，将进一步推动产品生产、检验、销售、品鉴等的标准化。

（三）茶叶标准组织建设工作

全国标准化技术委员会是国家及地方实施技术标准战略工作的重要组成部分，是逐步构建以国家标准、行业标准为主体，地方标准、团体标准和企业标准相配套的机构保障，能够满足茶产业持续健康发展的标准体系的建立与完善。国家及地方越来越重视茶叶标准化组织的建立和完善，2022年全国陆续建成茶叶标准化组织 2 个。2022 年 4 月，全国标准样品技术委员会茶叶标准样品工作组成立，首届工作组由 36 位成员组成，秘书处由中华全国供销合作总社杭州茶叶研究所承担。8 月，江苏省茶产业标准化技术委员会成立，第一届委员会由 5 名顾问和 41 名委员组成，秘书处设在江苏鑫品茶业有限公司。已成立的茶叶标准组织仍在不断地加强机构建设，及时组织委员会换届和开展年度交流。12 月，福建省茶产业标准化技术委员会换届，全国茶叶标准化技术委员会三届四次会议召开。

二、国际标准化建设情况

我国是国际标准化组织食品技术委员会茶叶分技术委员会（ISO/TC 34/SC 8）的 P 成员国，一直积极参与 ISO 国际标准化工作，履行作为 P 成员国的职责。2022 年，由我国主导的 ISO 20716《2022 乌龙茶 定义与基本要求》国际标准正式发布，该国际标准是我国主导制定的第一项茶叶产品类国际标准。

2022 年 12 月，国际标准化组织 ISO/TC 34/SC 8 第 28 次会议召开，由安徽农业大学、中华全国供销合作总社杭州茶叶研究所和福建农林大学的 4 位行业专家组成中国代表团，按会前准备的表决预案推进相关工作，会议推动了我国主导在研的国际标准工作进程，圆满实现中国代表团的预期目标。

三、2022 中国茶叶标准体系领域年度重大事件

（一）多项标准化政策法规相继发布

国家市场监督管理总局贯彻实施《国家标准化发展纲要》行动计划。7 月 6 日，国家市场监督管理总局等 16 个部门印发《贯彻实施〈国家标准化发展纲要〉行动计划》，明确 2023 年年底前重点工作，提出了深化国际标准化合作、提高参与国际标准化活动水平、推动中国标准与国际标准体系兼容、推动国内国际标准化协同发展、推进政府颁布标准协调发展、加强团体标准规范引导、促进地方标准化创新发展、加强质量基础设施标准协同、加强标准化技术支撑体系建设、加强标准化人才教育培养等 33 条重点任务，以更好地贯彻实施《国家标准化发展纲要》，有序推进任务落实，更好发挥标准化在推进国家治理体系和治理能力现代化中的基础性、引领性作用。

9 月 9 日，国家市场监督管理总局发布新修订《国家标准管理办法》（以下简称"新《办法》"），新《办法》聚焦贯彻落实《中华人民共和国标准化法》和《国家标准化发展纲要》相关要求，总结多年来标准化工作的实践经验，是国家标准化管理工作的重要制度性安排，对规范国家标准制定实施各环节提出了全面系统的要求，特别是进一步明确了国家标准制定范围，增加了提出标准立项建议的渠道，作出了严格标准试验验证和技术审查，加强了标准制修订周期管理，强化了标准实施反馈和评估等具体规定。新《办法》的实施，必将对提高国家标准治理水平、增强标准化治理效能发挥重要作用，以更加完善的标准化支撑经济社会高质量发展。

农业农村部推动建立茶叶全产业链标准体系。8月24日，农业农村部发布《对十三届全国人大五次会议第4910号建议的答复》，并表示将会同市场监督管理总局等有关部门，以农产品"三品一标"为导向，构建以产品为主线、全程质量控制为核心的茶叶全产业链标准体系，聚焦优势茶叶产区，创建高标准茶叶全产业链标准化基地，培育按标生产的新型农业经营主体，着力提升茶产业标准化实施水平。

（二）全国标准样品技术委员会茶叶标准样品工作组成立

目前茶叶品质的评定、质量等次的确定主要还是依据相应的文字标准描述以及生产、检验人员的经验，缺乏客观、标准实物的比对。2022年4月18日，全国标准样品技术委员会成立了茶叶标准样品专业工作组，着力解决我国茶叶品质评价中标准实物样缺失问题，为茶叶品质评价奠定基础。首届工作组由36位成员组成，由中国工程院院士、湖南农业大学刘仲华教授任组长，中华全国供销合作总社杭州茶叶研究所所长尹祎任副组长兼秘书长，中国农业科学院茶叶研究所党委书记江用文任副组长，秘书处由中华全国供销合作总社杭州茶叶研究所承担。全国茶叶标准样品工作组后续将在全国标准样品技术委员会领导下开展茶叶领域标准样品研复制及相关研究工作，进一步推动茶产业高质量发展、促进茶叶实物标准工作迈上新台阶。

（三）我国主导的首个茶叶产品类国际标准发布

2022年9月7日，由我国主导制定的ISO 20716：2022《乌龙茶　定义与基本要求》国际标准由国际标准化组织（ISO）正式出版发布。该标准由福建农林大学孙威江教授担任项目负责人和工作组（ISO/TC 34/SC 8/WG 7）召集人，联合中华全国供销合作总社杭州茶叶研究所、福建省市场监督管理局等多家高校院所、检测机构、茶叶企业和应用单位参与该标准的制定。ISO 20716：2022《乌龙茶　定义与基本要求》国际标准包括序言、前言以及标准范围、参考资料、术语和定义、基本要求等内容，对乌龙茶作了规范的定义，并对乌龙茶的加工工艺、感官品质和主要品质化学成分含量要求等作了明确规定，为规范和促进乌龙茶国际贸易与消费提供了科学依据。

该标准作为我国牵头主导研制的第一项茶叶产品类国际标准，其发布实施充分体现了我国乌龙茶"三茶统筹"发展的水平和地位，也是我国在茶叶产品国际标准化工作领域的重大突破，对我国茶叶国际标准化工作具有重要意义。

（四）国际标准化组织食品技术委员会茶叶分技术委员会（ISO/TC 34/SC 8）第28次会议成功召开

2022年12月5日，国际标准化组织食品技术委员会茶叶分技术委员会（ISO/TC 34/SC 8）第28次会议在线上召开，来自中国、英国、德国、日本、印度、肯尼亚、斯里兰卡、土耳其、马拉维、沙特阿拉伯、葡萄牙等国家代表以及ISO中央秘书处项目经理Bourquin Marie-Noëlle、ISO/TC 34/SC 8茶叶分技术委员会主席Donnelly Katie、秘书长Fourie Deidre出席会议。我国组团参会，中国代表团由安徽农业大学宛晓春教授、中华全国供销合作总社杭州茶叶研究所杨秀芳研究员、张亚丽副研究员和福建农林大学孙威江教授组成，宛晓春教授任团长，代表团在合肥、杭州、福州三地会场举行线上会议。会上，中国代表团专家分别代表WG 6（茶叶分类、茶叶化学分类）、WG 10（绿茶术语）、WG 14（茶多酚）、WG 7（乌龙茶）等工作组向大会报告工作进展及未来重点工作，同时介绍了白茶和茉莉花茶两个新项目的前期准备情况，较好地呈现了我国专家牵头召集的茶叶国际标准研制项目的专业水平，得到参会各国专家的普遍认可。大会最终形成委员会决议十四条。大会的顺利召开，不仅促进了各国专家间的交流，更推动了茶叶国际标准的研制进程。

四、茶叶标准体系建设最新进展

（一）相关管理办法和标准的发布与实施

根据《中华人民共和国计量法》并参照国际通行规则，国家市场监督管理总局于2023年3月16日发布《定量包装商品计量监督管理办法》，自2023年6月1日起施行。该管理办法将进一步保护消费者和生产者、销售者的合法权益，规范定量包装商品的计量监督管理。

GB 23350—2021《限制商品过度包装要求 食品和化妆品》将于2023年9月1日正式实施，国家市场监督管理总局多次组织相关部门研讨，并组织召开限制茶叶过度包装标准宣贯解读会议，对该标准及第1号修改单进行讲解与答疑。各地市场监管部门及茶叶生产、包装企业等陆续开展了大规模的排查和整改工作。

（二）我国牵头制定的国际标准取得又一突破

2023年4月，由安徽农业大学茶树生物学与资源利用国家重点实验室主任宛晓春教授牵头制定的国际标准ISO 20715：2023《茶叶分类》正式颁布，标志着我国六大茶类分类体系正式成为国际共识，也标志着我国在茶叶标准国际化领域取得了具有里程碑意义的成果。该项国际标准根据茶叶加工工艺和品质特征，将茶叶分为红茶（传统红茶、红碎茶、工夫红茶、小种红茶）、绿茶（炒青、烘青、晒青、蒸青、碎绿茶、抹茶）、黄茶（芽型、芽叶型）、白茶（芽型、芽叶型）、青茶（乌龙茶）、黑茶（普洱熟茶、其他黑茶）六大类。同时规定了茶叶关键加工工序的名词术语，如做形、闷黄、渥堆等极具中国特色的关键工序名词。

（三）多项茶叶国家标准样品研复制工作通过评审

2023年2月以来，全国标准样品技术委员会先后组织专家对崂山绿茶感官分级标准样品、青岛红茶感官分级标准样品、武夷岩茶标准样品、沱茶感官标准样品、六堡茶（散茶）感官分级标准样品、机制茯茶感官标准样品、云南大叶种晒青茶感官分级标准样品、龙井茶分级标准样品共8项国家标准样品项目进行评审。茶叶感官实物标准样的研制，不仅为茶叶生产、加工、检验和贸易机构等开展感官评审提供依据，还有助于茶叶质量的标准化管理和提升，在规范市场秩序、引导产业高质量发展方面发挥了积极作用。

五、主要成就

我国作为世界上茶叶生产种植和消费第1大国，出口第2大国，在世界茶产业中具有举足轻重的地位。近年来，我国茶产业进入了一二三产业全面融合发展的新阶段，茶园种植面积、产量、效益均呈现快速增长的势头，我国的茶叶标准工作取得长足进步。主要成就体现在以下几个方面。

（一）国内标准领域

我国积极推进茶叶标准体系建设，制定了茶叶国家标准79项，行业标准200余项，地方标准1000余项，团体标准900余项，标准已覆盖茶叶种植、加工、包装、流通全过程的全产业链。

（二）标准样品领域

积极推进与文字标准配套的实物标准样品研制工作。目前，成立了全国标准样品技术委员会茶叶标准样品工作组，已发布茶叶国家标准样品1项，在研的茶叶国家标准样品共27项。

（三）国际标准领域

随着我国综合国力和国际影响力的提升，国际标准化工作也逐步实现了一个又一个突破，由我国专家主导制定的国际标准ISO 18449：2021《绿茶术语》、ISO 20716：2022《乌龙茶定义和基本要求》、ISO 20715：2023《茶叶分类》相继发布。

六、存在的问题和发展建议

目前，我国是全世界茶叶标准最多、茶叶标准体系最健全的国家，但依然存在以下问题：一是各团体标准发展速度较快，但整体标准质量参差不齐，与国家标准、行业标准之间的协调性有待加强；二是标准的实施效果评价工作较薄弱；三是茶叶实物标准样研制工作有待加强。在未来茶叶标准化建设方面，建议加强以下工作。

（一）加强团体标准监督机制建设，提升团体标准质量水平

新标准化实施以来，鼓励形成国家标准、行业标准、地方标准、团体标准相协调配套的标准体

系，但各团体标准之间技术内容的协调性与水平参差不齐。未来应强化团体标准监督管理，畅通社会监督反馈渠道，引导全行业参与监督，培育出高质量的团体标准，切实以标准引领、助推茶产业发展。

（二）推进标准实施效果评价，推动标准切实发挥作用

标准的价值在于实施，标准的实施效果是标准的贯彻落实程度，以及标准实施后所获得的经济效益、社会效益和生态效益。实施效果评价能够及时地发现标准的科学性、适用性、合理性、可操作性以及标准体系的完备性等方面存在的问题，通过标准实施反馈，调整标准实施策略和方向，进而保证标准化工作的有效开展。建议以全国茶叶标准化技术委员会为技术支撑，开展各级标准实施效果的评价工作，进一步优化标准建设方向，提高标准质量及适用性。

（三）加强茶叶标准样品研制工作

茶叶产品标准的核心内容就是感官品质要求和理化指标要求，其中感官品质要求主要有外形和内质，如干茶的外形包含条索或颗粒、整碎、净度、色泽，内质包括香气、滋味、汤色和叶底。目前对感官品质的要求主要通过文字描述呈现，无论是对于检测机构还是消费者，都比较抽象。未来建议进一步标准样品研制。同时鉴于目前的科技发展和茶叶实物标准有效期较短的现实，可采用视频和三维图像技术应用，以便提高社会各级群众对茶叶的认知，促进科学健康的消费。

（四）进一步加强标准化人才队伍建设

标准和标准化是一门专业学科。大力培养既懂茶叶又掌握标准化专业知识的复合型标准化人才是推进茶叶标准化工作的基础和前提。建立标准化学科带头人制度，培养更多符合国际、国内标准的专家。

（执笔人：张亚丽、李文萃、尹祎）

第七部分

文旅教育

2022中国茶文化旅游发展报告

北京中瑞文旅集团

2022年，文化旅游市场规模显著下滑，全国国内游客25.30亿人次，国内旅游收入2.04万亿元，分别较上年分别下降22.1%和30.0%，降至2012年以来最低水平，但本地游、邻省游、轻旅游、微度假、宅酒店以及云展演、云演艺等成为新亮点，户外露营、休闲市集更成为2022年文旅市场的重要热点，并在线上和线下的双驱动中，催生了"围炉煮茶""点茶雅集"等茶文化旅游的新场景、新业态。

2022年尽管受到诸多超预期因素冲击，茶产业仍保持了较稳定的规模发展和市场需求态势，秉持茶文化、茶产业、茶科技"三茶统筹"发展理念，与文化旅游业双向奔赴、交互赋能，坚持守正创新、融合发展，为茶文化旅游高质量发展提供了有力支撑，行业体系包容性大幅提升，社会关注度显著增强，良性市场生态逐步形成。

一、总体情况与成效

（一）政策部署进一步落实

2021年，习近平总书记创造性提出统筹做好茶文化、茶产业、茶科技发展理念，国务院印发的《"十四五"推进农业农村现代化规划》明确了"三茶统筹"战略导向，农业农村部、国家市场监督管理总局、中华全国供销合作总社联合印发《关于促进茶产业健康发展的指导意见》，作为继2020年农业农村部印发《关于促进贫困地区茶产业稳定发展的指导意见》后的全国茶产业专项政策文件，对"推动茶文旅融合"等重点任务作出了具体部署安排。

2022年，《中共中央国务院关于做好2022年全面推进乡村振兴重点工作的意见》明确提出持续推进农村一、二、三产业融合发展、启动实施文化产业赋能乡村振兴计划。党的二十大报告强调了全面推进乡村振兴、推进文化和旅游深度融合发展。农业农村部办公厅、中华全国供销合作总社办公厅等5个部门联合印发《建设国家农业绿色发展先行区促进农业现代化示范区全面绿色转型实施方案》，强调了支持绿色全产业链建设等重点任务。各级政府部门全面贯彻"三茶统筹"发展理念，各地出台有关法规政策和规划计划，进一步夯实了茶文化旅游的高质量发展基础。

全国政策层面，2022年4月文化和旅游部等6部门联合印发《关于推动文化产业赋能乡村振兴的意见》，提出支持特色产业发展，传承弘扬茶、中医药、美食等特色文化，开发适合大众康养、休闲、体验的文化和旅游产品。

　　省级层面，继2021年《贵州省茶产业发展条例》《湖北省促进茶产业发展条例》施行，《福建省促进茶产业发展条例》修正，安徽省政府办公厅印发《关于推动茶产业振兴的意见》，强化了茶文化旅游的产业意义与规范方向后，2022年多地出台了有关法规、规划、意见（表1）。

表1　2022年各地推进茶文化旅游有关政策汇总

名　称	主要内容
广东省乡村休闲产业"十四五"规划	茶叶主题片区和村镇列入乡村休闲区（带）重点规划布局；茶场茶仓列入农产品加工观光工厂资源；推进茶园变公园、劳作变体验
山东省"十四五"乡村产业发展规划	壮大茶产业等特色产业，发展休闲观光、加工体验等新业态，拓展茶园功能，弘扬齐鲁茶文化
福建省"十四五"推进农业农村现代化实施方案	发展茶叶产业等特色优势农林产品，统筹做好"茶产业、茶科技、茶文化"，开展"闽茶海丝行"活动，利用节会平台展示闽茶文化，讲好闽茶故事
"十四五"湖南省种植业发展规划	推进茶旅文康养等产业融合发展
云南省农村居民持续增收三年行动方案（2022—2024年）	用好茶叶等景观性优势特色产业资源，推动休闲农业和乡村旅游"赏、食、享"融合的多产品开发
云南省农业现代化三年行动方案（2022—2024年）	打造西双版纳和澜沧景迈山茶文旅精品线路等乡村旅游精品工程
陕西省"十四五"茶产业发展规划	支持建设以茶为中心的特色区域、特色小镇发展，将陕西人文、自然景观融入茶业链条，讲好陕茶故事，实现多产业一体化经营 推动茶产业与最美茶乡、特色旅游、民俗文化、绿色餐饮、"大健康"等第三产业融合发展
云南省古茶树保护条例（2022年11月通过）	加强对古茶树文化遗产的保护与传承，挖掘古茶树文化、生态和历史人文价值；统筹规划利用古茶树特色旅游资源；鼓励单位和个人依法开展茶文化展示、宣传、推介和对外交流
湖南省茶产业发展促进条例（2022年12月1日起施行）	支持茶产业与文化、旅游、康养等产业融合发展，打造休闲、观光、研学等茶旅项目，培育新业态新模式
四川省《关于推动精制川茶产业高质量发展促进富民增收的意见》（2022年12月28日印发）	鼓励发展家庭茶庄、休闲茶庄，建成一批茶旅融合主题景区、主题茶城；推动川茶文化走向大众、走向国际，推进茶旅康养一体化发展；鼓励茶区农民开办"茶家乐"、特色民宿，提供茶事体验等服务
广西壮族自治区《梧州市六堡茶文化保护条例》（2022年1月1日起施行）	保护与传承、发展与利用
浙江省《杭州市西湖龙井茶保护管理条例》（2022年3月1日起施行）	文化传承与产业发展
安徽省《黄山市传统名茶保护管理条例（征求意见稿）》（2022年12月9日公开）	徽茶文化传承与产业发展
湖南省《湘西土家族苗族自治州保靖黄金茶古茶树资源保护若干规定》	鼓励依法开发利用古茶树资源的新行为：将茶产业与乡村旅游融合发展；挖掘和宣传古茶树资源文化，举办各种形式的茶文化节
《云南省双江拉祜族佤族布朗族傣族自治县古茶树保护管理条例实施细则》（2022年8月26日起施行）	文化传承与产业发展

续表

名　称	主要内容
浙江省《开化县茶产业高质量发展扶持政策》（2022年11月23日印发）	聚焦龙顶文化提升；传承龙顶非遗技艺；挖掘讲好龙顶故事；支持现代茶庄园建设，开展茶园标准地试点，打造一批山水风韵浓厚、建筑风格自然、茶文化内涵鲜明的茶庄园，推动茶生产、茶文化、茶旅游、茶休闲、茶养生融合发展，着力打造茶旅强县

（二）遗产价值进一步凸显

2006年至2021年，国务院先后公布五批国家级非物质文化遗产代表性项目，共3610个，其中茶制作技艺41项，茶俗4项，还有源于茶事劳动的茶山号子、采茶戏、采茶灯等传统音乐、舞蹈、戏剧9项，以及茶点制作技艺、源于茶叶交易的赶茶场庙会民俗等，占比1.55%。以茶制作技艺为代表的茶文化已经成为中华优秀传统文化的重要组成。

2022年5月10日，由文化和旅游部非物质文化遗产司指导，光明日报社主办的2022"中国非遗年度人物"揭晓，三位黑茶、红茶、绿茶制作技艺代表性传承人被列入10位年度人物和20位年度提名人物名单。10月17日，在党的二十大广西代表团讨论会上，习近平总书记与非遗项目六堡茶制作技艺代表性传承人交流时强调"茶产业大有前途。下一步，要打出自己的品牌，把某产业做大做强"，标志着以制茶技艺为代表的茶文化、茶产业、茶科技"三茶"统筹发展正得到更加广泛的关注认可。

2022年末，福建、浙江、云南、贵州、四川、湖南、湖北、江西、陕西等省公示的"第六批国家级非物质文化遗产代表性传承人推荐名单"中均有茶制作技艺传承人，广东省则有茶艺传承人入选，共16人，人数超过2007年至2018年五批次国家级非遗代表性传承人名单中茶制作技艺传承人的一半。同时，福建、四川、安徽、广西等省（自治区）共推荐5家茶制作技艺项目申报第三批国家级非物质文化遗产生产性保护示范基地，与2011年首批和2014年第二批名单中仅有两家相比，说明各地对"茶非遗"的重视与传承又提到了新的高度。

茶是中国传统文化的代表性符号，呈现了中华民族的精神特质，也是世界性的文化语言。

2022年5月，联合国粮农组织正式认定福建安溪铁观音茶文化系统为"全球重要农业文化遗产"。9月，云南普洱景迈山古茶林文化景观完成世界文化遗产国际迎检工作。

11月29日，"中国传统制茶技艺及其相关习俗"正式列入《人类非物质文化遗产代表作名录》，习近平总书记作出重要指示，"'中国传统制茶技艺及其相关习俗'列入联合国教科文组织人类非物质文化遗产代表作名录，对于弘扬中国茶文化很有意义。"

茶文化遗产既包括"非物质"的农事和技艺、民俗和艺术、知识和实践，也包括"有形"的茶山茶林、茶园茶场，2022年茶文化遗产的保护传承价值全面凸显，为茶文化旅游高质量发展提供了更加广阔的融合创新空间。

（三）节事活动进一步创新

2022年以节事活动作为茶文化旅游的重要内容形式，虽然多个茶展会和茶文旅节事延期或取消，但与往年相比，呈现了多维度的创新亮点，主要体现在五个方面。

一是"国际茶日"活动更加丰富。作为第三个"国际茶日"，与往年相比，内容形式更加丰富，覆盖面影响力更广。多地举办了主题活动，如安徽省举办了"国际茶日·徽茶迎天下"系列活动，启动"徽茶消费季"，并成为2022年8月第十五届安徽国际茶产业博览会的"预热"活动；福建福州市举办了第二届"国际茶日·福茶行天下"三茶融合发展大会，开展了全民饮茶主题活动，启动了首届"福茶仙子"福建茶旅IP形象大赛等。

二是区域协作更加紧密。区域统筹、部门协调已经成为举办茶文化旅游活动的常态，如贵州省在"国际茶日"举办了"爽爽贵阳·百城百媒·爽心之旅·黔茶飘香"暨"国际茶日"系列活动等。同时，以文化为媒介，跨区域协作共建茶文旅新产品新市场，也成为"新常态"。

三是"云上活动"更加活跃。线上线下结合，开展云直播、组织云展会、带动云旅游，进一步拓展了茶文旅节事活动的内容形式和覆盖面。如3月末开始的贵州贵阳市春茶开采季系列活动中，慢直播、App与小程序直播带货促销等成为亮点；4月河南信阳市"第30届信阳茶文化节"开幕活动主要以线上直播方式呈现，并开展了系列线上有奖征文、答题、代言等活动；"五一"假期期间贵州丹寨县万达小镇举办"丹寨八景"慢直播活动，超过300万人"围观"，丹寨茶园口碑突出；5月陕西举办"遇见陕茶遇见你·陕西春茶尝鲜季"第三届陕西网上茶博会；7月福建安溪县举办"茶乡购·大师说茶"茶文化推广暨直播活动，形成直播带货矩阵等。

四是带动全域旅游发展效益更加突出。多个产茶区推进茶旅融合，茶文旅活动作为当地文化旅游业的重要营销手段和形象名片，在全域旅游发展中的带动作用持续凸显。如湖南省的2022年益阳市文旅融合发展大会经过遴选评审，在安化县举办，以黑茶为品牌，构建茶旅文体康融合发展格局，已得到广泛认可；2022年常德市旅游发展大会期间同时举办常德红茶文化节，"文化兴茶、旅游促茶"的茶旅产业成为常德全域旅游发展与乡村振兴的重要抓手。

五是事件营销创意更加多彩。多地茶文旅节事活动将创意话题作为重要内容和营销手段，正得到行业与市场的共同关注。如在广东潮州市举行的2022"国际茶日"中国主场活动中，加入了凤凰单丛茶太空茶种种植仪式等创意活动；河南郑州市国香茶城2022清明茶会以四月茶会季的形式呈现，包括二十四节气茶会、线上直播和线下晓春茶会等；5月28日湖南省供销合作社等单位联合主办的"挑担茶叶上北京——湘茶大会"在长沙橘子洲举行，以长沙—北京高铁为路线，开展了"挑担茶叶上北京"创意活动；9月14日浙江省文旅厅等单位联合主办的"唱支茶歌给党听"2022全省茶歌大会开幕式在泰顺县举行，为泰顺"《采茶舞曲》诞生地"品牌赋予了"文化兴茶"的新活力等。

（四）产品场景进一步丰富

2022年茶文旅主题景区项目受市场整体影响，保持"维护性"运营态势，在行业精研与深耕中，一些代表性项目启动建设，也表明茶文旅市场的基本面持续向好。如2月，湖北五峰土家族自治县茶商文旅融合产业园开工，作为云上五峰旅游度假区的组成项目，规划总面积3200亩，总投资12亿元，是2022年全国启动建设的最大规模茶文旅项目；4月陕西白河县蔓营坡茶旅融合项目开工，预计将带动350余人就业；福建武夷山市华祥苑茶博城和瑞泉文化研究博览园于4月和11月先后开工，总投资分别为10.5亿元和3亿元，中国武夷茶博物馆、"三茶统筹"展示馆等项目也正式启动，成为武夷山市新一轮茶文化旅游发展的重点；四川雅安市蒙顶山佛禅寺体验中心、茶文化沉浸式体验馆等项目于10月开工，总投资约3亿元，是蒙顶山创建5A级旅游景区的重点工作内容。

2022年各地茶文化旅游与本地休闲需求、移动互联网社交传播诉求等相契合，呈现出了新的产品场景特色。主要体现在六个方面。

一是茶乡民宿。保持近年来茶文化旅游住宿业发展态势，2022年茶乡民宿领域持续稳定扩容，例如云南勐海县南糯山茶院民宿开业，进一步促进了南糯山民宿酒店的集群化品牌化发展；湖南吉首市、安化县，四川雅安市，广东潮州市等地多个茶村茶园结合型民宿开业，成为当地茶文化体验的新载体。

二是茶园露营。2022年以户外露营为"爆款"，城郊型的"轻旅游""微度假"成为多方关注热点，茶园露营作为产茶区特别是区域中心城市，如浙江杭州、湖州、绍兴、温州，贵州贵阳，广东惠州等地居民的重要选择，搭建起了茶旅融合新场景。河南信阳市、浙江德清县等地的综合功能茶园露营地开业，进一步验证了行业信心。

三是围炉煮茶。2022年秋冬，多地兴起"围炉煮茶"体验消费热潮，众多城市茶馆乃至咖啡馆、餐厅、摄影馆等推出围炉煮茶套餐，并出现一批专项小馆和"路边摊"，与户外露营结合，更成为年度旅游休闲时尚，形成了"围炉经济"话题，成为线上传播热点，至12月中旬，抖音话题达到29亿次播放量，小红书话题浏览量达1200万人次，淘宝话题热度值超过450万，大众点评关键词搜索量同比增长近12倍，京东关键词搜索量环比增长14倍。"围炉煮茶"具有线下的仪式感和线上的颜值度，符合城市人群特别是年轻群体的需求，也表明茶文化旅游的"传统时尚化"具有较好的市场潜力。

四是市集雅集。2022年文化美食市集备受瞩目，杭州、郑州、贵阳等地推出了以茶文化为主要吸引力和业态的市集，同时受影视作品和网络传播影响，"宋代点茶"作为热点话题，与汉服、古琴等传统文化体验结合，进入市集，北京、上海、广州等多地及多个产茶区旅游目的地并推出以"宋代点茶"为主题的传统生活美学雅集，构成了茶文化旅游新场景。

五是博物体验。2022年，部分地区对茶文化展示场所进行升级更新，为茶商贸设施赋予文化体验功能，打造主题型、场景化、沉浸式的茶文博新业态产品，取得了较好效果，如位于杭州的中国茶叶博物馆双峰馆区、龙井馆区进行了提升改造，利用情景体验和科技手段提高了博物旅游吸引力；浙江龙泉市推出茶文化商业街"上茶街"，融合"水、茶、瓷"主题，与青瓷博物馆联动，成为市民休闲打卡地；浙江新昌县推出新昌茶叶博物馆、茶文化体验综合体等。

六是数字藏品。结合元宇宙概念、区块链技术与茶叶营销渠道，2022年茶文化数字藏品初次呈现，获得了一定关注，例如知名传媒机构数字版权平台联合非遗传承人推出"茶百戏"系列动态数字藏品和周边文创；知名数据中心运营商联合福建武夷山市多家企业机构成立"武夷岩茶数字经济联合体"，推出武夷岩茶数字藏品；杭州长埭村推出"数字乡民"典藏卡，权益包括链上数字艺术作品、免费品茶并获赠茶叶等，湖北、福建茶企推出数字藏品，与实物茶产品促销相结合等。

（五）赋能力度进一步加大

各产茶区推进茶产业与文化旅游业深度融合，2022年主要在产业赋能——农业全产业链构建、文化赋能——激发乡土文化活力、旅游赋能——乡村品牌传播推广等方面获得较显著效益，茶文旅赋能乡村振兴的能力水平持续提高。

在农业全产业链构建方面，2021年末农业农村部公布全国农业全产业链重点链和典型县建设名单，云南省茶叶全产业链入选，福建安溪县、江西婺源县、河南信阳市浉河区、广西苍梧县被列为茶叶全产业链典型县。农业农村部等部门联合公布的2022年100个农业现代化示范区创建名单中，以茶产业和文化旅游业为重点产业的浙江杭州市余杭区、安徽黄山市黄山区、福建浦城县、江西浮梁县、河南信阳市浉河区、湖南祁阳市、广东阳西县、广西横州市、重庆秀山县、四川雅安市名山区、贵州安龙县、陕西紫阳县等多地入选。2022年100个国家乡村振兴示范县创建名单中，安徽岳西县、河南光山县、贵州湄潭县等多个茶业大县入选，2022年60个全国休闲农业重点县名单中列入了福建安溪县、江西崇义县、湖南新化县、湖北南漳县、广东仁化县、广西三江侗族自治县等多个茶业与茶旅名县。在一、二、三产业融合发展导向下的乡村振兴，拓展农业多种功能、挖掘乡村多元价值是重点任务，茶文化旅游全面融入和推进构建产茶区的现代农业全产业链发展，综合效益正持续凸显。

在激发乡土文化活力、促进乡风文明建设方面，以制茶技艺非遗生产性保护、传承发展茶乡农耕文明、主客共享茶文化体验为链接，茶文化旅游作出了积极贡献。文化和旅游部等部门联合公布的2022年66个"非遗工坊典型案例"名单中，江西南昌市的萧坛云雾茶非遗工坊、河南信阳市的赛山玉莲茶非遗工坊入选，产业融合带动致富、文化赋能乡村振兴模式更加清晰。

在茶文旅乡村品牌传播推广方面，以各级部门推介乡村旅游线路为纽带，茶文化旅游目的地已成为乡村旅游的重要组成，在乡村品牌塑造与产业文化传播中，发挥了重要作用。陕西发布2022年15条茶旅融合精品景点线路，安徽发布第二届十大最美茶旅线路，湖南推出2022湖南茶叶乡村振兴"十大茶旅融合示范县""十佳茶旅融合标杆企业""十佳茶旅融合特色景区"推荐宣传与推介表彰活动，杭州等地多条乡村茶文旅线路入选浙江2022年"浙里田园"休闲农业与乡村旅游精品线路名单。文化和旅游部、农业农村部分别推出全国乡村旅游精品线路和中国美丽乡村休闲旅游行精品景点线路名单，旅游媒体、在线旅游平台合作，形成全国联动，多个产茶区乡村旅游目的地和景区入选，占有重要地位。有关机构推出春夏季全国茶乡旅游精品线路，促进了全行业提高茶旅赋能乡村振兴的认识。

二、发展现状趋势

（一）非遗活化促进践行"三茶统筹"理念

全国各类型非遗文化的活化利用，从战略和政策端、资源和生产端、渠道和消费端，都已进入加速发展期。以各地产茶区和区域中心城市为主体，"茶非遗"的挖掘保护与活态应用正成为推进"三茶统筹"发展的重要手段。

"中国传统制茶技艺及其相关习俗"是最具普遍认知感的非遗文化，在申遗、推广、应用等多重力量下，正成为"新兴"的文化热点。"茶文化"作为文化产品，生产消费品质规模持续提高，是"茶产业"提高传播力与价值力的重要载体，并促进了科技不仅应用到茶叶种植加工与产品创新等环节，也应用到文化体验、文旅消费等多场景，使"茶科技"具有了更广阔的转化应用前景。

（二）实体经济带动业态联动创新

目前，各地的体验型茶博物馆生活馆、茶非遗工坊、茶乡民宿、茶园露营、茶主题演艺、茶文旅节事活动等正进入迭代发展期，形成了全国多个全域全季、多业联动、项目集聚的茶文旅目的地，同时，茶文旅综合体项目正形成新一轮的投资运营和消费关注热点，如湖北宜昌市三峡茶旅小镇、河南桐柏县"中原茶乡"红茶科技园暨"中原茶祖小镇"、贵州都匀市茶文化影视小镇、湖北赤壁市万亩茶园·茶园里梦想小镇、山东临沂市茶芽山田园综合体、陕西咸阳市泾渭茶博园、福建武夷山市华祥苑茶博城、云南普洱市景迈茶马古窖等。

随着茶产业配置能力与茶叶消费市场规模的稳定提升，围绕旅游复苏与乡村振兴，在茶园茶场观光休闲、茶文化体验、茶旅线路产品等不断深化升级的同时，新型茶文旅实体项目正成为投资消费的重要内容，并成为各地提高茶文旅影响力竞争力的重要工作抓手。

（三）公用品牌战略搭建融合新场景

截至2022年底，全国共有244个茶叶类地理标志农产品，占全部22类地理标志农产品总数的7.0%，作为全国地理标志农产品的代表类型，培育、保护和推广茶叶地理标志已是行业与社会共识，也成为区域性、品类化竞争发展的焦点。2022年农业农村部办公厅印发《农业品牌精品培育计划（2022—2025年）》《关于做好2022年地理标志农产品保护工程实施工作的通知》《关于开展2022年农业品牌精品培育工作的通知》，国家发展改革委等部门联合印发《关于新时代推进品牌建设的指导意见》，从地理标志农产品到农业品牌精品、产业和区域公用品牌的系统保护培育，正成为农业全产业链建设的工作重点。

作为茶产业高质量发展的重要支撑，加快品牌标准化建设、提高品牌影响力忠诚度、增进品牌传播强度与溢价收益能力，是夯实区域公用品牌的战略基础，同时，丰富农产品品牌文化内涵，促进做强做精旅游服务业品牌，实现农产品品牌与文化旅游品牌的交互赋能，搭建茶文旅融合的新型应用场景，共建共享茶叶文化旅游目的地品牌，也将成为各地茶叶公用品牌的战略创新方向。

（四）年轻群体成为茶文旅消费主力军

从茶消费品类看，年轻群体对茶的接受度持续提高，与多样化个性化需求、"养生年轻化"趋势相契合，文化茶饮、新式茶饮成为消费热点。从文化旅游消费看，年轻群体对休闲型、微度假、网红化的需求直接导致供给市场不断细分，大众旅游目的地和"非著名"旅游休闲地各具吸引力，从社交平台传播到解锁花样旅游，生态网红打卡、传统文化时尚、文化雅集社交、乡土田园"松弛感"休闲更成为年轻群体青睐的主力产品。茶产品消费与文旅消费构成了统一的新兴主力用户画像，在巩固和兼顾团队旅游、亲子家庭、高端度假、中老年群体等市场需求同时，搭建年轻群体喜闻乐见、主动体验和传播的新业态、新场景成为热门创新产品赛道。

（五）区域性和季节性竞合格局逐渐清晰

在各地政府共识和行业企业共举下，主要产茶区已形成多个以行政区为单位的茶旅融合产业区、茶文旅目的地，共建共享中国茶、品类茶、品牌茶形象，面向茶产品与文旅消费市场，形成了共同推进做大做强茶文化旅游的快速发展局面，同时，也进入了局部的竞争性协作阶段，在部分热门茶文旅目的地，茶园休闲、茶艺体验、茶乡民宿形成集聚型发展，面临不同程度的区域性市场竞争，以春秋两季作为茶文旅"旺季"，叠加"五一""国庆"等全业态旅游旺季，与当地其他多类型文旅项目之间也存在季节性竞争。

三、发展建议

（一）在交互赋能中加快"双向奔赴"

在"三茶统筹"理念下，茶产业与茶文化深度融合进入新发展阶段，茶叶生产流通行业与文化旅游业的交互赋能具有更加广阔的前景。目前，行业之间的交流合作还处于"起步期"，以跨界合作、异业联盟为基础，凝聚行业共识，坚持守正创新探索构建中国特色、地方特点、品牌特征的茶文旅一体化发展模式，是实现茶文旅高质量发展的途径手段，包括推进茶叶忠诚度消费者与目的地游客之间的流量转化，深度打造茶品牌与文旅品牌"联名款"茶业场景感、茶科技新鲜感与茶文化仪式感、茶旅游松弛感的"四轮驱动"，茶园管理与景区管理体系的统筹"并表"，茶文化旅游的地方标准化建设等，需要行业之间共同探讨推进。

（二）巩固新常态，解锁新玩法，创造多元衍生价值

在品质化精细化发展茶园茶乡旅游休闲的基础上，如何接续和提升以"茶非遗"为主题的茶文化体验、以户外露营为场景的茶园游乐住宿业、实景与科技结合的沉浸式茶文化演艺等，是各地茶文旅普遍面临的课题。继续做深做强茶非遗文化体验，构建传统文化"年轻化"的可持续发展路径同时，作为优势推广平台，可进一步带动并融入当地其他非遗文化发展，推进地方传统文化的生产性保护、创造性转化，为茶文化旅游赋予新的品牌文化元素，解锁构建主题鲜明并包容开放的新场景新玩法，如茶非遗旅游与传统音乐绘画技艺体验的结合、乡土文化的亲子家庭游学、茶与中医药健康养生休闲、一站式茶乡体育旅游、城市中的茶文化主题精品酒店综合体等，创新多元联动的"新物种"，进一步打破茶文化旅游的"天花板"，更在赋能乡村振兴与地方更新中发挥积极重要作用。

（三）精准定位客群，精细服务管理

茶文旅产品的业态形态不断细化，客源群体也在不断分化，各地、各主体、各项目都面临选择目标客源、定位受众群体、实施精准营销的问题，同时，在移动互联网时代，私域流量带来的"小文章"也能带来"大市场"，因此需要以精准市场需求为导向，深化构建基于地方优势与场域精神的产品链条，如以茶引领的乡土文化研学、新茶饮网红打卡旅游地、茶山微度假、茶乡养老休闲、社交型雅集节事等，并实现精细化的服务管理，用高等级景区酒店的模式手段，打造具有更高茶消费忠诚度与游客满意度的茶文旅目的地。

（四）打造从分流到主流的茶文旅目的地

整体上，茶文旅项目在旅游目的地建设中仍处于"分流"主导型文旅项目市场客群的地位，作为配套甚至附属性业态产品，对提升市场认知、建立投资信心都有一定影响，因此须加快行业步伐，推进茶文旅更加高阶、从容地进入主流语境和公众视野。一是各地在贯彻落实有关政策基础上，研究制定茶文旅产品品牌建设与管理营销的规划计划、实施方案；二是创新推介渠道建设，打通传统宣传渠道与网络社交平台，将茶旅精品线路、茶乡旅游地等评选活动真正转化为市场流量，让茶客和游客自己来讲述茶旅故事，参与到茶旅宣传中来；三是强化传统文化的创造性转化，拥抱新市场，构建新文创，以茶带文，以旅促茶，让制茶技艺、传统茶俗、茶马古道、万里茶道、茶船古道等"古老"的文化符号进一步成为引领风尚的新文旅业态场景；四是扶持茶企在文旅领域提高专业性，支持文旅企业进入茶文旅市场，行业联动共建共享；五是构建茶产地（乡村）、茶销地（场站）、茶消地（城市）"三位一体"的茶文旅行业交流合作平台，提高行业组织效能，让"茶、商、文、旅"彼此守护，共同讲好"中国茶"的故事。

（执笔人：霍光）

2022中国传统制茶技艺发展报告

浙江大学

一、前言

自古以来，中国人就与茶有着深厚的联系。从吃茶到饮茶，从种茶、采茶到制茶，勤劳智慧的中国人民根据当地风土，运用杀青、萎凋、闷黄、做青、渥堆、发酵、窨制等核心技艺，发展出绿茶、白茶、黄茶、乌龙茶、红茶、黑茶六大茶类及花茶等再加工茶。成熟发达的传统制茶技艺及其广泛深入的社会实践，体现着中华民族的创造力和中华文化的多样性，传达着茶和天下、包容并蓄的理念。

2022年11月29日，我国申报的"中国传统制茶技艺及其相关习俗"列入联合国教科文组织《人类非物质文化遗产代表作名录》。申报材料指出，中国传统制茶技艺及其相关习俗是有关茶园管理、茶叶采摘、茶的手工制作、茶的饮用的知识、技艺和实践。其主要集中于秦岭淮河以南、青藏高原以东的江南、江北、西南和华南四大茶区，相关习俗在全国各地广泛流布，为多民族所共享。

本报告立足2022年中国传统制茶技艺整体发展情况，围绕历史与现状、传承与保护、年度重大事件、现存问题、建议与展望等方面，为中国茶技艺习俗的发展、保护、传承、发扬和传播提供基础支撑。

二、发展现状

（一）非遗项目立项情况

自茶树的发现以来，从咀嚼鲜叶到制成饼茶散茶，从传统绿茶发展到多茶类，从手工炒制到制茶机械化与茶叶深加工，中国传统制茶技艺经历了漫长而复杂的发展历程，体现了中华民族对技艺的深耕及无限的创造力。2022年11月29日，"中国传统制茶技艺及其相关习俗"成功入选联合国教科文组织《人类非物质文化遗产代表作名录》。这次茶类非遗涵盖了我国15个省（自治区、直辖市）的39个传统制茶技艺和5个相关习俗（表1），彰显了我国茶技艺和茶文化的国际影响力。

表1 "中国传统制茶技艺及其相关习俗"的44个国家级非遗代表性项目

序号	省（自治区、直辖市）	项目名称	项目类别	项目编号	申报地区或单位
1	浙江	绿茶制作技艺（西湖龙井）	传统技艺	Ⅷ-148	杭州市
2		绿茶制作技艺（婺州举岩）	传统技艺	Ⅷ-148	金华市
3		绿茶制作技艺（紫笋茶制作技艺）	传统技艺	Ⅷ-148	长兴县
4		绿茶制作技艺（安吉白茶制作技艺）	传统技艺	Ⅷ-148	安吉县
5		庙会（赶茶场）	民俗	Ⅹ-84	磐安县
6		径山茶宴	民俗	Ⅹ-140	杭州市余杭区
7	福建	武夷岩茶（大红袍）制作技艺	传统技艺	Ⅷ-63	武夷山市
8		花茶制作技艺（福州茉莉花茶窨制工艺）	传统技艺	Ⅷ-147	福州市仓山区
9		红茶制作技艺（坦洋工夫茶制作技艺）	传统技艺	Ⅷ-149	福安市
10		乌龙茶制作技艺（铁观音制作技艺）	传统技艺	Ⅷ-150	安溪县
11		乌龙茶制作技艺（漳平水仙茶制作技艺）	传统技艺	Ⅷ-150	龙岩市
12		白茶制作技艺（福鼎白茶制作技艺）	传统技艺	Ⅷ-203	福鼎市
13	北京	花茶制作技艺（张一元茉莉花茶制作技艺）	传统技艺	Ⅷ-147	张一元茶叶有限责任公司
14		花茶制作技艺（吴裕泰茉莉花茶制作技艺）	传统技艺	Ⅷ-147	北京市东城区
15	江苏	绿茶制作技艺（碧螺春制作技艺）	传统技艺	Ⅷ-148	苏州市吴中区
16		绿茶制作技艺（雨花茶制作技艺）	传统技艺	Ⅷ-148	南京市
17		茶点制作技艺（富春茶点制作技艺）	传统技艺	Ⅷ-161	扬州市
18	江西	绿茶制作技艺（赣南客家擂茶制作技艺）	传统技艺	Ⅷ-148	全南县
19		绿茶制作技艺（婺源绿茶制作技艺）	传统技艺	Ⅷ-148	婺源县
20		红茶制作技艺（宁红茶制作技艺）	传统技艺	Ⅷ-149	修水县
21	湖南	黑茶制作技艺（千两茶制作技艺）	传统技艺	Ⅷ-152	安化县
22		黑茶制作技艺（茯砖茶制作技艺）	传统技艺	Ⅷ-152	益阳市
23		黄茶制作技艺（君山银针茶制作技艺）	传统技艺	Ⅷ-267	岳阳市君山区
24	安徽	绿茶制作技艺（黄山毛峰）	传统技艺	Ⅷ-148	黄山市徽州区
25		绿茶制作技艺（太平猴魁）	传统技艺	Ⅷ-148	黄山市黄山区
26		绿茶制作技艺（六安瓜片）	传统技艺	Ⅷ-148	六安市裕安区
27		红茶制作技艺（祁门红茶制作技艺）	传统技艺	Ⅷ-149	祁门县
28	湖北	绿茶制作技艺（恩施玉露制作技艺）	传统技艺	Ⅷ-148	恩施市
29		黑茶制作技艺（长盛川青砖茶制作技艺）	传统技艺	Ⅷ-152	宜昌市伍家岗区
30		黑茶制作技艺（赵李桥砖茶制作技艺）	传统技艺	Ⅷ-152	赤壁市
31	河南	绿茶制作技艺（信阳毛尖茶制作技艺）	传统技艺	Ⅷ-148	信阳市
32	陕西	黑茶制作技艺（咸阳茯茶制作技艺）	传统技艺	Ⅷ-152	咸阳市
33	云南	红茶制作技艺（滇红茶制作技艺）	传统技艺	Ⅷ-149	凤庆县
34		普洱茶制作技艺（贡茶制作技艺）	传统技艺	Ⅷ-151	宁洱哈尼族彝族自治县
35		普洱茶制作技艺（大益茶制作技艺）	传统技艺	Ⅷ-151	勐海县
36		德昂族酸茶制作技艺	传统技艺	Ⅷ-268	芒市

续表

序号	省（自治区、直辖市）	项目名称	项目类别	项目编号	申报地区或单位
37	云南	黑茶制作技艺（下关沱茶制作技艺）	传统技艺	Ⅷ-152	大理白族自治州
38		茶俗（白族三道茶）	民俗	X-107	大理市
39	贵州	绿茶制作技艺（都匀毛尖茶制作技艺）	传统技艺	Ⅷ-148	都匀市
40	四川	绿茶制作技艺（蒙山茶传统制作技艺）	传统技艺	Ⅷ-148	雅安市
41		黑茶制作技艺（南路边茶制作技艺）	传统技艺	Ⅷ-152	雅安市
42	广东	茶艺（潮州工夫茶艺）	民俗	X-107	潮州市
43	广西	黑茶制作技艺（六堡茶制作技艺）	传统技艺	Ⅷ-152	苍梧县
44		茶俗（瑶族油茶习俗）	民俗	X-107	桂林市恭城瑶族自治县

国家级非遗项目每三年评审一次，截至2023年一共评选了五批次（2006—2022年），包含民间文学、传统音乐、传统舞蹈、传统戏剧、曲艺、传统美术、传统技艺、传统医药、民俗和传统体育、游艺与杂技等10个类别。茶相关国家级非遗项目共54项，除了上述入选联合国教科文组织《人类非物质文化遗产代表作名录》的39个传统制茶技艺和5个相关习俗外，还有传统戏剧类7项（赣南采茶戏、桂南采茶戏、高安采茶戏、抚州采茶戏、粤北采茶戏、吉安采茶戏），民俗类1项（茶园游会），传统音乐类1项（茶山号子），传统舞蹈类1项（龙岩采茶灯）。

截至2023年，我国共有19个省份（自治区、直辖市）评选了省级涉茶非遗项目，总计192项，包含157项传统技艺、21项民俗、6项传统舞蹈、3项民间文学、2项传统戏剧、2项传统体育、游艺与杂技和1项传统医药（表2）。其中，浙江省、广西壮族自治区、安徽省、福建省和广东省的项目总数位列前5，分别为26、23、23、20和14项。总体而言，本次"中国传统制茶技艺及其相关习俗"入选联合国教科文组织《人类非物质文化遗产代表作名录》只涵盖了中国茶技艺与茶文化的冰山一角，还有更多的中国茶类项目有待后人发掘和弘扬。

表2 茶相关省级非遗代表性项目

省（自治区、直辖市）	序号	项目名称	类别	项目批次	申报地区或单位
浙江	1	西湖龙井茶采摘和制作技艺	传统技艺	第二批	杭州市西湖区
	2	婺州举岩茶传统制作技艺	传统技艺	第二批	金华市
	3	赶茶场	民俗	第二批	磐安县
	4	茶灯戏（唱灯）	传统戏剧	第二批	衢州市衢江区
	5	开化龙顶茶制作技艺	传统技艺	第三批	开化县
	6	绿茶制作技艺（长兴紫笋茶制作技艺）	传统技艺	第三批	长兴县
	7	绿茶制作技艺（临安天目云雾茶制作技艺）	传统技艺	第三批	杭州市临安区
	8	绿茶制作技艺（乐清雁荡毛峰制作技艺）	传统技艺	第三批	乐清市
	9	临海羊岩勾青茶制作技艺	传统技艺	第三批	临海市

续表

省（自治区、直辖市）	序号	项目名称	类别	项目批次	申报地区或单位
浙江	10	安吉白茶手工炒制技艺	传统技艺	第三批	安吉县
	11	九曲红梅红茶制作技艺	传统技艺	第三批	杭州市西湖区
	12	新前采茶舞	传统舞蹈	第三批	台州市黄岩区
	13	径山茶宴	民俗	第三批	杭州市余杭区
	14	普陀山佛茶茶道	民俗	第三批	舟山市
	15	遂昌茶园武术	传统体育、游艺与杂技	第三批	遂昌县
	16	绿茶制作技艺（平水珠茶制作技艺）	传统技艺	第四批	绍兴市柯桥区
	17	绿茶制作技艺（天台云雾茶制作技艺）	传统技艺	第四批	天台县
	18	绿茶制作技艺（惠明茶手工制作技艺）	传统技艺	第四批	景宁畲族自治县
	19	乌龟端茶	传统舞蹈	第四批	磐安县
	20	绿茶制作技艺（径山茶炒制技艺）	传统技艺	第五批	杭州市余杭区
	21	绿茶制作技艺（开化御玺贡芽制作技艺）	传统技艺	第五批	开化县
	22	南浔三道茶	民俗	第五批	湖州市南浔区
	23	绿茶制作技艺（普陀佛茶制作技艺）	传统技艺	第六批	舟山市
	24	绿茶制作技艺（泰顺三杯香制作技艺）	传统技艺	第六批	泰顺县
	25	绿茶制作技艺（武阳春雨传统制作技艺）	传统技艺	第六批	武义县
	26	绿茶制作技艺（鸠坑毛尖茶制作技艺）	传统技艺	第六批	淳安县
广西	1	灌阳瑶族油茶技艺	传统技艺	第二批	桂林市
	2	六堡茶制作技艺	传统技艺	第二批	梧州市
	3	横县茉莉花茶制作技艺	传统技艺	第二批	南宁市
	4	油茶制作工艺（恭城油茶）	传统技艺	第二批	桂林市
	5	油茶制作技艺（平乐水上油茶）	传统技艺	第三批	桂林市
	6	开山白毛茶制作技艺	传统技艺	第四批	贺州市
	7	横县南山白毛茶制作技艺	传统技艺	第四批	南宁市
	8	抹茶制作技艺	传统技艺	第五批	广西壮族自治区本级
	9	侗族打油茶	传统技艺	第五批	柳州市
	10	凌云白毫茶制茶技艺	传统技艺	第五批	百色市
	11	苗族油茶制作技艺	传统技艺	第六批	柳州市
	12	龙胜苗族油茶制作技艺	传统技艺	第七批	桂林市
	13	昭平茶制作技艺	传统技艺	第七批	贺州市
	14	平乐石崖茶制作技艺	传统技艺	第七批	桂林市
	15	资源五排油茶习俗	民俗	第八批	桂林市
	16	扶绥姑辽茶制作技艺	传统技艺	第八批	崇左市
	17	古琶茶制作技艺	传统技艺	第八批	来宾市
	18	钟山瑶族打油茶技艺	传统技艺	第八批	贺州市
	19	隆林彝族传统烤茶技艺	传统技艺	第八批	百色市

续表

省（自治区、直辖市）	序号	项目名称	类别	项目批次	申报地区或单位
广西	20	桂平西山茶制作技艺	传统技艺	第八批	贵港市
	21	全州金槐茶制作技艺	传统技艺	第八批	桂林市
	22	桂林黑茶制作技艺	传统技艺	第八批	桂林市
	23	大明山茶制作技艺	传统技艺	第八批	南宁市
安徽	1	绿茶制作技艺（黄山毛峰）	传统技艺	第一批	黄山市
	2	绿茶制作技艺（屯溪绿茶）	传统技艺	第一批	黄山市
	3	绿茶制作技艺（太平猴魁）	传统技艺	第一批	黄山市
	4	绿茶制作技艺（六安瓜片）	传统技艺	第一批	六安市
	5	绿茶制作技艺（松萝茶）	传统技艺	第一批	休宁县
	6	祁门红茶制作技艺	传统技艺	第一批	祁门县
	7	绿茶制作技艺（霍山黄芽）	传统技艺	第一批	寿县
	8	红茶制作技艺（葛公红茶制作技艺）	传统技艺	第二批	东至县
	9	采茶扑蝶舞	传统舞蹈	第二批	祁门县
	10	绿茶制作技艺（岳西翠兰）	传统技艺	第三批	安庆市
	11	绿茶制作技艺（舒城小兰花）	传统技艺	第三批	舒城县
	12	绿茶制作技艺（涌溪火青）	传统技艺	第三批	泾县
	13	石台雾里青绿茶制作技艺	传统技艺	第四批	石台县
	14	安茶制作技艺	传统技艺	第四批	祁门县
	15	珠兰花茶制作技艺	传统技艺	第五批	歙县
	16	黟县石墨茶制作技艺	传统技艺	第五批	黟县
	17	绿茶制作技艺（桐城小花）	传统技艺	第五批	桐城市
	18	绿茶制作技艺（金山时雨）	传统技艺	第五批	绩溪县
	19	绿茶制作技艺（瑞草魁）	传统技艺	第五批	郎溪县
	20	绿茶制作技艺（宿松香芽）	传统技艺	第五批	宿松县
	21	绿茶制作技艺（塔泉云雾）	传统技艺	第五批	宣城县
	22	红茶制作技艺（池州润思）	传统技艺	第五批	池州市
	23	临涣茶饮习俗	民俗	第五批	临涣镇
福建	1	武夷岩茶（大红袍）制作技艺	传统技艺	第一批	南平市
	2	福建客家擂茶制作工艺（宁化客家擂茶制作工艺、将乐擂茶制作工艺）	传统技艺	第二批	三明市
	3	乌龙茶制作技艺（铁观音制作技艺）	传统技艺	第二批	安溪县
	4	中医养生（灵源万应茶）	传统医药	第二批	晋江市
	5	丹桂茶制作技艺	传统技艺	第三批	南平市
	6	红茶制作技艺（坦洋工夫茶制作技艺）	传统技艺	第三批	福安市
	7	白茶制作技艺（福鼎白茶制作技艺）	传统技艺	第三批	福鼎市
	8	福建乌龙茶制作技艺（北苑茶、清源山茶、永春佛手茶）	传统技艺	第四批	南平市、泉州市

续表

省（自治区、直辖市）	序号	项目名称	类别	项目批次	申报地区或单位
福建	9	花茶制作技艺（福州茉莉花茶窨制工艺）	传统技艺	第四批	福州市仓山区
	10	茶百戏	传统体育、游艺与杂技	第五批	南平市
	11	工夫茶制作技艺（政和）	传统技艺	第五批	南平市
	12	白茶制作技艺（政和）	传统技艺	第五批	南平市
	13	乌龙茶制作技艺（漳平水仙茶制作技艺）	传统技艺	第五批	龙岩市
	14	武夷清源茶饼制造技艺	传统技艺	第五批	泉州市
	15	红茶制作技艺（涂岭红红茶制作技艺、正山小种红茶制作技艺）	传统技艺	第五批	泉州市、南平市
	16	绿茶制作技艺（七境茶制作技艺）	传统技艺	第五批	福州市
	17	白茶制作技艺（柘荣）	传统技艺	第六批	宁德市
	18	白茶制作技艺（建阳）	传统技艺	第六批	南平市
	19	漳州传统乌龙茶精制工艺	传统技艺	第六批	漳州市
	20	张元记红茶制作技艺	传统技艺	第六批	宁德市
广东	1	茶艺（潮州工夫茶艺）	民俗	第二批	潮州市文化馆
	2	茶艺（揭阳工夫茶艺）	民俗	第三批	揭阳市
	3	茶艺（汕头工夫茶艺）	民俗	第三批	揭阳市
	4	绿茶制作技艺（康禾贡茶制作技艺）	传统技艺	第四批	东源县
	5	绿茶制作技艺（玉湖炒茶制作技艺）	传统技艺	第四批	揭东县
	6	陆河擂茶制作技艺	传统技艺	第四批	陆河县
	7	乌龙茶制作技艺（潮州单丛茶制作技艺）	传统技艺	第五批	潮州市
	8	罗氏柑普茶制作技艺	传统技艺	第六批	江门市蓬江区
	9	庙会（茶园游会）	民俗	第六批	东莞市茶山镇
	10	红茶制作技艺（英德红茶制作技艺）	传统技艺	第七批	英德市
	11	乌龙茶制作技艺（笔架茶制作技艺）	传统技艺	第七批	清远市清新区
	12	擂茶粥制作技艺	传统技艺	第八批	云浮市云安区
	13	乌龙茶制作技艺（乌龙茶精制技艺）	传统技艺	第八批	汕头市
	14	广府饮茶习俗	民俗	第八批	广州市
江西	1	婺源茶艺	民俗	第一批	婺源县
	2	浮梁功夫红茶制作技艺	传统技艺	第二批	浮梁县
	3	遂川狗牯脑茶的制作技艺	传统技艺	第二批	遂川县
	4	九江桂花茶饼制作技艺	传统技艺	第三批	柴桑区
	5	铅山河红茶制作技艺	传统技艺	第三批	铅山县
	6	于都茶篮灯	传统舞蹈	第三批	于都县
	7	井冈翠绿茶制作技艺	传统技艺	第三批	井冈山市
	8	传统水力机械和手工技艺制茶	传统技艺	第三批	南昌市

续表

省（自治区、直辖市）	序号	项目名称	类别	项目批次	申报地区或单位
江西	9	安远茶篮灯	传统舞蹈	第四批	安远县
	10	庐山云雾茶制作技艺	传统技艺	第四批	九江市庐山区
	11	安福表嫂茶习俗	民俗	第四批	安福县
	12	宜春金片禅茶制作技艺	传统技艺	第五批	宜春市
	13	泰和蜀口茶制作技艺	传统技艺	第五批	泰和县
湖南	1	油茶习俗	民俗	第二批	邵阳市
	2	擂茶习俗	民俗	第二批	常德市
	3	古丈毛尖茶制作技艺	传统技艺	第二批	湘西土家族苗族自治州
	4	桂东客家采茶调	民间文学	第三批	郴州市
	5	红茶制作技艺（湖南工夫红茶制作技艺）	传统技艺	第四批	长沙市
	6	绿茶制作技艺（金井绿茶制作技艺）	传统技艺	第四批	长沙市
	7	茶俗（夹山禅茶习俗）	民俗	第四批	常德市
	8	黑茶制作技艺（安化花砖茶制作技艺）	传统技艺	第四批	益阳市
	9	黑茶制作技艺（安化天尖茶制作技艺）	传统技艺	第四批	益阳市
	10	会同野生茶传统制作技艺	传统技艺	第四批	怀化市
	11	绿茶制作技艺（黄金古茶制作技艺）	传统技艺	第四批	湘西土家族苗族自治州
	12	古丈茶俗	民俗	第四批	湘西土家族苗族自治州
贵州	1	凤冈茶饮习俗	民俗	第二批	凤冈县
	2	都匀毛尖茶制作技艺	传统技艺	第三批	都匀市
	3	云雾贡茶手工制作技艺	传统技艺	第三批	贵定县
	4	湄潭翠芽茶制作技艺	传统技艺	第四批	湄潭县
	5	"遵义红"茶制作技艺	传统技艺	第四批	湄潭县
	6	湄潭手筑黑茶制作技艺	传统技艺	第四批	湄潭县
	7	石阡苔茶制作技艺	传统技艺	第四批	石阡县
	8	土家熬熬茶制作技艺	传统技艺	第四批	德江县
	9	清池贡茶制作技艺	传统技艺	第四批	金沙县
	10	绿茶制作技艺（开阳贡茶制作技艺）	传统技艺	第五批	开阳县
湖北	1	五峰采花毛尖制作技艺	传统技艺	第二批	五峰土家族自治县
	2	远安鹿苑茶	传统技艺	第二批	远安县
	3	绿茶制作技艺（仙人掌茶制作技艺、恩施玉露制作技艺、宜恩伍家台贡茶制作技艺）	传统技艺	第三批	当阳市、恩施市、宣恩县
	4	油茶汤制作技艺	传统技艺	第三批	咸丰县、来凤县
	5	黑茶制作技艺（赵李桥砖茶制作技艺）	传统技艺	第四批	赤壁市

续表

省（自治区、直辖市）	序号	项目名称	类别	项目批次	申报地区或单位
湖北	6	采茶戏	传统戏剧	第四批	大悟县、宜昌市夷陵区、京山县、沙洋县、天门市
	7	红茶制作技艺（杨芳林瑶山红茶制作技艺）	传统技艺	第五批	通山县
	8	绿茶制作技艺（栾师傅制茶技艺、团黄贡茶制作技艺）	传统技艺	第五批	宜昌市夷陵区、英山县
	9	黑茶制作技艺（长盛川青砖茶制作技艺）	传统技艺	第五批	宜昌市伍家岗区
	10	红茶制作技艺（宜昌宜红茶制作技艺、五峰宜红茶制作技艺、利川红茶制作技艺、鹤峰宜红茶制作技艺、宜红茶制作技艺、宜都宜红茶制作技艺）	传统技艺	第六批	宜昌市夷陵区、五峰土家族自治县、利川市、鹤峰县、湖北省茶业集团股份有限公司、宜都市
重庆	1	巴南茶叶制作技艺	传统技艺	第二批	巴南区
	2	宜居乡传统制茶技艺	传统技艺	第三批	酉阳县
	3	开州龙珠茶制作技艺	传统技艺	第四批	开县
	4	黑山谷传统生态茶叶栽培与制作技艺	传统技艺	第五批	万盛经开区
	5	鸡鸣贡茶传统制作技艺	传统技艺	第五批	城口县
	6	青龙茶传统制作技艺	传统技艺	第六批	丰都县
	7	秀山毛尖栽培与制作技艺	传统技艺	第六批	秀山县
	8	永川秀芽手工制作技艺	传统技艺	第六批	永川县
	9	土家米米茶习俗	民俗	第六批	石柱县
云南	1	普洱茶传统制作技艺	传统技艺	第一批	勐腊县
	2	普洱茶传统制作工艺	传统技艺	第一批	汉、佤、布朗、傣、哈尼等民族
	3	下关沱茶制作技艺	传统技艺	第二批	大理市
	4	滇红茶制作技艺	传统技艺	第三批	凤庆县
	5	普洱祭茶祖习俗	民俗	第三批	普洱市
	6	宝洪茶制作技艺	传统技艺	第四批	宜良县
	7	团茶制作技艺	传统技艺	第四批	景谷县
	8	德昂族酸茶制作技艺	传统技艺	第四批	芒市
江苏	1	扬州富春茶点制作技艺	传统技艺	第一批	扬州市
	2	绿茶制作技艺（南京雨花茶制作技艺）	传统技艺	第二批	南京市
	3	绿茶制作技艺（连云港云雾茶制作技艺）	传统技艺	第二批	连云港市
	4	绿茶制作技艺（苏州洞庭碧螺春茶制作技艺）	传统技艺	第二批	苏州市
	5	千灯跳板茶	传统舞蹈	第二批	苏州市
	6	绿茶制作技艺（雨花茶制作技艺）扩展	传统技艺	第四批	南京市

续表

省（自治区、直辖市）	序号	项目名称	类别	项目批次	申报地区或单位
陕西	1	龙安茶传说	民间文学	第二批	岚皋县文化广播电视局
	2	紫阳毛尖传统手工制作技艺	传统技艺	第三批	紫阳县茶业协会
	3	砖茶制作技艺（泾阳砖茶制作技艺、伏砖茶制作技艺）	传统技艺	第三批	泾阳县陕西泾阳泾砖茶业有限公司、陕西苍山茶业有限责任公司
	4	汉中绿茶手工制作技艺	传统技艺	第四批	西乡县文化馆
	5	略阳罐罐茶传统手工技艺	传统技艺	第四批	略阳县文化馆
	6	泾阳裕兴重散茯茶制作技艺	传统技艺	第六批	陕西省泾阳县裕兴重伏砖茶业有限公司
四川	1	蒙山茶传统制作技艺	传统技艺	第一批	雅安市
	2	南路边茶传统手工制作技艺	传统技艺	第一批	雅安市
	3	川红工夫红茶制作技艺	传统技艺	第四批	宜宾市
	4	七佛贡茶茶饼制作工艺	传统技艺	第四批	广元市
北京	1	吴裕泰茉莉花茶窨制技艺	传统技艺	第三批	北京吴裕泰茶业股份有限公司
	2	正兴德清真茉莉花茶制作技艺	传统技艺	第三批	北京市正兴德茶叶有限公司
上海	1	阿婆茶	民俗	第一批	青浦区
	2	精制花茶传统技艺	传统技艺	第五批	嘉定区
山西	1	晋商茶路上的故事	民间文学	第四批	山西省
	2	乾和祥茉莉花茶融淬技艺	传统技艺	第四批	太原市
青海	1	玉树藏茶炮制技艺	传统技艺	第五批	玉树藏族自治州
新疆	1	保健茶制作技艺	传统技艺	第四批	喀什市

（二）非遗传承人情况

中国传统制茶技艺及其相关习俗是在漫长历史进程中不断发展形成的，支撑其传承的是庞大的知识体系。从古至今，人们依靠口传心授和实践教育来完成传承，主要方式包括正规教育、社区型群体传承、家族传承、师徒传承等。目前，与中国传统制茶技艺及其相关习俗相关的国家级非遗传承人有26人（表3）。其中，福建省有6人，安徽省4人，浙江、江苏、湖南、江西省及北京市各2人，四川、贵州、云南、广西、湖北、河南省各1人。按茶类分，涉及绿茶制作技艺的国家级非遗传承人11人，红茶制作技艺的国家级非遗传承人2人，白茶制作技艺的国家级非遗传承人1人，青茶制作技艺的国家级非遗传承人4人，黑茶制作技艺的国家级非遗传承人4人，再加工茶制作技艺的国家级非遗传承人3人；此外，茶点制作技艺国家级非遗传承人1人。

表3　与中国传统制茶技艺及其相关习俗相关的国家级非遗传承人

序号	姓名	性别	项目名称	申报地区或单位
03-1329	叶启桐	男	武夷岩茶（大红袍）制作技艺	福建省武夷山市
03-1417	王秀兰	女	花茶制作技艺（张一元茉莉花茶制作技艺）	北京张一元茶叶有限责任公司
03-1418	杨继昌	男	绿茶制作技艺（西湖龙井）	浙江省杭州市
03-1419	谢四十	男	绿茶制作技艺（黄山毛峰）	安徽省黄山市徽州区
03-1420	魏月德	男	乌龙茶制作技艺（铁观音制作技艺）	福建省安溪县
03-1421	王文礼	男	乌龙茶制作技艺（铁观音制作技艺）	福建省安溪县
03-1426	徐永珍	女	茶点制作技艺（富春茶点制作技艺）	江苏省扬州市
04-1854	陈德华	男	武夷岩茶（大红袍）制作技艺	福建省武夷山市
04-1903	孙丹威	女	花茶制作技艺（吴裕泰茉莉花茶制作技艺）	北京市东城区
04-1904	储昭伟	男	绿茶制作工艺（六安瓜片）	安徽省六安市裕安区
04-1905	方继凡	男	绿茶制作技艺（太平猴魁）	安徽省黄山市黄山区
04-1906	甘玉祥	男	黑茶制作技艺（南路边茶制作技艺）	四川省雅安市
04-1931	梅相靖	男	白茶制作技艺（福鼎白茶制作技艺）	福建省福鼎市
05-2841	陈成忠	男	花茶制作技艺（福州茉莉花茶窨制工艺）	福建省福州市仓山区
05-2842	施跃文	男	绿茶制作技艺（碧螺春制作技艺）	江苏省苏州市吴中区
05-2843	郑福年	男	绿茶制作技艺（紫笋茶制作技艺）	浙江省长兴县
05-2844	廖永传	男	绿茶制作技艺（赣南客家擂茶制作技艺）	江西省全南县
05-2845	方根民	男	绿茶制作技艺（婺源绿茶制作技艺）	江西省婺源县
05-2846	周祖宏	男	绿茶制作技艺（信阳毛尖茶制作技艺）	河南省信阳市
05-2847	杨胜伟	男	绿茶制作技艺（恩施玉露制作技艺）	湖北省恩施市
05-2848	张子全	男	绿茶制作技艺（都匀毛尖茶制作技艺）	贵州省都匀市
05-2849	王昶	男	红茶制作技艺（祁门红茶制作技艺）	安徽省祁门县
05-2850	张成仁	男	红茶制作技艺（滇红茶制作技艺）	云南省凤庆县
05-2851	李胜夫	男	黑茶制作技艺（千两茶制作技艺）	湖南省安化县
05-2852	刘杏益	男	黑茶制作技艺（茯砖茶制作技艺）	湖南省益阳市
05-2853	韦洁群	女	黑茶制作技艺（六堡茶制作技艺）	广西壮族自治区苍梧县

（三）非遗保护政策情况

我国十分重视非物质文化遗产对发展文化事业和文化产业的重要意义，出台了一系列茶非遗保护政策，如2022年12月8日，"中国传统制茶技艺及其相关习俗"入选联合国教科文组织人类非物质文化遗产代表作名录后，保护工作组在杭州发布了《迈向可持续发展新未来——"中国传统制茶技艺及其相关习俗"保护传承杭州宣言》，进一步聚焦该遗产项目未来的保护传承，并建立持续监测可能存在的潜在风险及妥善管理机制；此外，由中国茶叶博物馆牵头组建的保护工作组制定了《中国传统制茶技艺及其相关习俗保护计划（2021—2025年）》，建立并落实项目保护监测评估机制。

此外，各地区针对当地的传统制茶技艺也出台了相关保护条例，有效地推动了相关传统制茶技艺的保护传承和利用发展。

1.《益阳市安化黑茶文化遗产保护条例》

2017年11月30日，湖南省第十二届人民代表大会常务委员会第三十三次会议批准《益阳市安化黑茶文化遗产保护条例》。

2.《梧州市六堡茶文化保护条例》

2021年11月20日，广西壮族自治区第十三届人民代表大会常务委员会第二十六次会议批准《梧州市六堡茶文化保护条例》。

3.《杭州市西湖龙井茶保护管理条例》

2021年11月25日，浙江省十三届人大常委会第三十二次会议批准《杭州市西湖龙井茶保护管理条例》，于2022年3月1日起施行。加上2001年7月16日起施行的《杭州市西湖龙井茶基地保护条例》，西湖龙井成为全国唯一有两部地方性法规保护的名茶。

4.《云南省古茶树保护条例》

2022年11月30日，由云南省林业和草原局牵头起草了《云南省古茶树保护条例》于2023年3月1日起实施。

5.《信阳市信阳毛尖茶保护条例（草案）》

2023年7月2日，《信阳市信阳毛尖茶保护条例（草案）》（第二次征求意见稿）向社会公布。

6.《苏州市洞庭山碧螺春茶保护条例》

2023年7月20日，苏州市农业农村局开展《苏州市洞庭山碧螺春茶保护条例》立法调研工作。

三、年度重大事件

（一）"中国传统制茶技艺及其相关习俗"申遗成功

2022年11月29日晚间，我国申报的"中国传统制茶技艺及其相关习俗"在摩洛哥拉巴特召开的联合国教科文组织保护非物质文化遗产政府间委员会第17届常会上通过评审，列入联合国教科文组织《人类非物质文化遗产代表作名录》。至此，"中国茶"成为我国第43个列入联合国教科文组织非物质文化遗产名录、名册的项目。

（二）习近平总书记对非物质文化遗产保护工作做出重要指示

2022年12月12日，中共中央总书记、国家主席、中央军委主席习近平对非物质文化遗产保护工作做出重要指示并强调，"'中国传统制茶技艺及其相关习俗'列入联合国教科文组织人类非物质文化遗产代表作名录，对于弘扬中国茶文化很有意义。"要扎实做好非物质文化遗产的系统性保护，更好满足人民日益增长的精神文化需求，推进文化自信自强。要推动中华优秀传统文化创造性转化、创新性发展，不断增强中华民族凝聚力和中华文化影响力，深化文明交流互鉴，讲好中华优秀传统文化故事，推动中华文化更好地走向世界。

（三）"中国传统制茶技艺及其相关习俗"浙江省保护发展联盟成立

2023年3月22日，"中国传统制茶技艺及其相关习俗"浙江省保护发展联盟在杭州余杭区成立。会上发布了《"中国传统制茶技艺及其相关习俗"浙江省保护发展联盟倡议书》，号召社会各界与联盟一道，以"中国传统制茶技艺及其相关习俗"可持续发展为目标，以习近平总书记重要指示为指引，探索非遗传承、传播新模式和新路径，形成共创、共享、共赢的保护力量和发展格局，推动茶非遗创造性转化、创新性发展。4月19日，联盟理事会第一次会议在安吉举行。联盟目前已经有二批158家成员单位，以高效协同机制破解茶非遗项目保护与发展的关键问题，共同推进浙江茶非遗项目系统性保护和创造性转化创新性发展，推动茶非遗融入现代生活。

（四）浙江省非遗保护协会茶文化专委会成立

2023年5月16日，浙江省非物质文化遗产保护协会茶文化专业委员会正式成立。新成立的茶文化专业委员会共有委员87人和专家顾问2人，其中毛立民当选为专委会主任，王岳飞等8人当选为副主任，夏兵当选为秘书长。茶文化专委会专注茶非遗版块，汇聚了茶非遗传承人、涉茶研究机构专家学者、涉茶企业负责人，链接起茶非遗组织网络，将在众多涉茶组织中发挥独树一帜的作用，共同助力茶非遗项目系统性保护和创新性发展。

（五）中央广播电视总台对"非遗茶"的系列报道

中央广播电视总台社会新闻部多路记者奔赴中国主要茶产区，在丝绸之路、茶马古道、万里茶道的时光交汇处，带来系列融媒体报道《人在草木间》，于2022年12月12日起推出。

2020年12月30日20:00档，中央广播电视总台与文化和旅游部联合推出的大型文化节目《非遗里的中国》在央视综合频道迎来首播。节目第一期探访浙茶风采，报道了径山茶宴与玉环火山茶，第二期走进福建，报道了福建省六大名茶，并在诠释茶的基础上，融入茶与美食的碰撞。

（六）"非遗茶"主题盛会频频显现

中国茶申遗成功半年内，围绕"中国传统制茶技艺及其相关习俗"举办的盛会已有百场，其中浙江省、福建省、云南省名列前茅。

2022年12月1—19日，在文化和旅游部的领导下，浙江省作为牵头申报省份，举办了"中国传统制茶技艺及其相关习俗"列入《人类非物质文化遗产代表作名录》宣传展示主会场活动。以浙江杭州为主场，湖南、云南、河南多地联动，举办了丰富多样的"茶和天下共享非遗"主题庆祝活动。12月

18日，"中国传统制茶技艺及其相关习俗"保护论坛、"茶和天下芳传古今"——人类非遗"中国传统制茶技艺及其相关习俗"专题展在杭州隆重举行，引领国内非遗保护热潮。

除浙江省外，云南省于2023年1月举办了"茶和天下共享非遗"之"茶香大理"主题活动；福建省于2023年3月举办了"中国传统制茶技艺及其相关习俗"武夷山图片展和首届中国白茶交易大会暨第十二届福鼎白茶开茶节；四川省于2023年3月举办了第19届蒙顶山茶文化旅游节；广东省于2023年4月举办了"茶和天下兴——影响世界的中国传统制茶技艺及其相关习俗"系列展示活动。

2023年5月13日，"茶和天下共享非遗"主题活动开幕，呈现近年来茶文化保护传承的重要成果和优秀实践案例。浙江作为主会场，以"浙江气派的非遗茶生活"为主题，集中展现了浙江各地非遗茶生活；此外，浙江4地共同发布"陆羽问茶"非遗茶游线，增进茶非遗在当代社会的融入度与可见度。

2023年5月18日，为庆祝第四个"国际茶日"，由中国茶叶学会主办的"径山茶"第四届美美与共云茶会在杭州隆重举行，云茶会现场呈现了"宋代点茶"的文化盛宴——径山茶宴，并邀请3位非遗传承人展示了传统制茶技艺。国际茶日前后，"茶和天下"雅集活动也在美国、日本等全球42个国家开展，推动我国非遗茶技同世界各国茶文化的交融互鉴。

四、现存问题

（一）人才培养与传承体系亟须建立

由于传统制茶技艺需要长期的学习和实践，而现在很多年轻人对于传统制茶技艺的兴趣不高，导致传承的断层。此外，由于传统制茶技艺的复杂性和专业性，需要专门的培训和指导，但现有的培训机构和师承体系相对薄弱，无法满足人才培养的需求。如何构建多元化的传承方式、系统化的知识管理、实践化的培养体系并为中国传统制茶技艺发展提供持续的动力是当前亟待解决的问题。

（二）产业结合与跨界融合建设薄弱

目前中国传统制茶技艺的产业化发展水平尚欠成熟，存在以下问题：缺乏现代化的管理和运营模式，对市场需求和消费习惯方面研究尚不充分；政策支持方面存在不足，需要进一步完善和细化相关政策；资源整合方面仍面临挑战，不同行业、不同领域之间的资源整合和共享仍存在一定的难度；不同产业之间存在技术、知识和人才的差异，技术创新转化与跨界人才培养体系不充分。

（三）活态传承与创新关系有待厘清

非遗不仅代表历史，更应满足当下、适应未来。目前，传统制茶技艺在活态传承与创新关系方面有待厘清。一方面，一些传统制茶技艺传承者过于保守传统，缺乏对现代市场需求的理解和适应，导致传统技艺无法与时俱进，而传统制茶技艺的传承需要通过实践经验的积累和口口相传的方式进行，但这种方式往往难以满足现代社会对生产效率和品质要求的需求；另一方面，一些追求创新的茶叶生产者忽视了传统制茶技艺的核心价值和精髓，导致在创新过程中失去了传统制茶技艺的特色。

（四）大众传播与重视力度仍需加强

目前我国共有国家级非遗1557项，其中国家级茶相关项目占非遗总量的3.47%，制茶技艺总数仅占非遗总量的2.50%，茶类民俗总数仅占非遗总量的0.38%，还有巨大的提升空间。此外，传统制茶技艺的宣传和推广力度相对较弱，推广方式和渠道有限，很多人对于传统制茶技艺的了解程度不高，影响了传统制茶技艺在大众传播和年轻群体中的吸引力。

五、建议与展望

（一）促进传统制茶的现代化发展

在传统制茶技艺传承的基础上，进一步聚焦茶叶机械化、智能化、信息化发展，实现茶叶提质增效。打造智能化加工，实现品质的精准化、定向化调控，推动"大数据+"深度融合，促进传统制茶技艺的信息化基础设施升级，使数据"资产化"成为非遗传承新动能转换的源泉。同时，通过茶产品特殊的文化特征，打造引领中国传统制茶技艺的品牌建设服务活动，建设茶叶品牌服务平台。

（二）推进茶产业融合新模式

以传统制茶技艺和茶文化传承为主题，在文化维度、茶叶维度和生态环境维度进行深度融合，实现"以茶兴文化，以茶振产业，以茶美生态"。茶文旅融合的新模式可以包括美化茶园环境开展生态旅游、延伸茶俗茶事开展节事旅游、创新茶艺表演开展休闲旅游、整合茶叶加工开展工业旅游、挖掘茶叶功效开展特色旅游、利用茶学科普推动研学旅行等。同时，坚持继续深入贯彻"把茶文化、茶科技、茶产业统筹起来"的重要指示精神，以深入挖掘、保护中国茶文化精髓与传统技艺，推动创新传承，以"国内大循环为主体、国内国际双循环相互促进"的新发展格局指导茶业产销体系的不断完善，以整合科技资源推动产学研用深度融合发展。

（三）加强顶层设计与政策导向

我国各大茶区及地方政府应当结合自身发展实际，指定详细的传统制茶技艺发展规划与立法调研工作，细化具体实施方案，促进相关项目的代际传承，以多元途径扩大传承人队伍和后备人才队伍，提高青少年群体的保护意识和对保护重要性的认识，不断提升建档、研究和实物资料保存保护水平，通过多种方式促进传播和信息共享，不断扩大民众的实践频次和实践范围，建立并落实传统制茶技艺项目的保护监测评估机制。

（四）提升中国茶国际竞争力

中国是种茶历史最悠久的国家，虽然我国茶叶的国际市场占有率较高，但中国传统制茶技艺的品牌影响力明显不足。应进一步整合行业资源，打造特色品牌，以更加丰富的形式去宣传推广中国茶叶。如"一带一路"沿线覆盖40多个国家和地区的44亿多人口，存在着巨大的经贸合作空间，针对不同国家饮茶特色和宗教文化，抓紧"一带一路"建设带来的重大机遇，加快传统制茶技艺的产业优化与升级，全面深化经贸合作，打造茶叶出口与技艺弘扬的新优势。

（执笔人：王岳飞、周继红、程海燕、郭莎莎、徐安安、陈琳、余月儿）

2022中国茶文化流行趋势发展报告

中国社会科学院古代史研究所

2022年是中国茶文化发展具有里程碑意义的一年。"凡治国之道，必先富民。"任何发展的最终目的都是造福人民，必须让发展成果更多惠及全体人民。治国先富民，适用于中国的治理智慧，放之四海而皆准。2022茶文化与茶行业的发展方向、流行趋势也符合"富民"的共同富裕原则。

一、两个大局中的茶文化自信

"四个自信"——"中国特色社会主义的道路自信、理论自信、制度自信、文化自信"。从2012年11月党的十八大报告中第一次提出其中三个，到2016年7月1日，习近平总书记在庆祝中国共产党成立95周年大会上强调，文化自信是更基础、更广泛、更深厚的自信，到2022年恰逢10周年。

"守乎其低而得乎其高"，顾全大局而有卓见，伟人的目光总是更长远。10年前对四个自信的理解从不甚清晰，到今日传统文化已完全地融入了茶行业从业者和人民群众的心智。10年前的年轻人可能还要思考究竟是国货还是洋货好，2022年的年轻人们会不假思索地告诉你"最好的东西都在中国"。

文化自信是一股强有力的新生浪潮，茶文化是这股浪潮中的一朵绚丽浪花。习近平总书记高瞻远瞩，亲自为茶产业、茶文化的发展助力。近年来，他多次到茶产区视察，并发表重要观点和作出重要指示。

2020年4月21日，习近平总书记到陕西省安康市平利县老县镇蒋家坪村女娲凤凰茶业现代示范园区同当地茶农交谈，提出了"人不负青山，青山定不负人。绿水青山既是自然财富，又是经济财富。"总书记叮嘱乡亲们坚定不移走生态优先、绿色发展之路，"因茶致富、因茶兴业，脱贫奔小康。"

2020年5月21日，习近平总书记向"国际茶日"系列活动致贺信指出，联合国设立"国际茶日"，体现了国际社会对茶叶价值的认可与重视，对振兴茶产业、弘扬茶文化很有意义。

2021年3月22日，习近平总书记到福建南平武夷山市星村镇燕子窠生态茶园考察，他提出"要统筹做好茶文化、茶产业、茶科技这篇大文章，坚持绿色发展方向，强化品牌意识，优化营销流通环境，打牢乡村振兴的产业基础。"从此"三茶统筹"成为茶行业、茶产业发展的核心理念。

2022年4月11日，习近平总书记到海南省五指山市五指山下毛纳村考察调研时，体验了炒茶、制茶，并鼓励村民"把茶叶经营好，把日子过得更红火"。

2022年10月17日，习近平总书记在参加党的二十大广西代表团讨论时，专门听取了梧州市苍梧县六堡镇山坪村党支部书记、村民委主任祝雪兰对六堡茶发展情况的汇报，为广西打造千亿六堡茶产业亲自站台支持。

2022年茶叶市场不断面临消费降级的冲击，一线从业者能够持续得到来自最高层的关心、重视和支持，对树立和强化产业信心起到重要的作用和非凡的意义。"随时以举事，因资而立功"，正是由于得到最高层的大力支持，广大人民群众和社会各界力量汇集在一起，共建发展茶产业和茶文化，使得2022年涌现出一系列的标志性事件。

（一）中国传统制茶技艺及其相关习俗申遗成功

2022年11月29日晚，我国申报的"中国传统制茶技艺及其相关习俗"在摩洛哥拉巴特召开的联合国教科文组织保护非物质文化遗产政府间委员会第17届常会上通过评审，列入联合国教科文组织《人类非物质文化遗产代表作名录》。

"平地有惊雷"，制茶技艺申遗成功的消息一经发布，就立刻引发了全行业的关注与响应，产生了井喷式的消息传播，几乎每一位茶行业从业者都转发了这则新闻的链接。可见，业内人人都认为制茶技艺和相关习俗成为世界级的非物质文化遗产和自己的事业有高度的相关性，激发了内在的自豪感。申遗成功之所以重要，有以下几点原因：

第一，它是世界层面的一次公开认可，对中国茶走向世界、中国茶文化影响世界，意义非凡。世界茶叶源于中国，中国的茶品质好、工艺好，对于我国茶行业从业者、消费者而言已是常识。放眼寰宇，在世界一体化进程中，还可以加强这样的认知。通过获得世界级别的认证，必将有利于中国茶叶出海销售和茶文化的对外输出。

第二，它是全国整体的制茶技艺总和的申遗成功，不是个别地区的成功。申遗成功既保护了所有制茶工艺的多样性，又有利于中华茶文化的整体性传承。我国是世界上最早种植茶树和制作茶叶的国家，此次申遗成功的"中国传统制茶技艺及其相关习俗"，涉及15个省份的44个国家级项目。在秦岭淮河以南、青藏高原以东广袤的区域，分布在江南、江北、西南和华南四大茶区，多达2000多种茶品。

第三，"以人为本，本理则国固"，申遗成功不仅是保护非遗技艺，还保护了非遗传承的核心——"传承人"。非遗传承人因传承而世代传续，有利于树立行业标杆，并且是世界级的行业标杆。行业标杆具有重要作用，他们对产业形成标准、产业形成发展梯队，培养产业人才的职业教育发展都大有裨益。非遗技艺作为一种物质和精神文明双重属性的形态融合，对制茶技艺、饮茶习惯、各地民俗等多方面内容的记录、呈现以及对我国各地方区域非遗文化的传播助力良多。

《历史人类学》一书中指出"身体、动作、饮食、感情的习惯、心态的习惯"共同构成了社会普通人的物质和精神的日常生活。非遗技艺申遗成功保留了中华传统物质文化和精神文化的构成生态，更是一种综合的中国优良生活形态在世界范围内的传播。

（二）涌现大量展现优秀茶文化的影视作品和文艺作品

2022年，人们在大众传媒上有更多的机会看到与茶文化相关的场景，甚至涌现出大量的影视作品、综艺节目、文艺作品围绕茶文化传播主题制作。"将影视艺术创造置放于与艺术文化传统和异域文化（异域影视）关系的坐标轴中，便可以准确、清晰地判断影视艺术本体创造的地位、意义和价值"，这类作品的产生皆是一种中华优秀传统文化内核的多形态呈现。

一方面是与茶相关的生活场景、工作场景更加高频次地出现在各种长短视频中。2022年1—5月抖音电商茶行业销售额同比增长482%。抖音电商茶行业销售额占据抖音电商大盘销售额2.2%的比例。各项指标增速来看，茶行业在抖音电商平台上的起势可谓迅猛，其经济增长速度全线跑赢抖音电商大盘。充分显示茶叶消费确实在日常消费中越来越普及，所以喝茶、用茶、送茶、制茶等场景已趋于日常化，这再次证实了茶文化自信基础上的消费趋势。

另一方面是国家层面助力推广茶文化，借助茶产业的发展来扩大国家文化影响力的诉求。主题明确、计划周翔、系统组织以策划、制作一系列茶文化主题的影片正迅速占领影视市场，并积极地推动茶文化的流行趋势。以电视剧《梦华录》最为典型，该剧的故事背景设定于北宋时期，讲述一位开茶馆的女老板，如何在激烈的市场竞争中经营自己的茶生意。开播一周内每集平均收视率0.340%，上线仅15小时播放量就突破了2亿，成为了风头无二的现象级爆款，并成功入选国家广播电视总局2022年度"中国电视剧选集"。《梦华录》的现象级爆火，迅速提升了社会大众对宋代点茶和茶百戏是作为宋代重要的茶文化表达形式的认识。点茶的历史意义和文化价值，并不局限于本土，这种形式传入日本等东亚地区，影响了东亚各国的饮茶方式、生活美学甚至是消费习惯。"茶百戏的恢复最终要靠科学实践，研究必须具备深厚的茶科学基础，因此研究者须有深厚的茶科学知识、科学实践和科学分析能力"，点茶形式和茶百戏技艺与现代的日常生活具有一定的距离，以传统教学方式较难将这种茶文化优秀形态在短时间内向大众做到普及，并将我国历史上发展到巅峰水平的茶美学展示给全国的观众朋友们。显然，这类题材的有效传播，对提升大众的文化认同和文化自信起到了不可替代的正向作用。

无独有偶，2023年初上线的电视剧《去有风的地方》，带火了云南的茶文化旅游以及"围炉煮茶"的饮茶新形式，成为了茶文化的又一流行趋势。"围炉煮茶"源自我国云南省传统的"火塘烤茶"习俗，当地人一边用火烤茶，一边烤其他的食物，饮食结合，温馨而惬意。大众点评数据显示，2022年11月和12月，全国以"围炉煮茶"关键词的搜索量同比2021年增长11.7倍。12月单月，大众点评上新增"围炉煮茶"服务的实体商家数量，环比11月同期上涨326%。80后、90后正成为"围炉煮茶"的消费生力军，众多中、西点心如花生、柿子，成为"吉利的好彩头""伴随着吃喝饮食的交流，炉边的茶具、食盒，都表现出年轻人们对安逸、闲适生活状态的追求""'围炉'不再是为了取暖，而成为一种对精神境界的追逐"。茶文化正以其包容、兼收的本性和层出不穷的新中式、新调饮等形态，安抚当下的焦虑心态、疗愈社会问题的各种创伤，并引领当下的饮食文化流行趋势。

由此小结，从实现中华民族伟大复兴的战略全局的高度和见证世界百年未有之大变局的眼光审视这一年，历经了守正创新，中国茶行业的未来更加光明。立足于中国传统文化的茶文化也将谱写新章。茶文化的发展走向离不开国家大势，从业者更应该参透这两个大局，乘风而上，顺势而为。

二、透过产业趋势来看中国茶文化

2022年，中国茶产业的自身总产值首次突破3000亿元大关，达到3180.68亿元，衍生产业总产值为4000亿元，即累计超过7000亿元，我们始终保持着全球第一大产茶国和第一大消费国地位。农业农村部的最新统计数据显示，我国茶产业从业人员超过7000万人，其中包括茶农约2600万人、采茶工约3300万人、加工和流通环节1100万人以上。

茶产业规模虽不容小觑，虽产业人员众多，但人均产出水平低，这表明当下茶产业仍然处于一个较低发展水平的农产品阶段。"治国有常，而利民为本"，茶产业对于国计民生来说非常重要，它的入门门槛低，能解决近上亿人的生计问题。茶文化推动了产业的整体发展，并对择业方向和就业转型起到了良好作用。

事实上，除通过宏观统计数据理解茶产业外，根据观察，近几年来尤其是在三年疫情期间，有数量客观的人转型进入茶产业。他们当中有些人是因为特殊时期失业后难以再就业，有些人是因为看好茶行业以及相关的大健康产业和服务零售业而选择切换赛道。这些现象都再次印证了茶行业低门槛、容纳能力强、仍在持续增长的事实。

今天的从业数据的增长，更多是来源于茶产业的惯性增长，但因为市场需求侧的疲软，以及生产供给侧的冗余，导致产业继续高速发展的内在源动力不足。如果没有新的刺激因素，可以预见未来几年内茶产业的增速将会迅速放缓。因此，茶产业需要并正在经历一场深刻的结构性调整，它符合国家倡导的供给侧结构性改革的基本逻辑。

（一）礼品茶和口粮茶的比例结构在调整，茶科技产品成为流行元素

中高端礼品茶消费大幅下跌，相应的口粮茶消费全面上涨，说明稀缺的高端天价茶得到了有效地规范和限制，抑制了消费市场的部分投机冲动。随着高端礼品茶消费占比变小，更多的消费流向了中端品牌茶和低端口粮茶。

结构调整朝着良性发展，对业内而言总体是利好，市面上的流通茶叶更多地成为消耗品，为更好地促进茶经济循环发展奠定了基础。无论是礼品茶还是口粮茶，都需要借助茶文化进行包装和提升品牌价值，才能从消费端脱颖而出。

科技兴国，2022年茶科技创新层出不穷。在茶文化的驱动下，大量的高新科技企业持续关注对茶行业的投入，并积极发展茶行业的科技创新，中国农业科学院、四川农业大学、安徽农业大学等高校及单位在茶树研究上取得重大突破，为茶产业持续高质量发展奠定了基础。同年10月中国茶科所两名研究员阮建云、李鑫入选全球前2%顶尖科学家年度影响力榜单。科技创新指导产业升级，第三代自动采茶机和自动奶茶机的应用推广影响了消费市场的流行趋势。

（二）体验式的茶文化消费，包括茶培训、茶雅会、茶旅游等活动大受欢迎

随着疫情形势的转变和政策的放开，利用第三方平台和传统客户转介绍的方式主动搜索、寻找茶文化体验的爱好者、消费者持续增多。报告撰写过程中，随机对一部分茶艺培训机构老师、茶空间主理人和茶文化旅游公司负责人进行了采访调研。据了解，大部分业务基本在疫情结束之后得到迅速恢复。将茶文化精髓和流行趋势紧密结合的项目，比如宋代点茶培训，中国历代传统冲泡法、核心茶区茶园茶山游学大部分获得了爆炸式的增长。举例来说，来自大连的一位茶艺培训机构负责人介绍"现在招生太好招了"，课程几乎是排得满满当当的。来学茶的人们也更加多样化，包括各种需求类型，如想要考茶艺师资格证的爱好者，喜欢喝茶想要进一步更懂茶的普通人，本身已经从事茶行业但觉得自己基础不够扎实的从业者等。

"共同富裕，文化先行"，茶文化深入引导2022年的文化惠民活动，服务供给不断优化。

（三）茶文化传播所依附的茶叶流通渠道正在发生根本性的变化

茶文化传播的主战场是茶叶的流通渠道，茶文化传播的主力军是茶叶流通环节上的从业者，他们借助文化将茶叶销售到千家万户，并培养健康、科学的茶饮习惯，延续各地茶俗。

近十年来面对网络新零售的去中介化趋势的冲击，又因疫情影响，传统的茶叶流通渠道面临着深刻的生存危机。

传统茶叶流通渠道本是一个比较稳定的结构，以层级的形式展开，利用产品的信息差和品牌销售的排他协议开展业务，各个层级都有自己的客户群体和利润空间。在网络新零售兴起后，去中介化成为一股不可逆转的潮流，厂家直接与终端消费者对接，把价格杀到地板价，原有的经销结构被迫瓦解。但厂家最终也没受益，尤其是品牌厂家，多年用心经营的经销体系已经无法驱动正常流通了，更遑论引领茶文化潮流。

在这样的背景下，茶文化传播和茶叶流通渠道呈现出几个常见且清晰的转向：第一，原本开大门店从事批发业务的经营者，关闭临街商铺，转到写字楼或商住楼开个人工作室，以经营私域和直播卖货为主要销售方式；第二，原本全链条经营，产销一条龙全的经营者，放弃了销售端，专心生产，做自己品牌，也可能做代工；第三，原本开小茶叶店只销售茶叶不提供服务的经营者，转向经营茶馆，以提供服务为主、兼卖茶叶；第四，原本非茶行业，擅长获取网络流量的电商人，因看好茶行业的高毛利和自主定价权，进入茶叶电商销售领域。

江山代有才人出，奋斗者们总是能找到出路，在以上4种渠道转向中，一部分创业者真正领悟了如何利用好网络这一传播工具，把握茶文化流行趋势和潮流信息，在极短的时间内取得了巨大的商业价值和文化传播的影响力，给整个行业的转型升级带来了新思路。

1. 个人博主成为现象级大V

个人博主依托直播和短视频平台成为现象级的茶叶"大V"，引领数字时代的文化潮流。最有代

表性的粉丝过百万博主有：老九好茶、亿茶小叶、丹妮茶叶等，实现了单场直播带货额破千万。他们用轻松幽默的表达方式，讲述碎片化、娱乐化的茶知识和茶故事，成功打造了极具个性特征的个人品牌（个人IP），从而把自己变成了茶叶品类的大销售渠道，为茶文化的数字化传播贡献了新的可借鉴模式。

2. 各大品牌建立品牌文化

品牌通过创始人讲故事的方式来建立品牌文化，树立正确人设实现卖货的同时传播茶文化，引领优秀国潮。较具代表性的有：和静园王琼、华饮小茶馆李卓澄、小罐茶杜国楹。作为某个品牌的创始人，他们的主战场是短视频平台，主要依靠内容推广吸粉，但本质上对短视频传播和直播卖货的关注并非核心，而是通过亲身讲述以传达品牌的理念、文化价值，吸引和扩大相同认知的消费者群体，实现品牌变现。

3. 海外茶人通过线上渠道传播茶文化

通过线上面向海外做茶文化传播的渠道成为海外茶人的首选。包括视频网站（如YouTube）、社交媒体（如Instagram、TikTok）、社群（如Facebook、Discord）、论坛（如Reddit、Quora），以及私域（如独立站、俱乐部、App）等。视频网站以长视频为主，通过算法推荐，吸引众多对茶有兴趣的人。以YouTube为例，最受欢迎的茶频道是Mei Leaf，其内容以茶知识科普和茶产品介绍为主。自从2012年11月到2023年7月间，已积累超过十万个订阅者，发布了576条视频，拥有超过1000万的观看量。社交媒体是海外茶文化传播的重点渠道，其用户量大且分布广泛。国内外商家和茶文化传播者纷纷开始使用短视频吸引流量，掀起海外短视频热潮。三年内，Jesse's Teahouse在TikTok上累计超过50万粉丝，收获了890万个点赞。其创始人Jesse来自美国，曾在北京生活近十年，将其个人风格融入短视频，面向海外介绍工夫茶和茶文化。在私域模式领域，独立站主要依靠网站与茶相关的博客文章来实现SEO（搜索引擎优化），以"文字+图片"形式进行间接销售和文化传播（如Path of Cha）。茶App（如MyTeaPal）则将冲泡体验和茶文化数字化，融合社交和分享功能，促进了世界各地茶友之间的互动。此外，茶俱乐部也是重要的传播途径。例如，MyTeaPal创始人刘杰根据月令主题选择每月茶样，并将4款茶样从中国邮寄到20多个国家。固定在每周末举办线上视频会议，邀请俱乐部成员一起品鉴同一款茶，促进茶友们对不同茶类的学习和深度交流。

从文化的角度看，上述这3种方式，均属于打造个人IP或企业品牌，本质上都提供了有意思、有价值的文化内容，内容带来了流量，然后用产品、工具和方法将流量转化为销量。由此也能得到一个阶段性结论，未来的茶叶流通将会越来越倚重茶文化内容的传播。

三、真正赋能产业的茶文化

茶文化在茶产业中发挥巨大作用，强调虚实结合。

文化偏虚，产业偏实。茶本身作为一种农产品是具体的存在，从事茶叶种植、生产加工的工作者们往往更注重"务实"的部分。茶文化之于产业更近"务虚",固有的认知偏见,并未充分拓宽除通过文化包装促使茶叶增值的文化形态。难以实体化的茶文化占据流通环节中的利润并不低,如何实现文化和实业双赢成为了2022年茶文化流行首要解决的问题。

本报告研究表明,习近平总书记对文化和产业的关系问题,早已给出明确的答案。"统筹做好茶文化、茶产业、茶科技这篇大文章,坚持绿色发展方向,强化品牌意识,优化营销流通环境,打牢乡村振兴的产业基础。"总书记的"三茶统筹"理念十分具体地为产业内7000多万的从业者指明了方向,树立了信心。落实茶文化赋能,必须要坚持"三茶统筹"原则。

"三茶统筹"依旧是2022年茶文化流行趋势的内核。茶产业和茶文化、茶科技是一体两翼的关系,茶产业是身体,茶文化和茶科技是翅膀。如果说文化是内容,科技是工具,只有两者都能同时驾驭,中国茶产业才能腾飞。

"民生在勤,勤则不匮",未来的茶文化,将持续与产业紧密结合,回归到为产业赋能的重要位置,帮助产业从业者实现共同富裕的奋斗目标。

观察2022年中国茶文化流行趋势,一言以蔽之:行业的整体文化自信程度显著提升,包括文化意识、文化认同、文化自信都产生了质的飞跃,上升到崭新的一层台阶。

华夏之国,天地辽阔。"茶者,南方之嘉木也",我国南方许多地区都具有种植和生产茶叶的条件。茶叶作为振兴中国经济的一种重要经济作物,发展茶产业已经成为每个市、县乡村振兴计划的重要组成部分。一县一品,甚至一村一品,成千上万的县、乡、村都可以在自身的历史文化中挖掘出差异性和独特性,讲好专属自己的故事。茶文化大有可为。

"凯风自南",我国广阔的北方地区幅员辽阔,虽产茶条件有限,却成为了茶消费的重要区域。科学饮茶,文化识茶有待普及。茶文化大有需求。

世界格局日新月异,中国茶叶走出去,一定是文化先行。"宜将风物放眼量",中国茶人的文化自信将成为邀约四海的名片。坚持文化自信,文化与产业同行,其势若"草木蔓发,春山可望",共同迈向中国茶更好的明天。

(执笔人:夏虞南)

2022青少年茶文化教育发展报告

北京市东城区少年宫

中华优秀传统文化是中华民族的宝贵财富，为中华民族发展提供强大的精神力量。党的二十大报告指出："全面建设社会主义现代化国家，必须坚持中国特色社会主义文化发展道路，增强文化自信，围绕举旗帜、聚民心、育新人、兴文化、展形象建设社会主义文化强国"。茶作为中华民族传统文化的综合载体，承载着中华民族五千年的文明史，蕴含着丰富的教育资源。青少年茶文化教育引导学生以茶为载体，知礼、崇德、实践、创新，培育与践行社会主义核心价值观，弘扬中华民族优秀传统文化。2022年，广大茶文化教师落实立德树人根本任务，紧密结合青少年身心特点，结合各地教育资源优势，克服社会环境及教育改革各方面的挑战，持续推进青少年茶文化教育发展。

一、中国青少年茶文化教育发展现状

2022年，教育教学受到各种挑战，各地青少年茶文化教育活动因地制宜，保持了持续发展。随着国家"双减"政策的持续落地，以及2022版义务教育新课标的推出，提升课后服务质量、减轻家长和学生负担成为教育改革的重要课题。青少年茶文化教育活动形式也从单一线上或单一线下活动逐步调整为线上、线下混合式教育模式，教育内容也逐步从注重礼仪、知识、技能的茶文化学科教育转化为德育为先、学科融合的"茶+"课程内容，关注传统节日、二十四节气、国际茶日等密切联系学生日常生活与学习的重要节日、纪念日，通过课程学习和实践活动实现学生综合成长。青少年茶文化教育的教、学、评一体化建设也逐渐系统化。特别是学校、家庭、社会协同育人，开发社会资源服务教育活动的教育模式越来越成熟。参与、组织青少年学习茶文化、开展青少年茶文化教育师资培训的教育单位和社会培训机构数量增多。特别是在2022年11月29日，我国申报的"中国传统制茶技艺及其相关习俗"在摩洛哥拉巴特召开的联合国教科文组织保护非物质文化遗产政府间委员会第17届常会上通过评审，列入联合国教科文组织《人类非物质文化遗产代表作名录》。这为中国青少年茶文化教育注入了新的动力，各地茶教师围绕中国茶非遗开展专项教育活动。

2022年是上海开展少儿茶艺的第30年，上海市茶叶学会组织专门庆祝与研讨交流活动，回顾少儿茶文化教育的发展历程和未来趋势。上海市科技艺术教育中心组织"新课标"（校外教育项目课程指南）引领下的课外校外课程开发研究，编制了上海市校外教育茶艺项目课程指南，对规范茶叶项目课程起到导向作用。2022年12月，由北京市东城区少年宫承担的中国教育学会规划课题《青少年茶文化美育课程资源开发与利用研究》顺利结题，课题研究涉及北京、上海、湖南三地，涵盖幼儿园、小学、中学和大学的14个子课题项目，多元的研究内容呈现了青少年茶文化教育实践的丰富性。东城区青少年茶文化美育课程整体设计在教育实践的基础上，突出以美育人，融通校内外资源，开放团队边界，整合校内外教育系统、茶文化行业系统、社会公共教育资源，共同设计开发学段贯通、打通边界、形式多样的茶文化特色课程，形成体系化青少年茶文化课程，提供丰富的传统文化教育供给，满足广大青少年的发展需求。

二、中国青少年茶文化教育成果

（一）提升育人理念，以茶为载体促进学生核心素养发展

中国学生发展核心素养以科学性、时代性和民族性为基本原则，以培养"全面发展的人"为核心，分为文化基础、自主发展、社会参与三个方面，着重强调中华优秀传统文化的传承与发展。青少年茶文化教育紧紧把握中国学生发展核心素养要求，以茶文化为教育载体，突出以美育人，通过课程的设计与实施，丰富学生的文化基础，促进学生自主发展，鼓励学生参与社会，提升学生的文化自信，满足学生发展需求。茶文化经过历史的发展逐步形成了一种朴素、廉洁、宁静、淡泊、和谐、互敬的文化内涵。面向青少年开展的茶文化教育根植于中华民族的文化历史土壤，能够有效落实系统落实社会主义核心价值观的基本要求，突出强调社会责任和国家认同，充分体现民族特点，促使青少年在丰富的学习实践中获得真实收获。

针对青少年群体所开展的青少年茶文化课程建设活动起始于上海，时至今日已有30年的发展历程。从起步阶段校外教育机构教师主编开发的茶艺教材、茶文化手册，到2000年之后陆续推出的学校茶文化课程教材，都随着茶文化教育发展和国家对人才教育培养的现实需求进行着自身的调整，在教育实践活动中满足着青少年茶文化学习的实际需要。青少年茶文化课程建设落实教育部《完善中华优秀传统文化教育指导纲要》，把中华优秀传统文化教育融入课程与教材体系的工作要求，梳理承载着中华民族五千年文明史的茶文化蕴含的丰富的教育资源，开发具有中国特色并具备中国传统文化底蕴的茶文化课程。结合《义务教育艺术课程标准（2022年版）》的颁布，强化课程育人导向，重视艺术体验，引导学生感受美，欣赏美，创造美，丰富审美体验。构建以学生为中心，浸润式的学习方式。开发了各学段形式多样的茶文化课程资源，在实现教育供给侧改革做了有益尝试。

（二）关注教师提升，多途径促进青少年茶文化教师发展

百年大计，教育为本，教育大计，教师为本，教师是教育质量的重要保障。青少年茶文化教师队伍建设一直是茶文化教育项目发展的关键。近年来，很多茶叶专业组织、教育培训机构都在开展青少年茶文化教师师资培训活动。一方面提升教师的茶文化专业素养，另一方面提升教师们的育人水平。2022年，由于线上教育发展的刚需，促使教师要不断提升信息化教育平台的应用水平以及新的育人理

念和方法，并引导学生学习方式的变革。为此，中国茶叶流通协会茶文化教育教师工作委员会于2022年组织茶文化教师开展线上专项培训活动，通过邀请知名专家通过直播的形式，夯实茶教师对茶学知识、文化的掌握。通过分享优秀茶教师线上微课及教学专题的方式，引领教师探索茶文化线上教学的设计和实施。这项培训深受教师喜爱，通过突破地域和时间的限制，更大限度推广了青少年茶文化教育资源。一些培训机构、组织，也结合自身优势组织的线上的直播分享、线下的集中培训，对各地茶教师专业水平的提升起到促进作用。

茶教师通过学习，体现教育即生活的理念。根据学生不同学段的心理特点，开发出适宜的教学内容及教学用具，把文化传播体现行动学习中，把欣赏茶的外在美和品味茶的思想美的方法体现在实践活动过程中，通过实践活动培育发现和享受生活美的思想与方法，体现出教育与社会实践相结合的原则。根据不同学段和学校地域资源，围绕实践方式开展不同的课程实施模式，对于开展传统文化教育具有很好的借鉴意义。北京东城区茶育特色课程工作室开发了茶游戏卡片，并应用到中小学学生学习中，取得了很好的实践效果。教师育人水平的提升和教育资源创新能力的拓展为青少年茶文化教育注入了活力。

（三）加强协同育人，开发丰富多彩的茶文化育人阵地

青少年茶文化教育活动坚持文化育人、实践育人，坚持激发兴趣、培养爱好，坚持突破边界、整合资源，坚持育人目标导向、课程科学导向、教师专业导向、实施融合导向，各地茶文化教育工作者不断整合大量社会资源，丰富青少年茶文化教育阵地，在传统文化教育、特色课程建设中进行了创新发展，家校社协同育人成为重要趋势。

以上海少儿茶艺以为例，通过30年的发展，中小学校成为青少年茶文化教育主阵地，是科学、规范发展青少年茶文化教育的重要保证。茶艺项目如今已成为上海中小学生和高中学生的探究性、研究性课程，茶艺学生已覆盖百万。随着上海市对青少年茶艺培训重视度逐渐加深，上海市教育委员会组织上海市中小学茶艺教研组老师编写了小学教材《我跟老师学茶艺》和中学教材《茶艺》，还根据茶艺教学的教学特点编写了茶艺教学教参。如今，校园内不仅有专用教材，还设有专业教室，营造出沉浸式的教学环境。同时，社区茶馆也成为青少年茶文化活动的重要空间。随着社区教育的发展，社区中的重要历史遗迹、行业阵地都成为学生社会实践的教育空间。如各地茶馆、茶空间，不仅可以探索悠久历史、革命文化、传统文化，也可以探索现代生活中的时尚茶饮。上海的茶馆资源非常丰富，从历史著名老茶馆到现代概念的茶馆都是别有风味。"小茶人"的上海茶馆场馆实践不仅能帮助学生从茶馆角度了解茶的历史和文化，获得文化认同，更能通过活动激发"小茶人"兴趣，动态中产生新的智慧，从而畅想未来新茶馆。

在茶产区，茶的生产企业、茶主题博物馆成为教师、学生开展茶研学的重要基地。在真实的劳动场景中，学生体验到一片绿叶在劳动人民的手中是如何变成金叶子的。茶叶的采摘、加工、销售等不同领域深藏着丰富的社会文化，让学生通过茶研学走进当地的社会生活。在地处茶区的校园，学生们

也拥有着自己的茶园开展茶文化实践活动。湖南桔园小学作为湖南省首个"茶文化特色学校"，先后被授予湖南省茶文化传承优秀单位、湖南省茶叶协会优秀理事单位、长沙市雨花区非遗传承基地（茶艺）等称号。学校着力打造茶文化育人基地，学生通过茶的学习，更加热爱劳动、热爱家乡。校园的教学楼前现在还种植了几十余株茶树，建成一小片茶园，取名"茗静园"，这一片茶园就成了学校茶文化实践的基地。初春，学生采茶、制茶、品茶；夏初，孩子观察茶树的生长变化，或制作茶叶标本；秋起，学生采摘茶叶果制成茶叶籽油……平时同学们的茶文化实践课也在这里实现，同学们观茶、除虫、施肥、采茶、做茶，记录茶树的成长过程，学校从学生成长出发，一步一行、潜移默化、润物无声。校园环境为学生精心设计，做到环境即课程，让学生漫步校园，随时感受茶文化的熏陶。

三、青少年茶文化教育实践反思

（一）理念引导青少年茶文化课程资源建设

在课程资源设计与实施过程中注重教育理念的传递，把教与学的过程真正成为教师与学生共同成长的过程。通过"生命、生活、生态"的课程理念的传递，学生收获的不仅是知识与技能，更重要的是德行的引领，做人与做事的学习。

（二）以学生为中心，尊重学生的主体性，注重学生的参与

以学生发展核心素养为目标，发挥茶文化特色，将五育融入课程设计之中，真正落实到学生实际生活与学习中。

（三）青少年茶文化教育学段全面

青少年茶文化教育面向幼儿园、小学、中学、大学，关注各学段学生生理、心理特点开发课程、开展教育活动。同时关注学校教育、校外教育、特殊教育及家庭教育，形成从文化启蒙、激发兴趣到探究实践丰富的课程资源体系，不断提升学生的学习广度和深度。

（四）青少年茶文化教育教材、学材多元

青少年茶文化教育注重实践体验教材、学材不仅是纸面上的文字、图片，还要开发音频、视频等电子教育资源，也要提供茶样、茶具等实践操作材料包。不仅有学生阅读使用的书籍，还要有学生可探究、操作的学习单、学习手账。

（五）青少年茶文化教育加强师资队伍培养

青少年茶文化教育的授课教师师资水平至关重要，要重点培养、分层提升。面向全体教师开展茶

文化普及教育，面向授课教师定期开展教研活动，面向茶文化骨干教师开展高级研修活动。根据教师实际，开展茶学专业和教师教育教学能力的双提升培养。

（六）注重家、校、社共育

注重家、校、社共育，并开发社会资源为教育资源服务学生发展。以整个社会为教育空间，开发优质社会资源转化为教育资源，服务学生发展。

（七）构建"学生、教师、教学"交互型动态课程资源的生成模式

构建"学生、教师、教学"交互型的动态课程资源生成模式，完成课程资源的开发。首先是理念的引领，然后是开发团队的组织建设。课程形式要多元化、动态化，开发和应用要一体化。多元化、动态化的教学资源只有得到教师和学生的有效利用，才能真正发挥育人价值。教师要有生成教育资源的能力，引导学生共同生成教育资源，并把碎片化的资源进行成果转化、循环利用。学生要成为教育资源生成的重要组成部分，教师要发挥引导作用。

四、青少年茶文化教育发展建议

（一）开发高质量青少年茶文化课程，提升青少年茶文化课程数量和质量

目前，青少年茶文化课程在服务人数、服务学校、实践基地数量上，与中小学、幼儿园总体人数和对茶文化感兴趣的学校数相比，教育资源仍然远远不能满足需求。下一步，我们将发挥各地组织优势，搭建合作平台进行社会资源开发，实现更多优质社会资源向教育资源的转化，增大课程服务供给侧的数量并提升质量。

（二）加强青少年茶文化教育评价研究

教育评价是提升教育质量的关键环节。在青少年茶文化课程实施过程中，教育评价的研究还不够系统科学，对标核心素养培养还有一些距离。做好教育评价是课程未来发展的重要内容。目前制定的全国青少年茶艺等级标准有一定的研究基础，未来将进一步深化研究，在引领学生发展、规范课程建设方面贡献力量。

（三）开发融媒体教学资源，通过信息技术推广教育成果

社会发展日新月异，融媒体资源是未来教育成果推广的重要载体。融媒体的教育教学过程支持将是未来艺术课程开发与推广必须重视的内容。只有综合的、符合时代特点的多元教育教学模式才能使我们开发的课程成为可用的、有效的、方便的教育资源。

未来，青少年茶文化教育将在以往研究实践的基础上不断完善并发展，更加聚焦落实立德树人任务，坚持五育并举、五育融合，坚持以文化人、以茶育人，坚持课程引领，坚持改进教学，坚持创新活动，努力以更加科学系统完善、育人功能明显的茶文化课程，为培育具有中国文化底蕴的、德智体美劳全面发展的青少年贡献力量。

（执笔人：霍艳平、肖星）

第八部分
关联产业

2022中国泡茶饮用水发展报告

中国农业科学院茶叶研究所

近年来，随着中国经济社会的快速发展和人民生活水平的不断提高，茶叶消费量得到持续、稳定的增长，直接推动了泡茶用水消费的不断扩大，采用预包装饮用水进行泡茶的比例不断提高。2020年开始，泡茶饮用水逐渐为人们所认可和追捧，逐渐开始成为包装饮用水的一个重要细分领域，对拓展茶产业链和促进茶叶消费起到了积极推进的作用。泡茶饮用水属于刚刚起步的新兴跨界产业，还存在诸多问题需要解决，通过企业、市场及科研人员的共同努力，泡茶饮用水产业将具有广阔的发展前景。

一、泡茶饮用水发展背景

（一）中国茶叶生产和消费持续增长

我国是茶叶生产大国、出口大国和消费大国。2022年，全国18个主要产茶省（直辖市、自治区）的茶园总面积为333.03万公顷，全国干毛茶总产量318.10万吨，全国干毛茶总产值为3180.68亿元。总体而言，我国茶园面积稳中略增，茶叶产量继续稳增，农业产值保持增长。在进出口贸易方面，2022年中国茶叶出口整体形势基本保持平稳，出口总量略有上升，出口金额和出口均价都出现下滑。根据中国海关统计数据，2022年我国茶叶出口总量38.94万吨，小幅提升1.54%；但出口总额（22.70亿美元）和均价（5.83美元/千克）分别下降10.25%、11.53%，茶叶进口总量、进口总额和均价皆回落，分别下降12.07%、22.75%、12.13%。

近年来，随着中国经济社会的快速发展和人民生活水平的不断提高，茶叶作为一种健康饮品，消费量得到持续、稳定的增长，从2000年的年人均消费0.56千克/人到2020年的1.64千克/人。为此，泡茶用水的需求同期也得到快速增加，每年泡茶需要消费的水量超过3000亿升，需水量巨大。

（二）传统预包装饮用水消费日趋成熟

包装饮用水是指密封于符合食品安全标准和相关规定的包装容器中，可供直接饮用的水（GB 19298—2014《食品安全国家标准　包装饮用水》）。随着人们生活水平的提高及健康意识的增强，包装饮用水已成为现代人的重要饮用水。据前瞻产业研究院数据显示，在消费升级趋势下，2011—2021年中国包装饮用水销量逐年增长，但增速趋缓，尤其在2020年的疫情初期，甚至出现了下降趋势。2021年包装饮用水销量已超500亿升，零售市场规模超2100亿元，软饮料市场的占率达37.12%，预计

2027年中国包装饮用水市场规模将突破3000亿元。企业竞争日趋激烈。包装饮用水市场竞争较为分散，有众多品牌参与其中，排名前10位的企业市场份额不到四成。2021年，农夫山泉稳坐中国包装饮用水行业龙头企业位置，市场份额达到11.8%；其次是华润怡宝、景田百岁山、康师傅、娃哈哈，市场份额分别为8.1%、4.8%、3.0%和2.4%。

二、泡茶饮用水发展现状

从古至今的泡茶经验论断科学研究都表明，水的选择对茶叶感官品质、理化成分等都有重要影响。随着人民生活水平和健康意识的不断提高，人们对饮食品的质量要求日益提高，采用预包装饮用水进行泡茶的比例不断增加。因此"泡茶水"作为一种包装饮用水的细分品类，逐渐成为饮茶人士的重要选择。

（一）消费市场发展迅速

据京东超市相关数据显示，2022年泡茶水销售额同比增长近1倍，预计三年复合增长率可以达到75%。"泡茶水"人群关注指数呈跳跃式增长：2021年"泡茶水"关键词百度指数日均值为39，2022年"泡茶水"关键词百度指数日均值为100，2023上半年"泡茶水"关键词百度指数日均值为1304。

（二）消费人群以年轻一代为消费主力，销售额增长迅速且表现出较高的用户黏性

用户调查问卷显示，购买泡茶水类产品的消费者中，主力消费者年龄在26～45岁，其中36～40岁、41～45岁的消费者占比最多。但是从增速来看，"95后"消费者数量增速明显，同比增长超100%。在消费群体日益年轻的同时，泡茶水类产品还呈现出用户黏性较高的特点：大部分消费者在购买包装饮用水时会习惯购买自己熟知的品牌，其中农夫山泉占比最高，很多消费者购买农夫山泉泡茶水的次数超过10次。该产品以武夷山泉水为水源，销量也稳居泡茶水前列。

（三）消费区域以一线城市和茶叶消费核心区为主

一线城市的消费者是绝对的购买主力，超过四成的泡茶水被北京、上海的消费者买走；广东、江苏、浙江等沿海省市则是泡茶水的核心消费区域。2022年，厦门地区泡茶水销量占整个福建省的比例接近40%。

（四）消费产品与场景多样化

主要以中大规格包装为主，多用于茶馆、办公、家庭等场景。从宣传来看，各大商家主要聚焦于

低钠、弱碱性、小分子水等概念，充分突出利于泡茶的优势点。从产品类型来看，目前泡茶水的水质类型主要以天然矿泉水和饮用天然水为主。

三、泡茶用水最新进展与成就

自古以来，人们就知道好茶必须采用好水泡制。"泡茶水"作为包装饮用水细分领域一个不可或缺的品类，日益为现代饮茶人士所关注。但究竟"什么样的水质适宜泡茶？"这是茶学领域的一大科学问题，也是泡茶饮用水行业亟需探明的技术问题。近些年该方面的研究一直在持续进行中，并取得了重要的进展。

（一）探明重要水中离子对茶汤品质的影响

2014年开始，中国农业科学院茶叶研究所等国内相关大专院校和科研单位陆续开始系统研究水质对茶汤品质的影响。发现了水质对茶汤汤色、滋味、香气品质形成存在较大影响，并探明了水中Ca^{2+}、Mg^{2+}和Na^+等离子是影响茶汤风味品质的重要因素，揭示了水中离子对茶汤风味品质的可能影响途径：

（1）水中离子对茶汤儿茶素等重要滋味成分存在明显的加速氧化作用；

（2）水中离子可以直接影响儿茶素、茶氨酸、咖啡因之间的呈味特性及其互作效应；

（3）水中离子可以改变部分茶汤关键香气组分的含量、挥发性能及呈香特性。

（二）提出泡茶专用水的重要指标

2021年，中国农业科学院茶叶研究所在已有相关研究的基础上，通过与农夫山泉股份有限公司"饮用水重要矿物质对茶叶冲泡品质影响"等合作项目，系统开展了泡茶用水中重要离子对茶汤品质形成的影响实验，并提出了基于Ca^{2+}、Mg^{2+}和Na^+等离子和溶解性固形物含量（TDS）、pH等水质重要影响因子及其控制指标，为泡茶用水团体标准制定奠定了基础，对人们日常泡茶用水的选用和规范泡茶用水产品市场都有重要作用。

（三）正式颁布泡茶用水团体标准

2021年7月29日，由中国农业科学院茶叶研究院、中国茶叶学会、浙江大学等单位共同发起制定的T/CTSS 32—2021《包装饮用天然泡茶水》团体标准正式发布，并于2021年7月30日开始实施。回顾2022年以来的泡茶饮用水相关事件，该项标准的制定及执行对泡茶饮用水行业的长期发展而言，是一项重要成就。

该标准件规定了包装饮用天然泡茶水的术语和定义、技术要求、生产加工过程的卫生要求、检验规则、标签、包装、运输和贮存要求。标准指出适用对象为包装饮用天然泡茶水，并且明确规定了影响茶汤品质的理化指标，详细列出了钙、镁、钠离子含量及电导率的各项指标，填补了我国目前泡茶水行业标准的空白，为消费者选择多类产品提供科学的依据，同时也为生产监督管理提供有效的技术标准。

四、现存问题及对策

我国泡茶饮用水自兴起以来，虽然取得了一些成就，但仍存在一些问题：第一，水资源政策性限制，影响了泡茶用水资源的合理开采；第二，市场混乱、缺乏标准规范，影响可持续发展；第三，科学研究和科普宣传不足，影响泡茶用水的科学饮用。这些问题需要企业、市场、科研人员共同努力解决，以协同促进该行业的蓬勃发展。

（一）对企业：打破水源壁垒，掌握核心武器

在泡茶饮用水的比拼中，水源无疑是"核心武器"。据相关资料显示，我国经评定合格的矿泉水水源有4000多处，允许开采的资源量为18亿立方米/年，目前开发利用的矿泉水资源量约5000万立方米/年，占允许开采量的3%。所以从水源总量上看，矿泉水水源本身不算稀缺资源。然而，水源壁垒的逻辑并不在资源层面，而在于政策审批，获得采矿权和取水许可证比较困难。因此，公司水源壁垒的底层逻辑是"政策壁垒"。突破该壁垒，实现较集中的水源布局，可以有效缩短运输半径，规模优势还可以摊销成本。

以龙头企业农夫山泉为例，该企业宣传语称"大自然的搬运工"，拥有浙江千岛湖、吉林长白山、湖北丹江口、广东万绿湖、陕西太白山、新疆天山玛纳斯、四川峨眉山以及贵州武陵山八大优质水源基地，牢牢把握住水源地，也就把握住了饮用水行业的头部地位。然而，大多数生产企业的水源地及保护工作都有待进一步提升，因此需要积极开发优质水源地，充分考虑水源布局、保护水源地等，突破隐形竞争的"核心壁垒"。

（二）对市场：规范市场标准，科学引导消费

泡茶饮用水的有序发展，离不开市场这只"无形手"的指挥。但在京东超市搜索"泡茶水"等关键词，农夫山泉等多家品牌水都显示出来，但各家的呈现形式不一，有些是标注"泡茶专用"，有些品牌则是作为标签打出"泡茶""冲奶""煮饭"等多个场景，乱象较多，对于消费者来说辨识不易。

出现这种问题的原因一方面是泡茶饮用水的渗透率和人均消费量仍有较大提升空间，商家只能将泡茶水的功能"泛化"或有些商家只是蹭"泡茶水"的热度；另一方面则是由于目前较缺乏关于泡茶专用水的统一标准，市场规范管理存在一定难度。此外，大多数泡茶专用水的商家更多注重于宣传介绍水源地、水质成分及泡茶效果，而严重忽略了产品的使用介绍，缺乏泡茶的知识普及和售后科学饮茶的指导。因此，市场应适度介入，合理规范商品名称及标准，鼓励商家做好该类产品的冲泡技巧及泡茶常识的宣传引导，形成较好的购买体验。

（三）对科研人员：深入茶水理论研究，提供产品技术支撑

研究发现，不同茶类对水中离子总量的敏感度不同，其中绿茶对水质变化最为敏感，半发酵茶次之，红茶最不敏感。一般认为纯净水较适宜泡绿茶，适量的矿物质有利于发酵茶类品质，但矿物质浓度过高或者不含矿物元素的水都会影响茶叶的品质。

泡茶饮用水作为茶叶品饮的关键要素，应以消费者需求为目标构建产品结构体系。然而，多数科研人员仅针对某一茶类或品类进行研究，覆盖面较窄，研究结果也多停留于某一水质类型是否适合某类茶的表面现象，对水质类型背后的适合或不适的内在机制并不清晰，亟需开展水中离子对茶汤风味的影响研究以明确影响的作用机制，并针对不同茶叶成分及风味特点进行研究以制定对应品类的泡茶专用水标准，以便设计相应品类的泡茶专用水，更好地指导产品精准化生产，避免各类泡茶水"野蛮生长"，也能丰富细化各类泡茶水的产品体系。

五、发展趋势及展望

泡茶饮用水市场的发展顺应了当下茶叶高质化消费需求，也满足了未来饮用水高端化、细分化、时尚化的发展趋势。随着我国茶叶消费持续增长，泡茶用水市场发展前景广阔。

（一）市场占有率持续提升，产品呈现高端化趋势

在国家标准中，并没有"泡茶水"的分类，只有"天然矿泉水""饮用纯净水""包装饮用水"等分类。从商业角度看，"泡茶水"是生产企业提出的营销概念，也是包装饮用水行业开创的新赛道。但从市场角度看，却是消费者需求导向孕育出的创新产品，也是人们追求健康、高质量生活的信号和象征。

近年来泡茶饮用水的市场规模呈现快速发展趋势，未来泡茶专用水产品的市场占有率也将持续提升。同时，由于包装饮用水生产企业的生产成本上涨和消费者消费理念的改变，使市场对中高端产品的需求快速上涨。未来在"好茶配好水"的传统认知下，我国低端泡茶水的市场占有率还将继续减少，中高端产品的需求将持续上涨。

（二）科学技术体系加持，市场呈现细分化趋势

在经济发展及健康追求的双重驱动下，泡茶饮用水在包装饮用水中的占比将持续增大，分析其增长优势应在于"差异化、专一化"，这势必需要注入科技创新的动力。

那么，该用什么样的水去泡什么样的茶？这是消费者的现实需求，也是亟待科研人员解决的关键问题。回答这个问题首先需要明确水质影响茶叶品质的关键因素及内在机制，其次要明确不同茶类、不同品质等级茶叶中离子的含量和溶解度差异，以及不同茶叶成分及风味特点，然后关联分析水质离

子、茶类特点、风味影响三者间的关系，基于此设计相应品类的泡茶专用水具体指标，帮助细化泡茶水的市场分类。然而，目前"茶与水"的关系理论体系只研究到影响的根本因素阶段，具体机制这关键一环尚未解开，需要科研工作者由此深挖，层层递进地研究水质离子作用途径，方能揭开"茶水密码"，最终回答"好茶配什么样的好水"这一科学命题，也能让泡茶饮用水的产品"专一化"的优势更加凸显，使同一产品的细分类更具有差异性、多样性。

（三）满足时尚需求，消费呈现年轻化成趋势

进入新时代后，人们的消费理念从吃饱穿暖的基本需求消费向健康、有文化的品质消费转变。然而，茶叶消费本身是精神、文化、健康的需求象征，代表着对更高、更美好生活的追求，可谓是时代潮流中的"自然产物"，更多的消费者认识到了高品质茶叶需要专用的泡茶用水冲泡，因此衍生出"泡茶用水"这一茶叶下游产品。抖音2022年发布的《抖音电商茶行业洞察报告》专项调查数据显示：18～30岁的茶叶消费者在迅速增加，白领人群消耗了90%的泡茶水，是该产品的绝对消费主力。

饮茶年轻化正在成为新的发展趋势，年轻人逐渐成为消费主流，高品质、时尚化也将成为泡茶饮用水的主要消费方向。因此，未来泡茶用水的产品定位不仅趋于高端化，也应瞄准有经济实力的年轻人，满足包装时尚化、产品高质化的需求。

（执笔人：尹军峰、张铭铭）

2022中国茶叶深加工产业发展报告

湖南农业大学

一、茶叶深加工产业发展现状

（一）2022年产业发展概况

2022年中国茶叶深加工产业依托国内超大茶饮料消费市场规模和国际上持续稳定的提取物产品需求，呈现出稳定向前的良好发展趋势，各类茶叶提取产业规模高达2.5万吨。其中新茶饮、花草茶及茶衍生品等新消费市场成为整个餐饮市场最先回暖的领域，《2022年新式茶饮高质量发展报告》显示，2022年新式茶饮行业市场规模超过2900亿元，同比增长5.1%；在门店数量方面，2022年全国约有门店45万家。中国出口茶提取物规模达50多亿元，其中桂林莱茵生物科技股份有限公司茶叶提取产品基本涵盖茶叶深加工行业已知所有品类，2022年报显示其控股子公司成都华高生物制品有限公司茶叶提取业务实现营业收入16335.76万元，市场份额排名领先。

（二）2022年茶叶深加工产业年度重大事件

1. 中国在茶叶提取物领域引领世界，出口规模和生产规模居世界之首

2022年10月15日，中央电视台农业农村频道（CCTV 17）《中国三农报道》专访中国工程院院士、湖南农业大学学术委员会主任刘仲华，讲述中国茶叶深加工领域十年发展历程。经过多年来的深耕发展，我国茶叶提取物产业跃居世界第一，在提取分离纯化的高新技术水平、现代化生产装备水平与茶叶功能成分的市场化水平等各个方面引领着全球茶叶深加工产业的发展。由过去简单地靠价格竞争，实现由技术实力的竞争甚至标准的引领，生产规模和出口规模皆居世界首位，为我国农业科技进步和中国茶产业现代化建设作出了突出贡献。

2. "黄茶加工关键技术体系创新与健康属性挖掘"和"白茶提质增效关键技术创新与产业化应用"分别荣获安徽省和福建省科学技术奖一等奖

科技是助推茶叶深加工产业发展的"第一动力"。2022年，安徽农业大学宛晓春教授团队、福建农林大学孙威江教授和中国农业科学院茶叶研究所林智研究员团队分别在黄茶、白茶科技领域喜获殊荣，项目成果中对黄茶、白茶显著独特的化学组成、健康属性予以阐述，并创新黄茶与白茶深加工技术及产品开发体系，推动并促进黄茶、白茶产业的优质、高效发展。

3．"茶·医·食品交叉融合青年学术论坛"在南京农业大学举行

10月30日，2022年"茶·医·食品交叉融合青年学术论坛"在南京农业大学举行，来自各个高校的6000余名师生以线上、线下形式参与了此次活动。该学术论坛聚焦食品与人类健康，瞄准多学科协同发展，探索一流学科创新体系的具体实践，为推进茶与健康、食品科学与营养、生物与医药等领域的交叉融合与科技创新提供了可行方向。

4．欧盟出台绿茶提取物限制性摄入新规

欧盟委员会于2022年11月30日发布新条例（EU）2022/2340，修订了欧洲议会和理事会第1925/2006号条例的附件Ⅲ，将含（－）表没食子儿茶素–3–没食子酸酯（EGCG）的绿茶提取物纳入限制物质列表，规定EGCG每日摄入量小于800毫克。新条例已于2022年12月21日生效，不符合新规要求的相关产品自2023年6月21日起将被限制销售。但是，自绿茶叶中提取的高度纯化（含量不低于90%）的表没食子儿茶素–3–没食子酸酯（EGCG）在强化食品和膳食补充剂中的使用不受该法规的影响。

二、茶叶深加工产业技术与产品创新研究

（一）茶叶功能成分研究

1．茶多酚与儿茶素

茶多酚与儿茶素的提制、应用技术研究与市场新产品开发是茶叶深加工产业发展程度的一个标识性指标。

茶多酚与儿茶素的强抗氧化能力在食品领域得以广泛应用，可用于延缓植物油的氧化酸败[1]、果冻防腐、改善冻融羊肉糜的乳化、保水及质构特性[3]、缓解大马哈鱼鱼肉的脂质氧化等[4]。

在保健功效应用领域，方婷欢等[5]发现茶多酚与较低浓度的烟酰胺复配具有更优秀的黑色素合成及转运作用；刘长坤等[6]基于茶多酚与三七总皂苷合成了一种口腔抑菌喷剂，降低血压，协同止血；方祥等[7]制备了开菲尔乳清和茶多酚组合物，具有治疗炎症性肠病的良好效果；高敬书等[8]发明了一种以表儿茶素、绿原酸、败酱草提取物为主的药物组合配方，可以疏通由炎症导致的输卵管堵塞，从而改善治疗不孕症；2022年还有恒伟牌红曲三七茶多酚胶囊、平之舒红曲茶多酚三七片等产品顺利获得了国内保健食品批准文号。

2022年，茶多酚与儿茶素在日化新材料领域的应用研究取得了亮眼的进展。陈鑫怡等[9]通过漆酶氧化茶多酚生成有色化合物，来改善棉织物的上染性能，提高棉织物的染色深度和匀染性；余艳蛾[10]等发现添加儿茶素染色后的桑蚕丝织物，耐摩擦和耐皂洗色牢度优良，且织品的紫外线防护能力增强；池姗等[11]制备了抑菌抗病毒性能强的含儿茶素改性涤纶；王倩婷等[12]则将茶多酚添加到普鲁兰–明胶复合膜中，赋予其更强的抗氧化和抑菌性能；贾明浩等[13]发明了一种茶多酚类复配锈层稳定剂，能明显去除古代铁质文物表面疏松铁锈，并生成稳定致密的保护层，减缓铁质文物在自然环境

中的腐蚀速度；市场还涌现出诸如茶多酚微纳米乳液[14]、乳胶鞋垫[15]等多种终端产品。

当前，关于茶多酚与儿茶素的生物活性研究相对清晰，且以其抗氧化性应用为主，但其生物利用度低，成为制约其开发应用的瓶颈[16]。为进一步提高茶多酚与儿茶素的生物利用率及稳定性，采用纳米粒子、磷脂、固体脂质体及胶束等高分子给药体系是当前茶叶多酚药理的研究热点。

2. 儿茶素氧化聚合产物

李士明等[20]将量比为3∶7的儿茶素没食子酸酯（ECG）和表没食子儿茶素（EGC）通过催化酶PPO于32~42℃进行搅拌发酵获得茶黄素单体；朱樱[21]通过聚酰胺树脂纯化得到62.48%纯度的茶黄素复合物；杨卫国等[22]、丁秋艳等[23]用梨等水果匀浆获得外源多酚氧化酶用于发酵，并进行后续纯化获得高含量茶黄素。刘毅等[24]采用低共熔溶剂结合超声提取、醇沉和膜透析技术从藏茶中制备茶褐素；郑梦娇等[25]建立了单菌和混菌悬浮发酵鲜老茶叶制备高生物活性的茶褐素的新方法；江和源等[26,27]采用高表没食子儿茶素没食子酸酯（EGCG），低表儿茶素（EC）、ECG含量的鲜叶原料加工高聚酯儿茶素红茶，显著提高茶叶中聚酯儿茶素A含量。

3. 茶氨酸

茶氨酸的生物发酵合成是茶叶深加工产业研究热点之一，陈璐等[28]利用噬甲基菌的γ-谷氨酰甲基酰胺合成酶，与类球红细菌多聚磷酸激酶偶联，构建基因工程菌株生物合成茶氨酸；张程杰等[29]通过分析茶氨酸合成关键节点酶（GMAS）对底物谷氨酸的分子识别，进行分子对接，开展GMAS的晶体结构半理性设计，构建关键位点的饱和突变体库，最终筛选的突变体E174A和E174G在茶氨酸产量上较野生型分别提高了19%和24%；Zhu等[30]从茶树根际土壤中筛选出高效产茶氨酸的枯草芽孢杆菌；范晓光等[31]发明了一种直接利用葡萄糖从头发酵合成茶氨酸的方法，工业应用前景良好。

茶氨酸镇静安神、提高免疫的保健功效活性已被市场广泛认可，2022年国内外企业开发出了一系列含茶氨酸终端产品，如改善睡眠的茶氨酸复合粉[32]、缓解疲劳、集中注意力的茶氨酸复合基料[33]以及抗焦虑茶氨酸组合物[34]等。

4. 茶多糖

张轶斌等[35]优化茶多糖提取工艺，在液料比30∶1毫升/克，提取温度60℃，提取时间70分钟的条件下，绿茶多糖得率为10.56%；冼丽清等[36]用Box-Bohnken法优化茶多糖提取工艺，当液料比69∶1毫升/克、提取温度52℃、超声时间21分钟时，茶多糖得率为4.84%；冼丽清等[37]还通过考察红茶多糖对油脂自氧化反应的抑制效果来衡量其抗氧化活性，评估红茶品质。

张明珠等[38]通过分别建立外源性和佛波酯（PMA）诱导内源性·OH细胞损伤模型，探究茶多糖在细胞水平上对自由基氧化损伤的保护和修复。童鑫怡等[39]研究发现茶多糖-茶多酚组合能有效改善小鼠脑组织的氧化损伤，对小鼠脑组织的氧化应激进行干预调节。

茶多糖被广泛添加到咖啡、啤酒和其他功能性食品中，也可以作为食品添加剂应用于饮料、糕点和口服液中，市面上还出现了抗辐射饮料、口香糖以及各种茶多糖类保健品。

5．茶皂素

吕复云等[41]用无水乙醇从油茶籽中提取茶皂素，得率为22.36%；冯红霞等[42]研究了茶皂素在茶籽游离油中的分布情况及其对油脂提取率的影响，用超声辅助醇提法攻克其乳化难题；苏巧玲等[43]从茶酒糟中提取到丰富的茶皂素并验证其对表皮葡萄球菌具有抑制作用。

茶皂素因其特有的性质和应用价值而受学者关注，广泛应用于农业、食品、医药等领域[44]。研究表明茶皂素对食源性腐败酵母具有很强抑菌能力[45]；阮姿姿等[46]利用茶皂素良好的去污能力和发泡能力制备了洗发香波、沐浴露、洗洁精等系列洗涤产品；张守科等[47]的研究还表明高含量茶皂素的无性系可以明显影响茶籽象存活量，可为油茶抗虫品种选育工作提供指导。

6．咖啡因

李文林等[48]、孙光映等[49]获得高纯度咖啡因制备的专利授权；方舟滔等[50]人研发了一种高茶多酚高咖啡因冷溶型茶粉的制备方法。

（二）速溶茶与抹茶加工

1．速溶茶

速溶茶加工过程中的色香味保真是产业技术难点所在，魏新林等[51]采用高香冷溶速溶茶制备方法，解决了速溶茶香气淡、冷溶性差等问题；Kong等[52]采用新鲜茶叶通过两级酶促加工方法，生产出具抗氧化活性的高品质速溶红茶粉；岳鹏翔等[53]使用冰水循环渗漉提取和冷冻干燥制得的速溶茶产品香气纯真、滋味醇和、易溶于冰水；李英等[54]对速溶茶浓缩液进行低温冷却以提高产品的澄清度。新装备的应用也提升了速溶茶的生产效率，傅伟鸿等[55]发明了一种酶解装置，通过持续震荡使茶液与酶充分混合，有效提高酶解催化效率；密夫山等[56]研制出一种可装有速溶茶膏的矿泉水瓶盖，旅途中可随时进行冷泡茶的制作。

保健型速溶茶固体饮料的开发成为趋势，黄先敏等[57]以滇红、滇绿复配云南道地药材并研制出天麻速溶茶粉；徐艳平等[58]用复合酶解法研制出速溶牛蒡茶；杜娟等[59]开发了灵芝保健速溶茶。

2．抹茶

我国抹茶（超微茶粉）产业发展迅速。2022年浙江抹茶产量超3000吨，产值2.8亿元，成为全球最大抹茶产地；贵州铜仁地区获授"中国抹茶之都"，已建成高品质抹茶原料基地3万亩，建成碾茶生产线30条、抹茶精制加工生产线4条，2022年抹茶总产量达500吨[60]。抹茶生产与质量评价、品控技术逐步优化完善，王晶晶等[61]用色谱-质谱仪对不同等级抹茶样品中的非挥发代谢物进行检测，为抹茶等级判定及标准化生产提供理论基础；毛雅琳等[62]系统探究了石磨、球磨及气流粉碎对抹茶品质的影响，建议高端抹茶采用石磨粉碎，工业生产抹茶采用球磨粉碎；罗影等[63]采用电子鼻技术与感官审评联用，快速准确地评价山东抹茶香气品质特征。

新颖的抹茶食品深受消费者青睐。刘爱琴等[64]研制了富含优质膳食纤维的大麦若叶抹茶固体饮料；刘安琪[65]针对"三高"人群开发出低糖抹茶蛋糕；周艳华等[66]制备富含纳豆激酶的抹茶纳豆酸奶，具有溶血栓、降血压、降血脂等保健功效；范卓妍等[67]则将朝鲜蓟茎叶副产物超微粉与抹茶复配制备营养强化奶茶；杨洁茹等[68]制备了风味独特的抹茶板栗酸奶；张洪涛等[69]制得的抹茶生鲜面条口感爽滑、着色均匀、茶味明显；丁家琪等[70]还将抹茶粉添加改善鸭肉脯的质构特性和风味品质。

三、当前茶叶深加工产业存在的瓶颈问题与突破途径

（一）茶叶深加工产品品类与产业应用技术亟待突破

据初步统计，我国现已拥有各类茶食品企业达500多家，越来越多不同品牌和不同种类的茶食品开始进入人们的视野，譬如茶月饼、茶瓜子、茶糖果、茶饼干、茶蜜饯、茶果脯等，但相对而言仍以初级加工居多，低水平重复与同质化严重，高档产品少，产品附加值低。在我国茶产业转型升级过程中，茶食品深加工是一个重要的方向，应积极探索健康理念下的新型茶食品加工工艺，促进茶食品产业朝着标准化、品质化和高值化的方向发展，从而扩大产业发展优势。

茶叶深加工是从传统农副产品加工向现代化新型食品工业跨越的一个产业，基于茶与健康的最新研究成果，在实践中需要强化应用基础技术创新，基于茶叶提取物的溶解性、功能成分的生物利用度、产品的安全性、功能的针对性等应用要素，积极开发高附加值的功能性终端产品，实现中国茶叶深加工产业向大健康产品市场转移。

（二）重视茶叶深加工专业人才的培养

深加工产业与传统茶产业有很大不同，它的知识结构、人才团队、资本投入和传统茶产业不在一个层面上。目前国内茶叶深加工产业相关人才相对缺乏，迫切需要与茶产业相关的各级政府、高校、科研院所及龙头企业打造相应平台，积极培训和培养与茶叶深加工产业相关的技术人才、市场营销人才和管理人才等，尤其要重点实施跨茶学、食品饮料、营养学和生物医药等行业人才的整合，推进解决制约中国茶叶深加工产业快速发展的人才瓶颈问题。

（三）推进茶叶深加工产业，服务大健康产品市场

茶是健康饮料，尽管我们拥有世界上最大的茶叶面积、最大的茶叶产量和最有实力的技术体系，但是中国茶的整体效益还有很大的提升空间。目前我们茶叶提取物板块规模、品质和技术引领世界，但是如何充分开发利用茶叶的功能成分和提取物，来服务于国内市场的大健康产品，加速构建国际国内双循环的发展格局，这是中国茶叶深加工产业需要迫切努力的方向。我们的茶叶提取物资源不但要出口并占领国际大健康产品的市场，同时要基于茶与健康研究成果，面向国内消费者积极科普宣传儿茶素、茶氨酸、茶黄素、茶多糖等功能成分延缓衰老、调节糖脂代谢、调节免疫的健康功效，进一步开发面对国内市场的新式茶饮、功能茶饮、茶食品、茶保健品、食品添加剂、日化用品等系列新产

品，培育打造茶叶深加工领域的中国知名品牌，通过产品与品牌联动，把传统茶业通过深加工延伸到大健康产业，让中国的茶叶深加工产品走进消费者日常生活，尤其是营养健康生活领域，最终实现茶资源价值的最大化。

近年来，"万亿茶产业"这一话题热议不断，时刻牵动着茶人们的注意力，从千亿到万亿，中国茶产业未来发展存在着无限可能。目前我国茶叶深加工产品的茶叶消耗量占比约8%，利用25万吨左右的中低档茶，约25亿元人民币的原茶价值，打造了1500亿元左右的茶叶深加工产业，而日本已达40%以上，西欧国家、美国等则达到60%～90%，中国茶叶深加工发展潜力巨大。如果我们持续创新，再推动深加工利用茶叶25万吨，将再增加1500亿元以上深加工产业规模，从而实现中国茶产业迭代式的发展，凸显中国茶产业高质量发展的经济效益和社会效益。

（执笔人：张盛、汤正、何冉冉、刘仲华）

参考文献

［1］郑言，魏航，李建定，等. 茶多酚对植物油抗氧化效果的研究［J］. 食品研究与开发，2022，43（2）：58-62.

［2］张瑞刚，张桃，刘璇. 茶多酚对果冻品质及防腐抗氧化能力的影响［J］. 粮食与油脂，2022，35（9）：141-144.

［3］李立敏，张保军，高爱武，等. 茶多酚对冻融羊肉糜乳化及凝胶特性的影响［J］. 中国食品学报，2022，22（3）：190-199.

［4］袁惠萍，赵钜阳，孙昕萌，等. 儿茶素对不同加热方式大马哈鱼鱼肉糜贮藏品质的影响［J］. 包装工程，2022，43（7）：26-34.

［5］方婷欢，蒋晴，唐礼荣. 烟酰胺与茶多酚复配对抑制PIG1细胞黑色素的影响［J］. 日用化学工业，2022，52（6）：632-637.

［6］刘长坤，方波. 三七总皂苷与茶多酚合成的口腔抑菌喷剂：CN202210401623.4［P］. 2022-08-19.

［7］方祥，方子莹，熊嘉麒，等. 一种开菲尔乳清和茶多酚组合物及其制备方法和应用 CN202210434611.1［P］. 2022-07-22.

［8］高敬书，王宇. 一种用于治疗不孕症的药物组合物及其制备方法和用途，CN113876864A［P/OL］.

［9］陈鑫怡，李俊玲，崔桂新，等. 漆酶催化茶多酚染色明胶改性棉织物的性能［J］. 印染，2022，48（12）：6-10.

［10］余艳娥，周方颖，张素俭，等. 桑蚕丝织物的儿茶素染色工艺［J］. 印染，2022，48（2）：33-35.

［11］池姗，黄效华，刘彦明，等. 茶活性成分改性涤纶的制备及其性能［J］. 毛纺科技，2022，50（7）：37-44.

［12］王倩婷，钟昔阳，马汝悦，等. 茶多酚对普鲁兰-明胶膜理化及抗氧化、抗菌性能的影响［J］. 食品科学技术学报，2022，40（6）：93-102.

［13］贾明浩，胡沛，胡钢. 儿茶素对模拟古代铁质文物的稳定化保护［J］. 腐蚀与防护，2022，43（1）：1-7.

［14］董全喜，邓学阳. 一种包含茶多酚和蚕丝蛋白护发组合物微纳米乳液及其制备方法：CN201910332236.8［P］. 2022-09-09.

［15］王品利，张海金，林水金. 一种茶多酚乳胶鞋垫及其制备方法：CN202210101288.6［P］. 2022-05-06.

［16］吕晨慧，石梦茜，寇婕，等. 茶多酚改善衰老2型糖尿病雄鼠条件性学习记忆的机制研究［J］. 现代预防医学，2022，49（19）：3506-3511；23.

［17］弓雪峰，丘晓琳，赵烨，等. 茶多酚-介孔纳米氧化锌控释抗氧抗菌配合体的制备与表征［J］. 功能材料，2022，53（8）：8186-8195.

［18］王然，钟玉珍，张丽红. 茶多酚对淀粉酯纳米颗粒及其稳定的Pickering乳液性质的影响［J］. 农业工程学报，2022，38（17）：303-310.

［19］CHEN Y, LUO R, LI J, et al. Intrinsic Radical Species Scavenging Activities of Tea Polyphenols Nanoparticles Block Proptosis in Endotoxin-Induced Sepsis［J］. ACS Nano, 2022, 16（2）：2429-2441.

［20］李士明，吴鹏，王书珍，等. 一种利用生物转化制备茶黄素单体的方法：CN202211170603.7［P］. 2022-11-18.

［21］朱樱. 茶黄素的分离纯化及抗氧化与抑制α-葡萄糖苷酶活性研究［D］. 芜湖：安徽工程大学，2022.

［22］杨卫国，赵凡伟，闵小华，等. 一种外源酶制备茶黄素的方法及其制得的产品：CN202110064568.X［P］. 2022-07-27.

［23］丁秋艳，李云龙，马艳芳，等. 水果酶源发酵制备茶黄素的方法：CN202111233915.3［P］. 2022-01-11.

［24］刘毅，甘人友，刘宏艳，等. 一种茶褐素及其抗氧化组分的制备方法：CN202111371903.7［P］. 2022-01-11.

［25］郑梦娇. 茶源微生物发酵鲜老茶叶制备茶褐素的研究［D］. 大连：大连理工大学，2022.

［26］王伟伟，江和源，张建勇. 一种富集聚酯型儿茶素红茶的加工工艺：CN202111375266.0［P］. 2022-02-08.

［27］江和源，王伟伟，张建勇. 一种提高红茶中聚酯型儿茶素A的加工方法：CN202210257711.1［P］. 2022-06-14.

［28］陈璐. 生物催化制备L-茶氨酸及发酵工艺研究［D］. 郑州：河南大学，2022.

［29］张程杰. 茶氨酸大肠杆菌的代谢工程研究初探［J］. 四川农业科技，2022（7）：59-61.

［30］ZHU Y, HE X, HUANG R, et al. Screening bacillus subtilis for effective L-theanine production from tea plant rhizosphere soil［J］. Applied Biochemistry and Microbiology, 2022, 58（2）: 206-212.

［31］范晓光，季圆清，温昊妍，等. 一种利用葡萄糖从头发酵生产L-茶氨酸的基因工程菌、方法及应用：CN202210448905.X［P］. 2022-08-09.

［32］焦劼，朱晶晶，金慧罡，等. 一种具有改善睡眠的茶氨酸和酸枣仁复合粉的配方：CN202210164107.4［P］. 2022-08-30.

［33］苏丁丁，孙江婷，肖雄建，等. 一种茶氨酸复合基料：CN202211404840.5［P］. 2022-12-09.

［34］HENDERSON, TODD, GRIFFIN, et al. Compositions comprising magnolia, phellodendron, theanine and/or whey protein: JP2018534239A［P］. 2018-11-22.

［35］张轶斌，刘鹏，纪海玉，等. 绿茶多糖提取工艺优化及其抗氧化活性分析［J］. 食品工业科技，2022，43（20）：220-227.

［36］冼丽清，李珊，冯彬，等. 凌云白毫茶多糖超声波提取工艺优化及其抗氧化效果［J］. 食品工业科技，2022，43（9）：178-184.

［37］冼丽清，李珊，冯彬，等. 百色红茶多糖提取工艺优化及其对油脂抗氧化活性研究［J］. 化学研究与应用，2022，34（5）：1025-1031.

［38］张明珠，秦华光，穆丹，等. 茶多糖的抗氧化活性及对细胞氧化损伤的保护机制［J］. 植物学报，2022，57（4）：444-456.

［39］童鑫怡，韦铮，陈梅，等. 茶多糖-茶多酚对D-半乳糖诱导的小鼠脑组织氧化损伤的改善作用［J］. 食品工业科技，2022，43（16）：377-383.

［40］YAO J, LIU H, MA C, et al. A review on the extraction, bioactivity, and application of tea polysaccharides［J］. Molecules（Basel, Switzerland）, 2022, 27（15）.

［41］吕复云，胡姝. 油茶籽粕中茶皂素的提取纯化工艺研究［J］. 现代食品，2022，28（22）：100-103.

［42］冯红霞，王文亲，罗双艳，等. 茶皂素在水酶法提取油茶籽游离油过程中的分布及其对油脂品质的影响［J］. 粮食与油脂，2022，35（9）：70-73.

［43］苏巧玲，叶有明，朱甜甜. 茶酒糟提取茶皂素的工艺优化及其抑菌研究［J］. 饲料研究，2022，45（13）：83-87.

［44］江南，胡钰迪，李霞. 油茶加工剩余物中茶皂素的生物活性及其应用研究进展［J］. 包装学报，2022，14（4）：42-49.

［45］杜金婷，张雁，李雁，等. 茶皂素对食源性腐败酵母的抑菌能力及作用机理［J］. 现代食品科技，2022，38（5）：118-125；327.

［46］阮姿姿，张少芹，翁雪花，等. 茶皂素系列洗涤产品的研发及性能测定［J］. 化工时刊，2022，36（8）：14-18.

［47］张守科，李子坤，殷昊，等. 油茶抗性无性系茶皂素含量对茶籽象幼虫肠道菌群结构的影响［J］. 林业科学，2022，58（7）：120-127.

［48］李文林，赵宙兴，汪焕林，等. 一种从茶叶中提取咖啡因的方法：CN202211075623.6［P］. 2022-10-25.

［49］孙光映，方辉平，李长江，等. 一种高纯度咖啡因的制备方法：CN202210064519.1［P］. 2022-05-10.

［50］方舟滔，傅秀花，周建彬，等. 高茶多酚高咖啡因冷溶型茶粉的制备方法：CN202210309352.X［P］. 2022-06-03.

［51］魏新林，程利增，王元凤，等. 一种高香冷溶速溶茶及其制备方法：CN202111080416.5［P］. 2022-01-07.

［52］KONG J, YANG X, ZUO X, et al. High-quality instant black tea manufactured using fresh tea leaves by two-stage submerged enzymatic processing［J］. Food Science and Human Wellness, 2022, 11（3）：676-685.

［53］岳鹏翔，肖志剑，谢苏平. 一种冷萃速溶茶制备的快速冷冻设备：CN202221206816.6［P］. 2022-11-18.

［54］李英，王孝平，王怡凡，等. 一种提高速溶茶澄清度的制备方法：CN202210348415.2［P］. 2022-08-30.

［55］傅伟鸿，傅天甫. 一种速溶茶加工用酶解装置：CN202221659365.1［P］. 2022-12-06.

［56］密夫山，赵峰，徐伟，等. 一种装有速溶茶膏的矿泉水瓶盖：CN202222120187.1［P］. 2022-12-16.

［57］黄先敏. 天麻速溶茶的工艺流程及配方研究［J］. 昭通学院学报，2022，44（5）：49-51.

［58］徐艳平. 复合酶解法与固态发酵法研制新型牛蒡茶［D］. 泰安：山东农业大学，2022.

［59］杜娟，李海芹，江利华，等. 灵芝保健速溶茶的研制［Z］. 2021年中国食品科学技术学会第十八届年会论文集. 2022：125-126.

［60］刘怡珉. 一抹见方寸一茶现万千［N］. 2023-03-27.

［61］王晶晶，朱尧，夏雨，等. 非靶向代谢组学结合特征分子网络对不同等级抹茶非挥发性化合物的研究［J］. 食品安全质量检测学报，2022，13（23）：7750-7757.

［62］毛雅琳，汪芳，吕品，等. 不同粉碎方式对抹茶品质的影响［J］. 中国茶叶，2022，44（11）：8-17.

［63］罗影，王舒婷，曲凤凤，等. 电子鼻技术与感官审评联用评价山东抹茶香气品质［J］. 山东农业科学，2022，54（11）：54-61.

［64］刘爱琴，王胜南，吕红萍，等. 大麦若叶固体饮料的研究［J］. 中国食品添加剂，2022，33（10）：168-174.

［65］刘安琪. 抹茶低糖蛋糕加工处理与工艺方法研究［J］. 现代食品，2022，28（15）：108-110.

［66］周艳华，李涛，黄小波，等. 富含纳豆激酶抹茶纳豆酸奶的发酵工艺研究［J］. 中国酿造，2022，41（1）：167-171.

［67］范卓妍，班尹，黄威，等. 朝鲜蓟副产物超微粉强化茶饮料的功能性成分研究［J］. 中国食品学报，2022，22（1）：332-341.

［68］杨洁茹，吕静，窦伟国，等. 板栗抹茶发酵酸奶的研制［J］. 中国乳业，2022，（11）：94-99.

［69］张洪涛，张小旺. 抹茶生鲜面条加工品质特性研究［J］. 中国茶叶加工，2022（4）：55-61；72.

［70］丁家琪，白辰雨，顾泽鹏，等. 抹茶粉添加量对鸭肉糜脯质构特性和风味品质的影响［J］. 四川农业大学学报，2022，40（3）：449-457；64.

2022中国新式茶饮料发展报告

浙江大学

浙江省农业农村厅

听客新茶饮研究所

新式茶饮料是采用优质茶叶原料、浓缩液或者提取物，药食两用的其他植物及其提取物，以及新鲜水果、鲜奶、粮食、咖啡、花等天然食材，辅以天然呈味物质、冰或者纯净水等，用手工现场制作的饮料。它有别于原茶、即饮茶饮料和固体茶饮料。

2021年人力资源和社会保障部、国家市场监督管理总局、国家统计局联合发布的新职业信息名单中的调饮师就是针对这个新型工种。调饮师的定义："对茶叶、水果、奶及其制品等原辅料通过色彩搭配、造型和营养成分配比等完成口味多元化调制饮品的人员。"

新式茶饮料从2012年进入萌芽阶段，短短10年发展之迅猛始料未及。据相关单位统计数据显示，2022年新式茶饮行业市场规模超过1200亿元，全国约有50万家门店，年消耗茶叶超过20万吨。 2022年全国茶叶总产量318万吨，总产值3180.68亿元，按照比例计算，新式茶饮料用原茶量占6.3%，直接带动茶产业一产增值约200亿元。作为直营模式下市场规模最大的新茶饮品牌——奈雪的茶，2022年茶叶采购量近900吨。极大地提高了茶农的收入水平，促进了茶产业的快速发展，全面助力乡村振兴。

饮茶有益于健康，我国作为一个饮茶历史悠久的国家，五千年来饮茶历史生生不息，年轻人作为新茶饮的主流消费人群，热爱茶、热爱新茶饮这个茶文化引领下的新业态，让茶这个古老的产业焕发出新的生机，但是仍需要及时总结和研究其发展规律，解决发展中产生的问题，使新式茶饮产业能够健康发展。

一、2022年新式茶饮料的重大事件

（一）《茶类饮料》团体标准的通过

一个产业的发展必须要有良好的操作规范和相应的标准，只有标准化，才能品牌化，才会做大做强产业。

2020年3月，中国烹饪协会发布《现制饮料操作规范》，对现制饮料的经营场所及设施、设备及原料等方面进行了相关规定。2020年11月，中国连锁经营协会（CCFA）携手奈雪的茶等新式茶饮品牌正式组建CCFA新茶饮委员会，共同推进新式茶饮行业标准的建立。《茶类饮料系列团体标准》的制订于2022年1月正式获海峡两岸茶业交流协会批准立项，奈雪的茶牵头制订新式茶饮产品细化标准，于2月4日正式启动。从标准起草、收集资料、组织调研、征求意见到召开专家研讨会，经过历时半年的编制过程，在2022年第二届国际茶日到来之际，经多次审查、修改，最终通过审定。

第一批新式茶饮产品类标准即为《茶类饮料系列团体标准》（以下简称为《标准》），明确制定了现制奶茶、现制奶盖茶、现制水果茶、现制气泡茶和现制冷泡茶5类产品。包括产品的范围、规范性引用文件、术语和定义、产品分类、要求、制作过程安全卫生要求、检验规则、标签标志、包装和食用建议等多项规定。《标准》中根据添加的水果或水果加工制品不同将现制水果茶细分为"鲜果水果茶""综合水果茶"以及"果制品水果茶"三类，并做出了"茶多酚≥200（毫克/千克）"的要求；而现制奶茶则根据饮品中蛋白质的来源不同被细分为"含乳奶茶""植物蛋白奶茶""奶味奶茶"以及"复合奶茶"四类，除了对茶多酚做出要求外，还要求蛋白质≥1.0（克/100克）。

（二）2022年全国新式茶饮大会热度高涨

在新式茶饮的发展阶段，2022年各大会展公司和各级行业协会纷纷举办展览和举行研讨会，对该新业态表示关注和支持。

1．"中国新茶饮大会"广州峰会

2022年9月由《智慧餐饮Talk》主办，企迈科技总冠名，广东省连锁经营协会茶饮专业委员会等8家单位协办。共吸引了200余家茶饮品牌领军人物及精英大咖参与，还邀请了国内外20余位超强影响力的行业重量级嘉宾参与演讲，并给新茶饮优秀品牌（如茶百道等）、近百家新式茶饮企业授奖。

2．中国（成都）首届新茶饮大会

2022年11月在四川成都举办了以"场景共生饮力无限"为主题的中国（成都）首届新茶饮大会。此次会邀请了全国70余家茶饮品牌、服务商、行业专家抖音生活服务结合新茶饮行业发展形态，现场发布了《2022新茶饮趋势报告》《新茶饮经营新图景》以及《2022新茶饮消费者洞察报告》，呈现新茶饮在抖音生活服务经营成长变化，为新茶饮商家提供经营参考。

3．新茶饮的演变与发展——2023新茶饮产业发展论坛

2023年5月12日在厦门国际会展中心举办了有全国众多茶饮公司、茶叶企业参加的高峰论坛。

本次论坛主讲嘉宾为浙江大学茶学系教授、博士生导师屠幼英女士和听客新茶饮研究所主理人黄丹丽女士。屠教授为与会听众分享了茶饮料的演变与发展（固态速溶茶饮料、液态茶饮料、调饮茶的发展历史），色彩、香气与新茶饮的关系，并指出未来新茶饮方向：低热、功能、美味、有温度！黄丹丽女士先以新茶饮行业的产业发展切入，指出新茶饮已成为年轻人认识、传播传统茶文化的窗口，且年轻人更注重茶饮的品质。茶叶研究人员与听众一同探索新茶饮行业的未来趋势，共同促进新茶饮产业的创新与升级。

4．"新中式茶饮发展应用"论坛

2023年5月23日在第五届中国国际茶叶博览会举行了盛况空前的"新中式茶饮发展应用"论坛。

为了能够帮助新式茶饮企业找到原料途径，帮助茶企业通过新式茶饮调制技术走向市场，让博览会成为企业和市场的桥梁，由浙江大学茶叶研究所、浙江省茶叶学会、浙江大学茶文化与健康研究会、浙江大学茶学国际联合研究中心、杭州华巨臣西博文化创意有限公司主办该论坛。

浙江省茶叶学会陆德彪副理事长代表主办方对参会代表表示热烈的欢迎，充分肯定新茶饮是本次茶博会的最热点和最亮点。新茶饮还是一个全新的产业，人才非常缺乏，远远不能满足产业快速发展的需求，所以召开这样的研讨活动，必将对新茶饮的健康发展产生积极的推动作用。会议主讲嘉宾浙江大学屠幼英教授从"茶饮料发展概况、香气和新茶饮的关系、未来新茶饮的发展方向"总结和剖析了半个多世纪茶饮料的演变与发展。黄丹丽女士为大家呈现了现制茶饮的热点、难点，其团队已经为国内新式茶饮店培训了1000多名新式茶饮师。

这次会议创新性地将速溶茶和茶浓缩液的生产企业、贵州最大自有茶叶主、高茶黄素红茶发明企业等可为新式茶饮解决原料的企业聚集起来，将新茶饮技术、材料和知识一同呈现，为初创型企业展示一站式解决方案。

（三）新式茶饮走向国际市场

在新式茶饮头部企业中，蜜雪冰城和元气森林已率先走出国门。蜜雪冰城在印度尼西亚、越南、日本、韩国、澳大利亚等国门店超过了3000家。2023年7月初，元气森林的Chi Forest白桃X荔枝气泡水组合装产品在美国主流渠道Costco正式上架，从美国加利福尼亚州开始，陆续进入美国其他区域门店。

（四）头部两大品牌推出与热播连续剧《梦华录》联名产品

在国潮热盛行的当下，连续剧《梦华录》中的宋代点茶技艺更是极大地促进了年轻人的爱国情怀。2022年6月，新茶饮头部两大品牌奈雪的茶和喜茶均宣布推出与热播连续剧《梦华录》联名产品，其中奈雪的茶推出特调饮品"红果琉璃饮"及定制点心"半夏豆儿糕"，同时深圳线下开设"赵氏茶坊""一茶一果"，还原剧中茶饮场景。喜茶在广州、成都、北京、深圳四地特别设置了"喜·半遮面"主题店，推出两款定制联名茶饮产品"梦华茶喜·点茶"和"紫苏·粉桃饮"。

（五）花香型茶叶消费迎来大幅度上升

早期新式茶饮所用茶基底多为茶包、碎末茶，随着市场的发展，茶基底逐渐转变为品质更高的花茶、红茶、绿茶、乌龙茶和调香茶等原叶或者浓缩液产品。

根据数据分析，在整个新式茶饮板块中，在茶饮名称中出现频率最高、使用量较多的是乌龙茶，如福建省农业科学院茶叶研究所采用杂交法育成的金牡丹、金观音、丹桂品种，加工的乌龙茶和红茶具有花香馥郁、滋味醇厚带花香的特点；另外，称为"行走香水"的广东省乌龙茶单丛也和上述花香型乌龙茶和红茶一样非常适合作为茶饮的原料。从最近4年乌龙茶销售量中也是可见一斑。如表1所示，2019—2022年全国干毛茶总产量一直有所增加，尤其乌龙茶在2021—2022年逆势上扬非常突出，远远超过茶叶总产量的增加比例，其主要的带动原因就是新式茶饮使用量猛增。此外，茉莉花茶也是因为新式茶饮而迎来了前所未有的春天。根据《2023中国饮品行业产品报告》，2022年统计品牌推出的新品中，在茶叶使用上，茉莉绿茶类占所有茶品类的39.4%，在茶基的整体使用中有绝对优势地位。此外，从总体数据看，被统计品牌茶的使用数据中，通过窨制或调香让茶具有香型的产品，占比达到51.5%，这也侧面印证茶叶香气在研发中的重要性。

表1　近三年乌龙茶总产量增加比例

总产量及增幅	2019	2020	2021	2022
全国总产量/万吨	279.34	298.6	306.32	318.1
比上年增幅/%		6.89	2.58	3.8
乌龙茶总产量/万吨	27.58	21.92	27.17	31.13
比上年增幅/%		-20.57	23.95	14.57

（资料来源：中国茶叶流通协会）

二、存在问题

中国新式茶饮发展到今天，要实现品牌引领、数字赋能、科技创新"三互动"。品牌化引领，以消费立场创造新中式茶饮消费文化，创造新中式茶饮意义上的文脉品牌，应用中国元素，实施国际表达；数智化赋能，大数据采集分析应用，加强年轻人、中老年消费与茶饮消费关联深度研究；科技创新开创新式茶饮产品和克服流通所产生的问题，各种品牌类型有效结合，形成科学生态健康环境，及时提供市场所需技术和人才。

（一）加快新式茶饮人才培养，满足市场需求

1. 门店人才培训考证

中国连锁经营协会发布的《2021新茶饮研究报告》预计，2023年，我国新茶饮市场收入规模有望达到1428亿元，新式茶饮门店数或达50万家。若以每家新式茶饮门店3名现制操作人员保守估计，调饮师群体达150万人。现在门店的大部分店员主要承担售卖工作，对现制茶饮的营养搭配、茶叶功能性质等基础理论认识比较薄弱，对于门店新茶饮品控能力有限。所以，应该通过组织行业专家和相关部门进行培训，考取不同级别的调饮师证，提高从业人员水平。

2. 产品研发人才培训

建议针对产品研发人才稀缺问题，急需进行在高职院校增加新式茶饮课程，开设新鲜水果、鲜奶、粮食、咖啡、药食两用中药材、花等天然食材的营养成分、性质和保健功能等基础理论课程，系统学习食品科学、食品化学、饮料加工技术、茶叶化学与健康、中草药等课程，进行各种食材之间的营养搭配，研发新式茶饮配方。同时也为大学生就业创造了很多岗位和机会。

（二）加快新式茶饮的科技成果转化

随着新式茶饮的发展，"液态茶基底"以其使用方便、品质稳定的特点受到市场青睐；采用低温冷萃技术、快速鲜萃技术，以及超高温瞬时灭菌技术和无菌包装技术，制作成纸包装、PET瓶装或BIB复合材料包装的茶基液已经成为新式茶饮行业的宠儿。也有公司利用超高压技术在室温或温和加热条件下利用100～1000MPa的压力处理茶水以达到杀菌的目的，这种杀菌技术可以更好地保存茶叶的香味。

总而言之，新式茶饮市场的迅速崛起，茶基底筛选和研究变得非常迫切和重要。尤其是怎么样扩大特色高香品种面积、降低茶叶价格，使其得到广泛推广和应用。茶基底是新式茶饮滋味与风味形成的基础，与传统名优茶兼顾外形、滋味和香气品质的要求不同，新式茶饮茶基底更追求滋味丰富、香气馥郁。因此，要求的茶叶品种除了具有上述特征外，还需要对提取技术和包装、运输等供应链问题进行探索，尽可能保证产品的还原度接近茶叶本色。因为茶叶在加热过程非常容易影响颜色、滋味，尤其是香气的损失极其显著，现在采用冷萃方法提取可以解决部分问题，但是温度过低的萃取，所获得的茶叶有效滋味和营养成分不足50%，造成原材料极大的浪费，并且低浓度的茶液体会带来高成本运输。所以怎样解决高浓度浓缩液的提取工艺技术、存储和运输也是当下需要研究的课题。

（三）尽快建立更多新式茶饮标准，推动产业高质量发展

由于新式茶饮发展速度与现有相关标准制定速度不能同步发展，标准速度明显滞后，因此，出现了如一些新式茶饮原材料的新鲜度不足、奶制品含奶量偏低、品质稳定性较差等系列问题。

建议建立原料标准，如目前在新式茶饮中销售火爆的荔枝红茶、葡萄乌龙、白桃乌龙、栀子花茶、草莓红茶中经常使用的原材料标准化，如水果和果肉干，香料、烘焙谷物或坚果的标准；另外茶酒调饮更要考虑到国家交通安全的要求去使用酒基；功能性新式茶饮要选用药食两用国家规定的原料和标准。其他还有操作规范标准，包括流程、设备用具等的要求；包装容器的要求，除现有材料安全性外，还是应该根据消费者一次饮用能力确定容器体积，避免为了卖高价而使用超大体积的饮料杯，造成饮料存放时间太长而产生食品安全问题。

三、新茶饮的持续性与健康发展

（一）加强健康新式茶饮的开发

随着物质生活水平的提高，健康生活成为人民的追求目标。新式茶饮也是一样，2022年奈雪的茶联动阿胶品牌推出的联名款奶茶，搭配老白茶、红枣和罗汉果汁打造"中国式养生"。产品上线当天，微博热搜话题讨论度超过7亿。奶茶新品牌"一只酸奶牛"在重庆和四川开始使用酸奶，仅用了4年时间就达到了1000家店。

糖尿病逐渐成为我国一种常发性的疾病，中国20～79岁人群糖尿病患病人数从2000年的2000多万人增至2021年的1.4亿多人。无糖化、低糖化渐成全球健康饮食新标准，无糖饮料行业得到快速发展。2010年日本静冈县政府公布了正在开展的茶饮料亿元大项目"下一代茶饮料和提取物的研发"计划，提出日本三代茶饮料的特征：第一代为加糖和充二氧化碳的茶饮料，易引发代谢综合征；第二代为有点苦味的功能性茶饮料；第三代将会是好喝、天然和具有健康功能的茶饮料，目标人群为年轻人。公开数据显示，2018年澳洲和新加坡无糖茶占其茶饮料市场比例分别达44.4%和43%。

艾媒咨询数据显示，2015—2022年中国无糖饮料行业市场由22.6亿元增至199.6亿元。2019和2021年无糖茶饮料占我国市场份额分别为7%和18.3%。最成功的无糖茶饮案就是农夫山泉的东方树叶，零糖、零卡、零脂、零香精和零防腐剂，过去12个月的增速接近70%，超出行业85倍，成为2022上半年唯一正增长的即饮茶细分市场，为市场增长贡献近七成。中国无糖饮料行业累计专利数量已达4103个，无糖饮料新式茶饮将会有更广阔的市场。

最新研究表明，人类阿尔茨海默病（AD）与肠道微生物菌群健康有密切的相关性。在我国有2.4亿60岁以上人群，肠胃道功能相对较弱，为阿尔茨海默病的高发人群。在新式茶饮产品中，有众多公司利用酵母菌、乳酸菌和醋酸菌，开发出康普茶浓缩液作为新式茶饮产品，"益生菌茶"已成为茶饮的一个新概念和卖点，除新式茶饮的目标消费人群15～29岁的3.28亿年轻人外，也是老年人的健康饮料，所以也要强调不能只做低温饮品，需要做有温度的新式茶饮。

目前，我国抑郁症人群也在增加，香气可以改善抑郁症，使用桂花、柚子花、栀子花、腊梅花、樱花、玫瑰花等具有愉悦香气的鲜花开发出新式茶饮，也可以成为目标人群的功能产品。

总之，未来健康新式茶饮，细分人群、提高功能，也将会受到消费者青睐。

（二）食品安全问题

民以食为先，食以安为先。随着消费者对食品安全意识越来越注重，新式茶饮发展中也要日益重视安全问题。如50万家门店的制作加工应该在DB 31/2007—2012《食品安全地方标准　现制饮料》、GB 2759—2015《食品安全国家标准　冷冻饮品和制作料》和2020年的团体标准T/CCA 009—2019《现制饮料操作规范》范畴下进行。此外，头部品牌如奈雪的茶、喜茶等也有各自成熟的内部标准作业流程。虽然有标准，但标准化宣教不足仍导致食品安全问题层出不穷。最直接的原因是新式茶饮可以外卖，现场制作完成后消费者最后饮用完成的时间是不确定的，所以微生物超标的食品安全问题就会出现，会导致人体出现腹泻、呕吐等明显食物中毒症状。其次，新茶饮的应用场景多为逛街和下午茶，一般情况下消费者不只消费奶茶一种食品，因此较难判断食物中毒的来源。因此，研究不同新鲜食材配制的新式茶饮应该有包装、保存条件和时间标准，才能让安全风险降到最低。

综上所述，2022年新式茶饮逆势而上，积极地推动了中国茶产业的发展，为年轻人带来了时尚、丰富、快乐的茶饮料；未来的新式茶饮市场还有许多工作亟须完成，如科技化、标准化、连锁化、品牌化、国际化等，以保障这个新型产业能够健康、持久地发展，带动茶农致富、茶企受益、茶产业强大。

（执笔人：屠幼英、陆德彪、黄丹丽）

附录

附录一　2022中国茶叶数据（农业产业）

一、2022年全国各地区六大茶类产量

单位：吨

地区	绿茶	青茶	红茶	黑茶	黄茶	白茶
江苏	8100.00	0.00	2300.00	0.00	0.00	0.00
浙江	173900.00	400.00	11300.00	6200.00	300.00	1400.00
安徽	134000.00	0.00	11000.00	100.00	9000.00	0.00
福建	96609.13	236617.06	53881.16	0.00	0.00	72567.03
江西	62000.00	0.00	21700.00	0.00	0.00	0.00
山东	25000.80	0.00	6535.85	0.00	0.00	65.00
河南	76801.61	738.57	13480.37	2557.41	2.07	702.62
湖北	221815.05	947.31	39232.79	51527.31	397.98	594.81
湖南	115638.38	2427.35	44492.00	79102.00	2293.93	3589.20
广东	58000.00	65000.00	21500.00	2400.00	600.00	500.00
广西	39500.00	0.00	39800.00	46000.00	0.00	5000.00
海南	467.30	0.00	370.00	0.00	0.00	7.30
重庆	40600.00	0.00	6400.00	100.00	0.00	200.00
四川	304718.28	3839.15	23143.27	32860.53	435.44	1296.00
贵州	236891.23	0.00	95399.86	12566.69	0.00	0.00
云南	155441.85	1346.58	82358.27	186595.45	0.00	7161.94
陕西	102973.10	2.00	8977.70	6316.60	6.09	1414.00
甘肃	1362.40	0.00	146.59	0.00	0.00	24.50
总计	1853819.13	311318.02	482017.86	426325.99	13035.51	94522.40

注：缺少台湾省数据。

二、2022年全国各地区茶园面积

地区	年末实有茶园面积／万亩		2022年比2021年增加		本年采摘面积／万亩
	2022年	2021年	增量／万亩	增幅／%	
江苏	51.00	51.45	-0.45	-0.87	45.09
浙江	310.50	307.70	2.80	0.91	290.70
安徽	307.52	295.73	11.79	3.99	297.29

续表

地区	年末实有茶园面积 / 万亩		2022 年比 2021 年增加		本年采摘面积 / 万亩
	2022 年	2021 年	增量 / 万亩	增幅 /%	
福建	352.05	341.22	10.83	3.17	319.85
江西	175.70	171.80	3.90	2.27	182.76
山东	40.51	40.83	-0.32	-0.78	44.66
河南	175.11	208.60	-33.49	-16.05	192.92
湖北	558.03	545.01	13.02	2.39	430.00
湖南	310.82	298.10	12.72	4.27	308.20
广东	149.30	123.13	26.17	21.25	121.16
广西	151.73	142.44	9.29	6.52	150.00
海南	3.56	3.35	0.21	6.19	2.52
重庆	85.20	84.62	0.58	0.69	72.04
四川	605.38	596.20	9.18	1.54	534.55
贵州	708.34	714.60	-6.26	-0.88	654.47
云南	756.92	720.25	36.67	5.09	665.45
陕西	235.73	233.66	2.07	0.88	215.18
甘肃	18.00	17.40	0.60	3.45	13.05
合计	4995.40	4896.09	99.31	2.03	4539.89

注：缺少台湾省数据。

三、2022年全国各地区茶叶产量

地区	茶叶产量 / 吨		2022 年比 2021 年增加	
	2022 年	2021 年	增量 / 吨	增幅 /%
江苏	10400.00	10702.50	-302.50	-2.83
浙江	193500.00	195300.00	-1800.00	-0.92
安徽	154100.00	142412.75	11687.25	8.21
福建	459674.38	450469.83	9204.55	2.04
江西	83700.00	78888.00	4812.00	6.10
山东	31601.65	27262.00	4339.66	15.92
河南	94282.65	89190.11	5092.54	5.71
湖北	314515.25	384000.00	-69484.75	-18.09
湖南	247542.86	250253.40	-2710.54	-1.08
广东	148000.00	108443.04	39556.96	36.48
广西	130300.00	102800.00	27500.00	26.75
海南	844.60	800.00	44.60	5.58
重庆	47300.00	48700.00	-1400.00	-2.87

续表

地区	茶叶产量 / 吨		2022 年比 2021 年增加	
	2022 年	2021 年	增量 / 吨	增幅 /%
四川	366292.67	350000.00	16292.67	4.66
贵州	344857.78	345017.40	−159.62	−0.05
云南	432904.09	380023.00	52881.09	13.92
陕西	119689.49	97297.16	22392.33	23.01
甘肃	1533.49	1592.10	−58.61	−3.68
合计	3181038.91	3063151.29	117887.62	3.85

注：缺少台湾省数据。

附录二　2022中国茶业价格指数与行情分析

一、2022年五峰茶业价格指数与行情总结

（一）2022年度茶叶行情

2022年全年湖北西南茶叶市场总交易量35281.71吨，较去年全年总交易量30361.68吨相比，增长16.2%；总交易金额为23.11亿元，较去年全年总交易额19.31亿元相比，增长19.7%。

（二）市场2021年度茶叶销售形势分析

一是春茶产量增，均价降。今年春茶前期气温低，开园时间较去年迟，后期气温上升快，春茶后期大量机采，春茶产量较去年增加。清明期间受疫情影响，物流不畅通、出口受限，快递和物流等运输成本增加，价格波动幅度大。

二是因为8月份以来的高温干旱，导致五峰县中低山2万多亩茶园受旱灾影响，茶树枯死，今年的夏秋茶有较大幅度的减产。

（三）开展的主要工作

一是开展宣传活动。组织召开了五峰绿茶"百圆惠"推介活动暨春茶销售动员会；组织县内10余家茶企业参加宜昌茶文旅推介活动、荆门园博会、武汉种业博览会等10余场推介活动；发布"游五峰·品春茶"主题活动路线、攻略；组织召开了区域协作和定点帮扶助力五峰茶产业高质量发展座谈会；与湖北电视台垄上频道、"万里挑宜"直播平台等加强联系合作，拍摄五峰县茶叶宣传专题片，多形式宣传五峰茶。

二是开展茶事活动。打造区域公共品牌，按照"宜红"公共品牌标准，开展品牌宣传。承办各级茶事活动。五峰县先后承办2022年湖北省茶叶加工职业技能竞赛暨全国大赛湖北省初赛、全国茶树害虫绿色精准防控新技术推介会、2022"宜红杯"工夫红茶产品质量推选等活动均取得圆满成功。

三是加强基地建设。强化种质资源保护，与中国农业科学院茶叶研究所合作推进五峰茶树品种发掘保护利用，开展本地3个茶树良种适制性和观测分析工作、古茶树资源调查工作，扎实做好国家级良种认定前期工作。开展29个单株观测，7个品种扦插繁育，制作52个样品进行试制性分析并送检；做实企业核心基地。支持茶企通过流转、合作社等方式建设自有核心基地，其中流转茶园5900亩、合作社共建5.66万亩；新增有机转换基地和低碳茶园1000亩，保持产品核心竞争力和影响力；建设生态

基地。推行"三减三增"技术应用，启动智慧茶园试点建设，推行产品质量标准化、绿色化。五峰县被农业农村部纳入"第二批全国农作物病虫害绿色防控整建制推进县"。

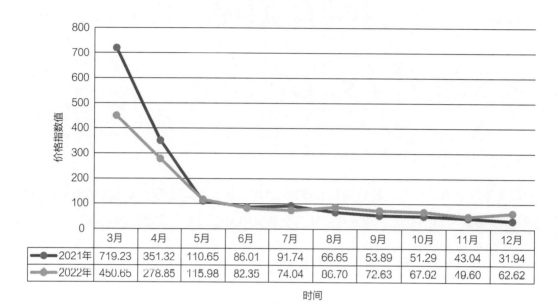

	3月	4月	5月	6月	7月	8月	9月	10月	11月	12月
2021年	719.23	351.32	110.65	86.01	91.74	66.65	53.89	51.29	43.04	31.94
2022年	450.65	278.85	115.98	82.35	74.04	86.70	72.63	67.02	49.60	62.62

时间

附图1　2021—2022年中国茶业指数之地方名茶价格指数——五峰茶叶

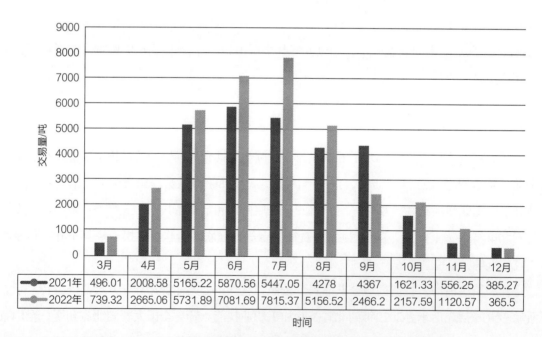

	3月	4月	5月	6月	7月	8月	9月	10月	11月	12月
2021年	496.01	2008.58	5165.22	5870.56	5447.05	4278	4367	1621.33	556.25	385.27
2022年	739.32	2665.06	5731.89	7081.69	7815.37	5156.52	2466.2	2157.59	1120.57	365.5

时间

附图2　2021—2022年五峰茶叶指数信息采集合作单位市场交易量

（注："中国茶业指数之地方名茶价格指数——五峰茶叶"编制单位为中国茶叶流通协会、五峰土家族自治县人民政府、五峰西南茶叶市场）

二、2022年安溪铁观音价格指数与行情总结

（一）2022年销售情况汇总对比分析（以下采样数字仅限于安溪茶叶批发市场毛茶交易量情况）

安溪茶叶批发市场本年度交易量16266.2吨，比去年同期17032.1吨，下降765.9吨，同比下降4.5%；交易额249019.65万元，比去年同期254002.65万元，下降4983万元，同比下降1.96%；均价38.25元/千克，比去年同期37.3元/千克，上升0.95元/千克，同比上升2.7%。

附表1　安溪茶叶批发市场交易情况汇总

月份	交易量 / 吨	交易额 / 万元	单价 /（元 / 千克）
1	1333	18342.08	68.8
2	433	4252.06	49.1
3	784.1	5645.52	36
4	1131.8	9529.76	42.1
5	1940	31272.80	80.6
6	1227	11337.48	46.2
7	1165	11696.60	50.2
8	1468	15854.40	54
9	1020.6	12859.56	63
10	2921.2	96399.60	165
11	2000.5	22685.67	56.7
12	842	9144.12	54.3
合计	16266.2	249019.65	63.83

（二）2022年茶叶销售行情动态分析

上半年因多雨天气，雨水不断，茶叶生产连续性差，以及疫情影响，外商无法进入市场采购，市场流通性较差，市场交易量、交易额同比、环比都有所下降。安溪县茶叶赛事制度的改革极大地提高了茶农适度嫩采的积极性，加上生态修复、土壤改良、茶树留高、适度稀植等茶园基础管理效果继续显现，延续近两年安溪铁观音市场回暖趋势，高端茶叶价格与去年基本持平，茶叶价格总体呈平稳态势。

下半年7—8月份因受台风、疫情影响小，9月中秋节、10月国庆节节日效应，10月秋茶上市整体生产连续性好，产销两旺，交易额交易量有较大提升；12月份入市交易人流量少，市场交易冷冷清清，交易额、交易量有较大下滑。

（三）2023年安溪铁观音的销售预测

随着全国疫情解封，茶叶流通会更为便利，茶叶生产销售连续性也会越来越好。经过安溪县政府的多年宣传，适度稀植、茶树留高、有机肥替代化肥等科学管理方式普遍推行，茶叶生长环境得到更好的优化；安溪铁观音大师赛的持续举办，形成了"种好茶、制好茶"的浓厚社会氛围，茶农更加用心钻研好茶。经过政府的引导，更多茶农看中茶品质的提升，不再一味追求量上的增加，把更多精力投入到打造品质上，预计2023年的茶叶产量销量基本保持平衡，但茶叶质量将继续呈现上升趋势，预计茶叶价格有13%左右的增长。

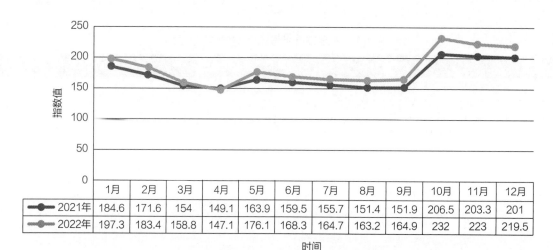

时间	1月	2月	3月	4月	5月	6月	7月	8月	9月	10月	11月	12月
2021年	184.6	171.6	154	149.1	163.9	159.5	155.7	151.4	151.9	206.5	203.3	201
2022年	197.3	183.4	158.8	147.1	176.1	168.3	164.7	163.2	164.9	232	223	219.5

附图3　2021—2022年中国茶业指数之地方名茶指数——安溪铁观音

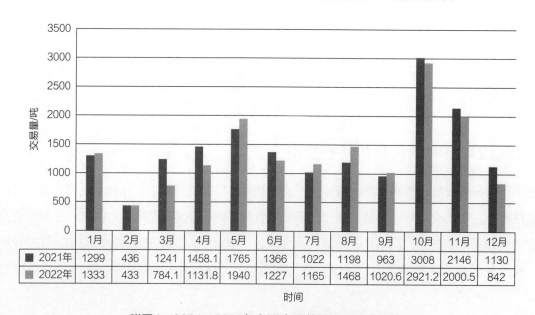

时间	1月	2月	3月	4月	5月	6月	7月	8月	9月	10月	11月	12月
2021年	1299	436	1241	1458.1	1765	1366	1022	1198	963	3008	2146	1130
2022年	1333	433	784.1	1131.8	1940	1227	1165	1468	1020.6	2921.2	2000.5	842

附图4　2021—2022年安溪中国茶都铁观音交易量

（注："中国茶业指数之地方名茶价格指数——安溪铁观音"编制单位为中国茶叶流通协会、安溪县茶业管理委员会、安溪中国茶都）

三、2022年大佛龙井价格指数与行情总结

　　截至2022年12月31日，中国茶市交易总量16624.74吨，比2021年的16811.24吨，减少186.50吨，下降1.11%；交易总额62.96亿元，比2021年的61.24亿元，增长1.72亿元，上涨2.80%。2022年大佛龙井全年平均价格375.37元/千克，比2021年全年平均价格359.28元/千克增长4.48%。从市场统计数据分析，2022年各茶类交易趋势呈现出：龙井茶交易量略有微降，交易额小幅度增长，青茶、红茶、黑茶及其他绿茶量价有不同程度下降，导致中国茶市2022年总交易量微降。

附表2　中国茶市交易情况汇总

茶类　　年份	2021		2022		增幅/%	
	交易量/吨	交易额/亿元	交易量/吨	交易额/亿元	交易量	交易额
龙井茶	15564.52	55.92	15470.48	58.07	-0.60	3.85
红茶	674.25	3.6746	660.55	3.52	-2.03	-4.19
黑茶	31.52	0.1371	28.12	0.12	-10.77	-13.03
青茶	158.25	0.3640	144.17	0.32	-8.90	-12.38
其他绿茶	382.70	1.1481	321.42	0.93	-16.01	-19.09
年度合计	16811.24	61.24	16624.74	62.96	-1.11	2.80

（一）按产茶的季节不同呈现特点

1. 春茶交易量略降，交易价好于往年

　　据统计，春茶交易量5633.64吨，比上一年春茶交易量5728.81吨，减少95.17吨，下降1.66%；交易额36.47亿元，比去年春茶交易额36.33亿元增长0.39%；交易均价647.38元/千克，比上一年春茶交易均价634.13元/千克，增长2.09%。

　　2022年春节期间气温寒冷，持续阴雨天为多，加上二次大范围的降雪霜冻，直接影响春茶生长发芽，导致本地新茶上市与去年相比晚了半个多月。3月8日市场开市交易，本地乌牛早开始批量采摘上市，经营户也普遍反映，今年3月份首批交易的乌牛早由于前期气温低、光照不足，整体而言，香气、滋味要略逊于去年。因受去年疫情影响，多数茶商库存少，新茶上市经营户收购积极，交易价格随之上涨。尤其是本地的大佛龙井中高档龙井茶交易价比往年好，高档的大佛龙井交易价在1800元/千克以上，随后几天气温急剧上升达到27℃左右，茶芽猛长而来不及采摘，且嫩度下降，导致高档龙井茶交易时间短，尤其是对龙井43影响较大。因雷雨冰雹等反常气候给茶叶生产带来影响，本地春茶有所减产，茶市交易量也相应略有减少。中高档的大佛龙井交易价都在1000元/千克以上，尤其是性价比最好且受市场青睐的600~800元/千克的大佛龙井中档高山茶成为抢手货，出现供不应求的状况。4月3日局部山区受霜冻影响较大，主产区回山镇、儒岙镇、东茗乡受损较重，导致市场交易量有所减少。进入

4月中旬，气温逐渐回暖、雨水调匀，春茶进入旺销时期，中档龙井茶需求量较大交易价格坚挺，茶农利好，普遍受益。但到了4月下旬，谷雨后气温转高，茶叶品质略受影响，质量有所下降促使价格下滑。茶农也纷纷提前修剪茶树，来市场交易的茶农逐渐减少，茶市交易量也随之减少。

2．夏茶交易量有所增长，交易价格增幅明显

统计显示，夏茶交易量4375.42吨，比上一年春茶交易量4279.70吨，增加95.73吨，增长2.24%；交易额10.80亿元，比去年同期9.66亿元增长11.80%；平均交易价246.942元/千克，比去年夏茶交易平均价格225.62元/千克增长9.45%。

谷雨过后，由于气温升高，茶农纷纷提前修剪茶树，比上一年较早的结束了春茶生产。入夏初期，多晴好天气，但高温较少，非常适宜茶树的生长，茶农适时采摘青叶加工，使干茶均衡上市交易。夏茶前期生产增产明显。5月、6月交易均价延续了春茶末交易价的势头，同比保持增长，7月成品夏茶品质较好价格较低，外地茶商偏好采购，促使交易价同比增幅较大。主要原因有两点：一是今年销区市场疫情转好，市场对夏茶需求同比增加；二是采购商利用网络直播带货的人数明显增多，推动了价格的上扬。茶市经营户纷纷反映，销地市场的茶商对夏茶需求量明显增加，都是当天采购，当天打包发货。

3．秋茶交易量小幅下降，交易价格上涨

市场统计，秋茶交易量5461.41吨，比上一年秋茶交易量5556.01吨，减少94.60吨，下降1.70%；交易额10.50亿元，比去年交易额9.94亿元增长5.64%；秋茶交易平均价格192.18元/千克，比上一年秋茶平均交易价格178.82元/千克，增长7.47%。

8月虽已进入初秋季节，但气温还是延续着夏末的高温酷热干旱天气并且持续时间长，立秋后的平均气温多在40℃以上，大面积山地茶树因缺乏降雨和自动灌溉设施，导致大量叶面被晒枯，直接影响秋茶的产量，故今年秋茶有所减产。但茶农在提升品质上下功夫，从采芽匀称、炒制提香、色泽鲜亮等环节严格把关，中低档茶货源紧缺，市场交易价格呈现持续增长的好势头。9月中旬气候开始趋于正常，昼夜温差加大，利于茶树生长，基本弥补了前期秋茶产量的下降。市场普遍反映，今年的秋龙井品质大有提升，也让茶农卖出了好价钱。

（二）青茶、红茶、黑茶及其他绿茶交易量价减幅明显

由于市场需求疲软、销量下滑，福建、贵州、云南等外地其他茶类进入茶市有减，尤其是福建、云南等地的青茶和黑茶批量发货不多。原先在中国茶市专门销售青茶黑茶类的部分茶商也开始附带转做销售龙井茶，逐渐往本地主茶类靠拢。由于销售形势不如以前，外地茶商对茶叶需求量的心理期望值降低，部分茶商心有顾虑，担心收购进货多而卖不出去，减少了进货。红茶及其他茶类也因市场需求关系而减产，造成今年的交易量比往年减少，导致中国茶市2022年红茶、黑茶、青茶及其他绿茶类的交易量和交易额都呈不同程度下降。

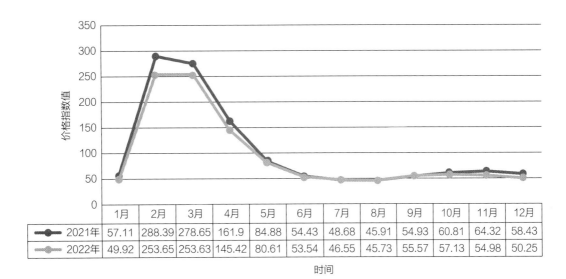

	1月	2月	3月	4月	5月	6月	7月	8月	9月	10月	11月	12月
2021年	57.11	288.39	278.65	161.9	84.88	54.43	48.68	45.91	54.93	60.81	64.32	58.43
2022年	49.92	253.65	253.63	145.42	80.61	53.54	46.55	45.73	55.57	57.13	54.98	50.25

时间

附图5 2021—2022年中国茶业指数之地方名茶价格指数——新昌大佛龙井

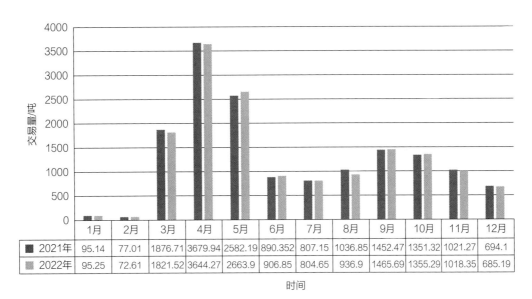

	1月	2月	3月	4月	5月	6月	7月	8月	9月	10月	11月	12月
2021年	95.14	77.01	1876.71	3679.94	2582.19	890.352	807.15	1036.85	1452.47	1351.32	1021.27	694.1
2022年	95.25	72.61	1821.52	3644.27	2663.9	906.85	804.65	936.9	1465.69	1355.29	1018.35	685.19

时间

附图6 2021—2022年新昌中国茶市交易量

（注："中国茶业指数之地方名茶价格指数——新昌大佛龙井"编制单位为中国茶叶流通协会、新昌县人民政府、中国茶市）

四、2022年松阳绿茶价格指数总结

浙江浙南茶叶市场2022年度茶叶交易情况如下。

（一）浙南茶叶市场2022年度茶叶交易情况

2022年，浙南茶叶市场交易总量81674吨，交易总额653851万元，交易均价80.06元/千克；与去年同期基本持平。其中市场店铺交易量81326吨，交易额649192万元；网上商城交易量349吨，交易额4659万元。

附表3 浙南茶叶市场交易情况汇总

月份	交易量/吨	交易额/万元	单价/（元/千克）
1	869	5979	68.80
2	62.1	5384	866.90
3	3977	177793	446.95
4	18561	151183	81.45
5	22157	130536	58.91
6	8520	35780	41.99
7	4818	20352	42.24
8	6255	27606	44.13
9	6646	31500	47.40
10	4770	32578	68.30
11	3026	20740	68.54
12	2012	14420	71.67
合计	81674	653851	80.06

（二）浙南茶叶市场2022年度茶叶销售形势分析

1．春茶上市晚价格吃香

年初受低温影响茶叶采摘期延迟20天左右，乌牛早由于生长期延长、内含物积累充足，市场紧俏，上市价格同比增长30%左右。浙南茶叶市场2月16日有序开市交易，以贵州、广西等地茶叶为主，26日本地茶叶上市，比去年晚了10多天。

2．上半年市场茶叶总量减少

自3月下旬开始全国疫情多发、形势严峻影响了一些茶商来松购茶，本地也采取了更为严格的疫情防控措施，去周边地区收购的茶青数量有所减少。5月份后疫情好转、市场恢复正常、物流畅通。

3．毛峰销量持续上涨

市场中毛峰比例持续增长，尤其是黄茶毛峰，在三四季度销售火爆，价格比白茶毛峰高出20%~30%。

4．市场价格较去年同期总体上涨

1）乌牛早由于生长期延长，内含物积累充足，市场紧俏，上市价格同比增长30%左右，市场售价在150~250元/千克。

2）浙南茶叶市场销售火爆市场销路好，茶青价格较去年有所上升维持时间较长，优质乌牛早、龙井43、白茶茶青价格多在50～90元，黄茶类在60～140元。

3）夏秋茶交易走高，冷库库存量减少，第四季度交易价格高于去年同期。

（三）政府引导茶产业高质量发展

1．"六大工程"

以"中国有机茶乡"为目标，深入实施种植质量提升、加工品质升级、品牌市场拓展、经营主体培育、产城融合发展、茶叶转型保障六大工程，延续了茶产业持续健康发展。

2．举办茶商大会推广松阳茶

3月27日上午，第十五届中国茶商大会·松阳云上香茶叶节线上隆重开幕。通过互联网，跨越空间距离、架起分享桥梁，让更多的人了解松阳香茶，品尝松阳香茶，爱上松阳香茶。活动时间从2022年1月1日一直持续到6月30日。据统计，27日当天，松阳香茶火爆抖音直播间，成交额超过1000万元。

3．打造松阳茶叶在线平台

以数字化改革为牵引，从种植、采茶、交易、加工、文旅和服务等六大方面构建茶产业大脑，为茶农茶商、消费者、政府部门、中介等多方提供在线产业运行数据，实现茶产业全链条溯源、全程化监管。松阳县被浙江省农业厅确定为农业农村系统重大改革（重大应用）场景第一批"先行先试"县。

4．推进低碳茶园建设，实现茶园生态价值转换

依托科研院所开展茶园碳足迹摸排调查、固碳减排技术研究，制定松阳生态低碳茶园栽培管理技术地方标准，建立低碳茶叶生产示范点，形成可复制、可推广的"低碳标准茶园"案例模式，逐步在全县进行推广，有效减少茶园对化学农药等投入品的依赖，破除生态风险，激发产业生态发展绿色发展的内生动力。松阳县率先建成"全省标准化绿色低碳茶园示范区"，服务于国家碳中和的重大战略需求。

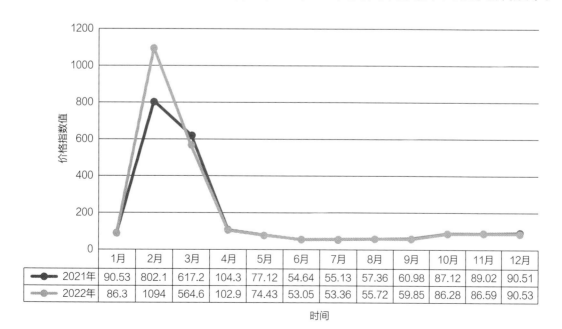

时间	1月	2月	3月	4月	5月	6月	7月	8月	9月	10月	11月	12月
2021年	90.53	802.1	617.2	104.3	77.12	54.64	55.13	57.36	60.98	87.12	89.02	90.51
2022年	86.3	1094	564.6	102.9	74.43	53.05	53.36	55.72	59.85	86.28	86.59	90.53

附图7　2021—2022年中国茶业指数之地方名茶价格指数——松阳绿茶

5. 开展智能采茶机器人研发攻关

松阳县会同浙江理工大学、中国农业科学院茶叶研究所、丽水市农业科学研究院开展智能采茶机研发攻坚，该项目列入省农业"双强"重大突破试点项目，重点开展采茶机器人关键核心技术研究，目前智能采茶机器人已在松阳田间进行了小规模采摘示范。2021年松阳县被省农业农村厅确定为第一批特色产业（茶叶）"机器换人"高质量发展先行县，松阳县绿茗峰茶业有限公司、松阳县雪峰云尖茶业有限公司、浙江悠谷春农业开发有限公司3个单位为全程机械化应用基地，松阳县绿茗峰茶业有限公司为农机创新试验基地、数字农机应用基地。

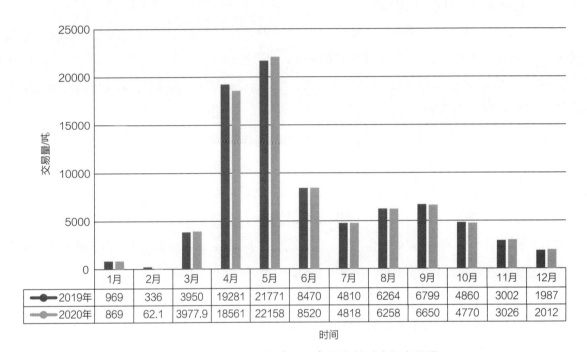

时间	1月	2月	3月	4月	5月	6月	7月	8月	9月	10月	11月	12月
2019年	969	336	3950	19281	21771	8470	4810	6264	6799	4860	3002	1987
2020年	869	62.1	3977.9	18561	22158	8520	4818	6258	6650	4770	3026	2012

附图8　2021—2022年（12月）浙南茶叶市场交易量

（注："中国茶业指数之地方名茶价格指数——松阳绿茶"编制单位为中国茶叶流通协会、松阳县人民政府、浙南茶叶市场）

五、2022年信阳毛尖价格指数与行情总结

（一）2022年度茶叶市场行情

今年1—12月份信阳毛尖市场交易量合计为277.03吨；交易额合计为52349.33万元；单价为1889.66元/千克。

附表4　信阳毛尖（指数信息合作单位）市场交易情况汇总

月份	交易量／吨	交易额／万元	单价／（元／千克）
1	22.39	3277.39	1464
2	11.55	1863.75	1614
3	17.7	4394.28	2482
4	31.57	8580.97	2718
5	33.15	5552.7	1674.92
6	28.04	5789.81	2064.55
7	28.81	5907.62	2050.57
8	25.72	5442.32	2116.26
9	24.59	4578.49	1861.98
10	17.87	2473.68	1384.52
11	17.85	2168.33	1214.51
12	17.79	2319.88	1303.98
总计	277.03	52349.33	1889.66

（二）2022年度茶叶市场销售形势分析

1．销量较去年同期相比总体销量有所下降

2022年大家出游的次数减少，所以购买量也有所下降。

2．单价与去年相比小幅度上涨

（1）2022年第四季度，产量也比去年有所减少，但需求者不变，所以单价上涨。

（2）举办全国名优（绿、红）茶评比、信阳毛尖传统手工炒制大赛，制好茶的氛围更加浓厚。

（3）2022年7月、8月份天气较为炎热，信阳毛尖又有去火降温的功效，所以购买者增多。

3．信阳毛尖茶产销企业采取了积极的措施，确保今年茶叶销路畅通

（1）推行茶庄园取得良好效应。茶产业与旅游产业结合、庄园模式和茶文化特色小镇结合的新型发展模式，打造新型茶园的建设目标。依托信阳丰富的人文及自然生态资源性，一、二、三产业融合发展，以旅游产业带动茶叶销售，拓展茶叶销路。

（2）以举办每年一次的信阳茶文化节为平台，抓住"一带一路"建设机遇，做大做强茶叶贸易，密切与"一带一路"沿线国家的出口贸易合作。

（3）举办河南省农产品与电商创新发展高峰论坛、信阳名优农特产品展示展销活动等。以"消费升级与业态创新""真心扶贫、爱心周末"为主题，设置案例分享、高峰论坛板块，得到产业内外专家学者和企业家的积极响应。

（三）2023年信阳毛尖茶的销售预测

在市政府的高度重视及采取的多元化积极管理措施保障下，预计2023年的茶叶产量会大幅度增长，茶叶质量将继续呈现上升趋势，预计均价仍可保持小幅度增长。

（四）最新茶叶销售价格信息

临近春节，市场销售态势良好，消费档次以中低档茶为主，市场销售单价以800～1500元/千克较为畅销。

（五）2023年计划

一是贯彻绿色发展理念，继续抓好产业发展质量，推进当地种植区域优化调整，做专做强；二是继续做好品牌公共营销，以节会为节点，结合本区域品牌特色开展精准化营销活动；三是继续进行发展模式创新，用更加包容的心态鼓励各种经营模式的探索和尝试，鼓励企业结合市场进行产品机构的调整，结合本地资源禀赋探索三产融合模式；四是继续扶持与开展流通渠道创新，对产地批发市场进行提档升级，扶持龙头企业进行品牌旗舰形象店与零售系统升级改造，加大电商平台销售力度，线上线下构建新型终端零售体系。

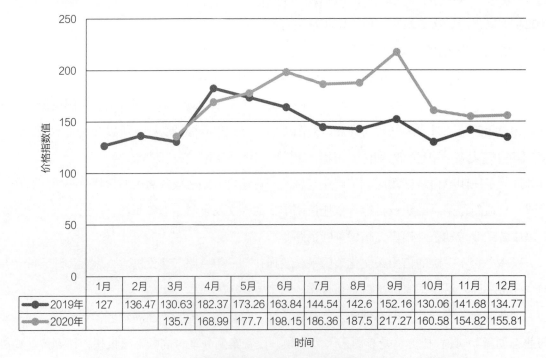

	1月	2月	3月	4月	5月	6月	7月	8月	9月	10月	11月	12月
2019年	127	136.47	130.63	182.37	173.26	163.84	144.54	142.6	152.16	130.06	141.68	134.77
2020年			135.7	168.99	177.7	198.15	186.36	187.5	217.27	160.58	154.82	155.81

时间

附图9 2019—2020年中国茶叶指数之地方名茶价格指数——信阳毛尖

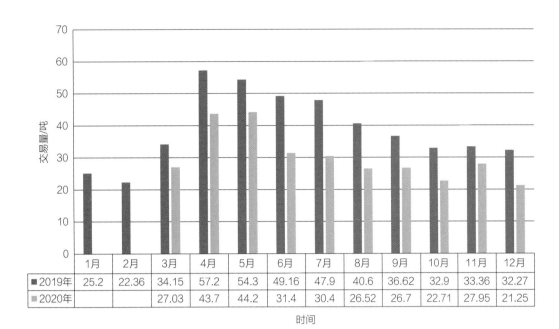

交易量/吨	1月	2月	3月	4月	5月	6月	7月	8月	9月	10月	11月	12月
2019年	25.2	22.36	34.15	57.2	54.3	49.16	47.9	40.6	36.62	32.9	33.36	32.27
2020年			27.03	43.7	44.2	31.4	30.4	26.52	26.7	22.71	27.95	21.25

时间

附图10 2019—2020年信阳毛尖指数信息采集合作单位市场交易量

（注："中国茶业指数之地方名茶价格指数——信阳毛尖"编制单位为中国茶叶流通协会、信阳市茶叶流通协会、信阳国际茶城）

六、2022年横州市茉莉花、茉莉花茶价格指数与行情总结

（一）主要工作

1．开展茉莉花价格指数信息采集

开展了以横州市西南茶城、中国茉莉小镇·石井茉莉花交易市场的茉莉鲜花交易市场为抽样点进行茉莉鲜花（茶）数据的采集、编制、发布，完成了对2022年4月至10月的茉莉花价格指数的收集，进而分析整个茉莉花（茶）市场形势。

2．开展价格指数网络建设工作

与中国茶叶流通协会合作，开展价格指数网络建设工作，今年4月至10月期间，在中国茶叶流通协会官网和刊物《茶世界》上发布"横州市茉莉鲜花、茉莉花茶价格指数及行情信息"。

（二）工作成效

1．横州市茉莉花品牌影响力扩大

通过在中国茶叶流通协会官网和刊物《茶世界》上发布的横州市茉莉花茶价格指数，全面展示了横州茉莉花原产地优势和茉莉花（茶）的市场行情和产业风向，吸引了国内知名龙头企业到横州考察和投资兴业。2022年，茉莉花"1+9"产业集群加速壮大，福州忆美园、北京张一元新投资的茉莉花加工项目落户横州，横州茉莉花茶首次跻身全国区域品牌前20位，位居广西第1位。

2．横州市茉莉花产值增长

2022年全年横州市的茉莉花产量为10万吨，与去年略有减产，但年平均鲜花价格达28元/千克，成为历史最高价格。2022年的茉莉花产值为28亿元。2022年对比2021年茉莉花产量有所浮动，原因是今年4—6月雨水偏多，但新种茉莉花达到3000多亩，且茉莉花价格有所上升，故产值比去年增多。

3．成功举办第四届世界茉莉花大会及茉莉花茶"三茶统筹"发展峰会

2022年成功举办了第四届世界茉莉花大会暨2022年中国（横州）茉莉花文化节，出席嘉宾人数更多，规格更高，国内外"朋友圈"不断壮大，合作交流不断深化。期间，由中国茶业流通协会主办，在国内首次举办了茉莉花茶"三茶统筹"发展峰会，并获授予"茉莉花茶三茶统筹示范县域"。极大地提高了横州市茉莉花（茶）的知名度和影响力。

（三）2023年工作思路

进一步完善与发展横州市茉莉花茶价格指数的收集、编制、发布，发挥价格指数的作用。一是继续建立与完善中国茉莉花茶价格指数分析系统，完善茉莉花价格和茉莉花茶价格的统计，建立完善的数据库。二是运用大数据分析，依托"数字茉莉"平台，数字农业、数字交易、数字政务三大板块功能，不断推行茉莉花产业数字化种植、数字化管理水平。三是与中国茶叶流通协会深入沟通和交流合作，为横州市茉莉花茶价格指数工作的开展指明方向。

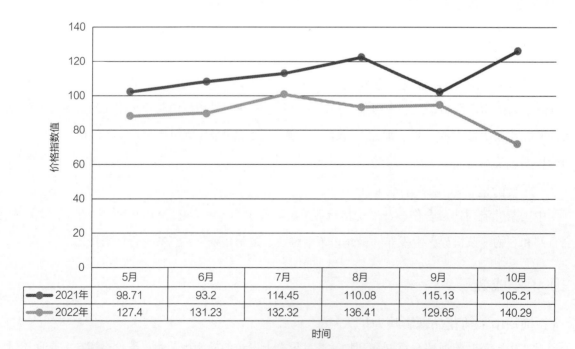

	5月	6月	7月	8月	9月	10月
2021年	98.71	93.2	114.45	110.08	115.13	105.21
2022年	127.4	131.23	132.32	136.41	129.65	140.29

附图11　2021—2022年中国茶业指数之主要辅料价格指数——横州茉莉鲜花

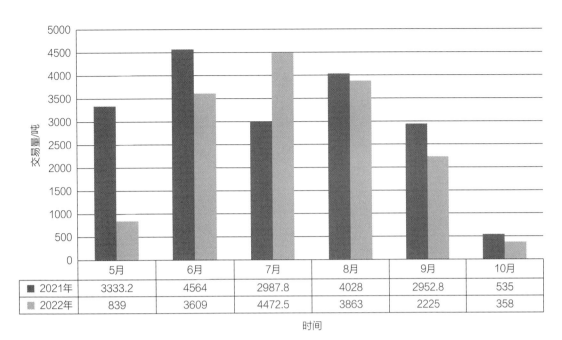

	5月	6月	7月	8月	9月	10月
■ 2021年	3333.2	4564	2987.8	4028	2952.8	535
■ 2022年	839	3609	4472.5	3863	2225	358

时间

附图12 2021—2022年横州茉莉鲜花指数信息采集合作单位市场交易量

（注："中国茶业指数之主要辅料指数——横县茉莉鲜花"编制单位为中国茶叶流通协会、横州市人民政府、横州西南茶城、中国茉莉小镇·石井茉莉花交易市场）

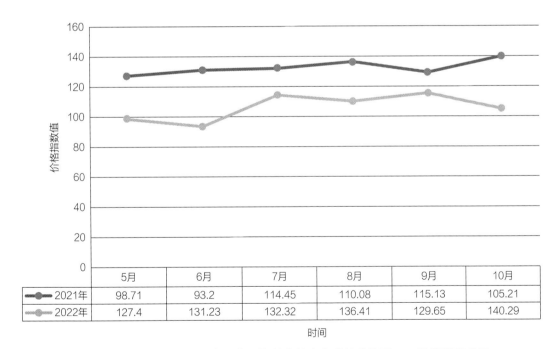

	5月	6月	7月	8月	9月	10月
● 2021年	98.71	93.2	114.45	110.08	115.13	105.21
● 2022年	127.4	131.23	132.32	136.41	129.65	140.29

时间

附图13 2021—2022年中国茶业指数之地方名茶价格指数——横州茉莉花茶

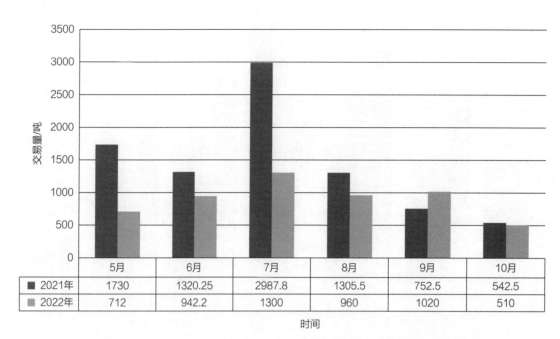

附图14 2021—2022年横州茉莉花茶指数信息采集合作单位市场交易量

（注："中国茶业指数之地方名茶价格指数——横州茉莉花茶"编制单位为中国茶叶流通协会、横州市人民政府、横州西南茶城、中国茉莉小镇石井·茉莉花交易市场）

附录三 2022中国茶叶出口海关统计表

一、2022年我国茶叶出口量

序号	国家和地区	2022 年出口量 / 千克	2021 年出口量 / 千克	同比增长 /%
1	摩洛哥	75439886	74609544	1.11
2	乌兹别克斯坦	24941345	28655165	−12.96
3	加纳	24510533	22831940	7.35
4	俄罗斯联邦	19717570	18163769	8.55
5	塞内加尔	17156390	16340492	4.99
6	美国	13007590	10980445	18.46
7	毛里塔尼亚	12591611	17563321	−28.31
8	中国香港	12307277	16729176	−26.43
9	阿尔及利亚	11462439	13060598	−12.24
10	喀麦隆	11172002	7172665	55.76
11	德国	10615668	10505627	1.05
12	日本	9586293	9972681	−3.87
13	马来西亚	9265404	7242628	27.93
14	马里	9249023	5495983	68.29
15	贝宁	8532851	8187896	4.21
......				
合计		375255184		

二、2022年我国茶叶出口额

序号	国家和地区	2022 年出口额 / 美元	2021 年出口额 / 美元	同比增长 /%
1	中国香港	398819964	647916869	−38.45
2	马来西亚	284711732	256634239	10.94
3	摩洛哥	239498166	228259395	4.92
4	越南	109689874	128390397	−14.57
5	加纳	104773339	103309909	1.42
6	美国	69202115	66911878	3.42
7	塞内加尔	68756775	69932572	−1.68

续表

序号	国家和地区	2022 年出口额 / 美元	2021 年出口额 / 美元	同比增长 /%
8	毛里塔尼亚	55948742	76000882	-26.38
9	乌兹别克斯坦	55242575	56099872	-1.53
10	俄罗斯联邦	51732281	51625649	0.21
11	德国	47407392	43630451	8.66
12	阿尔及利亚	47405414	50268470	-5.70
13	日本	45011877	54376307	-17.22
14	泰国	43573780	39999326	8.94
15	马里	42185976	24778424	70.25
……				
合计		2082699679		

三、2022年中国茶叶出口量、出口额、出口均价

茶类	出口量 / 吨	增幅 /%	出口额 / 亿美元	增幅 /%	出口均价 / 美元 / 千克	增幅 /%
花茶	6507	11.52	0.56	-2.92	8.7	-12.59
绿茶	313895.46	0.52	13.94	-6.32	4.4	-7.48
乌龙茶	19346.38	1.05	2.58	-8.37	13.4	-9.14
普洱茶	1916.29	-11.94	0.3	-42.54	15.9	-34.06
红茶	33239.28	12.33	3.41	-17.89	10.3	-26.77
黑茶	350.78	1.97	0.027	-43.96	7.8	-44.99
合计	375255.18	1.60	20.83	-9.42	5.55	-10.77

四、2022年中国红茶出口海关统计前20位（分国家和地区）

序号	国家和地区	出口量 / 千克	序号	国家和地区	出口额 / 美元
1	美国	6034778	1	中国香港	112338106
2	中国香港	4363670	2	马来西亚	75023942
3	巴基斯坦	4313503	3	越南	42679058
4	俄罗斯联邦	3897016	4	美国	19613894
5	马来西亚	2622112	5	吉尔吉斯斯坦	16047033
6	波兰	2324277	6	俄罗斯联邦	10276391
7	德国	1889632	7	德国	8658598
8	越南	965538	8	波兰	5313522
9	哈萨克斯坦	925047	9	中国澳门	5022124

续表

序号	国家和地区	出口量 / 千克	序号	国家和地区	出口额 / 美元
10	泰国	762442	10	印度尼西亚	3996672
11	英国	657369	11	泰国	3947715
12	蒙古	644964	12	阿联酋	3916318
13	缅甸	571980	13	日本	3839616
14	法国	505556	14	巴基斯坦	3824854
15	吉尔吉斯斯坦	413520	15	英国	3803798
16	日本	306719	16	哈萨克斯坦	3657513
17	印度尼西亚	210448	17	塔吉克斯坦	3360183
18	乌兹别克斯坦	203890	18	新加坡	3104756
19	中国澳门	188612	19	法国	2342919
20	塔吉克斯坦	160550	20	缅甸	2129427

五、2022年中国花茶出口海关统计前20位（分国家和地区）

序号	国家和地区	出口量 / 千克	序号	国家和地区	出口额 / 美元
1	日本	1976543	1	日本	13442357
2	美国	807437	2	美国	11582130
3	俄罗斯联邦	730828	3	中国香港	5032747
4	中国香港	445262	4	越南	3712563
5	德国	282718	5	德国	3577901
6	新加坡	263972	6	俄罗斯联邦	2673113
7	法国	197417	7	法国	1750731
8	波兰	158503	8	新加坡	1440311
9	斯里兰卡	133893	9	加拿大	1348031
10	印度尼西亚	120752	10	马来西亚	1225626
11	加纳	120600	11	印度尼西亚	1039112
12	马来西亚	120408	12	荷兰	943417
13	塞内加尔	116452	13	塞内加尔	928426
14	荷兰	116352	14	斯里兰卡	822011
15	越南	114653	15	加纳	707453
16	加拿大	105775	16	澳大利亚	618856
17	阿联酋	104521	17	比利时	579731
18	英国	77888	18	墨西哥	557290
19	比利时	77792	19	波兰	550424
20	澳大利亚	49049	20	阿联酋	547685

六、2022年中国绿茶出口海关统计前20位（分国家和地区）

序号	国家和地区	出口量 / 千克	序号	国家和地区	出口额 / 美元
1	摩洛哥	75432017	1	摩洛哥	239433501
2	乌兹别克斯坦	24623462	2	中国香港	194665876
3	加纳	24389933	3	马来西亚	122020499
4	塞内加尔	17039938	4	加纳	104065886
5	俄罗斯联邦	12779885	5	塞内加尔	67828349
6	毛里塔尼亚	12543654	6	毛里塔尼亚	55932766
7	阿尔及利亚	11450434	7	乌兹别克斯坦	49232751
8	喀麦隆	11172002	8	阿尔及利亚	47385952
9	马里	9243195	9	越南	42170273
10	贝宁	8532851	10	马里	42140802
11	多哥	8434150	11	多哥	38006177
12	德国	7968557	12	美国	31623217
13	尼日尔	7296781	13	德国	31515597
14	利比亚	6976837	14	俄罗斯联邦	30624112
15	冈比亚	5616570	15	利比亚	24636285
16	美国	5607194	16	贝宁	23837708
17	中国香港	5389696	17	冈比亚	19739001
18	阿富汗	4813665	18	法国	19686854
19	法国	4070279	19	尼日尔	17583807
20	马来西亚	3457781	20	喀麦隆	16467769

七、2022年中国普洱茶出口海关统计前20位（分国家和地区）

序号	国家和地区	出口量 / 千克	序号	国家和地区	出口额 / 美元
1	日本	357407	1	越南	9064216
2	德国	286000	2	中国香港	7644068
3	马来西亚	252146	3	马来西亚	5447651
4	中国香港	214301	4	德国	1826697
5	越南	198621	5	日本	1329166
6	波兰	123890	6	法国	760819
7	韩国	84399	7	韩国	751016
8	美国	55775	8	美国	644255
9	俄罗斯联邦	43179	9	俄罗斯联邦	455373
10	法国	42478	10	波兰	426794

续表

序号	国家和地区	出口量/千克	序号	国家和地区	出口额/美元
11	中国台湾	42369	11	中国台湾	349569
12	中国澳门	40124	12	加拿大	327643
13	智利	31392	13	荷兰	278438
14	荷兰	30836	14	中国澳门	187916
15	加拿大	20645	15	智利	160150
16	立陶宛	14127	16	立陶宛	158472
17	新加坡	13389	17	新加坡	156090
18	西班牙	12395	18	西班牙	86661
19	巴西	11554	19	澳大利亚	73280
20	阿根廷	7000	20	乌克兰	64248

八、2022年中国乌龙茶出口海关统计前20位（分国家和地区）

序号	国家和地区	出口量/千克	序号	国家和地区	出口额/美元
1	日本	6287355	1	马来西亚	80024770
2	泰国	3012431	2	中国香港	78068515
3	马来西亚	2752937	3	泰国	31073532
4	俄罗斯联邦	2266662	4	日本	24389805
5	中国香港	1778739	5	越南	12063764
6	越南	1283918	6	俄罗斯联邦	7703292
7	美国	498618	7	美国	5629681
8	尼日利亚	307307	8	乌兹别克斯坦	5482575
9	新加坡	235583	9	新加坡	3792710
10	德国	188761	10	老挝	3344288
11	斯里兰卡	108588	11	德国	1828599
12	乌兹别克斯坦	92925	12	加拿大	826606
13	加拿大	64596	13	印度尼西亚	795860
14	老挝	57567	14	柬埔寨	413792
15	巴布亚新几内亚	54087	15	墨西哥	336687
16	毛里塔尼亚	45957	16	斯里兰卡	333203
17	波兰	40270	17	澳大利亚	311427
18	乌克兰	34185	18	法国	291112
19	印度尼西亚	31031	19	荷兰	194530
20	荷兰	29467	20	波兰	150205

九、2022年中国黑茶出口海关统计前10位（分国家和地区）

序号	国家和地区	出口量/千克	序号	国家和地区	出口额/美元
1	蒙古	148368	1	中国香港	1070652
2	中国香港	115609	2	马来西亚	969244
3	马来西亚	60020	3	法国	158750
4	韩国	8541	4	中国澳门	151417
5	中国台湾	7392	5	蒙古	124977
6	美国	3788	6	美国	108938
7	法国	3054	7	韩国	57004
8	印度	1070	8	澳大利亚	41339
9	澳大利亚	1053	9	日本	22286
10	新加坡	901	10	中国台湾	20548

附录四 2022—2023（7月）中国茶类相关标准汇总

一、国家标准和行业标准

标准类别	序号	标准号	标准名称	发布机构	发布日期	实施日期	替代标准
国家标准	1	GB/T 31280—2022	品牌价值评价 酒、饮料和精制茶制造业	国家标准化管理委员会，国家市场监督管理总局	2022/12/30	2022/12/30	GB/T 31280—2014《品牌价值评价 酒、饮料和精制茶制造业》
行业标准	2	GH/T 1391—2022	紫笋茶	中华全国供销合作总社	2023/2/9	2023/3/1	
行业标准	3	GH/T 1392—2022	望海茶	中华全国供销合作总社	2023/2/9	2023/3/1	
行业标准	4	GH/T 1119—2022	茶叶标准体系表	中华全国供销合作总社	2023/2/9	2023/3/1	GH/T 1119—2015《茶叶标准体系表》
行业标准	5	GH/T 1117—2022	桂花茶	中华全国供销合作总社	2023/2/9	2023/3/1	GH/T 1117—2015《桂花茶》
行业标准	6	GH/T 1382—2022	花果香红茶	中华全国供销合作总社	2022/11/24	2023/1/1	
行业标准	7	LY/T 3311—2022	古茶树	国家林业和草原局	2022/11/30	2023/4/1	
行业标准	8	NY/T 4253—2022	茶园全程机械化生产技术规范	农业农村部	2022/11/11	2023/3/1	

二、地方标准

序号	标准号	标准名称	发布地区	批准日期	实施日期
1	DB 34/T 4268—2022	发酵茶中B族和G族黄曲霉毒素的测定	安徽省	2022/8/31	2022/9/30
2	DB 34/T 4310—2022	茶用牡丹栽培技术规程	安徽省	2022/10/26	2022/11/26
3	DB 3401/T 260—2022	茶树容器育苗技术规程	安徽省合肥市	2022/11/3	2022/11/3
4	DB 3402/T 37—2022	山茶花水肥一体化栽培技术规程	安徽省芜湖市	2022/12/12	2023/1/1
5	DB 3410/T 17—2022	黟县黑茶加工技术规范	安徽省黄山市	2022/12/16	2023/1/1
6	DB 3415/T 28—2022	金寨白茶生产技术规程	安徽省六安市	2022/9/13	2022/9/13
7	DB 3415/T 27—2022	华山银毫茶加工技术规程	安徽省六安市	2022/9/13	2022/9/13
8	DB 3415/T 26—2022	霍山红茶种植加工通用技术要求	安徽省六安市	2022/9/13	2022/9/13

续表

序号	标准号	标准名称	发布地区	批准日期	实施日期
9	DB 3415/T 25—2022	六安瓜片茶 机械炒制加工技术规程	安徽省六安市	2022/9/13	2022/9/13
10	DB 3415/T 24—2022	六安瓜片茶 手工炒制加工技术规程	安徽省六安市	2022/9/13	2022/9/13
11	DB 4228/T 86—2022	内环式茶园机械化管理技术规程	恩施土家族苗族自治州	2023/2/8	2023/5/8
12	DB 35/T 1838—2022	地理标志产品 武夷红茶标准样品	福建省	2022/8/8	2022/8/8
13	DB 35/T 632—2022	坦洋工夫红茶 加工技术规范	福建省	2022/8/8	2022/11/8
14	DB 35/T 2087—2022	青钱柳茶加工技术要求	福建省	2022/10/27	2023/1/27
15	DB 35/T 1225—2022	闽北水仙茶加工技术规程	福建省	2022/12/27	2023/3/27
16	DB 35/T 2109—2022	乌龙茶初加工设备维护保养技术规程	福建省	2022/12/27	2023/3/27
17	DB 44/T 2419—2023	全生晒柑普茶生产技术规程	广东省	2023/3/28	2023/6/28
18	DB 4416/T 15—2022	卷曲形炒青绿茶加工技术规程	广东省河源市	2022/12/31	2023/1/15
19	DB 4414/T 15—2022	地理标志产品 马图绿茶	广东省梅州市	2022/12/6	2023/1/1
20	DB 45/T 2574—2022	龙脊茶加工技术规程	广西壮族自治区	2022/8/25	2022/9/30
21	DB 45/T 2573—2022	茶园快速成园栽培技术规程	广西壮族自治区	2022/8/25	2022/9/30
22	DB 45/T 2606—2022	地理标志产品 横县茉莉花茶 生产技术规程	广西壮族自治区	2022/12/1	2022/12/30
23	DB 4502/T 0054—2022	农产品地理标志 大苗山红茶 栽培技术规程	广西壮族自治区柳州市	2022/12/30	2023/1/30
24	DB 52/T 1689—2022	贵州红山茶培育技术规程	贵州省	2022/8/9	2022/11/1
25	DB 52/T 448—2023	贵州小叶苦丁茶	贵州省	2023/4/12	2023/10/1
26	DB 5226/T 235—2022	地理标志产品 雷山银球茶 加工技术规程	贵州省黔东南苗族侗族自治州	2022/9/22	2022/12/22
27	DB 5227/T 120—2022	地理标志产品 都匀毛尖茶 冲泡品饮指南	贵州省黔南布依族苗族自治州	2023/1/17	2023/5/1
28	DB 5227/T 119—2022	地理标志产品 都匀毛尖茶 包装贮藏技术规范	贵州省黔南布依族苗族自治州	2023/1/17	2023/5/1
29	DB 5227/T 118—2022	都匀毛尖茶加工技术规程	贵州省黔南布依族苗族自治州	2023/1/17	2023/5/1
30	DB 5227/T 117—2022	地理标志产品 都匀毛尖茶 茶园生产管理技术规范	贵州省黔南布依族苗族自治州	2023/1/17	2023/5/1
31	DB 5227/T 116—2022	地理标志产品 都匀毛尖茶 茶树种苗繁育技术规程	贵州省黔南布依族苗族自治州	2023/1/17	2023/5/1
32	DB 5227/T 115—2022	地理标志产品 都匀毛尖茶 产地环境条件	贵州省黔南布依族苗族自治州	2023/1/17	2023/5/1
33	DB 5227/T 114—2022	地理标志产品 都匀毛尖茶 综合标准体系	贵州省黔南布依族苗族自治州	2023/1/17	2023/5/1
34	DB 5227/T 128—2023	贵定云雾贡茶 绿茶品饮指南	贵州省黔南布依族苗族自治州	2023/5/15	2023/8/15
35	DB 5227/T 127—2023	贵定云雾贡茶 包装、运输、贮存规范	贵州省黔南布依族苗族自治州	2023/5/15	2023/8/15

续表

序号	标准号	标准名称	发布地区	批准日期	实施日期
36	DB 5227/T 126—2023	贵定云雾贡茶 工夫红茶加工技术规程	贵州省黔南布依族苗族自治州	2023/5/15	2023/8/15
37	DB 5227/T 125—2023	贵定云雾贡茶 绿茶加工技术规程	贵州省黔南布依族苗族自治州	2023/5/15	2023/8/15
38	DB 5227/T 124—2022	贵定云雾贡茶 茶园生产管理技术规范	贵州省黔南布依族苗族自治州	2023/5/15	2023/8/15
39	DB 5227/T 123—2023	贵定云雾贡茶 贵定鸟王种无性系繁育技术规程	贵州省黔南布依族苗族自治州	2023/5/15	2023/8/15
40	DB 5227/T 122—2023	贵定云雾贡茶 茶园产地环境条件	贵州省黔南布依族苗族自治州	2023/5/15	2023/8/15
41	DB 5227/T 121—2023	贵定云雾贡茶综合标准体系	贵州省黔南布依族苗族自治州	2023/5/15	2023/8/15
42	DB 5206/T 145—2022	梵净山翠峰茶加工技术规程	贵州省铜仁市	2022/10/31	2023/2/1
43	DB 46/T 607—2023	茶树主要病害绿色防控技术规程	海南省	2023/6/8	2023/7/15
44	DB 46/T 600—2023	苦丁茶扦插育苗技术规程	海南省	2023/6/8	2023/7/15
45	DB 41/T 2357—2022	杜仲叶茶加工技术规程	河南省	2022/10/17	2023/1/16
46	DB 41/T 2356—2022	牡丹花瓣茶加工技术规程	河南省	2022/10/17	2023/1/16
47	DB 41/T 2355—2022	连翘叶绿茶加工技术规程	河南省	2022/10/17	2023/1/16
48	DB 41/T 2395—2023	春茶采摘气象指数	河南省	2023/3/7	2023/6/6
49	DB 4115/T 086—2023	茶树花加工技术规程	河南省信阳市	2023/6/9	2023/9/9
50	DB 42/T 430—2022	茶叶贮藏品质控制技术规程	湖北省	2022/8/31	2022/10/31
51	DB 42/T 1973—2023	地理标志产品 黄梅荷叶茶	湖北省	2023/3/6	2023/5/6
52	DB 42/T 1995.1—2023	茶树容器苗培育技术规程 第1部分：扦插育苗	湖北省	2023/3/28	2023/5/28
53	DB 42/T 1984—2023	青砖茶感官审评方法	湖北省	2023/3/28	2023/5/28
54	DB 42/T 678—2023	茶小绿叶蝉绿色防控技术规程	湖北省	2023/5/16	2023/7/16
55	DB 42/T 2057—2023	低氟茶生产技术规程	湖北省	2023/6/27	2023/8/27
56	DB 4209/T 26—2022	孝昌凤凰山茶	湖北省孝感市	2022/8/8	2022/9/8
57	DB 43/T 2530—2022	地理标志产品 桃源野茶王	湖南省	2022/12/9	2023/3/9
58	DB 43/T 2494—2022	珍眉绿茶加工技术规程	湖南省	2022/12/9	2023/3/9
59	DB 43/T 2493—2022	工夫红茶精制与拼配加工技术规程	湖南省	2022/12/9	2023/3/9
60	DB 43/T 2489—2022	木姜叶柯（瑶茶）矮化栽培技术规程	湖南省	2022/12/9	2023/3/9
61	DB 3202/T 1036—2022	无锡毫茶加工技术规程	江苏省无锡市	2022/9/8	2022/9/15
62	DB 36/T 1630—2022	修水宁红茶种植技术规程	江西省	2022/8/2	2023/2/1
63	DB 36/T 1629—2022	修水宁红茶加工技术规程	江西省	2022/8/2	2023/2/1
64	DB 36/T 1624—2022	丘陵红壤茶园测土配方施肥技术规程	江西省	2022/8/2	2023/2/1
65	DB 36/T 1772—2023	桑叶绿茶加工技术规程	江西省	2023/4/7	2023/10/1
66	DB 36/T 1768—2023	幼龄茶园套种绿肥技术规程	江西省	2023/4/7	2023/10/1

续表

序号	标准号	标准名称	发布地区	批准日期	实施日期
67	DB 15/T 2711—2022	库伦苦荞茶质量要求	内蒙古自治区	2022/8/15	2022/9/15
68	DB 15/T 2707—2022	库伦苦荞茶加工技术规程	内蒙古自治区	2022/8/15	2022/9/15
69	DB 15/T 2823—2022	敖汉沙棘茶加工技术规程	内蒙古自治区	2022/12/8	2023/1/8
70	DB 15/T 2822—2022	敖汉沙棘茶质量要求	内蒙古自治区	2022/12/8	2023/1/8
71	DB 3713/T 251—2022	沂蒙绿茶质量分级与质量安全控制技术规程	山东省临沂市	2022/8/17	2022/9/17
72	DB 3709/T 014—2022	泰山茶 茶树良种筛选技术规范	山东省泰安市	2022/8/18	2022/9/18
73	DB 61/T 1578—2022	茶网蝽综合防控技术规范	陕西省	2022/8/24	2022/9/24
74	DB 6109/T 292—2022	陕茶1号 第3部分：加工技术规程（绿茶）	陕西省安康市	2022/10/9	2022/10/27
75	DB 6109/T 291—2022	陕茶1号 第2部分：育苗技术规范	陕西省安康市	2022/10/9	2022/10/27
76	DB 6109/T 290—2022	陕茶1号 第1部分：建园技术规范	陕西省安康市	2022/10/9	2022/10/27
77	DB 6110/T 018—2022	茶树无性系良种繁育技术规程	陕西省商洛市	2022/11/15	2022/12/15
78	DB 6110/T 014—2022	茶叶质量控制技术规范	陕西省商洛市	2022/11/15	2022/12/15
79	DB 6110/T 020—2022	茶树主要病虫害防控技术规程	陕西省商洛市	2022/11/23	2022/12/23
80	DB 51/T 2953—2022	茶楼茶馆管理规范	四川省	2022/10/24	2022/12/1
81	DB 51/T 2947—2022	桑叶茶加工工艺规范	四川省	2022/10/24	2022/12/1
82	DB 51/T 3022—2023	柑橘套种茶树栽培技术规程	四川省	2023/2/7	2023/4/8
83	DB 51/T 3021—2023	观光茶园建设技术规程	四川省	2023/2/7	2023/4/8
84	DB 51/T 3001—2023	低产低效茶园改造与复壮技术规程	四川省	2023/2/7	2023/4/8
85	DB 51/T 3072—2023	四川黑茶加工工艺通用技术要求	四川省	2023/6/19	2023/8/1
86	DB 5119/T 25—2022	地理标志产品 罗村茶	四川省巴中市	2022/8/1	2022/9/1
87	DB 5114/T 41—2022	瓦屋春雪绿茶加工技术规程	四川省眉山市	2022/12/30	2023/1/30
88	DB 5115/T 56—2023	地理标志产品 筠连苦丁茶质量要求	四川省宜宾市	2023/6/20	2023/7/20
89	DB 5115/T 54—2023	地理标志产品 筠连红茶质量要求	四川省宜宾市	2023/6/20	2023/7/20
90	DB 53/T 1133—2022	肾茶栽培技术规程	云南省	2022/8/12	2022/11/12
91	DB 53/T 1132—2022	肾茶扦插育苗技术规程	云南省	2022/8/12	2022/11/12
92	DB 53/T 1157—2023	生态普洱茶生产加工技术规程	云南省	2023/2/23	2023/5/23
93	DB 5305/T 88—2022	保山大叶种白茶加工技术规程	云南省保山市	2022/12/1	2023/1/1
94	DB 5305/T 104—2023	杜仲雄花茶加工技术规程	云南省保山市	2023/5/20	2023/6/1
95	DB 5305/T 116—2023	山地茶园机修机采技术规程	云南省保山市	2023/7/10	2023/8/1
96	DB 5305/T 115—2023	保山市茶叶初制厂（所）建设管理规范	云南省保山市	2023/7/10	2023/8/1
97	DB 5329/T 94—2023	国家级非物质文化遗产 下关沱茶制作技艺	云南省大理白族自治州	2023/6/29	2023/7/10
98	DB 5331/T 45—2023	黑毛茶加工技术规程	云南省德宏傣族景颇族自治州	2023/5/6	2023/6/1

续表

序号	标准号	标准名称	发布地区	批准日期	实施日期
99	DB 5331/T 39—2023	德昂酸茶（干茶）感官审评方法	云南省德宏傣族景颇族自治州	2023/5/6	2023/6/1
100	DB 5308/T 54—2022	茶园主要病虫草害绿色防控技术规程	云南省普洱市	2022/10/28	2022/11/28
101	DB 5308/T 67—2022	茶园干旱等级	云南省普洱市	2022/12/20	2023/1/20
102	DB 5306/T 93—2022	低产小叶种茶园改造技术规程	云南省昭通市	2022/9/30	2022/11/1
103	DB 5306/T 92—2022	小叶种茶有害生物防控技术规程	云南省昭通市	2022/9/30	2022/11/1
104	DB 5306/T 91—2022	小叶种茶栽培管理技术规程	云南省昭通市	2022/9/30	2022/11/1
105	DB 5306/T 90—2022	小叶种茶苗木繁育技术规程	云南省昭通市	2022/9/30	2022/11/1
106	DB 5306/T 89—2022	小叶种茶产地环境条件	云南省昭通市	2022/9/30	2022/11/1
107	DB 33/T 2440.1—2022	木本观赏花卉培育技术规程 第1部分：高杆山茶花培育技术规程	浙江省	2022/9/9	2022/10/9
108	DB 33/T 2529—2022	山地茶园套种香榧种植技术规范	浙江省	2022/9/21	2022/10/21
109	DB 33/T 2555—2022	茶叶位置编码与标识要求	浙江省	2022/12/8	2023/1/8
110	DB 3301/T 1122—2023	九曲红梅茶加工技术规程	浙江省杭州市	2023/4/25	2023/5/25
111	DB 3301/T 1124—2023	西湖龙井茶园周年茶树栽培管理技术规范	浙江省杭州市	2023/6/29	2023/7/29
112	DB 3307/T 126—2022	茶园宜机化建设及配套管理技术规程	浙江省金华市	2022/11/10	2022/12/10
113	DB 3311/T 228—2022	茶树主要害虫绿色防控技术规程	浙江省丽水市	2022/10/18	2022/11/18
114	DB 3309/T 90—2022	海岛生态茶园建设技术规程	浙江省舟山市	2022/9/13	2022/10/13
115	DB 50/T 1412—2023	高山生态茶园建设技术规范	重庆市	2023/5/25	2023/8/25
116	DB 50/T 1434—2023	桑叶茶加工技术规程	重庆市	2023/6/10	2023/9/10

三、团体标准

序号	团体名称	标准编号	标准名称	公布日期
1	安徽省食品行业协会	T/AHFIA 072—2022	谯城花茶 区域公用品牌使用管理规范	2022/12/7
2	白沙黎族自治县茶业协会	T/BCYXH 10—2022	白沙茶产品公用品牌准入管理要求	2022/11/30
3	白沙黎族自治县茶业协会	T/BCYXH 09—2022	白沙茶产品追溯要求	2022/11/30
4	白沙黎族自治县茶业协会	T/BCYXH 08—2022	白沙茶加工设施装备管理与使用规范	2022/11/30
5	白沙黎族自治县茶业协会	T/BCYXH 06—2022	白沙白茶	2022/11/30
6	白沙黎族自治县茶业协会	T/BCYXH 05—2022	白沙红茶	2022/11/30
7	白沙黎族自治县茶业协会	T/BCYXH 04—2022	白沙绿茶	2022/11/30
8	白沙黎族自治县茶业协会	T/BCYXH 03—2022	生态茶园种植技术规程	2022/11/30
9	白沙黎族自治县茶业协会	T/BCYXH 02—2022	良种茶苗繁育技术规程	2022/11/30
10	白沙黎族自治县茶业协会	T/BCYXH 01—2022	良种茶种苗繁育基地建设技术规程	2022/11/30

续表

序号	团体名称	标准编号	标准名称	公布日期
11	博罗县特种设备和计量标准化协会	T/BLTJBX 13—2021	茶叶质量安全追溯系统建设要求	2023/5/17
12	常德市质量协会	T/CDZX 004—2022	多矿物质营养茶栽培技术规程	2022/10/11
13	常德市质量协会	T/CDZX 003—2022	多矿物质营养茶	2022/10/11
14	潮州市茶产业促进会	T/CZTEA 002—2022	凤凰单丛（枞）茶 年份茶	2022/9/8
15	潮州市茶艺协会	T/GDCZCYXH 003—2022	潮州工夫茶器 茶台五件套 第2部分：壶承	2022/11/29
16	潮州市茶艺协会	T/GDCZCYXH 002—2022	潮州工夫茶器 茶台五件套 第1部分：茶盘	2022/11/29
17	潮州市茶艺协会	T/GDCZCYXH 001—2022	潮州工夫茶 少儿茶艺技术规程	2022/11/29
18	城口县茶叶产业协会	T/CKCY 001—2022	城口鸡鸣茶	2023/3/3
19	崇义县高山茶行业协会	T/CGSC 002—2022	崇义高山茶 绿茶	2022/10/9
20	崇义县高山茶行业协会	T/CGSC 001—2022	崇义高山茶 红茶	2022/10/9
21	淳安县千岛湖电子商务协会	T/CADS 005—2022	小青柑茶	2022/11/28
22	福建省标准化服务行业协会	T/SA 56.1—2022	冲泡与品鉴用陶瓷茶具 第1部分：乌龙茶茶具	2022/11/23
23	福建省茶叶流通协会	T/FTMA 0003—2023	闽北乌龙茶紧压茶	2023/2/28
24	福建省茶叶流通协会	T/FTMA 0002—2023	陈年茶感官审评技术规范	2023/1/6
25	福建省茶叶流通协会	T/FTMA 0001—2022	柘荣炭焙白茶加工技术规程	2022/9/7
26	福建省茶叶学会	T/FJTEA 002—2023	小白茶林下栽培技术规程	2023/6/25
27	福建省茶叶学会	T/FJTEA 001—2023	地理标志农产品 永泰绿茶	2023/2/10
28	福建省茶艺师协会	T/MCYX 003—2023	少儿茶艺水平评价规程	2023/5/30
29	福建省茶艺师协会	T/MCYX 002—2022	花果香红茶冲泡与品鉴	2022/12/15
30	福建省质量检验协会	T/FQIA 004—2022	茶叶中茅草枯、草芽畏残留量的测定 液相色谱-串联质谱法	2022/8/23
31	福建省质量检验协会	T/FQIA 007—2022	茶叶中氯酞酸残留量的测定 气相色谱-串联质谱法	2022/8/12
32	福建省质量检验协会	T/FQIA 006—2022	茶叶中溴甲烷残留量的测定 顶空气相色谱-质谱法	2022/8/12
33	福建省质量检验协会	T/FQIA 003—2022	茶叶中草枯醚、氟除草醚、格螨酯、环螨酯、烯虫炔酯和烯虫乙酯残留量的测定 气相色谱—串联质谱法	2022/8/11
34	福建省质量检验协会	T/FQIA 005—2022	茶叶中毒菌酚、戊硝酚、消螨酚残留量的测定 液相色谱—串联质谱法	2022/8/10
35	广东省茶文化研究会	T/TEA 5—2023	普洱茶价值评估技术规范	2023/6/10
36	广东省茶文化研究会	T/TEA 4—2023	紧压茶贮存技术规范	2023/6/10
37	广东省节能减排标准化促进会	T/GDES 2036—2022	茶类饮料产品碳中和评价技术规范	2022/10/14

续表

序号	团体名称	标准编号	标准名称	公布日期
38	广东省节能减排标准化促进会	T/GDES 77—2022	茶类饮料碳足迹评价技术规范	2022/9/9
39	广东省农业标准化协会	T/GDNB 170—2023	揭东炒茶加工技术规程	2023/7/13
40	广东省农业标准化协会	T/GDNB 144—2022	南昆山毛叶茶红茶加工技术规程	2023/6/27
41	广东省农业标准化协会	T/GDNB 143—2022	南昆山毛叶茶白茶加工技术规程	2023/6/27
42	广东省农业标准化协会	T/GDNB 162—2023	农产品地理标志 海丰莲花山茶	2023/6/14
43	广东省农业标准化协会	T/GDNB 163—2023	有机六垌红茶生产技术规程	2023/5/25
44	广东省农业标准化协会	T/GDNB 161—2023	茶园涝害预防及灾害后复产技术规程	2023/5/25
45	广东省农业标准化协会	T/GDNB 160—2023	茶园旱害预防及灾害后复产技术规程	2023/5/25
46	广东省农业标准化协会	T/GDNB 159—2023	茶园霜冻灾害预防及灾害后复产技术规程	2023/5/25
47	广东省农业标准化协会	T/GDNB 128.13—2022	粤港澳大湾区肇庆（怀集）绿色农副产品集散基地茶叶质量安全生产技术规程	2023/3/2
48	广东省农业标准化协会	T/GDNB 153—2023	单丛茶机械化采摘与配套加工技术规程	2023/2/27
49	广东省农业标准化协会	T/GDNB 137.3—2022	惠州岩茶加工技术规范	2022/12/5
50	广东省农业标准化协会	T/GDNB 137.2—2022	惠州岩茶 栽培技术规范	2022/12/5
51	广东省农业标准化协会	T/GDNB 137.1—2022	惠州岩茶	2022/12/5
52	广东省农业标准化协会	T/GDNB 123—2022	宋式点茶技能师等级评价规程	2022/10/28
53	广东省农业标准化协会	T/GDNB 112.1—2022	江门茶叶质量安全标准	2022/10/8
54	广东省农业标准化协会	T/GDNB 107—2022	江门黄茶	2022/9/29
55	广东省农业标准化协会	T/GDNB 106—2022	江门绿茶	2022/9/29
56	广东省农业标准化协会	T/GDNB 105—2022	江门红茶	2022/9/29
57	广东省农业标准化协会	T/GDNB 104—2022	江门茶叶加工技术要求	2022/9/29
58	广东省农业标准化协会	T/GDNB 103—2022	江门茶叶良好种植技术规程	2022/9/29
59	广东省质量检验协会	T/GDAQI 106—2023	茶艺师职业技能竞赛技术规程	2023/3/7
60	广东省质量检验协会	T/GDAQI 100—2022	丹霞1号茶树高效种植技术规程	2022/12/30
61	广东省质量检验协会	T/GDAQI 101—2022	丹霞1号茶	2022/12/30
62	广东省质量检验协会	T/GDAQI 96—2022	茶叶外源香精鉴定方法	2022/11/23
63	广东省质量检验协会	T/GDAQI 95—2022	茶叶关键香气物质鉴定方法	2022/11/23
64	广东省种子协会	T/GDSMM 0033—2022	古茶树重大害虫四脊茶天牛绿色防控关键技术规程	2022/12/25
65	广东省种子协会	T/GDSMM 0032—2022	潮州单丛茶病虫害绿色防控技术规程	2022/12/25
66	广东省种子协会	T/GDSMM 0031—2022	新发重大病害茶树枝肿病早期诊断与绿色防控关键技术规程	2022/12/25
67	广西标准化协会	T/GXAS 501—2023	花香型做青红茶加工技术规程	2023/7/4
68	广西标准化协会	T/GXAS 500—2023	花香型白茶加工技术规程	2023/7/4
69	广西标准化协会	T/GXAS 499—2023	地理标志产品 龙州乌龙茶加工技术规程	2023/7/4

续表

序号	团体名称	标准编号	标准名称	公布日期
70	广西标准化协会	T/GXAS 431—2022	地理标志农产品 龙脊茶	2023/6/21
71	广西标准化协会	T/GXAS 442—2023	茶园茶角胸叶甲综合防控技术规程	2023/3/23
72	广西标准化协会	T/GXAS 441—2023	茶园杂草绿色防控技术规程	2023/3/23
73	广西标准化协会	T/GXAS 440—2023	六堡茶清洁化生产技术规范	2023/3/23
74	广西标准化协会	T/GXAS 410—2022	六堡茶出口规范	2022/12/21
75	广西标准化协会	T/GXAS 389—2022	昭平茶生态管护技术规程	2022/11/29
76	广西标准化协会	T/GXAS 387—2022	低碳茶园管理技术规程	2022/11/29
77	广西标准化协会	T/GXAS 388—2022	茶树花果利用技术规程	2022/11/29
78	广西标准化协会	T/GXAS 366—2022	罗汉茶成分含量的测定 一测多评法	2022/10/24
79	广西标准化协会	T/GXAS 365—2022	罗汉茶薄层色谱鉴别方法	2022/10/24
80	广西瓶装饮用水行业协会	T/GXPZS 002—2022	广西包装饮用天然泡茶水	2022/12/16
81	广州市番禺区饮食行业商会	T/YSSH 0012—2023	味在番禺 迎宾茶香鸡	2023/2/25
82	广州市荔湾区南方茶叶商会	T/GZNFCY 1—2023	茶叶交易服务 检验及鉴定规范	2023/3/16
83	贵州省茶叶协会	T/GZTA 004—2023	晴隆早春茶——贵隆小兰花	2023/6/21
84	贵州省茶叶协会	T/GZTA 003—2023	太极红茶	2023/4/24
85	贵州省茶叶协会	T/GZTA 001—2023	太极古树红茶加工技术规程	2023/3/31
86	贵州省茶叶学会	T/GZTSS 9—2022	瓮安老白茶	2023/1/17
87	贵州省茶叶学会	T/GZTSS 8—2022	瓮安白茶	2023/1/17
88	贵州省茶叶学会	T/GZTSS 7.4—2022	普安红 第4部分：工夫红茶	2022/11/29
89	贵州省茶叶学会	T/GZTSS 7.3—2022	普安红 第3部分：工夫红茶加工技术规程	2022/11/29
90	贵州省茶叶学会	T/GZTSS 7.2—2022	普安红 第2部分：茶园生产管理技术规程	2022/11/29
91	贵州省刺梨行业协会	T/GZCX 016—2022	刺梨速溶茶	2022/11/21
92	贵州省绿茶品牌发展促进会	T/GZTPA 0011—2021	贵州茶叶中脂肪酸的测定 气相色谱质谱法	2022/10/24
93	贵州省绿茶品牌发展促进会	T/GZTPA 0010—2021	贵州茶叶可溶性糖的检测 气相色谱氢火焰离子化法	2022/10/24
94	贵州省绿茶品牌发展促进会	T/GZTPA 0009—2021	贵州茶叶中风味挥发性物质的测定 气相色谱质谱法	2022/10/24
95	贵州省绿茶品牌发展促进会	T/GZTPA 0007—2020	茶青中多种农药残留测定	2022/10/24
96	贵州省绿茶品牌发展促进会	T/GZTPA 0006—2020	贵州茶叶冲泡品饮指南	2022/10/24
97	贵州省绿茶品牌发展促进会	T/GZTPA 0005—2020	贵州绿茶主要化学成分的测定 近红外漫反射光谱法	2022/10/24

续表

序号	团体名称	标准编号	标准名称	公布日期
98	贵州省绿茶品牌发展促进会	T/GZTPA 0005—2022	贵州茶叶中草甘膦的快速检测方法 胶体金法	2022/10/14
99	贵州省绿茶品牌发展促进会	T/GZTPA 0004—2022	贵州茶叶中吡虫啉的快速检测方法 胶体金法	2022/10/14
100	贵州省植物学会	T/BSGC 006—2023	金沙贡茶 红茶	2023/5/3
101	贵州省植物学会	T/BSGC 005—2023	金沙贡茶 绿茶	2023/5/3
102	贵州省植物学会	T/BSGC 004—2023	金沙贡茶 清洁化生产技术规范	2023/5/3
103	贵州省植物学会	T/BSGC 003—2023	金沙贡茶 种植技术规范	2023/5/3
104	桂林市餐饮烹饪协会	T/GLCX 016—2022	奶油茶制作技术规程	2022/12/12
105	桂林市餐饮烹饪协会	T/GLCX 012—2022	冷泡红茶制作技术规程	2022/12/12
106	桂林市餐饮烹饪协会	T/GLCX 011—2022	冷泡桂花红茶制作技术规程	2022/12/12
107	国际沙棘协会	T/ISAS 007—2022	沙棘叶茶	2023/1/9
108	海峡两岸茶业交流协会	T/CSTEA 00060—2023	建阳水仙茶	2023/5/21
109	海峡两岸茶业交流协会	T/CSTEA 00059—2023	诏安八仙茶冲泡与品鉴方法	2023/3/28
110	海峡两岸茶业交流协会	T/CSTEA 00058—2023	诏安八仙茶加工技术规范	2023/3/28
111	海峡两岸茶业交流协会	T/CSTEA 00057—2023	诏安八仙茶	2023/3/28
112	海峡两岸茶业交流协会	T/CSTEA 00054—2023	陈年紧压白茶	2023/2/17
113	海峡两岸茶业交流协会	T/CSTEA 00053—2022	茶叶中溴甲烷残留量的测定 顶空气相色谱法	2022/10/8
114	海峡两岸茶业交流协会	T/CSTEA 00052—2022	茶叶中毒菌酚、戊硝酚、消螨酚 残留量的测定 液相色谱-串联质谱法	2022/10/8
115	海峡两岸茶业交流协会	T/CSTEA 00051—2022	茶叶中烯虫乙酯、烯虫炔酯、格螨酯、氟除草醚和草枯醚的测定 气相色谱-串联质谱法	2022/10/8
116	海峡两岸茶业交流协会	T/CSTEA 00050—2022	光泽红茶 冲泡与品鉴	2022/9/26
117	海峡两岸茶业交流协会	T/CSTEA 00049—2022	光泽红茶 干坑正山小种加工技术规范	2022/9/26
118	海峡两岸茶业交流协会	T/CSTEA 00048—2022	光泽红茶 干坑正山小种	2022/9/26
119	海峡两岸茶业交流协会	T/CSTEA 00047—2022	光泽红茶 工夫红茶加工技术规范	2022/9/26
120	海峡两岸茶业交流协会	T/CSTEA 00046—2022	光泽红茶 工夫红茶	2022/9/26
121	海峡两岸茶业交流协会	T/CSTEA 00045—2022	陈年武夷岩茶泡煮与品鉴方法	2022/8/24
122	杭州市西湖龙井茶管理协会	T/XHLJ 005—2023	西湖龙井茶鲜叶质量控制技术规程	2023/4/3
123	杭州市西湖龙井茶管理协会	T/XHLJ 004—2023	西湖龙井茶园生产投入品管理规范	2023/4/3
124	杭州市西湖龙井茶管理协会	T/XHLJ 003—2023	西湖龙井茶种质资源收集与保护技术规范	2023/4/3
125	杭州市西湖龙井茶管理协会	T/XHLJ 002—2023	西湖龙井茶适制品种选育技术规程	2023/4/3

续表

序号	团体名称	标准编号	标准名称	公布日期
126	杭州西湖龙井茶核心产区商会	T/XHS 001—2022	狮峰龙井茶团体标准	2022/11/22
127	河北省茶艺师协会	T/HTASA 001—2023	少儿茶艺竞赛技术规程	2023/7/14
128	河北省茶艺师协会	T/HTASA 002—2022	茶艺师职业师资培训能力等级认定标准	2022/8/4
129	河北省茶艺师协会	T/HTASA 001—2022	茶艺表演能力等级认定标准	2022/8/1
130	河南省食品工业协会	T/HNSPGYXH 006—2022	信阳毛尖茶中风味挥发物质测定 气相色谱质谱法	2022/12/15
131	河南省食品工业协会	T/HNSPGYXH 002—2022	信阳毛尖茶中风味挥发物质测定 气相色谱质谱法	2022/9/16
132	洪雅县茶叶流通协会	T/HYCY 001—2023	瓦屋春雪 绿茶	2023/3/11
133	洪雅县茶叶流通协会	T/HYCY 1—2023	瓦屋春雪 绿茶	2023/3/11
134	湖北省标准化学会	T/HBAS 025—2022	赤壁青砖茶年份茶品质评定规范	2022/11/24
135	湖北省标准化学会	T/HBAS 024—2022	年份青砖茶储藏规范	2022/11/24
136	湖北省标准化学会	T/HBAS 023—2022	赤壁松峰茶	2022/11/24
137	湖北省标准化学会	T/HBAS 022—2022	赤壁市茶产业发展大会志愿者服务规范	2022/11/24
138	湖北省标准化学会	T/HBAS 021—2022	赤壁市茶产业发展大会服务规范	2022/11/24
139	湖北省茶叶学会	T/HBTSS 013—2023	青砖茶高嫩度毛茶渥堆技术规程	2023/3/29
140	湖北省茶叶学会	T/HBTSS 012—2023	青砖茶高嫩度毛茶初制与精制技术规程	2023/3/29
141	湖北省食品科学技术学会	T/HSKX 001—2023	茶米加工技术规程	2023/3/13
142	湖北省武当道茶产业协会	T/WDDC 001—2023	武当道茶	2023/6/8
143	湖北省武当道茶产业协会	T/WDDC 002—2023	武当道茶加工技术规程	2023/6/8
144	湖北省武当道茶产业协会	T/WDDC 003—2023	武当山茶：红茶	2023/6/8
145	湖北省武当道茶产业协会	T/WDDC 004—2023	武当山茶：红茶加工技术规程	2023/6/8
146	湖北省武当道茶产业协会	T/WDDC 005—2023	武当山茶：绿茶	2023/6/8
147	湖北省武当道茶产业协会	T/WDDC 006—2023	武当山茶：绿茶加工技术规程	2023/6/8
148	湖北省植物保护学会	T/HSPP 0012—2023	欧标和有机茶园茶小绿叶蝉防治技术规程	2023/3/29
149	湖北省植物保护学会	T/HSPP 0011—2023	欧标和有机茶园茶网蝽防治技术规程	2023/3/29
150	湖北省植物保护学会	T/HSPP 0010—2023	欧标茶生产茶园栽培技术规程	2023/3/29
151	湖北省植物保护学会	T/HSPP 0009—2023	茶饼病综合防治技术规程	2023/3/29
152	湖南省茶叶品牌建设促进会	T/HTBBA 010—2022	潇湘茶 潇湘红加工技术规程	2023/7/24
153	湖南省茶叶品牌建设促进会	T/HTBBA 009—2022	潇湘茶 潇湘绿加工技术规程	2023/7/24
154	湖南省茶叶品牌建设促进会	T/HTBBA 008—2022	潇湘茶 标准茶园建设技术规程	2023/7/24
155	湖南省茶叶品牌建设促进会	T/HTBBA 007—2022	潇湘茶产品标识及陈列规范	2023/7/24

续表

序号	团体名称	标准编号	标准名称	公布日期
156	湖南省茶叶品牌建设促进会	T/HTBBA 006—2022	潇湘茶 潇湘红	2023/7/24
157	湖南省茶叶品牌建设促进会	T/HTBBA 005—2022	潇湘茶 潇湘绿	2023/7/24
158	湖南省茶叶品牌建设促进会	T/HTBBA 004—2022	潇湘茶 石门银峰	2023/7/24
159	湖南省茶叶品牌建设促进会	T/HTBBA 003—2022	潇湘茶 碣滩茶	2023/7/24
160	湖南省茶叶品牌建设促进会	T/HTBBA 002—2022	潇湘茶 黄金茶	2023/7/24
161	湖南省茶叶品牌建设促进会	T/HTBBA 001—2022	潇湘茶 古丈毛尖	2023/7/24
162	湖南省茶叶品牌建设促进会	T/HTBBA 013—2022	潇湘茶 茉莉绿茶加工技术规程	2023/1/13
163	湖南省茶叶品牌建设促进会	T/HTBBA 012—2022	潇湘茶 茉莉绿茶	2023/1/13
164	湖南省茶叶品牌建设促进会	T/HTBBA 011—2022	潇湘茶 花茶级型坯	2023/1/13
165	湖南省茶叶学会	T/HNTI 050—2022	湖南茶树特异种质资源评价规范	2022/12/31
166	湖南省茶叶学会	T/HNTI 049—2022	镉污染耕地茶树安全生产技术规程	2022/12/31
167	湖南省茶叶学会	T/HNTI 048—2022	安化黑茶茶园化肥减量技术模式及要求	2022/12/31
168	湖南省绿色制造产业联合会	T/HGMIF 004—2022	绿色设计产品评价技术规范 茉莉花茶	2022/9/6
169	湖南省天然饮用水产业协会	T/HNSTRYYS 0003—2022	食品安全团体标准 潇湘泡茶专用水	2022/12/5
170	惠州市标准化协会	T/HZBX 078—2023	春茶采摘气象指数	2023/7/27
171	惠州市标准化协会	T/HZBX 077—2023	茶树主要病虫害防控技术规程	2023/7/27
172	惠州市标准化协会	T/HZBX 059—2022	普洱茶（熟茶）贮存技术要求	2022/12/28
173	霍山县茶叶产业协会	T/HSCX 004—2022	霍山红茶	2022/12/2
174	吉安市绿色农产品促进会	T/JALNCP 0201—2022	井冈绿茶	2022/8/24
175	建瓯市北苑贡茶协会	T/BYGC 0004—2023	北苑贡茶 建瓯水仙	2023/3/22
176	建瓯市北苑贡茶协会	T/BYGC 0003—2023	北苑贡茶 乌龙茶栽培技术规程	2023/3/22
177	建瓯市北苑贡茶协会	T/BYGC 0001—2023	北苑贡茶 矮脚乌龙	2023/3/22
178	江门市标准化协会	T/JMBX 0222—2022	大沙茶	2023/2/9
179	江门市标准化协会	T/JMBX 0232—2022	山茶花扦插盆栽技术规范	2023/1/12
180	江苏省茶文化学会	T/JSTEA 1—2022	少儿中华茶道等级认定规范	2022/12/2
181	江苏省茶叶学会	T/JSSCYXH 02—2022	绿杨春茶实物样制作规范	2023/3/3
182	江苏省茶叶学会	T/JSSCYXH 01—2022	绿杨春茶标准园建设规范	2023/3/3
183	江苏省农学会	T/JAASS 73—2022	灵芝茶	2022/12/29

续表

序号	团体名称	标准编号	标准名称	公布日期
184	江西绿色生态品牌建设促进会	T/JGE 0042—2023	江西绿色生态 资溪白茶	2023/4/20
185	江西绿色生态品牌建设促进会	T/JGE 0041—2023	江西绿色生态 狗牯脑茶	2023/4/20
186	江西省茶叶协会	T/JXTA 002—2021	狗牯脑红茶	2022/12/15
187	江西省营养学会	T/JXSYYXH 0001—2023	高香荷叶茶加工技术规程	2023/2/7
188	揭阳市农业产业协会	T/JYNX 007—2023	"揭农尚品"农产品茶叶质量安全基础要求	2023/7/6
189	金华市婺城区茶叶行业协会	T/WCCX 001—2022	箬阳龙珍茶	2022/8/30
190	句容市茶叶协会	T/JRCY 001—2023	农产品地理标志产品 茅山长青茶	2023/2/28
191	丽水市生态农业协会	T/LSSGB 016—2022	荒野红茶生产技术规范	2022/11/14
192	临海市茶叶产业农民合作经济组织联合会	T/LCL 0003.4—2022	临海蟠毫茶生产技术规程第4部分：采摘与加工技术	2022/9/30
193	临海市茶叶产业农民合作经济组织联合会	T/LCL 0003.3—2022	临海蟠毫茶生产技术规程第3部分：栽培技术	2022/9/30
194	临海市茶叶产业农民合作经济组织联合会	T/LCL 0003.2—2022	临海蟠毫茶生产技术规程第2部分：苗木	2022/9/30
195	临海市茶叶产业农民合作经济组织联合会	T/LCL 0003.1—2022	临海蟠毫茶生产技术规程第1部分：茶树良种繁育	2022/9/30
196	临沂市食品工业协会	T/LYFIA 054—2023	莒南紧压白茶	2023/7/20
197	临沂市食品工业协会	T/LYFIA 053—2023	莒南白茶	2023/7/20
198	临沂市食品工业协会	T/LYFIA 043—2022	百合花发酵茶 代用茶	2022/11/11
199	临沂市食品工业协会	T/LYFIA 042—2022	沂蒙山牛蒡茶（代用茶）加工技术规程	2022/11/11
200	临沂市食品工业协会	T/LYFIA 041—2022	沂蒙山牛蒡茶（代用茶）	2022/11/11
201	柳州市标准技术协会	T/LZBX 022—2023	侗茶初加工技术规程	2023/5/17
202	芒市茶业协会	T/MCX 002—2022	黑毛茶	2022/11/1
203	梅州市梅县区茶叶协会	T/MXCX 2—2022	梅县绿茶	2022/11/25
204	明水县寒地黑土绿色物产协会	T/MSHD 003—2022	明水蒲公英茶团体标准	2022/10/15
205	宁德市标准化协会	T/NDAS 61—2022	宁德市休闲茶旅园区经营与服务规范	2022/11/1
206	宁夏化学分析测试协会	T/NAIA 0188—2023	枸杞叶及枸杞茶中总黄酮含量的测定	2023/3/2
207	宁夏化学分析测试协会	T/NAIA 0146—2022	黄芪代用茶	2022/9/9
208	宁夏食品安全协会	T/NXFSA 029—2022	金莲花茶加工技术规程	2022/8/19
209	平顺县地方特产发展协会	T/PXTC 0005—2022	平顺连翘叶茶园规范化生产技术规程	2022/9/22
210	蒲江县茶产业协会	T/PJXCCYXH 003—2023	蒲江茶园栽培技术规程	2023/7/4
211	蒲江县茶产业协会	T/PJXCCYXH 002—2022	蒲江高标准绿色茶叶施肥技术规程	2022/8/1
212	蒲江县茶产业协会	T/PJXCCYXH 001—2022	蒲江茶叶病虫害高标准绿色防控技术规程	2022/8/1

续表

序号	团体名称	标准编号	标准名称	公布日期
213	普洱咖啡协会	T/PCA 001—2023	咖啡果皮茶	2023/1/31
214	黔东南州苗侗山珍农产品行业协会	T/MDSZ 008—2022	雷公山茶生态绿色安全生产质量控制技术规范	2022/12/15
215	青岛市茶文化研究会	T/QDCYH 018—2022	金螺红茶仓储规范	2022/11/10
216	青岛市茶文化研究会	T/QDCYH 017—2022	龙须绿茶仓储规范	2022/11/10
217	青岛市茶文化研究会	T/QDCYH 013—2022	茶叶品鉴 金螺红茶	2022/11/10
218	青岛市茶文化研究会	T/QDCYH 012—2022	茶叶品鉴 崂山金螺	2022/11/10
219	青岛市茶文化研究会	T/QDCYH 011—2022	茶叶品鉴 崂山龙珠	2022/11/10
220	青岛市茶文化研究会	T/QDCYH 010—2022	茶叶品鉴 崂山龙须	2022/11/10
221	青阳县绿色食品产业协会	T/JHHJ 008—2022	九制九华黄精茶	2022/11/24
222	青阳县绿色食品产业协会	T/JHHJ 005—2022	九华黄精茶	2022/11/24
223	全国城市工业品贸易中心联合会	T/QGCML 1012—2023	宋代喫茶斗茶比赛技术规范	2023/7/10
224	全国城市工业品贸易中心联合会	T/QGCML 561—2022	茶叶贸易服务规范	2022/12/26
225	全国城市工业品贸易中心联合会	T/QGCML 416—2022	食品级L-茶氨酸生产技术规范	2022/10/31
226	泉州市茶叶学会	T/QZTEA 020—2023	茶叶加工设备能耗监测与能效评价技术规范	2023/7/25
227	泉州市茶叶学会	T/QZTEA 019—2023	茶叶电焙笼通用技术要求	2023/7/25
228	泉州市茶叶学会	T/QZTEA 018—2023	乌龙茶制茶技能大师工作室建设指南	2023/7/25
229	泉州市茶叶学会	T/QZTEA 017—2023	新型茶业职业农民技能培训服务规范	2023/7/25
230	泉州市茶叶学会	T/QZTEA 016—2023	闽南乌龙茶烘焙竞赛通则	2023/7/25
231	泉州市茶叶学会	T/QZTEA 015—2023	闽南乌龙茶茶园管理机械化配套生产技术规程	2023/7/25
232	泉州市茶叶学会	T/QZTEA 011—2022	红茶发酵机维护保养技术规范	2022/12/29
233	泉州市茶叶学会	T/QZTEA 014—2022	茶叶揉捻机维护保养技术规范	2022/12/29
234	泉州市茶叶学会	T/QZTEA 012—2022	茶叶综合做青机维护保养技术规范	2022/12/29
235	日照市茶行业协会	T/RCX 001—2021	日照绿茶	2023/3/22
236	厦门市食品安全工作联合会	T/XMSSAL 013—2022	供厦食品 普洱茶	2022/9/26
237	厦门市食品安全工作联合会	T/XMSSAL 048—2022	供厦食品 白茶	2022/9/9
238	山东标准化协会	T/SDAS 572—2023	北茶36白茶加工技术规程	2023/6/15
239	山东标准化协会	T/SDAS 522—2022	茶园害虫生态调控功能植物应用技术规范	2023/6/15
240	山东标准化协会	T/SDAS 521—2022	北方茶园有机肥施用技术规范	2023/6/15
241	山东标准化协会	T/SDAS 520—2022	芦笋茶加工技术规程	2023/6/15

续表

序号	团体名称	标准编号	标准名称	公布日期
242	山东标准化协会	T/SDAS 519—2022	植保无人机防治茶树虫害作业技术规程	2023/6/15
243	山东标准化协会	T/SDAS 518—2022	崂山茶　茶园高效轻简化管理技术规程	2023/6/15
244	山东标准化协会	T/SDAS 517—2022	崂山茶　生态茶园建设技术规范	2023/6/15
245	山东标准化协会	T/SDAS 516—2022	北茶36红茶加工技术规程	2023/6/15
246	山东标准化协会	T/SDAS 515—2022	北茶36绿茶生产技术规程	2023/6/15
247	山东标准化协会	T/SDAS 514—2022	崂山花果香型白茶加工技术规程	2023/6/15
248	山东标准化协会	T/SDAS 513—2022	崂山红茶　崂山凤羽加工技术规程	2023/6/15
249	山东标准化协会	T/SDAS 571—2023	北方茶园大豆压茬带状间作技术规程	2023/4/7
250	山东标准化协会	T/SDAS 554—2022	重瓣红玫瑰花冠茶	2023/1/10
251	山东省茶文化学会	T/SDTCSS 002—2022	中华传统茶文化讲师职业等级认证标准	2022/12/21
252	山东省茶文化学会	T/SDTCSS 001—2022	中华传统茶文化讲师职业等级认证标准	2022/11/29
253	山东省茶叶学会	T/SDTS 001—2022	山东省生态茶园建设技术规程	2022/10/14
254	陕西省食品科学技术学会	T/SSX 003—2022	散茶发花金花茶生产规程	2022/10/10
255	上海都市型工业协会	T/SHDSGY 189—2022	罗汉果茶制备规范	2022/12/21
256	韶关市标准化协会	T/SGAS 012—2022	罗坑茶销售管理规范	2022/12/31
257	韶关市标准化协会	T/SGAS 011—2022	罗坑有机茶质量要求	2022/12/31
258	韶关市标准化协会	T/SGAS 010—2022	罗坑有机茶加工技术规程	2022/12/31
259	韶关市标准化协会	T/SGAS 009—2022	罗坑有机茶种植技术规程	2022/12/31
260	韶关市标准化协会	T/SGAS 008—2022	罗坑有机茶管理体系	2022/12/31
261	韶关市标准化协会	T/SGAS 007—2022	罗坑茶产品质量要求	2022/12/31
262	韶关市标准化协会	T/SGAS 006—2022	罗坑茶加工技术规程	2022/12/31
263	韶关市标准化协会	T/SGAS 005—2022	罗坑茶采摘及分级标准	2022/12/31
264	韶关市标准化协会	T/SGAS 004—2022	罗坑茶病虫害绿色防控技术规程	2022/12/31
265	韶关市标准化协会	T/SGAS 003—2022	罗坑高山生态茶种植技术规程	2022/12/31
266	韶关市标准化协会	T/SGAS 002—2022	罗坑茶种苗繁育技术规程	2022/12/31
267	韶关市标准化协会	T/SGAS 001—2022	罗坑生态茶园建设规范	2022/12/31
268	绍兴市上虞区茶叶产业协会	T/SYTIA 002—2023	上虞翠茗茶加工技术规程	2023/4/11
269	绍兴市上虞区茶叶产业协会	T/SYTIA 001—2023	上虞翠茗茶	2023/4/11
270	寿宁县茶业协会	T/SNCX 001—2022	寿宁高山红茶	2023/2/16
271	寿宁县茶业协会	T/SNCX 002—2022	寿宁高山绿茶	2023/2/16
272	寿宁县茶业协会	T/SNCX 004—2022	寿宁高山白茶	2023/2/16
273	寿宁县茶业协会	T/SNCX 005—2022	寿宁紧压白茶	2023/2/7
274	四川省茶叶流通协会	T/STAM 001—2022	芽细藏茶团体标准	2023/1/3
275	四川省茶叶学会	T/SCTSS 08—2023	紫嫣品种茶园优质高效栽培技术规程	2023/7/12

续表

序号	团体名称	标准编号	标准名称	公布日期
276	四川省茶叶学会	T/SCTSS 07—2023	北川苔子茶 第3部分：红茶	2023/3/18
277	四川省茶叶学会	T/SCTSS 06—2023	北川苔子茶 第2部分：绿茶	2023/3/18
278	四川省茶叶学会	T/SCTSS 05—2023	沐川紫茶 第2部分：白茶	2023/3/16
279	四川省茶叶学会	T/SCTSS 04—2023	沐川紫茶 第1部分：绿茶	2023/3/16
280	泰宁县茶叶行业协会	T/TTIA 00003—2022	泰宁岩茶 加工技术规范	2022/10/18
281	泰宁县茶叶行业协会	T/TTIA 00002—2022	泰宁岩茶 栽培技术规范	2022/10/18
282	泰宁县茶叶行业协会	T/TTIA 00001—2022	泰宁岩茶	2022/10/18
283	泰顺县茶业协会	T/TSCYXH 005—2022	泰顺白茶	2022/10/26
284	天津市茶叶学会	T/TJTSS 0006—2022	肉桂茶	2022/11/5
285	天台县食品行业协会	T/TTXSPHYXH 013—2022	天台黄茶无人机防治作业与服务技术规程	2022/12/13
286	天台县食品行业协会	T/TTXSPHYXH 012—2022	天台黄茶生态茶园建设技术规范	2022/12/13
287	天台县食品行业协会	T/TTXSPHYXH 011—2022	天台黄茶茶园高效施肥技术规程	2022/12/13
288	天台县食品行业协会	T/TTXSPHYXH 010—2022	天台黄茶实物标准样制作规程	2022/12/13
289	天台县食品行业协会	T/TTXSPHYXH 009—2022	天台黄茶朵形绿茶机械加工技术规程	2022/12/13
290	天台县食品行业协会	T/TTXSPHYXH 008—2022	天台黄茶扁形绿茶机械加工技术规程	2022/12/13
291	天台县食品行业协会	T/TTXSPHYXH 007—2022	天台黄茶主要病虫害绿色防控技术规程	2022/12/13
292	天台县食品行业协会	T/TTXSPHYXH 006—2022	天台黄茶种苗繁育技术规程	2022/12/13
293	天台县食品行业协会	T/TTXSPHYXH 005—2022	天台黄茶栽培管理技术规程	2022/12/13
294	天台县食品行业协会	T/TTXSPHYXH 003—2022	天台山云雾茶茶柿立体复合栽培技术规程	2022/12/13
295	天台县食品行业协会	T/TTXSPHYXH 002—2022	天台山云雾茶手工制作技术规程	2022/12/13
296	天台县食品行业协会	T/TTXSPHYXH 001.4—2022	天台山云雾茶生产技术规程 第4部分：商品茶	2022/12/13
297	天台县食品行业协会	T/TTXSPHYXH 001.3—2022	天台山云雾茶生产技术规程 第3部分：采摘加工	2022/12/13
298	天台县食品行业协会	T/TTXSPHYXH 001.2—2022	天台山云雾茶生产技术规程 第2部分：栽培	2022/12/13
299	天台县食品行业协会	T/TTXSPHYXH 001.1—2022	天台山云雾茶生产技术规程 第1部分：种苗	2022/12/13
300	屯昌县沉香协会	T/TCCXXH 5—2022	白木香叶（海南土沉香叶）茶	2022/12/23
301	文成县文成贡茶协会	T/WCGT 002—2023	文成贡茶	2023/3/20
302	梧州六堡茶研究会	T/LPTRA 1.3—2022	茶船古道 六堡茶 第3部分：茶树扦插繁育技术规程	2022/11/10
303	梧州市六堡茶国际交流促进会	T/LBCJH 02—2023	传统工艺六堡茶感官审评评分方法	2023/7/19
304	梧州市六堡茶国际交流促进会	T/LBCJH 03—2023	窖制六堡茶	2023/7/19

续表

序号	团体名称	标准编号	标准名称	公布日期
305	梧州市六堡茶国际交流促进会	T/LBCJH 01—2022	传统工艺六堡茶（老茶婆）	2022/11/21
306	武夷山市茶业同业公会	T/WCGH 002—2022	武夷岩茶冲泡品鉴茶具	2022/11/16
307	武夷山市茶业同业公会	T/WCGH 001—2022	斗茶赛	2022/11/16
308	新昌县名茶协会	T/XCCX 007—2023	天姥云雾茶品牌准入标准	2023/5/15
309	新昌县名茶协会	T/XCCX 006—2023	天姥红茶品牌准入标准	2023/5/15
310	新昌县名茶协会	T/XCCX 005—2023	大佛龙井茶品牌准入标准	2023/5/15
311	新昌县名茶协会	T/XCCX 004—2023	新昌县数字化茶园建设规范	2023/4/7
312	新昌县名茶协会	T/XCCX 003—2023	新昌县精品生态茶园建设规范	2023/4/7
313	新昌县名茶协会	T/XCCX 001—2022	大佛龙井数字化茶园建设与管理	2022/11/18
314	信阳茶产业协会	T/XYTA 0007—2023	排把式炒茶机	2023/6/5
315	信阳茶产业协会	T/XYTA 0006—2023	信阳毛尖茶精加工技术规程	2023/3/22
316	信阳茶产业协会	T/XYTA 0005—2022	信阳毛尖茶技术标准体系	2022/11/2
317	信阳茶产业协会	T/XYTA 0004—2022	信阳10号茶树栽培技术规程	2022/11/1
318	信阳茶产业协会	T/XYTA 0003—2022	信阳毛尖茶生产场所要求	2022/9/28
319	信阳茶产业协会	T/XYTA 0002—2022	信阳毛尖茶鲜叶要求	2022/9/16
320	荥经县茶业协会	T/YJCY 04—2022	荥经黑茶	2022/12/7
321	荥经县茶业协会	T/YJCY 03—2022	荥经黑茶加工技术规程	2022/12/7
322	荥经县茶业协会	T/YJCY 02—2022	荥经茶叶栽培技术规程	2022/12/7
323	荥经县茶业协会	T/YJCY 01—2022	荥经茶叶种苗繁育技术规程	2022/12/7
324	宜都市松木坪镇商会	T/YDSS 02—2023	洪山茶加工技术规程	2023/5/26
325	宜都市松木坪镇商会	T/YDSS 01—2023	洪山茶种植技术规程	2023/5/26
326	岳阳市茶叶协会	T/YYSCX 008—2023	岳阳黄茶机制茶加工职业技能竞赛规范	2023/4/3
327	岳阳市茶叶协会	T/YYSCX 007—2023	岳阳黄茶 调味茶	2023/3/8
328	岳阳市茶叶协会	T/YYSCX 006—2022	岳阳黄茶 君山银针	2022/9/27
329	云南省标准化协会	T/YNBX 054—2022	宝洪茶 绿茶	2022/11/17
330	云南省茶叶流通协会	T/YNTCA 012—2022	区块链数字茶证技术规范	2022/12/24
331	云南省茶叶流通协会	T/YNTCA 011—2022	区块链茶叶数据追溯技术规范	2022/12/24
332	云南省茶叶流通协会	T/YNTCA 010—2022	基于区块链技术云南大叶种晒青茶质量保荐溯源技术规范	2022/12/24
333	云南省茶叶流通协会	T/YNTCA 009—2022	茶叶价值评估规范	2022/10/26
334	浙江省茶馆业协会	T/ZJCGYXH 001—2022	浙江省茗星茶馆服务规范及星级划分标准	2023/2/1
335	浙江省茶叶学会	T/ZJTSS 005—2023	白黄化品种多茶类模式加工技术规范	2023/7/13
336	浙江省茶叶学会	T/ZJTSS 006—2023	桂花茶加工技术规程	2023/7/5
337	浙江省茶叶学会	T/ZJTSS 004—2023	栀子花茶	2023/7/5
338	浙江省茶叶学会	T/ZJTSS 003.2—2023	千岛湖茶 第2部分 红茶	2023/2/27

续表

序号	团体名称	标准编号	标准名称	公布日期
339	浙江省茶叶学会	T/ZJTSS 003.1—2023	千岛湖茶 第1部分 龙井茶	2023/2/27
340	浙江省绿色农产品协会	T/ZLX 059—2023	绿色食品 蓬莱仙芝绿茶 生产加工技术规程	2023/3/1
341	浙江省绿色农产品协会	T/ZLX 046—2023	绿色食品 千岛湖茶生产技术规程	2023/1/9
342	浙江省绿色农产品协会	T/ZLX 047—2023	绿色食品 雪水云绿茶生产技术规程	2023/1/9
343	浙江省绿色农产品协会	T/ZLX 045—2023	绿色食品"武阳春雨"茶生产技术规程	2023/1/9
344	浙江省农产品质量安全学会	T/ZNZ 149—2022	绿色食品平水日铸茶生产技术规范	2023/2/2
345	浙江省农产品质量安全学会	T/ZNZ 135—2022	果蔬和茶叶中噻虫嗪和噻虫胺残留的快速检测 胶体金免疫层析法	2022/12/16
346	浙江省农业机械学会	T/ZJNJ 0016—2022	植保无人机茶园病虫害防治作业技术规范	2022/12/16
347	浙江省品牌建设联合会	T/ZZB 2959—2022	自动链板式茶叶烘干机	2023/4/7
348	浙江省品牌建设联合会	T/ZZB 2944—2022	焙烤食品配料专用抹茶	2023/4/6
349	浙江省食品工业协会	T/ZJFIA 008—2022	速溶茶（非即食）	2022/11/14
350	中国茶叶流通协会	T/CTMA 050—2022	宜宾早茶	2023/3/28
351	中国茶叶流通协会	T/CTMA 054—2022	富含茶多糖紧压茶	2023/3/28
352	中国茶叶流通协会	T/CTMA 048—2022	高香白茶	2023/3/28
353	中国茶叶流通协会	T/CTMA 046—2022	骏眉红茶冲泡与品鉴方法	2023/1/5
354	中国茶叶流通协会	T/CTMA 045—2022	金骏眉红茶冲泡与品鉴方法	2023/1/5
355	中国茶叶流通协会	T/CTMA 053—2022	低氟康砖茶	2023/1/5
356	中国茶叶流通协会	T/CTMA 052—2022	低氟茯茶加工技术规程	2023/1/5
357	中国茶叶流通协会	T/CTMA 051—2022	低氟茯茶	2023/1/5
358	中国茶叶学会	T/CTSS 67—2023	荣县绿茶	2023/7/12
359	中国茶叶学会	T/CTSS 66—2023	荣县花茶	2023/7/12
360	中国茶叶学会	T/CTSS 64—2023	生态低碳茶生产技术规范	2023/7/10
361	中国茶叶学会	T/CTSS 58—2022	茶叶感官风味轮	2023/6/13
362	中国茶叶学会	T/CTSS 63—2023	缙云黄茶（绿茶）加工技术规程	2023/6/13
363	中国茶叶学会	T/CTSS 62—2023	缙云黄茶（绿茶）	2023/6/13
364	中国茶叶学会	T/CTSS 65.8—2023	余杭径山茶全产业链标准综合体 第8部分：产品质量安全追溯技术规范	2023/5/8
365	中国茶叶学会	T/CTSS 65.7—2023	余杭径山茶全产业链标准综合体 第7部分：包装、标识、贮存和运输规范	2023/5/8
366	中国茶叶学会	T/CTSS 65.6—2023	余杭径山茶全产业链标准综合体 第6部分：加工技术规程 径山红茶	2023/5/8
367	中国茶叶学会	T/CTSS 65.5—2023	余杭径山茶全产业链标准综合体 第5部分：生态低碳茶园建设规程	2023/5/8
368	中国茶叶学会	T/CTSS 65.4—2023	余杭径山茶全产业链标准综合体 第4部分：茶园管理技术规范	2023/5/8

续表

序号	团体名称	标准编号	标准名称	公布日期
369	中国茶叶学会	T/CTSS 65.3—2023	余杭径山茶全产业链标准综合体 第3部分：苗木扩繁	2023/5/8
370	中国茶叶学会	T/CTSS 65.2—2023	余杭径山茶全产业链标准综合体 第2部分：产地环境条件	2023/5/8
371	中国茶叶学会	T/CTSS 65.1—2023	余杭径山茶全产业链标准综合体 第1部分：总则	2023/5/8
372	中国茶叶学会	T/CTSS 61—2023	狗牯脑茶冲泡技术规程	2023/3/28
373	中国茶叶学会	T/CTSS 60—2022	黄山市无化学农药残留茶园建设技术规范	2023/3/28
374	中国茶叶学会	T/CTSS 59—2022	光萎凋红茶加工技术规程	2023/1/12
375	中国茶叶学会	T/CTSS 52—2022	泾阳茯茶冲泡与品饮规程	2022/12/13
376	中国茶叶学会	T/CTSS 57—2022	"钱江源开门红"红茶冲泡技术规程	2022/10/17
377	中国茶叶学会	T/CTSS 56—2022	开化龙顶茶冲泡技术规程	2022/10/17
378	中国茶叶学会	T/CTSS 55—2022	狮峰龙井茶冲泡技术规程	2022/10/17
379	中国茶叶学会	T/CTSS 54—2022	茶园植保水平评价规程	2022/10/17
380	中国茶叶学会	T/CTSS 53—2022	远安黄茶冲泡技术规程	2022/10/17
381	中国国际茶文化研究会	T/CITCI 01—2022	中国文化特色茶馆标准	2022/12/6
382	中国技术监督情报协会	T/CATSI 08003—2022	小产区 兔街月亮山普洱茶 庄园级	2022/9/5
383	中国技术经济学会	T/CSTE 0244—2022	质量分级及"领跑者"评价要求 电茶壶（煮茶器）	2022/12/14
384	中国连锁经营协会	T/CCFAGS 027—2021	现制茶饮术语和分类	2023/6/13
385	中国连锁经营协会	T/CCFAGS 037—2023	现制茶饮门店食品安全自查指引	2023/6/13
386	中国民族贸易促进会	T/OTOP 1025—2023	地理标志产品 酉阳茶油	2023/7/16
387	中国农垦经贸流通协会	T/SFLA 009—2022	中国农垦 生态茶	2022/9/17
388	中国农业国际合作促进会	T/CAI 184—2022	地理标志农产品 覃塘毛尖茶	2023/3/20
389	中国农业机械学会	T/NJ 1357—2023	龙井茶机械化加工技术规程	2023/6/19
390	中国农业机械学会	T/NJ 1344—2022	桑茶机械化加工技术规程	2023/1/9
391	中国轻工企业投资发展协会	T/CNLI 001—2023	茶水间评价规范	2023/5/27
392	中国认证认可协会	T/CCAA 54—2022	砖茶中总氟的测定 核磁共振波谱法	2023/1/17
393	中国食品药品企业质量安全促进会	T/FDSA 037—2023	精制藏茶 严道古茶	2023/5/5
394	中国中小商业企业协会	T/CASME 244—2022	茶叶销售企业管理服务规范	2022/12/27
395	中山市个体劳动者私营企业协会	T/ZSGTS 300—2023	香山之品 代用茶 玫瑰花茶	2023/6/30
396	中山市个体劳动者私营企业协会	T/ZSGTS 119—2023	香山之品 小种红茶	2023/6/30
397	中山市个体劳动者私营企业协会	T/ZSGTS 118—2023	香山之品 白茶	2023/6/30

续表

序号	团体名称	标准编号	标准名称	公布日期
398	中山市个体劳动者私营企业协会	T/ZSGTS 117—2023	香山之品 荔枝红茶	2023/6/30
399	中山市个体劳动者私营企业协会	T/ZSGTS 116—2023	香山之品 代用茶 苦丁茶	2023/6/30
400	中山市个体劳动者私营企业协会	T/ZSGTS 115—2023	香山之品 代用茶 金银花茶	2023/6/30
401	中山市个体劳动者私营企业协会	T/ZSGTS 114—2023	香山之品 代用茶 菊花茶	2023/6/30
402	中山市个体劳动者私营企业协会	T/ZSGTS 013—2022	香山之品 五桂山红茶	2022/12/29
403	重庆市永川区茶叶行业协会	T/YCCYHX 001—2020	永川工夫红茶	2023/3/30
404	诸暨市茶叶行业协会	T/ZTXH 002—2023	西施石笕茶	2023/3/22
405	诸暨市茶叶行业协会	T/ZTXH 001—2023	西施石笕茶生产加工技术规程	2023/3/22

中国黑茶　健康大业

打造中国茶
产业的世界品牌